W0197098

Kindler
Taschenbücher

Geist und Psyche

Erving und Miriam Polster

Gestalttherapie

Theorie und Praxis der integrativen Gestalttherapie

Kindler
Taschenbücher

GEIST UND PSYCHE
Herausgegeben von Nina Raven-Kindler

Aus dem Amerikanischen übertragen von
Mina Waeber und Michael Wittelmeyer

Die amerikanische Originalausgabe ist unter dem Titel
Gestalt Therapy Integrated. Contours of Theory & Practice,
im Verlag Brunner/Mazel, New York, erschienen.

Redaktion: M. Waeber und H. Scharnagl
Korrekturen: M. Nelkow
Gesamtherstellung: Friedrich Pustet, Regensburg
Printed in Germany
ISBN 3 463 02150 9

Inhalt

Zu diesem Buch

In unserer Gesellschaft wird zur Zeit der Kampf zwischen den Kräften der Menschlichkeit und denjenigen der Entfremdung und Enthumanisierung ausgetragen. Ein wichtiger Faktor in diesem Kampf ist die Gestalttherapie, die die Entwicklung der Persönlichkeit auf zwei verschiedenen Wegen zu erreichen sucht. Einmal dadurch, daß sich der Mensch von *psychopathologischen* unerledigten Situationen befreit, und zum anderen dadurch, daß sie als Katalysator und Stütze des unentwickelten und noch nicht bewußt gewordenen *menschlichen Potentials* dient. Unter der Leitung von Fritz PERLS, der der Hauptverfechter der Gestalttherapie war und der sie auf geniale Weise weiterentwickelte, haben sich viele Therapeuten in ihrer Eigenschaft als Psychologen und Humanisten der Aufgabe gewidmet, Theorie und Technik der Gestalttherapie zu verbreiten. Miriam und Erving POLSTER haben in diesem neuen Beitrag zur Gestalttherapie ihre klinischen Erfahrungen und ihre Einsichten dazu verwendet, um bei Fachleuten und interessierten Laien das Verständnis für dieses Gebiet auszubauen.

Jegliche Neuerung erfordert die Bereitschaft, althergebrachte Theorien und Praktiken neu zu überdenken, was aber zur Abkehr von gegenwärtig anerkannten Theorien oder zumindest zu deren kritischer Überprüfung führen kann. Die tradierten psychiatrischen und psychoanalytischen Konzepte, wenngleich nicht alle, werden von der Gestalttherapie in Frage gestellt.

Die Autoren haben jedoch keineswegs »das Kind mit dem Bad ausgeschüttet«. Sie betonen wiederholt die Notwendigkeit einer theoretischen Orientierung des Therapeuten, damit gegenwärtige »Handlungs«-Methoden mehr als reine Spielerei, Mimikry oder oberflächliche Vereinfachungen werden. Sie anerkennen auch ihre theoretische Herkunft, indem sie schreiben: »Die integrative Kraft der Psychoanalyse in der gesellschaftlichen Entwicklung während der ersten Hälfte dieses Jahrhunderts ist wohlbekannt und höchst eindrucksvoll. Auf dieser Grundlage haben alle psychotherapeutischen Theoretiker gebaut.«

Angesichts der unausbleiblichen Weiterentwicklung von der psychoanalytischen Basis weg sehen sie die Gestalttherapie als hauptsächlichen Integrationsfaktor der gegenwärtigen gesellschaftlichen Entwicklung. Die Autoren setzen sich ausführlich mit den Paradoxa auseinander, die ihren Abweichungen von FREUD inhärent sind – besonders bei der Erläuterung ihrer Auffassung von *Bedeutung*, verglichen mit der FREUDS und seiner Anhänger. Sie sehen die Suche nach Bedeutung als menschlichen Reflex an, machen aber auch deutlich, daß *zwanghafte* Suche nach Bedeutung die Erfahrung an sich zerstören kann.

In vergangenen Jahren wurde das Thema der Gestalttherapie häufig in Zusammenhang mit der Verhaltenstherapie, der Transaktionsanalyse und der Encounter-Bewegung behandelt. Die pauschale Zusammenfassung dieser neuen Entwicklungen hat keiner von ihnen gedient und lediglich Verwirrung und Mystifizierung verursacht; an der psychotherapeutischen Arbeit ernsthaft Interessierte fühlten sich dadurch einerseits angezogen, andererseits jedoch abgestoßen.

Die Gestalttherapie in ihrer heutigen Form – wie sie auf der Grundlage von KÖHLERS Werk von PERLS entwickelt wurde – wird als einer der wichtigsten avantgardistischen Einflüsse auf psychotherapeutische Verfahren anerkannt. Da die Gestalttechniken in zunehmendem Maße verstanden und erfolgreich in der Arbeit mit Individuen, Paaren und Gruppen angewandt werden, die unter »unerledigten Situationen« und einem Übermaß an psychopathologischer Introjektion leiden, existiert ein verstärktes Bedürfnis nach einer nicht verständlichen Artikulation der gestalttherapeutischen Prinzipien, die den Anforderungen der heutigen Therapie genügt. Die Autoren haben diesem Bedürfnis sowohl wissenschaftlich als auch auf klinisch verständliche Weise entsprochen. Die Gestaltkonzepte, die einer genaueren Definition bedurften und in diesem Buch herausgearbeitet wurden, sind: Kontakt, Auflösung von Polaritäten, Verhaltensexperimente und die Beseitigung seelisch verkrüppelnder und entwicklungshemmender Introjektionen. Darüber hinaus zeigen sie auch, wie die Gestalttherapie – eine handlungsorientierte Therapie – eine neue Art kreativen und ungehemmten Engagements sowohl beim Therapeuten als auch beim Patienten hervorruft.

Die Autoren des vorliegenden Werkes stellen ebenso wie PERLS die Gestalttherapie nicht als Verheißung sofortiger Freude, sofortiger sensorischer Bewußtheit oder sofortiger Heilung dar. Offensichtlich sind sie einer Meinung mit PERLS, der in seiner Einleitung zu *Gestalt Therapy Verbatim* (dt.: *Gestalt-Therapie in Aktion*, Anm. d. Red.) schreibt: »Der Entwicklungsprozeß ist ein Prozeß, der Zeit benötigt. Man kann nicht einfach mit den Fingern schnippen und sagen: ›Los, jetzt sind wir fröhlich!‹ Die Gestalttherapie ... ist keine magische Abkürzung. Man braucht zwar nicht zwanzig oder dreißig Jahre auf einer Couch oder in einem Zendo (Kloster des Zen-Buddhismus, Anm. d. Red.) zu verbringen, aber man muß sich engagieren, und man braucht Zeit, um sich zu entwickeln.«

Dieses anregende Buch erscheint zum richtigen Zeitpunkt; es zeichnet die gestalttherapeutischen Prinzipien und deren Erweiterungen im zeitgenössischen Rahmen auf, innerhalb dessen sie nur erfahren und verstanden werden können. Zum Beispiel schreiben die Autoren: »Da sich die Perspektiven zwangsläufig verändern, muß die theoretische Integration den neuen Geist einordnen, den diese Perspektiven sowohl reflektieren als auch schaffen. Die einleuchtendste der neuen Perspektiven, die die Grundlage der Gestalttherapie bilden – und auch eines Großteils der humanistischen Bewegung –, sind: 1. Stärke der Gegenwart; 2. Erfahrung zählt am meisten; 3. der Therapeut ist sein eigenes Instrument und 4. Therapie ist zu wertvoll, um nur den Kranken vorbehalten zu sein.«

Die Autoren verharren nicht in der Starrheit derjenigen, die ausschließlich Hier-und-Jetzt-Material gelten lassen und alles andere als bloßes »Darüberreden« oder als »Archäologie« abtun. Statt dessen stellen sie die Hier-und-Jetzt-Erfahrung so dar, daß die gestalttherapeutische Erfahrung erweitert wird, um allgemein menschliche Belange einzubeziehen, die bei einer wörtlichen Auffassung des Hier-und-Jetzt ausgeschlossen wären.

Erving POLSTER gehört neben Joen FAGEN, Abraham LEVITSKY, Irma SHEPHERD, James SIMKIN u. a. zur zweiten Generation der Gestalttherapeuten, die sowohl von Fritz und Laura PERLS' Werk gelernt als dieses auch weiterentwickelt haben. Er und seine Mitautorin, Miriam POLSTER, haben es verstanden, uns einen umfassenden Überblick über die Gestalttherapie wie auch die Möglichkeiten zu vermitteln, diese sowohl in sich selbst als auch in die allgemeiner angewandte, analytisch orientierte Einzel-, Familien- und Gruppentherapie zu integrieren. Ihre Workshops haben viele Psychologen sowohl der älteren als auch der jüngeren Generation angezogen.

In diesem Buch wird einem zeitgerechten, wissenschaftlichen, ganzheitlichen und humanistischen Standpunkt Ausdruck verliehen. Dies schätze ich besonders, da ich seit mehreren Jahren nicht nur in Einzel-, Familien- und Gruppentherapie, sondern auch auf vielen Gebieten der Sozialpsychiatrie ähnliche Auffassungen vertrete.

Dem ernsthaften Mitarbeiter in der Entwicklung neuer und besserer Methoden in der Psychotherapie ist offensichtlich klar, daß die Gestalttherapie keine Modeerscheinung ist, sondern einen wichtigen Platz unter den erprobten Methoden einnimmt, die Psychopathologie zu unterminieren und die Entwicklung zu fördern.

Ich sage diesem Buch einen großen Erfolg bei Psychotherapeuten der verschiedensten Richtungen voraus.

Milton M. Berger, M. D.
Director of Education and Training
South Beach Psychiatric Center
New York

Vorwort der Autoren

Das Hauptanliegen dieses Buches ist, einen umfassenden Überblick über das Gebiet der Gestalttherapie zu geben, unter Einbeziehung der theoretischen Perspektiven und therapeutischen Methoden, die dem Therapeuten zur Auswahl stehen. Hierbei werden nicht nur die Grundlagen der Gestalttherapie aufgezeigt, sondern auch neue Konzepte entwickelt und schon bekannte neu formuliert. Wir haben versucht, ein Gefühl für die neuen Dimensionen in der Gestalttherapie zu wecken, die zwischen Rationalität und Erregung, Humanität und Technik, persönlichem Horizont und Universalität den Ausgleich schaffen.

Wir hoffen, daß denjenigen Psychologen, die gerade ihre ersten Erfahrungen und Experimente mit den Methoden der Gestalttherapie gemacht haben, mit diesem Buch ein neuer Anreiz geliefert wird, sich näher mit der Gestalttherapie zu befassen und persönlich die Effektivität und die Anwendbarkeit dieser Prinzipien zu erforschen.

Wir möchten uns besonders für die hilfreiche Unterstützung der Kollegen der Training Faculty of the Gestalt Institute of Cleveland bedanken. Sie haben zusammen mit uns nach Gestalthandlung und -perspektive geforscht – einige bereits seit über zwanzig Jahren. Sie sind mehr als nur eine »Fakultät«: Marjorie CREELMAN, Rainette FANTZ, Cynthia HARRIS, Elaine KEPNER, Ed NEVIS, Sonia NEVIS, Bill WARNER und Joseph ZINKER, zu denen vor noch nicht langer Zeit Frances BAKER und C. Wesley JACKSON stießen. Leider wurde unser verehrter Kollege Richard WALLEN aus unserer Mitte gerissen.

Unser weiterer Dank gilt unserer Sekretärin Harriet-Carole SENTURIA, deren Tüchtigkeit, Genauigkeit, Humor und Liebenswürdigkeit entscheidend dazu beitrugen, daß uns die Arbeit an diesem Buch zur Freude gereichte; sie nahm uns niemals einen Irrtum oder eine Verwirrung übel, was zu einem tiefen Gefühl der Gemeinsamkeit zwischen uns führte.

Schließlich wollen wir noch unserer ganz besonderen Liebe zu unseren Kindern Sarah und Adam Ausdruck verleihen. Durch ihre Respektlosigkeit und unkomplizierte Betrachtungsweise haben sie unsere Probleme in lebendige Begegnungen verwandelt. Sarah hat Teile dieses Buches mit kritischer und liebevoller Begeisterung zusammengestellt, und Adam hat mit rauhem Charme und Humor akzeptiert, daß wir nicht immer für ihn dasein konnten. Sie dachten sich zahllose Titel aus, von denen die meisten zwar undruckbar oder irrelevant, jedoch viel lustiger waren als der Titel, zu dem wir uns endlich entschlossen haben.

Erving und Miriam Polster

1.

Das Jetzt-Prinzip

> Die alten Symbole sind tot, an ihre Stelle sind
> neue getreten. Aber es ist völlig klar, daß das
> gleiche Schicksal auch die neuen ereilen wird.
> JOYCE CARY

Kinder haben einen Abzählvers, der etwa so lautet:

> Eins fürs Geld,
> Zwei für den Spaß,
> Drei zum Vorbereiten,
> Auf vier geht's los!

In der heutigen Zeit haben viele Menschen das Gefühl, in Stadium Nummer drei steckengeblieben zu sein, steckengeblieben in dem Zustand, in dem man sich auf Ereignisse vorbereitet, die entweder niemals stattfinden oder so lange auf sich warten lassen, bis man völlig erschöpft und schon enttäuscht ist, wenn sie schließlich eintreffen. Man plagt sich das ganze Jahr hindurch für einen herrlichen zweiwöchigen Urlaub ab, der wie das Licht am Ende eines langen, dunklen Tunnels leuchtet. Zeitlebens schränkt man sich in der Vorfreude auf einen unbeschwerten Lebensabend ein. Eine endlose Abfolge von Schulzimmern, Hörsälen, Kirchen, Museen, Konzertsälen und Bibliotheken verspricht, einen das Leben zu lehren. Und häufig wird das Lernen selbst noch nicht einmal als selbständiger Teil des Lebens aufgefaßt. Das wahre Leben soll erst irgendwann einmal in der Zukunft beginnen – nach dem Universitätsabschluß, nach der Heirat, wenn die Kinder erwachsen sind oder auch, für einige Menschen, wenn sie die Psychotherapie abgeschlossen haben.

Die Vorbereitungen auf das eigentliche Leben, als was auch immer es sich herausstellen mag, werden demjenigen verlockend dargestellt, der Aktien auf eine glänzende Zukunft kauft. Für zukünftiges Glück bezahlt er damit, daß er gegenwärtige Gefühle verleugnet oder abtötet. Aber selbst wenn er das Gelobte Land erreicht, so begleitet ihn in die Zukunft, die nun endlich Gegenwart geworden ist, ein unwillkommenes Nebenprodukt seines Abkommens: die Gewohnheit, seine gegenwärtigen Erfahrungen herabzusetzen. Und jetzt, wo er gemäß seines Vertrags mit der Gesellschaft wirklich zu leben beginnen könnte, hält er sich immer noch zurück! Er ist auf den Es-ist-gut-für-dich-Schwindel hereingefallen.

Die Zeit ist reif für eine Veränderung. Die Anziehungskraft unmittelbarer Erfahrung ist groß, und die Aussicht auf zukünftigen Erfolg oder Belohnung muß sich gegen den mächtigen Reiz behaupten, den die Gefühle und Erlebnisse des Hier-und-Jetzt ausüben.

Vor noch nicht langer Zeit wurde der unmittelbaren Erfahrung nur wenig Beachtung geschenkt, da man annahm, daß das persönliche Engagement beim Lernen der für klare Begriffsbestimmung nötigen Objektivität abträglich sei. Das Lernen erfordert jedoch im Gegenteil eine gewisse persönliche Unmittelbarkeit, ebenso wie eine theoretische Betrachtungsweise. Wie eine Hand die andere wäscht, so ist beides untrennbar verbunden. Diese Kluft ist auch in der Psychologie nicht mehr vertretbar. »Relevanz« ist zu einem Schlüsselwort geworden für das Bestreben, alle Aspekte des Lebens zusammenzufassen, sämtliche Erfahrungen auf einen zentralen Punkt zurückzuführen, der von tieferer Bedeutung ist. Noch bis vor kurzem waren die Psychotherapeuten die Priester der Irrelevanz. Weltfremde und einseitige Methodenlehren, wie das medizinische Krankheitsmodell, ließen die Psychotherapeuten zurückgezogen, ohne Verbindung zur Gesellschaft – fast wie es bei ansteckenden Krankheiten üblich ist – in ihren Behandlungsräumen verharren; von dort aus trugen sie ihre Ansichten durch Vorträge, Behandlungen oder gewichtige Aufsätze, die hauptsächlich an ihre Kollegen gerichtet waren, in das geistige Leben hinein. Mit dem Auftauchen des Existentialismus und der Erkenntnis, daß es sich immer um die gleichen menschlichen Grundprobleme handelt[1], erweiterte sich der Bereich der Psychotherapeuten. Die Menschen beschäftigte jetzt nicht nur die Frage, ob sie krank waren oder nicht, sondern sie machten sich auch Gedanken darüber, wie sie ihre Kräfte einsetzen, wie sie ein Gefühl der Zugehörigkeit erleben und wie sie eine soziale Umgebung schaffen sollten, in der sie neue Formen des Zusammenlebens erarbeiten könnten, die sich auf Ehe, Geburt, Tod, Verlust des Arbeitsplatzes, Scheidung, Integration der Familie und andere menschliche Belange gründen. Diese Belange bezogen sie auch in ihre Psychotherapie ein und erwarteten, in ihr Antworten und Hinweise zu finden. Alle diese Themen ergaben schließlich, als sie in die psychotherapeutische Ethik aufgenommen worden waren, die Ansätze zu einer humanistisch orientierten Psychotherapie.

Und jetzt, da sich so erstaunlich viele neue Verhaltensweisen und Werte ausbreiten, schweben die Menschen im Ungewissen. Sie sind von dem spontanen Gefühl fasziniert, welches durch die direkte Erfahrung ermöglicht wird, *aber ihnen mangelt es an dem integrativen Zusammenhalt, den die Theorie dadurch vermittelt, daß sie dem, was sie tun oder fühlen, Bedeutung und Perspektive verleiht.* Theorie und Wissen bleiben suspekt, nicht wegen einer ihnen eigenen Wertlosigkeit, sondern wegen ihrer historischen Trennung von der Handlung. Ohne die Theorie jedoch kann die Handlung leicht zu Vereinfachung oder oberflächlicher Nachahmung – selbst zur Mimikry – führen und sogar nur eine Masche werden.

Bis in die Anfänge der fünfziger Jahre war die Psychoanalyse nur eine solche integrative Macht. Trotz einer feindlich eingestellten Gesellschaft hatte sie ein für damalige Begriffe überzeugendes Bild der menschlichen Natur geschaffen und für viele Verhaltensweisen, die bislang völlig unverständlich gewesen waren, neue Perspektiven geliefert. Die integrative Macht der Psychoanalyse in unserer sozialen Entwicklung während der ersten Hälfte dieses Jahrhunderts ist allgemein bekannt und beeindruckend. Auf dieser Grundlage haben alle Psychotherapeuten aufgebaut. Aber Freud schützte die Unantastbarkeit seiner Ansichten; irgendwelchen Abweichungen und daraus resultierenden möglichen Desintegrationen stand er äußerst intolerant gegenüber. Um die Integrität seines eigenen Systems aufrechtzuerhalten, wollte er die neue theoretische Entwicklung nicht wahrhaben, selbst wenn sie auf Formulierungen aufbaute, die ursprünglich von ihm inspiriert worden waren. Da er ein Abweichen von seinem System als Angriff auf die *einzige* Wahrheit auffaßte, wollte er nicht gestatten, daß brillante neue Perspektiven seinem System neue Dimensionen hinzufügten.

Da diese Perspektiven trotzdem bestehen blieben – wie jede Theorie, die die Bedürfnisse der Gesellschaft anspricht –, wurden sie zur Basis für einen großen Teil des gegenwärtigen Ethos. Obwohl die Abweichungen von FREUD weniger Einfluß hatten als FREUDS Ansichten, so blieb ihre Bedeutung doch nicht verborgen.

Neue theoretische Perspektiven

Es ist ganz klar, daß keine Theorie von sich behaupten kann, die *einzige* Wahrheit gefunden zu haben; aber in jenen frühen Tagen, als die Theorie der Psychoanalyse zum erstenmal formuliert wurde, war es für diejenigen, die sich von FREUD trennten, wie auch für ihn selbst schwierig, die Grenzen ihrer eigenen Methoden zu erkennen. Ein Theoretiker jedoch, Otto RANK[2], der sich von FREUD getrennt hatte, konnte diese Beschränktheit überschreiten:

... die Theorien in der Psychologie verändern sich, man könnte fast sagen, wie die Mode, und sie müssen sich auch notgedrungen ändern, um den heute existierenden Menschen in seinem dynamischen Kampf zur Erhaltung und zum Fortbestehen auszudrücken und um dies auch verständlich zu machen.

Unter diesem Gesichtspunkt brauchen sich neue theoretische Entwicklungen nicht in polemische und fortwährende Selbstrechtfertigung zu verhärten. Sie ähneln Gemälden, die die Erfahrung eines einzelnen Menschen ausdrücken; sie geben seine *persönlichen* Ansichten wieder und dürfen nicht als das Leben selbst verstanden werden. Auch Theorien schaffen Klarheit. Wir brauchen sie, um zwischen unserem Verhalten und unseren Ansichten eine Verbindung zu schaffen, damit das, was wir jetzt tun, für uns einen Sinn ergibt und auch eine gewisse Kontinuität behält. Aber sie sind nicht die *einzige* Wahrheit; so etwas gibt es nicht. HALL und LINDZEY[3] haben den Begriff der Theorie so definiert:

... Theorien sind weder »gegeben« noch von der Natur, den Tatsachen oder irgendeinem anderen Prozeß vorherbestimmt. Genau wie Erfahrungen oder Beobachtungen einen Poeten oder Schriftsteller dazu veranlassen können, eines von vielen möglichen verschiedenen Kunstwerken zu schaffen, so können die Ergebnisse einer Untersuchung in eines der zahllosen verschiedenen theoretischen Systeme eingebaut werden. Der Theoretiker, der eine bestimmte Theorie wählt, um die Ereignisse darzustellen, an denen er interessiert ist, übt eine freie, kreative Wahl aus, die sich von der eines Künstlers nur durch die Art der Beweismittel unterscheidet, nach denen ihr Wert beurteilt wird.

Es ist ein gesundes Zeichen, daß viele Menschen die etablierten Theorien nicht mehr so ernst nehmen, wie sie es einst taten. Aber sie vermissen trotzdem eine Theorie, die die praktischen Belange reflektiert. Sie brauchen Mittel, um sich genau über das orientieren zu können, was sie selbst und ihre Mitmenschen denken, fühlen und wollen. Die Gestalttherapie liefert solch eine Orientierung. Es ist ein kreativer Entwurf, der die Nichtfreudianer fast unmerkbar innerhalb der Perspektive der Gestalttherapie assimiliert. (Es ist jedoch wichtig anzuerkennen, wer und was einige dieser Einflüsse gewesen sind. Anhang A S. 291 gibt eine kurze Zusammenfassung.) Hauptvoraussetzung ist, daß die Therapie nicht nur Vorbereitung, sondern in sich eine gültige Erfahrung ist, die keine äußere Bestätigung ihrer inhärenten Relevanz für das Leben des Patienten benötigt.

Die von der Gestalttherapie vertretene Wahrheit ist nur eine vorübergehende, die gerade brauchbar ist und den wesentlichen Belangen unserer Zeit entspricht. Wenn man sagt, daß die Gestalttherapie nur eine vorübergehend gültige Wahrheit ist, so soll das nicht bedeuten, daß das, was in diesem Buch und auch in ähnlichen Büchern steht, in vierzig Jahren nicht mehr wahr sein wird. Vielmehr wird in vierzig Jahren vielleicht das, was wir jetzt lehren, eine abgegriffene Art sein, das Leben zu betrachten. Man nehme als Beispiel einen Kernbegriff der Psychoanalyse, die Übertragung. Dieser Begriff war ein glänzender Einfall, der unser Wissen über die Entstellung erweiterte. Nichtsdestominder ist für viele Psychotherapeuten dieses Konzept heute uninteressant. Es unterstrich die Als-ob-Qualität der psychotherapeutischen Beziehung, aber diese Betonung genügt denjenigen nicht, die die heute so verbreitete Entpersonalisierung überschreiten wollen. Heute wird mehr gebraucht als nur die Erkenntnis, daß viele gegenwärtige Beziehungen nur Wiederholungen wichtiger früherer Beziehungen sind. Die Emotionen, die zwischen einem Psychotherapeuten und seinem Patienten auftreten, sind in sich echt, und man kann die gegenwärtigen Entstellungen als Fall für sich behandeln. Es wäre zu vereinfacht, alle Geschehnisse als elementare Imitationen der Beziehung zu den eigenen Eltern zu betrachten.

Sie können vielleicht Echos sein, doch die Gestalttherapie konzentriert sich auf die gegenwärtigen Beziehungen *als solche*. Wenn der Patient auf den Therapeuten wütend ist, dann könnte es zum Beispiel wichtig sein zu wissen, wie er dies jetzige Gefühl akzeptiert oder was er damit jetzt machen will. Die Interpretation der Übertragung lenkt den Patienten von den Gesamtergebnissen seiner Erfahrung im Leben ab, indem sie die Stärke des gegenwärtigen Fühlens und Handelns hinwegerklärt und das Jetzt durch das Es-war-einmal ersetzt. Dies soll nicht besagen, daß der Begriff der Übertragung ohne Bedeutung ist. Er wies im Gegenteil auf die wichtige Tatsache hin, daß die gegenwärtigen Reaktionen eines Menschen weitgehend von den frühen Beziehungen zu seinen Eltern bestimmt sind. Aber an diesem Aspekt sind wir ganz einfach nicht weiter interessiert. Ein zeitgenössischer Maler wird ein Gemälde von REMBRANDT fesselnd finden, aber er würde niemals ernsthaft in dieser Art malen. Zwar wird er die Wahrheit von REMBRANDTS Vision wohl akzeptieren, er muß jedoch seinen eigenen Vorstellungen über die Welt, in der er lebt, und seinen eigenen Techniken folgen, um mit dieser Welt in Verbindung zu treten. Da sich die Perspektiven zwangsläufig verändern, so muß die theoretische Integration den neuen Geist einordnen, den diese Perspektiven sowohl reflektieren als auch schaffen. Die einleuchtendsten der neuen Perspektiven, die die Grundlage der Gestalttherapie bilden – und auch eines Großteils der humanistischen Bewegung – sind: 1. Stärke liegt in der Gegenwart; 2. Erfahrung zählt am meisten; 3. der Therapeut ist sein eigenes Instrument und 4. Therapie ist zu wertvoll, um nur den Kranken vorbehalten zu sein.

Stärke liegt in der Gegenwart

Sehr schwierig zu lehren ist die Erkenntnis, daß die Gegenwart nur jetzt existiert; wenn man sich von ihr abwendet, lenkt man von der lebendigen Qualität der Realität ab. Da dies so offensichtlich scheint und in der sogenannten dritten »Generation« der Psychologie weitgehend akzeptiert ist, überrascht es doch immer wieder, daß die Betonung der Gegenwart, die von großer therapeutischer Bedeutung ist, von sehr vielen Psychologen so heftig abgelehnt wird.

Zwei grundlegende Paradoxe verdunkeln die Dynamik der Gegenwart als die hervorragende Lebensgrundlage: Erstens betrachtet die Gestalttherapie die *Vorgänge* des Erinnerns und Planens als gegenwärtige Funktionen, obwohl sie sich auf Vergangenheit und Zukunft *beziehen*. Zweitens beschäftigen wir uns auch mit Fragen, die über die direkte interpersonale Konfrontation hinausgehen und sich auf viele wichtige Themen *beziehen*, wie zum Beispiel Vietnam, Städteplanung, Freundschaft, Regierung, Rassismus usw.

Da diese Paradoxe zu einer Unklarheit über den Grundsatz führen, daß die Stärke in der Gegenwart liegt, ist eine Diskussion über sie nötig, um den Begriff der Gegenwart zu erklären und zu erweitern. Viele haben erkannt, daß eine rigide Auffassung der Gegenwart – eine, die nur buchstäblich gegenwärtige Erfahrungen gelten läßt – nutzlos ist. Nur durch willkürlichen Ausschluß ist es möglich, Ereignisse zu ignorieren, die außerhalb des Hier-und-Jetzt geschehen sind oder vielleicht geschehen werden. Einige dieser Ereignisse tragen zum ergreifenden und reichen Drama der menschlichen Existenz bei, und wenn darüber nicht berichtet werden darf, so bedeutet das einen großen Verlust sowohl für den Erzähler als auch für den Zuhörer.

1. Vergangenheit und Zukunft. Durch die Dimensionen von Vergangenheit und Zukunft nimmt das Gestalt an, was einmal war und was einmal sein wird; dabei bilden sich psychologische Grenzen für die gegenwärtige Erfahrung und einen psychologischen Zusammenhang, der der figuralen Gegenwart einen Hintergrund liefert, auf dem sie existiert. Während die Auseinandersetzung mit Vergangenheit und Zukunft jedoch offensichtlich wesentlich für das psychologische Funktionieren ist, zerstört man die Möglichkeit einer lebenden Existenz, wenn man sich so verhält – was auch viele Menschen tun –, als befände man sich in der Vergangenheit oder der Zukunft – hierin besteht das Paradoxe. Das sensorische, wie auch das motorische System des Individuums kann nur in der Gegenwart funktionieren, und durch diese Funktionen wird die gegenwärtige Erfahrung fühlbar und lebendig. Wenn sich ein Patient zum Beispiel an ein vergangenes Erlebnis erinnert und bei dem Bericht, wie er von seinem Vater geschlagen wurde, eine verkrampfte Haltung annimmt und wenn er diesen Vorfall hauptsächlich als vergangenes Erlebnis behandelt, dann befindet er sich nur zu einem sehr kleinen Teil in der Gegenwart. Würde ihm seine verkrampfte Haltung bewußt, dann wäre sein gegenwärtiges Erlebnis wesentlich intensiver. Wenn er dann auch noch zuließe, daß seine passive Verkrampfung sich in eine lebendige Spannung verwandelte, dann könnte er diese Geschichte möglicherweise mit der Wut berichten, die seiner Spannung innewohnt. Die Spannung hat eine eigene zielgerichtete Kraft und – Erinnerung oder nicht – überträgt sich in die Gegenwart, indem sie sich entweder verbal oder durch Weinen, Schreien, Schlagen, Schimpfen und andere ausdrucksstarke Handlungen äußert. Was früher zurückgedrängt, in die Vergangenheit eingeschlossen worden war, wird jetzt durch gegenwärtig vorhandene motorische und sensorische Realitäten wiedergeboren. Der Prozeß wird durch Erkennung, Verstärkung und Konzentration fortgesetzt, bis die motorische Entladung – die *nur* in der Gegenwart möglich ist – den Menschen vom Zwang befreit, *in* der toten Vergangenheit zu leben.

Um die Gegenwärtigkeit einer Erfahrung abzuschätzen, bedarf es weniger eines Systems von festen Regeln als vielmehr der Kennerschaft. Grammatikalische Vorschriften, die den Menschen zwingen, nur in der Gegenwartsform zu sprechen, können interessante Experimente für diejenigen sein, die diese besondere Übung brauchen; dies aber zu verallgemeinern, bedeutet einen großen Verlust für die menschlichen Kommunikationsmöglichkeiten. Überstilisierung, die einen poetischen Augenblick oder eine Erfahrung mit einer Lebensweise verwechselt, führt zu einem Verlust der Schärfe relevanten Gehaltes und begünstigt das stereotype und abhängige Verhalten des Initiators. Daß die Gestalttherapie für die Gefahr der Überstilisierung so anfällig ist, ist eine Ironie, da die Anti-Soll-Orientierung, die die Gestalttherapie vertritt, im genauen Widerspruch zur Methode steht, den Menschen vorzuschreiben, wie sie miteinander sprechen sollen. Ein Mensch, der gerade lernt, in der Gegenwart zu leben, muß zuerst lernen, wie dies zu bewerkstelligen ist. Wenn er mittels grammatikalischer Vorschriften – oder anderer ihm aufgezwungener Verhaltensweisen – in die Gegenwart transponiert wird, wird er sich vielleicht fügen, aber sein Verhalten wird stereotyp bleiben, eine leere Form anstelle einer vitalen Gegenwärtigkeit.

2. *Das Darüberreden.* Das zweite Paradox der Gestalttherapie bezieht sich auf die Frage, wie man *über* etwas reden kann, ohne die Unmittelbarkeit der Erfahrung dabei zu opfern. Das Gefähr-

liche am Darüberreden ist jedoch, daß es zu einer Sucht werden kann. Man bleibt leicht darin stecken, wie in einer Drehtür. So wie FITZGERALD es im *Rubaiyat* beschreibt:

> Als ich noch jung war, habe ich häufig Doktoren und Heilige besucht und dabei wunderbare Argumente vernommen:
> Aber jedesmal kam ich durch die gleiche Tür wieder heraus, durch die ich auch hereingekommen war.

Die Menschen sind von Natur aus an vielem interessiert, was über die willkürlichen Grenzen des Hier-und-Jetzt hinausreicht, sie *wollen* über das reden, was sie bewegt – ein Film, der sie stark angesprochen hat, das Fußballspiel am kommenden Wochenende, ob der Bürgermeister wiedergewählt wird. Wie bedeutend diese Themen auch immer sein mögen, sie bilden doch den hauptsächlichen Ansatz zur Entpersonalisierung. Vielleicht sind sie nur Versuche, eine Unterhaltung in Gang zu bringen, vom Mißtrauen abzulenken, mit dem eigenen Wissen anzugeben oder einer Auseinandersetzung, der Sexualität oder Verwirrung aus dem Wege zu gehen, so wie all die anderen Manöver, die das Leben zwar sicher, aber uninteressant machen.

Als Reaktion auf diese Art der entpersonalisierten Kommunikation in einer abgeschlossenen Welt zu verharren, die durch die eng definierten Grenzen der gegenwärtigen Erfahrung eingeschränkt wird, ist nur um weniges weniger gefährlich. Viele Menschen, besonders die erfahrenen Mitglieder von Therapie- und Encountergruppen, werden sagen, daß Themen wie Vietnam, zeitgenössische Architektur, der Bau einer Stereoanlage, bevorzugte Ausflugsziele usw. kein »Gruppenmaterial« darstellen. Dies ist völlig absurd, denn wenn man innerhalb solcher Grenzen verharrt, so bedroht man die Substanz des menschlichen Lebens.

Ein Mann sprach in seiner Gruppe *über* Vietnam, wobei er sehr bald seinen eigenen, leidenschaftlichen Ansichten zu diesem Thema Ausdruck verlieh. Er machte sich Sorgen der Massenvernichtung wegen und entdeckte sein persönliches Entsetzen darüber, daß sein Sohn bald darin verwickelt sein würde. In einer anderen Gruppe wurde eine Weile über das Thema der älteren Generation in unserer Kultur gesprochen, bis eine Frau von ihrer eigenen Erfahrung zu berichten begann. Sie hatte ihre Mutter in ein Altersheim gebracht, anstatt sie in ihrem Haus aufzunehmen, damit sie ihr Leben *en famille* beenden konnte. Dies führte bald zu einer Phantasieunterhaltung mit ihrer Mutter, in der sie ihr all das sagte, was sie ihr in der Realität niemals hatte sagen können. Durch diesen Dialog erlangte sie ihr eigenes Gefühl für Prioritäten wieder und löste sich von ihrer stereotypen Vorstellung, wie man sich der Mutter gegenüber verhalten sollte.

Zu lernen, etwas Persönliches und auch Fesselndes aus dem primären thematischen Rohmaterial zu machen, ist nicht nur für diejenigen eine Hauptforderung, die im Prozeß des persönlichen Wachsens stecken, sondern für alle Menschen, die etwas mitteilen wollen. Unglücklicherweise sind Vorlesungen immer noch sehr beliebt, aber die generelle Fruchtlosigkeit dieser schwachen Kommunikationsform ist allgemein bekannt. Trotzdem kommen die Menschen immer noch und lernen mittels entpersonalisierter Medien. Das alte Verhalten ist tief verankert, und noch sind nicht genügend neue Kommunikationsarten entwickelt worden, die Information und Thema mit persönlicher Teilnahme und Handlung verbinden. Aber man bemüht sich, solche Formen der Kommunikation zu finden. Immer mehr Professoren und Studenten entwickeln lebendiges Verhalten in ihren pädagogischen Übungen. »Contract-Education« ist ein Beispiel dafür, wie Lehrer und Schüler eine individuelle Form entwickelt haben und sich darüber unterhalten, was gelernt werden soll. »Work-Study-Programme« und unabhängige Forschungsprojekte anstelle des altbekannten unpersönlichen Darüberredens schaffen ein Gefühl der Unmittelbarkeit. Und auch außerhalb des Bereichs der Erziehung legen die Architekten ihren Auftraggebern nahe, sich Gedanken über Umweltprobleme zu machen, die einen organischen Faktor in der Gestaltung von Wohn- und Bürohäusern darstellen. Die Polizei lernt mehr über ihre Beziehung zum Bürger durch Rollenverhalten und andere Techniken. Konferenzplaner bauen immer mehr persönliche Interaktion in ihre Planungen ein. Verfasser von Lehrbüchern bringen in jüngster Zeit immer mehr »Handlungsprobleme«, die die unmittelbare Beteiligung und die persönliche Reaktion des Lesers erfordern.

Es ist völlig klar, daß unser gesamtes kulturelles System, das vom sterilen Darüberreden durchdrungen ist, neue Formen braucht, die die Menschen dazu anregen, ihre gegenwärtigen Handlungen zu erfahren, während sie lernen und kommunizieren. Es ist kein Wunder, daß in Therapie- und Encountergruppen das Verbot des Darüberredens fast zu einem Ritual geworden ist.

Doch die fast krankhafte Verbannung aller generellen Themen kann zur Entartung der Selbstbewußtheit führen, deren Horizont immer begrenzter wird.

3. Gegenwart selbst. Der Schwerpunkt der Gestalttherapie liegt trotz dieser paradoxen Komplikationen in der einfachen Gegenwart. Das heißt, die therapeutische Erfahrung – ob sie nun individuell oder in Gruppen gewonnen wurde – ist eine Übung im uneingeschränkten Leben im *Jetzt*, in der irgendwelche Sachthemen oder vergangene wie zukünftige Handlungen keine direkten Konsequenzen mehr haben. Da das Leben des Neurotikers grundsätzlich anachronistisch ist, bedeutet jede Rückkehr zum gegenwärtigen Erlebnis in sich selbst schon einen Angriff auf die Neurose. Der Mensch muß lernen, daß es keine bestimmten Verhaltensnormen für seine gegenwärtigen Interaktionen gibt, er muß lernen, daß es ihm nicht verboten ist, unruhig zu sein, unflätige Geschichten zu erzählen, die Täuschungsmanöver der Mitmenschen zu durchschauen, zu brüllen, passiv dazusitzen, zu kritisieren, zu umarmen, irre Phantasien zu entwickeln, zu kichern und all die anderen möglichen Verhaltensweisen auszuüben. Wenn er sich in einer Gruppe befindet, so ist er in einer neuen Gemeinschaft, deren Funktion dadurch bestimmt wird, wie sich ihre Mitglieder im Augenblick verhalten und welche Konsequenzen die Interaktion nach sich zieht. Irgend jemand mag meckern, wenn er kichert, aber dies ist eine Reaktion, mit der er rechnen muß. Die Gelegenheiten, sich zu entwickeln, entstehen aus solchen Reibereien, und diese wiederum ergeben sich aus der Auseinandersetzung mit Menschen in der Gegenwart. Dringen Überreste aus der Vergangenheit ein, muß der Mensch lernen, sie beiseite zu schieben und die Wirklichkeit seines Verhaltens in dieser spezifischen Gruppe zu erleben.

Man fragte einen Patienten, inwieweit seiner Ansicht nach sein Leben anders verlaufen würde, wenn er gesund wäre, aber unter Gedächtnisverlust litte. Zunächst war er von der Vorstellung begeistert, von seinen Schwierigkeiten befreit zu sein, doch dann bemerkte er reumütig, wie jemand, der dem eigenen Streich zum Opfer gefallen ist, daß er ja der einzige sei, der seine Vergangenheit am Leben erhalte. Und damit hatte er vollkommen recht.

Der Vorrang der Gegenwart ist fast unlösbar mit dem Vorrang der Erfahrung verbunden. Die Notwendigkeit, der Erfahrung einen Sinn abzugewinnen, ist kulturell so stark verankert, daß sie das Erfahrene selbst überlagert. Das Erfahrene bedeutet allmählich mehr oder weniger, als es eigentlich darstellt, und kann deshalb nicht mehr nach seinem eigenen Wert beurteilt werden.

FREUD sah sowohl die Erlebnis- als auch die Bedeutungsaspekte der therapeutischen Interaktion. Aber seine Art, diesen Zwiespalt zu betrachten, verleitete die Psychotherapeuten dazu, sich mehr auf die Bedeutung der Ereignisse in der Therapie und im täglichen Leben zu konzentrieren, als auf den Wert der unmittelbaren Erfahrung. Seine janusköpfige Betrachtungsweise der Übertragung verschleierte das grundlegende Thema der direkten Erfahrung. Einerseits hat die FREUDSCHE Auffassung der Übertragung eine *nüchterne* Als-ob-Qualität, die alle gegenwärtigen Interaktionen als bloße Verkleidungen der Vergangenheit hinstellt. Andererseits stellte die Übertragung auf den Analytiker tatsächlich einen zentralen Faktor in der Therapie dar, obwohl sie schließlich wegerklärt wurde. Trotz der Forderung nach der völligen Neutralität des Analytikers *muß* dieser doch zu einer lebendigen Persönlichkeit für die Patienten werden, die ihn ja bekanntlich dauernd zitieren. Diese beiden Möglichkeiten tauchen in FREUDS Arbeiten[4] auf, wo er sowohl die ablenkenden Eigenschaften der Übertragung als auch ihre Fähigkeit beschreibt, die Erfahrung zu intensivieren. In bezug auf neurotische und abhängige Bindungen an den Analytiker schreibt er:

> ... die Gefahr dieses Zustandes der Übertragung liegt offensichtlich darin, daß der Patient ihre Natur möglicherweise *mißversteht* und sie für *neue* Erfahrung hält, anstatt sie als Reflexion aus der Vergangenheit zu betrachten.

Natürlich wird hier die bestehende Beziehung zum Therapeuten als bloße Finte verstanden, um von der wahren Spur zum Unbewußten abzulenken. Im Gegensatz dazu schreibt FREUD jedoch im gleichen Zusammenhang:

> Ein weiterer Vorteil der Übertragung liegt darin, daß der Patient uns durch sie mit plastischer Klarheit einen wichtigen Teil

seiner Vergangenheit darlegt, von der er sonst wahrscheinlich nur einen *unbefriedigenden* Bericht geliefert hätte. Es ist, als würde er vor uns agieren, anstatt zu berichten.

Hier zeigt FREUD deutlich seine Vorliebe für eben den gegenwärtigen Augenblick im Gegensatz zur abgestandenen, historischen Erinnerung. Er kennt die dramatische, symbolische Natur der therapeutischen Situation. Indem er jedoch nach Symbolen aus der Vergangenheit sucht, die die Gegenwart erhellen, übersieht er, daß die Gegenwart *selbst* Symbole produziert, die gültige Aussagen sind und die sich weit über die Grenzen der therapeutischen Interaktion erstrecken. Aufgrund seiner Fähigkeit, für das Individuum eine neue Bedeutung anzunehmen, wird ein Ereignis durch seine symbolische Qualität in die Zukunft projiziert. Wenn es eine solche Bedeutung erlangt, dann nimmt es seinen Platz im Leben des Individuums ein und bleibt nicht nur in jenen Interaktionen eingekapselt, die während der therapeutischen Sitzungen stattfinden.

Eine Frau, Alice, hatte eine ausgedehnte Phantasie entwickelt, in der sie schließlich mit ihrer Mutter Arm in Arm im Wald spazierenging, und dabei die Wärme ihrer Mutter zum erstenmal empfand. Als die Stunde vorbei war, kam Alice auf mich zu (um eine schwerfällige Sprache zu vermeiden, benutzen wir die erste Person, wenn wir über persönliche Erfahrungen der Therapeuten berichten), küßte mich zärtlich und sagte: »Ich liebe dich.« Dann verließ sie das Zimmer. Sie liebte mich in diesem Augenblick wirklich; nicht ihren Vater oder sonst jemanden, wie die Verfechter der Übertragung glauben mögen. In der Perspektive der Gestalttherapie wird ein solcher Ausdruck für bare Münze genommen, wobei man von allen Fragen nach den Gründen des Verhaltens und des Gefühls absieht. Statt dessen wird ein Vertrauen in den natürlichen Fluß der Beziehung erweckt, und es wird nicht dadurch gehemmt, daß man symbolische Beziehungen zur Vergangenheit herstellt oder hinter diesem Vorfall nach irgendwelchen psychologischen Faktoren sucht, die dieses Verhalten erklären könnten. Dieses symbolische »Ich liebe dich« überträgt sich in die Zukunft, so daß die Liebe selbst allgemeiner assimilierbar wird. Dieses Ereignis, wie alle tiefempfundenen Ereignisse, wird das Verständnis dieser Frau für sich selbst wie auch für die Welt und ihre Teilnahme an ihr aktivieren. Es hat eine natürliche, mikrokosmische Relevanz: Es repräsentiert, kristallisiert, summiert und dramatisiert ihre Lebensprobleme, die ihre gegenwärtige Erfahrungswelt beherrschen.

Wenn die Patientin ihren Therapeuten wie im obigen Beispiel küßt und ihm erklärt, daß sie ihn liebt, so kann sie dieser Erfahrung folgende Bedeutung beimessen: »Jetzt habe ich mich der Liebe geöffnet und werde sie auch ausdrücken, wann auch immer ich sie empfinde und auf jede Weise, die ich für angemessen halte.« Diese Charakterisierung verleiht dem therapeutischen Ereignis Kraft, indem sie es in ein neues Stimulans und einen neuen moralischen Kontext für Alices zukünftiges Verhalten überträgt. Es ist nicht unbedingt nötig, dies zu verbalisieren, und häufig gewinnt die Erfahrung dadurch eine Bedeutung, die verfrüht sein kann. Die Gefahr liegt darin, daß die noch nicht abgeschlossene Erfahrung in eine bestimmte Form gepreßt wird, was zu Verhaltensweisen führen kann, die der Bedeutung untergeordnet sind und nur eine weitere Basis für stereotypes Verhalten bilden.

Bedeutung und Erfahrung stehen daher in komplexer Beziehung zueinander, und ein Übermaß des einen kann die notwendigen Funktionen des anderen blockieren. Die Künste verdeutlichen dies Problem vortrefflich. Einige Kunstwerke, wie etwa die Bilder von Hieronymus Bosch, haben so verzwickte und zwingende Symbolsysteme entwickelt, daß man sehr leicht das Bild selbst vergißt und sich mehr darauf konzentriert, was es *bedeuten* soll. Andere Künstler, besonders zeitgenössische Autoren wie Albee, Pinter und Beckett, verleugnen die symbolische Bedeutung ihrer Werke und bestehen darauf, daß der Zuschauer das Stück nur *erlebt*. Das Publikum ist jedoch so daran gewöhnt, nach einer tieferen Bedeutung zu suchen, daß die Zuschauer, wenn der Autor sie im Stich läßt, ihre eigenen Theorien über das Stück aufstellen werden. Dennoch ist das rückbezügliche Bedürfnis nach Bedeutung[5] nicht einfach launenhaft, und niemand weiß das besser als jene Autoren. Zu welcher Deutung auch immer sich das Publikum entschließt, sie soll einem neuen Lebensprozeß entspringen, in dem jede Person ganz einfach durch seine Erfahrung des Stückes angeregt wird. Die Bedeutung der Erfahrung ist dann eine einzigartige, die entweder während des Stückes oder später erfaßt wird, die aber für jeden einzelnen von unterschiedlichem Wert ist, je nachdem, wie das Stück zu seinem Leben in Beziehung steht.

Picasso[6] hat einmal über das Verständnis der Malerei gesagt:

> Jeder will die Malerei verstehen. Warum versucht man nicht, das Vogelgezwitscher zu verstehen? Warum liebt man die Nacht, eine Blume, all das, was den Menschen umgibt, ohne es unbedingt verstehen zu wollen? . . . Diejenigen, die ein Gemälde erklären wollen, befinden sich zumeist auf der falschen Fährte. Freudig erklärte mir Gertrude Stein vor einiger Zeit, endlich verstehe sie, was mein Bild darstelle: drei Musikanten. Dabei war es ein Stilleben!

Dieser Unwille ist unter Künstlern weit verbreitet, die lange Zeit dadurch frustriert worden sind, daß die vorrangige Stellung der Bedeutung die grundsätzlichen Aspekte der Existenz verdrängt, als wäre die Suche nach der Bedeutung hauptsächlich eine intellektuelle Beschäftigung. Picassos Unwille scheint jedoch dagegen gerichtet zu sein, daß die natürliche Erfahrung von der Suche nach der Deutung *ersetzt* wird, denn auch er gab dem Gemälde ja eine Deutung, als er es Stilleben nannte. Dies war seine Deutung. Für Gertrude Stein waren es drei Musikanten. Harold Pinter weigert sich, Erklärungen über die Bedeutung seiner Stücke abzugeben, da er der Überzeugung ist, daß er schon alles im Stück selbst ausgesagt hat. Aber die Suche nach der Bedeutung ist so zwingend, daß selbst Pinter, als er einmal ein Stück von Robert Shaw inszenierte, diesen wiederholt fragte, was er mit diesem oder jenem Ereignis meinte.[7]

In der Gestalttherapie sitzen wir im gleichen Boot, denn wir sind von jenem Suchen nach der Bedeutung abgeschreckt worden, das typischerweise die tatsächliche Erfahrung zunichte gemacht hat. Da die Suche nach der Bedeutung für die Gestalttheorie wesentlich ist, kommt es darauf an, ihr einen angemessenen Platz zuzuordnen. Wir wollen zuerst die Geschichte hören und die Bedeutung sich allmählich entfalten lassen, anstatt das ganze Verhalten nach einer bestimmten vorgefaßten Meinung zu deuten. Obwohl die Suche nach dem Sinn dem Menschen eigen ist, beeinträchtigt doch sehr häufig der *Zwang* zur Deutung die Erfahrung selbst. Der Sinn entwickelt sich aus der Lebensabfolge und dem natürlichen Rhythmus zwischen der Erfahrung und der Verleihung der Bedeutung. In der Psychotherapie ist das Symbol dann am stärksten, wenn sich seine Bedeutsamkeit aus Erfahrungen ergibt, die zuerst nur als solche existieren und sich *dann* zu einer natürlichen und evidenten Bedeutsamkeit entwickeln, die

Erfahrungen miteinander zu verbinden hilft. In diesem Prozeß ist der Patient ein gleichberechtigter Partner, der jede neue Erfahrung in einen neuen Zusammenhang stellt und mit neuen eigenen Bedeutungen versieht; er überschreitet auf seine eigene Art die Grenzen der therapeutischen Gegenwart, ohne die stereotype Suche nach Gründen, Geschichte und Bedeutung.

Diese nachdrückliche Betonung der Erfahrung selbst im Gegensatz zur Interpretation der Erfahrung reflektiert den Protest gegen das autoritäre System, das dem einen, der vorgeblich mehr weiß, erlaubt, den anderen, der vorgeblich weniger weiß, an der Nase herumzuführen. Statt ein intellektuelles Rätselraten zu spielen ziehen wir es vor, daß ein Patient in seine eigene Erfahrung steigt, und vertrauen darauf, daß er, wenn er eine klare Vorstellung davon bekommt, was in ihm geschieht, vom eigenen Richtungssinn zur nächsten für ihn bedeutenden Erfahrung geführt wird. Seine innere Dynamik muß erkannt und wiederbelebt werden. Im allgemeinen sind sich die Menschen nur vage bewußt, was den Reichtum ihrer eigenen Existenz ausmacht oder vergrößert. Fragte man zum Beispiel jemanden, was er dabei erlebt, wenn er von den letzten Forderungen seines Vorgesetzten berichtet oder vom Entgegenkommen eines Freundes oder von seiner Reise nach Afrika, dann wäre er wahrscheinlich überrascht, vielleicht sogar verwirrt und könnte nichts dazu äußern. Wenn es den Menschen jedoch möglich ist, ihre eigenen Erfahrungen zu beschreiben oder sie zumindest unmittelbar zu erleben, dann kommt eine intensive Kommunikation zustande. Solch erhöhtes Bewußtsein wird häufig als vertraulich oder ablenkend angesehen, und deshalb erreichen wir oft nur platte Interaktionen. Diese Interaktionen sind platt, weil die persönlichen oder menschlichen Details weggelassen oder verdeckt wurden. Dementsprechend werden bis heute Häuser oft so gebaut, daß strukturelle Notwendigkeiten unsichtbar blieben. Sichtbare Tragstützen aus Stahl, nichtverputzte Wände, offene Küchen, all das wurde vermieden und als unschön bezeichnet. Jetzt wollen wir es sehen. Würden die vergleichbaren Strukturen innerhalb der Erfahrung des Individuums aufgedeckt, könnten wir Bemerkungen hören wie: »Ihre Frage macht mir Angst«, anstatt daß man sie ignoriert oder daß man lügt; »Ihr Wissen erfüllt mich mit Respekt«, anstatt daß er den Überlegenen spielt; oder sogar: »Ich bin begeistert, daß Sie mich mögen«, anstatt den Unbeeindruckten zu spielen.

Der Therapeut ist sein eigenes Instrument

Joyce CARY[8] hat einmal gesagt, jede Kunst sei die Kombination einer Tatsache und der Art, wie man diese Tatsache empfinde. Auch der Therapeut, genau wie der Künstler, handelt aus seinen Gefühlen heraus, indem er seinen psychischen Zustand als Instrument für die Therapie benutzt. Wie ein Künstler, der einen Baum malt, von dem bestimmten Baum beeinflußt sein muß, so muß sich der Psychotherapeut natürlich auch auf den speziellen Menschen einstimmen, mit dem er in Berührung steht. Man könnte sagen, der Therapeut wird zum Resonanzkörper für alles, was sich zwischen ihm und dem Patienten abspielt. Er nimmt auf und gibt alles wieder, was in dieser Interaktion geschieht, und erläutert es so, daß es zu einem Teil der Dynamik der Therapie wird. Wenn die Stimme des Patienten rauh wird, setzt er seine eigene Reaktionsbereitschaft ein, indem er vielleicht sagt: »Du bringst mich dazu, daß ich mir wie ein unartiges Kind vorkomme!« Oder ein Zucken im Gesicht des Patienten kann beim Therapeuten eine Phantasie darüber auslösen, was für ein Spielkamerad der Patient war oder ist. Manchmal ist der Therapeut gelangweilt, amüsiert, verwirrt, verärgert, überrascht, sexuell erregt, erschrocken, in die Enge getrieben, unterbrochen worden, überwältigt usw. Alle diese Reaktionen sagen sowohl etwas über den Patienten als auch über den Therapeuten aus, und sie enthalten sehr viele wichtige Daten der therapeutischen Erfahrung.

Diese Erfahrungen können sehr einfach dadurch gewonnen werden, daß der Therapeut seine eigene Erfahrung beschreibt und darauf eingeht, was diese Bemerkungen in der Interaktion bewirken. Zum Beispiel sagt der Therapeut, er langweile sich. Der Patient wird vielleicht antworten, er sei nicht dazu da, den Therapeuten zu unterhalten, oder er fühle sich durch diese Bemerkung bedrückt. Was auch immer geschieht, es ist für die Therapie nützlich. Im ersten Fall könnte der Therapeut den Patienten fragen, was er dagegen habe, den Therapeuten zu unterhalten, und so eine Vielzahl möglicher Antworten provozieren, die alle die Bereitschaft des Patienten erhellen, in der Therapie oder im Leben außerhalb der Therapie zur Unterhaltung beizutragen. Derjenige, der sich durch die Bemerkung bedrückt fühlt, spricht vielleicht von seiner eigenen Überempfindlichkeit darüber, daß er uninteressant ist; oder er lernt, interessanter zu sein, indem er sich einer anderen Ausdrucksweise bedient, akzentuierter spricht oder darüber redet, was er wirklich denkt, anstatt nur abgedroschene Phrasen von sich zu geben.

Ein andermal wird der Therapeut seine eigene Erfahrung nicht dadurch verwenden, daß er über sie spricht, sondern daß er aus ihr heraus handelt. Er nimmt den Patienten bei der Hand, wenn er weint; er verweigert die Antwort, wenn er das Gefühl hat, in die Enge getrieben zu sein; er leiht dem Patienten Geld, wenn er es benötigt, wird aus Sympathie wütend, wenn dem Patienten Unrecht geschehen ist, erzählt eine lustige Geschichte, wenn er guter Laune ist, oder sagt dem Patienten – wenn es stimmt –, daß er oder sie hübsch ist. Der Therapeut kann seine Gefühle auch in metaphorischen Phantasien ausdrücken, die den Patienten betreffen und eines seiner wichtigsten Charakteristika beleuchten.

Der 27jährige Charles beispielsweise, der sich als homosexuell betrachtete, aber den heterosexuellen Verkehr suchte, machte schließlich einem Mädchen den Hof. Er sprach besonders zaudernd darüber, kam nicht auf die eigentliche Sache zu reden, berichtete nur unvollständig und schien seine Geschichte immer wieder hinauszuzögern, anstatt sie klar zu erzählen. Ich lehnte mich zurück und gab mich einer visuellen Phantasie hin. Charles wurde zum Teufel, abwechselnd in einen grünen, roten und wehenden Umhang gekleidet, ganz unheimlich. Dann erschien in meiner Vorstellung noch eine Frau. Sie war unbekleidet und für Charles sexuell bereit. Ihre Bereitschaft war eher auf seine teuflische Zauberkraft als auf irgendeine tatsächliche Aktivität seinerseits zurückzuführen. Wenn er wie ein Mensch sexuell mit ihr verkehren wollte, dann mußte Charles, der Teufel, seinen Umhang ablegen. Dann wäre er ein Mann. Aber er wollte auch weiterhin Teufel bleiben, deshalb zögerte er. Während er zögerte, betrat ich die Szene und verkehrte mit der Frau. Damit endete die Phantasie. Ich berichtete Charles von meiner Phantasie und bemerkte, daß Charles nachdenklich geworden war. Er begann, von seinem Vater zu erzählen, an den ihn meine Geschichte erinnert hatte. Er hatte seinen Vater widerlich und verantwortungslos gefunden; er hatte dreimal geheiratet. Aber mich fand er nicht widerlich, und tatsächlich erkannte Charles plötzlich, daß sein dreimal verheirateter Vater über beträchtlichen Tatendrang verfügte und nicht lange gezaudert hatte, wenn er etwas tun wollte! Er war erfreut, seinen Vater neu zu sehen, wie er auch über meine Kühnheit erfreut war. Kurz nach dieser therapeutischen Sitzung lernte er eine zweite Frau kennen, mit der er sexuelle Höhepunkte erlebte, die er sich nie zuvor hatte träumen lassen. Obwohl es natürlich in seiner Therapie viele andere Erfahrungen gab, die seine sexuelle Entwicklung beeinflußten, so war diese mindestens so wichtig wie die anderen.

Der Bereich der Interaktion, in dem die Erfahrungen des Therapeuten für das volle therapeutische Engagement wichtig – wenn nicht sogar unerläßlich – sind, ist sehr groß. Die Erkenntnis, daß die Erfahrung des Therapeuten eine zentrale Stellung einnimmt, existiert nicht nur in der Gestalttherapie, sondern auch in ROGERS' Arbeiten, im Sensitivity Training und bei den Psychologen, die existentialistisch orientiert sind und die Therapie als beidseitiges menschliches Engagement betrachten.

Der Vorteil jedoch, die Erfahrung des Therapeuten zu verwenden, liegt nicht nur in der Bereicherung der therapeutischen Begegnung. Wenn der Therapeut sich einschaltet, macht er dem Patienten nicht nur etwas bereits Existierendes zugänglich, sondern er trägt auch dazu bei, neue Erfahrungen aufkommen zu lassen, die sowohl von ihm als auch vom Patienten ausgehen. Das heißt, er wird nicht nur Antworter und Feedback-Geber, sondern er nimmt auch schöpferisch an der Schaffung neuen Lebens teil. Er ist mehr als nur ein Katalysator, der chemische Veränderungen bewirkt, ohne sich selbst zu verändern. Der Therapeut verändert sich; er wird der Vielzahl der Erfahrungen gegenüber offener, die er jetzt aus erster Hand kennt, er entdeckt zusammen mit dem Patienten die vielfältigen Möglichkeiten, sich zu engagieren, die ihnen jetzt offenstehen. Man nehme zum Beispiel an, daß der Therapeut in sich eine ausgeprägte Starrköpfigkeit feststellt; auf die Bitten des Patienten um mitfühlende Anteilnahme reagiert er kaum, und jede sanfte Interaktion wird von ihm vereitelt. Der Therapeut muß sich dieses Charakteristikums bewußt werden und diese Bewußtheit auch als Teil der Therapie akzeptieren. Konzentriert er sich dagegen nur auf die Persönlichkeit des sogenannten kranken Patienten, dann fördert er eine persönliche Distanz zwischen sich und dem Patienten. Dabei opfert er die Vitalität eines gegenseitigen Engagements zwischen zwei Menschen und beraubt sich weitgehend der Möglichkeit, sich selbst weiterzuentwickeln. Wenn er seine Rauheit als Teil seines Menschseins anerkennt, dann vermag er vielleicht die Quellen seines eigenen Mitgefühls aufzubrechen. Oder aber, anstatt mitfühlend zu werden, erkennt er vielleicht die Fruchtbarkeit seines frustrierenden Verhaltens, so wie es PERLS getan hat. PERLS sprach oft von einer geschickten Frustration[9], obwohl er seine eigenen zarten Gefühle keineswegs unterdrückte. Die eigene Härte anzuerkennen und zu unterstützen und sie als einen lebendigen Teil einer neuen Konfrontation sowohl für den Patienten als auch für sich selbst zu begreifen, kann vielleicht zu einem größeren Engagement führen als die konventionelle therapeutische Freizügigkeit. Wenn der Therapeut dieses Charakteristikum in sich ignoriert, so kann er dennoch für sehr viele Menschen Gutes bewirken, aber er wird zum Techniker, der anderen Menschen hilft, und erlebt nicht den vollen, möglichen Reichtum der Therapie.

Weiterhin ist es auch wichtig für den Therapeuten, frei zu arbeiten; sonst stumpft er sein wichtigstes Instrument ab – sich selbst.

Gelegentlich mag es nötig sein, seine eigene Funktion zugunsten des Patienten zu unterdrücken, dessen Entwicklung die Reaktion des Therapeuten nicht ertragen könnte. Obwohl der Therapeut bemerken darf, daß er sich langweile, wenn dies tatsächlich der Fall ist, so gibt es doch auch Momente, in denen er, gleichsam als Geschenk, sich selbst erlaubt, gelangweilt zu sein, und schon weiß, daß er die Langeweile beenden wird, wenn es der Patient nicht tut. Aber dies kann er nur in begrenztem Rahmen tun. Der Preis ist zu hoch, wenn er dadurch riskiert, die natürliche Lebendigkeit zu verlieren, welche er empfindet, wenn er seiner Funktion als Therapeut am besten gerecht wird.

Offensichtlich birgt diese Ansicht über die Fruchtbarkeit der inneren Erfahrung des Therapeuten den Keim einiger Probleme in sich. Zum einen riskiert er den freien Fluß seiner Erfahrungen als *notwendige Bedingung* der Vortrefflichkeit zu begreifen, was er ja nicht ist. Zum Beispiel zu sagen, daß man sich langweilt, ist kaum eine Aussage von hoher Bedeutung, selbst wenn sie auch zutrifft. Das kindlichste Engagement kann auf ein heiliges Podest erhoben werden, wenn man unbegründet annimmt, daß es, nur weil es in einem selbst geschieht, die einzige Wahrheit ist. Spontaneität ist keine Garantie für Vortrefflichkeit, obwohl sie ein Zeichen dafür ist. Feingefühl und Talent sind nötig, um die Beziehung zwischen Therapeut und Patient so zu gestalten, daß sie ihren Absichten und bestehenden Interessen gerecht wird. Sonst kann die theoretische Orientierung – die als Richtlinie, nicht als Garantie gedacht ist – als Bescheinigung der Vortrefflichkeit mißbraucht werden, wenn man nur sklavisch an ihren Geboten festhält.

Freier Ausdruck erreicht seine größte Bedeutung primär im Verhalten, das die Verantwortung für die Folgen akzeptiert. Was auch immer wir tun, es gibt stets ein Danach. Der Verantwortung für das Danach zu entgehen, ist eine Art der Entpersonalisierung. Obwohl dies eine oberflächliche Freiheit erlaubt, errichtet dieses Verhalten, da ihm ein Mangel an echter Anteilnahme zugrunde liegt, eine Mauer zwischen zwei Menschen und ganz sicherlich zwischen Therapeut und Patient. Das Ergebnis ist kein freies Assoziationssystem, sondern eher das, was PERLS als »freie Dissoziation« bezeichnet hat[10]. Dies entspricht etwa dem Phänomen, welches PIAGET[11] in bezug auf Kinder beschreibt: zwei Individuen, die drauf losreden, jedes für sich genommen authentisch, aber völlig unberührt von dem, was in dem anderen vorgeht. Als Übung ist die freie Assoziation durchaus fruchtbar. Doch letztlich muß die freie Assoziation dazu beitragen, daß man sein Bedürfnis erkennt, freie Entscheidungen zu treffen. Der Hauptunterschied zwischen der freien Assoziation und der freien Wahl ist der Unterschied zwischen einem passiv Aufnehmenden und einem aktiv Schaffenden. Jener ist seiner freien Assoziation ausgeliefert, dieser ist an deren Schöpfung beteiligt. Die Betonung der freien Assoziation, die bei vielen Verfechtern der Spontaneität herrscht, ist oft ein Ausweichen vor dem natürlichen Gesetz, daß ein Ereignis auf das andere folgt. Freie Entscheidungen zu treffen, selbst wenn man innerhalb der konsequenten Aufeinanderfolge der neuen Entwicklungen verbleiben muß, ist eine Möglichkeit zu entdecken, wie man sein eigenes Leben formen kann.

Therapie ist zu wertvoll, um nur den Kranken vorbehalten zu sein[12]

Der Psychotherapeut sollte sich die weitere Frage stellen, ob sich die Effektivität einer Theorie darauf beschränkt, eine sogenannte Heilung oder auch persönliches Wachstum herbeizuführen, oder ob sie auch für die gesellschaftliche Entwicklung eine Bedeutung hat. Wie, zum Beispiel wäre es, wenn man in einer Gestalt-Gesellschaft lebte[13]?

Diese Fragestellung ist für die Psychotherapie relativ neu, da die Therapeuten noch bis vor kurzem nicht ihre Praxen verließen. Jetzt treten die Psychotherapeuten in den Vordergrund, indem sie den Menschen neue Werte und Verhaltensweisen zeigen, während die Religion, der historische Mentor, immer mehr zu verblassen scheint, während ihre Prinzipien mit den zeitgerechteren kollidieren, die sich aus der gegenwärtigen Gesellschaftsform ergeben. Psychotherapeuten, die gewohnt waren, an das Individuum, an das Paar, die kleine Gruppe zu denken, haben allmählich die ungeheuren Möglichkeiten und das große soziale Bedürfnis erkannt, jene Einsichten, die sie aus ihrer Arbeit mit gestörten Patienten gewonnen haben, auf die Gemeinschaft als Ganzes auszudehnen.

Wir beschränken uns nicht mehr nur darauf, mit den Kranken zu arbeiten, und der Begriff der Heilung ist schon seit langem ein Anachronismus. Die überlieferte psychotherapeutische Auffassung der therapeutischen Heilung war eine sehr naive. Nach dieser Auffassung verfügte die Gesellschaft wohl über ein so breites Spektrum, daß jeder, der psychisch gesund war, in ihr einen ihm entsprechenden Platz finden konnte. Nur diejenigen, die in Verzerrungen und Zwangsvorstellungen flüchteten, konnten ihre eigenen Entwicklungsmöglichkeiten nicht wahrnehmen.

Heute ist es offensichtlich, daß dies unrealistisch war und daß die Wirklichkeit eher den Empfindungen der jungen Menschen entspricht, die an die Wand schreiben: *Horatio Alger eats shit!* Wir wollten die Menschen nur »heilen«, bis uns klar wurde, daß der Begriff »krank« offensichtlich nicht ausreichte, um die meisten Menschen, mit denen wir arbeiteten, zu bezeichnen. So wurde der Begriff »Entwicklung« geläufig. Immer mehr neue Menschen kamen, die bessere Lebensformen suchten; sie dachten nur wenig an Behandlung und viel an Selbstverbesserung und -entdeckung. Erregung als Motivation gewann immer mehr an Bedeutung. Die Formen der Interaktion führten zu großer Erregung, führten zu Erfahrungen ursprünglicher Vertrautheit, die tief und warm waren, zwischen Menschen, die sonst Fremde oder nur oberflächliche Bekannte geblieben wären.

Von der Betonung allgemeiner menschlicher Bedürfnisse und der Gruppe als einer auf therapeutischen Prinzipien basierenden Minigesellschaft ausgehend, führt der nächste soziologische Schritt nicht nur über die »Heilung«, sondern auch noch über die persönliche »Entwicklung« hinaus zur Entwicklung eines neuen gesellschaftlichen Klimas. Da niemand den psychologischen

Einflüssen seiner Umgebung entgehen kann, bis wir, in unseren Gruppen oder in der Therapie, die psychologisch notwendigen Veränderungen unseres gesellschaftlichen Klimas herbeiführen, leben wir in zwei Welten, schwanken zwischen der Atmosphäre der Encountergruppe und der Welt des Alltags, unfähig, die beiden miteinander in Einklang zu bringen. Neue Formen der Kommunikation, neue Werte, neue Prioritäten, neue berufliche Anforderungen, ein neues »Lohnsystem« – all das ist Teil einer notwendigen Veränderung in der geistigen Atmosphäre unserer Gesellschaft.

Gegenwärtig führen die Psychotherapeuten und die Arbeiter auf verwandten Gebieten ihre Ansichten und Wünsche in die soziologische Bewegung ein. In einem Artikel in *The New York Times Book Review* stellt Marshall BERMAN[14] fest:

> Wo unsere Eltern und Großeltern sich an die Romanciers wandten, neigen wir immer mehr dazu, uns der Soziologie, der Anthropologie und der Psychologie zuzuwenden, um unser jetziges Leben zu erhellen.
>
> So können wir uns Erik ERIKSON als unseren TOLSTOI vorstellen; Oscar LEWIS könnte unser D. H. LAWRENCE sein; Margaret MEAD unsere George ELIOT. Claude LEVI-STRAUSS hat der anthropologischen Feldforschung die geistige Dringlichkeit eines Melvilleschen oder Conradschen Trachtens verliehen. David RIESMAN könnte unser THACKERAY sein – obwohl es einmal so aussah, als würde er unser FLAUBERT werden. R. D. LAING, der in seiner Jugend unser DOSTOJEWSKI zu werden schien, scheint jetzt, in seinen mittleren Jahren, unser HESSE zu sein.

Obwohl diese Ansichten gegenwärtig einen großen Einfluß ausüben, finden ihre Verfechter doch nicht überall Gehör. Die größte Bedrohung kommt – wie immer – von den materialistisch orientierten Leuten, die manchmal aus Gier, manchmal aus Gewohnheit und manchmal der fundamentalsten Bedürfnisse wegen glauben, daß ein Huhn in jedem Topf uns allen das gibt, was wir benötigen. Die materiellen Bedürfnisse, wie das Essen, um nur eines zu nennen, sind tatsächlich so primordial, daß sie alle anderen Überlegungen zu überwiegen scheinen und die Aufmerksamkeit der Menschen und ihrer Regierungen in Anspruch nehmen. Die psychologischen Tatsachen des Lebens treten natürlich in den Hintergrund, man huldigt ihnen durch die verblassende Religion nur wenig. So muß die Psychotherapie aus einer schwachen Position heraus sich durchzusetzen versuchen. Vielleicht hat unser Angriff auf den Materialismus schon damit begonnen, daß die Psychologen jetzt in der Industrie vielfach tätig sind und immer mehr von den Regierungen und anderen sozialen Institutionen herangezogen werden.

In der Zwischenzeit entwickelt sich durch die Beschäftigung sowohl mit dem Klima als auch mit der persönlichen Entwicklung eine ganzheitlichere Auffassung des Menschen, der nicht nur in sich existiert, sondern untrennbar mit seiner Gemeinschaft verbunden ist. Überall können wir die Aufhebung von schädlichen Tabus bemerken. Die Jungen tragen lange Haare, junge Männer und Frauen leben in den gleichen Wohnheimen, Schwarze treten im Werbefernsehen als Konsumenten auf, nicht als Diener; Friedenskundgebungen beeinflussen die Führung einer Nation zu Kriegszeiten; auf der Bühne und im Film treten nackte Darsteller auf, und die Kleidung wird zum Ausdruck der Freude. Bei all diesen Entwicklungen hat die Psychotherapie eine wichtige Rolle gespielt, denn schon seit Jahren verkündet sie, daß die Menschen ihre eigene Aktualität erfahren sollten, anstatt die Stereotype und Verzerrungen zu schlucken, die früher jegliche Abweichungen von der Norm als pathologisch erscheinen ließen.

Heutzutage dringt immer mehr auf uns ein. Man kann kaum noch mit den neuen technologischen Aussichten Schritt halten. Neuerungen innerhalb der Großgruppe zeigen den Weg und fügen den Begriff des *Design* der wechselwirkenden Einsichten zu, die in den offenen Kleingruppen gewonnen wurden. Die Designs haben die führerlose Therapieerfahrung begünstigt – sehr wertvoll dort, wo der Bedarf an psychotherapeutischem Personal nicht gedeckt werden kann – und haben einen Austausch zwischen mehr als 1000 Menschen in einem Raum erlaubt. Großgruppen wurden dazu benutzt, neue Designs für die Interaktion zu finden: bei Konferenzen, im Kaffee, in Entwicklungszentren, Wohnsiedlungen, in der Industrie, der Universität, in der Fürsorge, im Gemeinderat und überall dort, wo Menschen zusammenkommen. Zur Technik gehören jetzt auch Tonbandaufzeichnungen, Fernsehen und die Durchführung der Therapieprogramme durch den Teilnehmer selbst. Außerdem wird eine neue, soziale Architektur entwickelt, wie sie in den neuen Städten, im Studium der psychologischen Effekte, der geplanten und ungeplanten Umwelt[15] und in neuen humanistischen Design-Philosophien zutage tritt.

Diese kurzen Worte sollen nur zur Einführung dienen, doch sie genügen vielleicht in diesem Zusammenhang, um eine Vorstellung davon zu geben, wie die vielfältigen Neuerungen in der humanistischen Technologie die Gesellschaft in ihrer Gesamtheit unvermeidlich beeinflussen werden, indem sie sie in Richtungen weiterbewegt, die die Psychotherapie angeregt hat.

2.

Die lebendige Figur

Einmal versuchte ich, einen Behavioristen davon zu überzeugen, daß er die Probleme und Tatsachen der Organisation ignoriere, wenn er in bezug auf den männlichen Vogel das Weibchen als »Stimulus« bezeichne.

WOLFGANG KOHLER

Vor Jahren begann einer unserer Kollegen spaßeshalber »Gesetze« zu sammeln, traurige kleine Weisheiten über die Eigentümlichkeiten des menschlichen Daseins: Mit dem verletzten Knöchel stößt man überall an; ein Stück Toast fällt immer auf die Butterseite; von Dingen, mit denen man gern spielt, kommt man eines Tages nicht mehr los, und schließlich das Gesetz, das uns hier angeht und das besagt, daß die visuelle Wahrnehmung nicht so einfach ist, wie sie auf den ersten Blick erscheinen mag.

Die einfachen Wahrnehmungsexperimente der frühen Gestaltpsychologen[16] ebneten den Weg für Untersuchungen, die zeigten, wie die Motivation die Wahrnehmung[17] beeinflußt; später führten sie zu den therapeutischen Erkenntnissen von PERLS[18], der die Gesetze der einfachen Wahrnehmung zuerst als System der Psychotherapie und später als humanistische Auffassung der menschlichen Existenz formulierte.

Hintergrund der Erfahrung

Die Gestaltpsychologen untersuchten die Dynamik des Wahrnehmungsvorgangs und stellten die Theorie auf, daß der Wahrnehmende nicht nur passives Ziel des sensorischen Bombardements durch seine Umwelt ist, sondern daß er vielmehr seine eigene Wahrnehmung strukturiert und ordnet. Im wesentlichen organisiert er die Wahrnehmung der einströmenden sensorischen Eindrücke zur primären Erfahrung einer Figur, wie sie vor einem Hintergrund oder Grund gesehen oder wahrgenommen wird. Die Figur mag eine Melodie sein, die deutlich aus einem harmonischen Hintergrund herauszuhören ist, oder ein visuelles

Muster, das sich als kohärente Einheit gegen eine Gruppe von nicht dazugehörigen Linien abhebt. Eine Figur, ob sie nun einfach wahrnehmbar oder von einer größeren Komplexität ist, zeichnet sich auf dem Grund nach der Art eines Flachreliefs ab, rückt in eine Position vor, die Aufmerksamkeit erfordert und ihre Qualitäten der Begrenztheit und Klarheit hervorhebt. Die Figur erscheint in allen Details und fordert eine genaue Untersuchung, die Konzentration, ja sogar die Faszination des Betrachters.

Ein anderes wichtiges Charakteristikum der Wahrnehmung ist die Neigung des Individuums zur Vervollständigung. Eine Figur wird als vollständiges, abgegrenztes Bild gesehen – in manchen Fällen füllt der Betrachter sogar fehlende Details aus, beispielsweise indem er diese einzelnen Punkte als Kreis sieht:

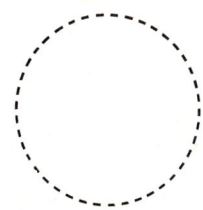

Dieser Drang nach Vervollständigung empirischer Einheiten ist mehr als nur ein Wahrnehmungsreflex, er ist auch ein sehr starker persönlicher Reflex, der häufig durch die sozialen Lebensumstände vereitelt wird, die die Menschen daran hindern, ihren Neigungen und Interessen konsequent nachzugehen. Diese unvollendeten Handlungen werden in den Hintergrund gedrängt, wo sie ein unbehagliches Gefühl verursachen und im allgemeinen das Individuum von den Aufgaben ablenken, mit denen es gerade beschäftigt ist.

Peggy erkannte während einer therapeutischen Sitzung, daß sie nie wieder auf dem Schoß ihres Vaters gesessen hatte, nachdem sie als kleines Kind von ihrer Mutter deswegen beschimpft worden war. Sie hatte sich eine distanzierte Haltung angewöhnt und sich, wie sie jetzt plötzlich erkannte, sogar einen Ehemann ausgesucht, der keine physische Nähe wollte. Peggy erreichte diese Anpassung auf vielerlei Weise, beispielsweise durch die muskuläre Blockierung ihrer Gefühle der Wärme – eine physiologische Abwehr – und durch die Überzeugung, eine nähere Beziehung könne nur Ärger verursachen – eine ideologische Methode. Der Drang nach Vollendung jener so früh unterbrochenen Handlung – und wahrscheinlich sogar einer ganzen Folge von Handlungen, da das Sitzen auf dem väterlichen Schoß nur eine erste Annäherung darstellt – ist jedoch eine Kraft, über die sie immer sehr aufmerksam wachen muß. Die Gestaltpsychologen vertreten die Ansicht, daß Peggy unbefriedigt bleiben wird, bis sie die Gelegenheit – oder sogar mehrere Gelegenheiten – erhält, diesem Drang nachzugeben und ihn tatsächlich zur Vollendung kommen zu lassen. Doch dazu ist sie noch nicht bereit, so daß es vorläufig wohl ein zentrales Problem bleiben wird bei ihrer Entwicklung von dem Kind, das durch die Neurosen seiner Eltern eingeschüchtert wurde. Wenn Peggy endlich der Faszination, einem Mann nahe zu kommen, nachgeben kann, wird ihr Bedürfnis deutlich und zwingend, und sie wird zu einer erwachsenen Frau, die ihre eigenen Bedürfnisse kennt und auch auslebt.

Der Grund hat im Gegensatz dazu keine solche Anziehungskraft. Er ist unbegrenzt und formlos und seine Hauptfunktion besteht darin, einen Zusammenhang herzustellen, der der Figur Perspektive verleiht, selbst aber wenig Interesse besitzt. Die Stärke des Grundes liegt in seiner Ergiebigkeit. Im Idealfall ist die Trennung der Erfahrung in Figur und Grund nur vorübergehend, manchmal sogar momentan, und der Grund ist Quelle für ständig neue figürliche Formationen. Man braucht nur aus dem Fenster zu blicken, um festzustellen, wie frei die Aufmerksamkeit von einem Teil des Panoramas zu einem anderen überwechseln kann. Zuerst erregt ein gerade knospender Baum die Aufmerksamkeit. Dann erhebt sich plötzlich ein Vogel von einem Ast, und man verfolgt seinen Flug gegen den Himmel. Eine ungewöhnliche Wolkenformation lenkt den Blick vom Vogel ab und löst eine ganze Kette von Assoziationen aus. Ein Lieferwagen fährt vor. Jetzt sieht man weder die Wolken noch den Vogel, sondern hört das Krachen der Gänge und das Scheppern der Flaschen. Man beobachtet, wie der Fahrer mit einem Drahtkorb voll Milch, Käse und Eiern zum Nachbarhaus geht. So sieht der ungehinderte Fluß der Erfahrung aus. Das Figürliche kann jeden Augenblick in den Hintergrund treten, um von einem Detail aus dem Hintergrund ersetzt zu werden.

Dies ist jedoch nur ein Teilaspekt. Untersuchungen über den Einfluß der Motivation auf die Wahrnehmung haben gezeigt, daß der Wahrnehmende nicht nur das, was er wahrnimmt, in ökonomische Erfahrungseinheiten strukturiert, sondern auch das, was er hört und sieht, korrigiert und zensiert, indem er selektiv seine Wahrnehmung mit seinen inneren Bedürfnissen abstimmt. Ein Mensch, der Hunger hat, neigt beispielsweise eher dazu, einen mehrdeutigen Stimulus als Nahrung wahrzunehmen[19]. So wird die innere Erfahrung von der gegenwärtigen Erfahrung gefärbt und bestimmt. Wie ein hungriger Mensch Nahrung wahrnimmt, selbst wenn gar keine vorhanden ist, so fährt der unbefriedigte Mensch neben seinen gegenwärtigen Aktivitäten fort, unerledigte Geschäfte aus der Vergangenheit zu bearbeiten. Was hier als Figur oder Grund bezeichnet wird, ist mehr als die einfachen Wahrnehmungsvorgänge, von denen die frühen Gestaltpsychologen sprachen. Von diesen grundlegenden Aspekten ausgehend, kommt man zu der Erkenntnis, daß sämtliche menschlichen Belange organisatorische Bedürfnisse reflektieren, die von Natur ganzheitlich sind. Das ganze Leben eines Menschen liefert in gewisser Hinsicht den Hintergrund für den gegenwärtigen Augenblick – selbst wenn viele spezifische Ereignisse in diesem Hintergrund wie eine einzelne Blase im kochenden Wasser in der Masse untergehen.

Drei Elemente bilden den Hintergrund im Leben des Individuums:

1) Vergangenes Leben. Güte, Klugheit und Ehrgeiz usw. sind Qualitäten, die im Leben eine Orientierung bieten und die Erfahrungen beeinflussen, die im Vordergrund der Gegenwart auftauchen. Die Handlungen oder Gedanken, die zu einem bestimmten Charakterzug passen oder mit ihm harmonieren, nehmen eher eine figürliche Bedeutung an als die, die mit dem charakteristischen Hintergrund weniger vereinbar sind.

Wenn im Charakter eines Menschen Güte enthalten ist, wird für ihn ein sanftes Wort oder ein Ausdruck der Sympathie eher als Figur erscheinen, als wenn der Charakter von Sadismus geprägt ist. Wenn jemand sich beispielsweise mit seiner eigenen Homosexualität nicht abfinden kann, dann werden alle Verhaltensweisen, die die Homosexualität als Hintergrund benötigen, entweder neutralisiert oder angsterregend. Erfüllung wird durch die Kluft zwischen seiner Handlung und dem Hintergrund seiner »Natur« gemindert, die ihr Dimension und Zusammenhang geben könnte. Wenn das Wort oder der Begriff Homosexualität also »tabu« ist, dann werden einige Verhaltensweisen, die darunter subsumiert werden könnten – etwa Zärtlichkeit bei einem Mann, Härte bei einer Frau –, sehr wahrscheinlich als Erfahrung gar nicht auftreten. Einem sexuellen Moralisten wird es schwerer fallen, sexuelle Gedanken oder Gefühle aufkommen zu lassen. Und wenn es dennoch geschieht, dann beginnen seine Schwierigkeiten, die von Unbehaglichkeit bis hin zur Panik reichen.

Die Psychotherapie muß die Gefühle des Individuums für seinen Hintergrund so verändern, daß die neuen Erfahrungen jetzt mit seiner Natur harmonisieren. Es muß entdecken, daß die Erfahrungen nicht das waren, für das es sie hielt, daß sie tatsächlich willkommen sind. Durch diese Erfahrung der Veränderung verändert sich auch sein Hintergrund, so daß in seinem Leben Harmonie möglich wird. Wenn plötzlich eine Figur aus der Tiefe des Hintergrunds auftaucht, wo sie nur wenig oder gar keine Beachtung gefunden hatte, ist die Wirkung sehr stark. Für den abenteuerlich Veranlagten mag es erregend sein, es kann aber auch Angst und einen Schock auslösen, wenn ihr Hintergrund für die Betreffenden oder für andere unbekannt ist. Das Verbergen gewisser Teile dieses Hintergrunds stellt die sorgfältige Bemühung des Betreffenden dar, nicht aus diesem stillgelegten Fundus von Charakteristika und Erfahrungen zu schöpfen. Der Hintergrund ist daher als Quelle für neue Figuren nicht frei verfügbar.

Die Umkehrbarkeit von Figur/Grund ist die Wurzel der Veränderlichkeit des Lebens. Im Idealfall würde es keine Erfahrung aus dem Grund der Existenz geben, die unter den richtigen Bedingungen nicht figürlich werden könnte. Während der Therapie kann man mit allen Ausdrucksformen der eigenen Verrücktheit in Berührung kommen, von der Paranoia bis hin zur Psychopathie. Man lernt nicht nur die eigene Güte, sondern auch die eigene Grausamkeit kennen. Man kann in das Reservoir der Erfahrung nach Leichtgläubigkeit, Rachsucht, Neid, Perversion, Ekel, Klaustrophobie, Passivität, Sturheit und all diesen anderen Charakteristika greifen, die bei einer tiefen Verbindung zwischen Figur und Grund eine Rolle spielen können. Die Klarheit und die Spannung des Lebens werden zutiefst davon beeinflußt, in wie starkem Maße das Material aus dem Hintergrund figürlich werden kann, denn nur als vollständige Figur, die sich vom akzeptierten Hintergrund leuchtend abhebt, können Ausgeglichenheit und Vitalität nebeneinander existieren. Aufregung, die nicht ertragen werden kann, wird verwandelt und als Angst erlebt. Wenn der Hintergrund Schattenstellen aufweist, kann er nicht die Basis für die intensive Erfahrung liefern, die die Erregung möglich macht. Menschen, deren figürlicher Fluß zwanghaft ist oder deren Figuren ohne stützenden Hintergrund wahrgenommen werden, verlieren die Qualität der Tiefe, die man bei denjenigen verspürt, deren figürliche Entwicklung natürlich und anmutig einem reichen Erfahrungshintergrund zu entspringen scheint.

Das gleiche gilt für das, was man als Repertoire der auf den gegenwärtigen Augenblick bezogenen persönlichen Erfahrungen nennen könnte, wie etwa der Hintergrund des Schwimmens bei einem Menschen, der sich, wenn er Bewegung haben will, schwimmen zu gehen entschließt. Die Bedingungen der Wechselbeziehung zwischen Figur und Grund sind hier ähnlich denen, die die persönlichen Charakteristika des Individuums beeinflussen. Wenn jemand geschwommen hat, gereist ist, an der Drehbank gearbeitet oder Blumen gepflanzt hat, mit dem Motorrad gefahren ist, Wein gekeltert, ein Bild gemalt hat oder mit dem Fallschirm abgesprungen ist, dann hat er den Fundus erweitert, aus dem er nun neue, figürliche Entwicklungen schöpfen kann. Mit anderen Worten: in dem Maße, in dem der Erfahrungshintergrund differenzierter wird, harmoniert er auch potentiell besser mit einer ganzen Reihe von Ereignissen. Die daraus resultierende Vielseitigkeit garantiert viel eher einen relevanten Hintergrund für alles, was in der Gegenwart geschehen kann.

Diese Faustregel wird von solchen Eltern stillschweigend unterschrieben, die dafür sorgen – auf die Gefahr hin, auch Dilettantismus zu begünstigen –, daß ihre Kinder Tanz- und Musikunterricht bekommen, Reisen machen, Museen besuchen und sich in der Botanik auskennen. Es ist ja nur vernünftig, den eigenen Hintergrund zu erweitern, denn dadurch wird man für neue Erfahrungen empfänglicher.

Die Beziehung der Figur zum Grund ist zwar unvermeidlich und grundlegend, doch besteht nur dann eine Garantie dafür, daß sie auch lebendig sein wird, wenn die Bewegung zwischen Figur und Grund dadurch erleichtert wird, daß das vollständige Repertoire der Charakteristika und Erfahrungen des Individuums verfügbar bleibt.

So ist auch im persönlichen Hintergrund eine generelle Lebensorientierung enthalten, wie sie von bestimmten Philosophien, Religionen, Glaubensbekenntnissen oder von der eigenen Anschauung darüber, was das Leben ist und wie man es am besten lebt, geliefert wird.

Helen war zum Beispiel von einer perfektionistisch veranlagten Mutter, die moralistische Gebote ohne Rücksicht auf menschliche Belange betont, erzogen worden und hatte nun große Schwierigkeiten, ihre eigene Ambivalenz darüber, wie sie eine gute Mutter sein könnte, aufzulösen. Sie wollte frei und vorurteilslos gegenüber ihren Kindern sein, fühlte sich jedoch verpflichtet, in bezug auf die Haushaltsführung und das tägliche Arbeitspensum an sich selbst unrealistisch hohe Ansprüche zu stellen. Das Ergebnis war, daß sie immer erschöpft und ihren Kindern gegenüber gereizt war und sich wegen ihrer Unzulänglichkeit schuldig fühlte. Das Problem, wie sie sich selbst und ihrer Familie ein freies Leben erlauben und auch noch ihren Haushalt in Ordnung halten sollte, war chronisch und zermürbend. Wie entscheiden, wem oder was sollte sie Vorrang geben? Während einer therapeutischen Sitzung schlug ich Helen vor, daß sie ihre Konflikte vielleicht dadurch lösen könnte, daß sie die »menschlichen Werte« über die »materiellen Werte« stelle. Ihr Gesicht leuchtete auf, und sie erkannte sofort, daß sie, wenn sie das Problem so betrachtete, keine Schwierigkeiten hatte, die Maßstäbe ihrer Mutter – die Helen mißbilligt, jedoch als richtig anerkannt hatte – abzulegen und ihren eigenen, sich langsam entwickelnden Maßstäben zu folgen, die sie gefühlsmäßig als richtig für sie begriff. Auf diese Weise konnte Helens Wärme und Liebe viel müheloser als figürlich zutage treten.

2. *Unerledigte Geschäfte*. Eine apokryphe Geschichte, die abwechselnd Bach, Händel oder Haydn zugeschrieben wird, berichtet, wie der hochbetagte Meister gerade zu Bett gehen will, als er unten einen Freund Klavier spielen hört. Der Freund spielt wunderbar, die Musik erreicht einen Höhepunkt, endet aber abrupt mit einem Dominantakkord, obwohl in jenen Tagen ein Dominantakkord unausweichlich in den Grund- und Schlußakkord überleiten mußte. Ruhelos wirft sich der Meister in seinem Bett herum und findet so lange keinen Schlaf, bis er schließlich die Treppen hinunterstapft und die Melodie zu einem richtigen Schluß bringt.

Jede Erfahrung bleibt unvollständig, bis man mit ihr fertig ist. Die meisten Menschen verfügen über eine große Belastbarkeit hinsichtlich unerledigter Situationen – glücklicherweise, denn im Verlauf eines Menschenlebens wird es eine ganze Anzahl von ihnen geben. Obwohl man eine beachtliche Menge unerledigter

Erfahrung vertragen kann, so *suchen* doch diese unvollständigen Entwicklungen ihre Vervollständigung; und wenn sie stark genug werden, wird der Betreffende von Zerstreutheit, zwanghaftem Verhalten, übermäßiger Vorsicht, bedrückender Energie und einer sinnlosen Geschäftigkeit befallen. Wenn man seinem Chef bei der Arbeit gern die Meinung sagen würde, es aber nicht tut, sondern nach Hause kommt und die Kinder beschimpft, dann nützt dies aller Wahrscheinlichkeit nach nichts, da es nur ein schwacher oder partieller Versuch ist, irgend etwas zu beenden, was aber trotzdem noch unerledigt bleibt. Die Nymphomanin, die sich immer wieder neue Liebhaber nimmt, weil sie wohl dadurch Gefühle zu erfahren sucht, die ihr Befreiung und Erfüllung bringen werden, sowie der Mensch, der immer wieder dasselbe erzählt, da er das Gefühl hat, man habe ihm nie zugehört oder er habe die Sache nicht richtig berichtet – sie leben alle beide ihre unerledigten Geschäfte aus. Unzählige Konferenzen und Unterhaltungen sind gescheitert, weil es noch verborgene, unerledigte Punkte der Tagesordnung gab, die neue Interaktionen verhinderten.

Dasselbe gilt auch für die wohlbekannten Arten unerledigter Geschäfte, die der Psychotherapeut historisch beobachtet hat. Ich habe meinem Vater niemals von meinen Gefühlen erzählt; ich wurde erniedrigt, als ich Beachtung suchte; ich wollte Künstler werden, aber sie zwangen mich, Medizin zu studieren – das sind altbekannte Klagen. Wenn diese unerledigten Situationen stark genug sind, kann der Betreffende niemals befriedigt werden, gleichgültig, wie erfolgreich er auf Ersatzgebieten sein mag. Er muß mit ihnen abschließen, indem er entweder zu ihnen zurückkehrt oder sie mit parallelen Umständen in der Gegenwart in Verbindung bringt. Ein Mensch, der niemals beim Vater auf dem Schoß sitzen konnte, findet vielleicht einen Abschluß, indem er dies bei einem anderen Menschen tut und so die Zufriedenheit und die Freude erfährt, die den natürlichen Abschluß der früheren Situation gebildet hätten; oder vielleicht auch, indem er diese Handlung in der Phantasie wiederholt. Wenn einmal der Abschluß erreicht ist, und in der Gegenwart vollständig erfahren werden kann, hört man auf, sich mit dem alten unerledigten Material zu beschäftigen, und wendet sich den gegenwärtigen Möglichkeiten zu.

Wenn aber die unerledigten Geschäfte zum Mittelpunkt der Existenz werden, leiden die geistige Beweglichkeit und Frische darunter. Im Idealfall kann sich der unbelastete Mensch spontan auf jedem Gebiet engagieren, das ihn interessiert, und solange dabei bleiben, bis dieses lebhafte Interesse nachläßt und etwas anderes seine Aufmerksamkeit beansprucht. Dies ist ein ganz natürlicher Prozeß, und ein Mensch, der diesem Rhythmus entsprechend lebt, erfährt sich als flexibel, klar und effektiv.

Aber diesem Prozeß können zwei polare Hindernisse entgegenwirken. Das erste ist das zwanghafte Bedürfnis, die alten, unerledigten Geschäfte zum Abschluß zu bringen, was zu einer Starrheit der Figur-Grund-Formation führt. Die entgegengesetzte Störung ist die geistige Labilität. Der Betreffende kommt kaum dazu, etwas richtig zu erfahren, denn die Konzentration auf das jeweilige Geschehen ist so flüchtig, daß ein Abschluß sich nicht mehr entwickeln und erlebt werden kann.

Im ersten Beispiel kann der Betreffende vom Sex, Erfolgsstreben oder Briefmarkensammeln besessen sein. Sehr viele Dinge in seinem Leben werden sofort mit dieser Obsession in Beziehung gebracht, was den überquellenden Reichtum der normalen Erfahrungswelt erheblich beeinträchtigt. Seine eigenen unerledigten Geschäfte bilden den Schwerpunkt, der die Aufmerksamkeit wahllos und magnetisch anzieht. Der Mensch, für den Sex im Mittelpunkt steht, fragt sich, ob die Frau, die ihn auf der Party gerade gebeten hat, ihr einen Drink zu bringen, mit ihm ins Bett gehen will. Der erfolgsorientierte Mensch fragt sich, wie er es anstellen kann, berufliche Unterstützung von einem einflußreichen Mann zu bekommen, der ihn gerade angelächelt hat. Der besessene Briefmarkensammler erhält einen herzlichen Brief von einem Freund aus Zambia und freut sich nur über die neue Briefmarke. Diese figürliche Starrheit verhindert das Aufkommen natürlicher, sinnvoller Erregung und engt daher das Leben ein. Diese Bedürfnisse sind nicht unbedingt pathologisch und können manchmal sogar die Quelle erheblicher persönlicher Befriedigung sein, doch laufen die Betreffenden allzu häufig Gefahr, daß ihr Leben steril bleibt – und sehr häufig sind sie entsetzlich langweilig.

Das andere Extrem bilden die labilen Menschen, bei denen keine stabile Beziehung zwischen diesem und dem nächsten Moment zustande kommt. Die etwa vorhandene figürliche Entwicklung kann selten Vollständigkeit oder Bedeutung erlangen, da jede neu eingeschlagene Richtung schnell wieder verlassen wird. Es ist, als bestünde ihr ganzes Leben aus der freien Assoziation; so sind sie eher Opfer als Schöpfer der eigenen Gedanken und Handlungen. Man wird zu einem Seelenwanderer und findet niemals Frieden und Ruhe. Auf der pathologischen Ebene ist dies natürlich eine manische Psychose, doch gewöhnlich findet man nur Menschen, die sehr wenig Erfüllung erlangen, obwohl sie anscheinend sinnvollen Beschäftigungen nachgehen. Man ist sogar oft überrascht zu erfahren, daß mit ihnen etwas nicht stimmt, wo sie doch so flexibel, erfinderisch, ja sogar freudvoll sind. Aber sie können sich nicht lange genug für eine Sache interessieren, um das Gefühl der Vollendung zu erlangen, deshalb bleiben sie wie im Fegefeuer inmitten aller Dinge stecken. Ihnen fehlen die Grenzen, die existieren, wenn man das Gefühl von Anfang und Ende hat; sie sind steckengeblieben, ohne das konsequente Gefühl der Identität zu haben, das dann eintritt, wenn man die kleinen Sequenzen des eigenen Lebens vollendet.

Man könnte meinen, daß man wissen müßte, wann eine Folge von Ereignissen eine abgeschlossene Einheit darstellt. Aber so verhält es sich nicht: es bedarf schon einer beträchtlichen Lebensklugheit, um zu wissen, wann etwas beendet ist. Wir sprechen hier nicht von den stereotypen Abschlüssen, die wir alle kennen: das Ende des Arbeitstages oder des Urlaubs, der Schulabschluß, eine Scheidung oder ein ausgelesenes Buch. Solchen Normen der Vollendung entsprechend, sollte man beispielsweise, wenn man einmal damit angefangen hat, das Studium zu einem Abschluß bringen oder den Rasen fertigmähen. Wenn jedoch das eigene innere Gefühl für Vollendung vorherrschend ist, dann kann man seinen Rasenmäher mitten auf dem Rasen stehenlassen und zum Pferderennen gehen. Ob diese Handlung als Vollendung zu bewerten ist, hängt von der inneren Sammlung des Betreffenden ab und von seiner Fähigkeit, gefühlsmäßig zu beurteilen, welche Lebensweise zu einem gegebenen Augenblick für ihn richtig ist. Andererseits kann ein launenhaftes Gefühl der persönlichen Vollendung nicht mehr sein als ein Versagen einer an sich angemessenen Aufgabe, ob es nun darum geht, das Studium abzuschließen oder den Rasen fertigzumähen. Es gibt genausowenig eine Patentlösung für die Aufgaben des Lebens, wie es für Maler oder Schriftsteller eine Formel gibt, die ihnen anzeigt, wann ihr Kunstwerk beendet ist. Und tatsächlich ist der Begriff der Vollendung in den Künsten heute völlig anders als früher. Viele, die von den überlieferten Vorstellungen der Vollendung ausgehen, werden durch die moderne Literatur, Musik und Malerei, die so vieles offenläßt, verwirrt und verärgert. Die Künstler haben andere Einheiten im Sinn, und wenn man an den alten Einheiten orientiert ist, hat man oft das Gefühl, als hätte man den Boden unter den Füßen verloren.

3) *Der Fluß der gegenwärtigen Erfahrung.* Wo Absichten, Interaktionen und aktuelle Entwicklungen komplex sind, verursachen sie große Schwierigkeiten bei der Koordination der eigenen Figur-Grund-Beziehungen mit denjenigen, die sich ständig in der Umwelt abspielen. Man stelle sich vor, man nehme an einer Konferenz leitender Angestellter teil; ein Kollege berichtet über die Arbeit seines Komitees. Es kommen einem Assoziationen und Gedanken zu diesem Bericht, und vielleicht hat man auch Vorschläge und Anregungen. Was macht man mit dem eigenen Gedankenfluß, während der Sprecher mit seinem Bericht fortfährt? Wenn man klug ist, schweigt man gewöhnlich, bis er fertig ist, in der Hoffnung, daß man sich dann immer noch an seine brillanten Einfälle erinnern wird, daß diese immer noch einem selbst und auch den anderen einleuchten und angesichts der später vorgetragenen Ideen immer noch relevant sein werden. Der gleiche Prozeß, allerdings weniger komplex, spielt sich auch bei einer Unterhaltung zwischen zwei Menschen ab; hier ist es zwar einfacher zu unterbrechen, man läuft jedoch Gefahr, den Gedankenstrom des Gesprächspartners zu unterbrechen.

Der Prozeß der Unterbrechung ist besonders schwierig zu behandeln, wenn die Kommunikation einer speziellen Absicht dient und sich nicht auf eine gewöhnliche Unterhaltung beschränkt, wo der Kontakt und das Sprechen selbst das wichtigste sind. Ein Gespräch, mit dem ein bestimmter Zweck verfolgt wird, duldet keine Abschweifungen. Bei einer Konferenz zur Verbesserung der Wasserversorgung ist beispielsweise die Geschichte, wie gern eine alte Tante Brunnenwasser getrunken habe, kaum angebracht – obwohl es letztlich doch noch eine Beziehung zwischen dem Geschmack der durstigen Tante und möglichen Lösungen für das gegenwärtige Wasserproblem geben könnte. Die Methode des »Brainstorming« bedient sich solcher Abschweifungen, in erster Linie jedoch als Katalysator für neue Ideen und weniger als Kommunikationsart. So gut wie jede zweckdienliche Kommunikation erfordert ein Gefühl fürs Timing, damit man den eigenen Kommentar so lange zurückhält, bis der richtige Moment gekommen ist.

Vielleicht wird eine gewisse Rechtzeitigkeit des Denkens und Handelns immer notwendig sein; einige der gegenwärtigen, autoritären Strukturen sind jedoch allzu einschränkend. Warte ab, bis du dran bist, und bleibe beim Thema – das sind Richtlinien, die so starr gehandhabt werden, daß sie den Geist verarmen lassen. Schöpferisches Denken als natürlicher Prozeß entspringt der Großmut und nicht der Engstirnigkeit. Und Großmut beinhaltet die Hinnahme des Erfahrungshintergrundes, aus dem sich das Figürliche entwickeln kann. Wenn wir das gegenwärtige System der Interkommunikation lockern und zu einer ursprünglichen Art zurückkehren wollen, so müssen wir dabei zwei Eventualitäten berücksichtigen.

Erstens muß der Zeitraum, der für eine gute Kommunikation erforderlich ist, drastisch ausgedehnt werden – keine ganz einfache Forderung in unserer, von der Zeit beherrschten Kultur. In einer Gesellschaft, wo die Zeit, und zwar jede einzelne Minute, kostbar ist, endet es damit, daß wir schließlich in Symbolen und Formeln sprechen, die große Erfahrungsbrocken komprimiert wiedergeben. Oder wir teilen nur das mit, was wir schon vollständig durchdacht und verarbeitet haben, geben Erklärungen über unsere Position hinsichtlich etwa der Geburtenkontrolle oder der Sozialpolitik der Demokratischen Partei ab. Dieses System, zu jeder Frage einfach eine Erklärung abzugeben, ist selbst auf den einfacheren Ebenen der Kommunikation verlockend: ob Fernsehen für die Menschen gut ist, ob man statt dessen spazierengehen oder abends einander laut vorlesen sollte. Dies hat nun offensichtlich positive Aspekte, denn es ist durchaus zweckmäßig, eine einigermaßen klare Vorstellung von den eigenen Ansichten und Neigungen zu haben. Die Menschen wären wahrscheinlich handlungsfähig, wenn sie sich allen Lebensereignissen völlig aufgeschlossen und mit ungeformtem Verstand nähern würden. Ein fertiger Standpunkt läßt sich schnell mitteilen, obwohl seine Formulierung beträchtliche Diskussionen gekostet haben mag. Deshalb können Ausschußsitzungen so stumpfsinnig sein. Die Komitees führen eine gründliche Untersuchung der jeweiligen Fragen durch und berichten summarische Schlußfolgerungen und Vorschläge, zu denen der Ausschuß ohne viel Kommunikation zwischen den einzelnen Mitgliedern ja oder nein zu sagen hat. Jedes Mitglied des Ausschusses mag genausoviel zu dem Thema beigetragen haben, wie die ursprünglichen Komiteemitglieder, aber wenn jeder seine eigenen Ideen beisteuerte, dann müßte das ganze Thema neu durchgearbeitet werden, was nur noch mehr Zeit beanspruchen würde.

Der zweite Punkt ist unsere krankhafte Angst vor dem Chaos. Die Bewegung vom Chaos zur Klarheit ist der Kreativität inhärent. Das Chaos ist erschreckend, da es keine Sicherheit gibt, daß irgendein Thema vollendet wird. Die Vorstellung, daß etwas, was Vollendung erfordert, unvollendet bleiben wird, ist an sich frustrierend und schmerzhaft. Und da keine Kontrollen bestehen, ist auch nicht vorauszusagen, welche bedrohlichen Worte oder Handlungen in einer chaotischen Phase auftreten könnten. Dies ist auch eine ernsthafte Bedrohung für diejenigen, die engagiert sind. Chaos zerstört jedes bereits bestehende System. Es ist mächtiger als die geläufigen, moralischen Werte, die bekannten Methoden, mit dem Leben fertig zu werden, und fordert neue Lösungen, neue Konfigurationen und neue Gesichtspunkte. Wenn sich Menschen bemühen, aus ihren eingefahrenen Gleisen herauszukommen, kann das Chaos dabei manchmal behilflich sein, selbst wenn es angsteinflößend ist. Gelegentlich haben wir in der Gruppe mit dem Chaos experimentiert. Wir fordern jedes Gruppenmitglied auf, sich ausschließlich danach zu richten, was es persönlich sagen oder tun will, selbst wenn dadurch eine Periode des Chaos entstehen sollte. Gewöhnlich wird dieser Vorschlag zunächst entschieden abgelehnt. In solchen Fällen, wo er angenommen wird, hat er fast ausnahmslos zur Folge, daß ein Thema zum Mittelpunkt des Interesses für die ganze Gruppe wird, so daß alle frei daran partizipieren können, ohne das Gefühl zu haben, irgend etwas zurückzuhalten. Wenn die Aufmerksamkeit des Menschen gefesselt wird, dann verschwindet das Chaos, und die Einheit beginnt.

In der Gruppen- wie auch in der Einzelpsychotherapie kann die Toleranz gegen das Chaos größer sein als in jeder anderen institutionellen Form der Kommunikation, mit Ausnahme vielleicht der Kunstformen. Durch die Wiedereinführung des Chaos ermöglicht man dem Individuum eine freiere Beziehung zwischen Figur und Grund, als ein blockierter und programmierter Mensch sich selbst gestatten kann. CARY[20] weiß, wie dieser Prozeß abläuft:

... der Begriff ist immer der Feind der Institution. Es heißt, daß das Kind, sobald man ihm den Namen eines Vogels nennt, den Vogel selbst verliert. Es sieht niemals wieder den Vogel, nur den Spatzen, die Drossel, den Schwan; und daran ist viel Wahres. Wir alle kennen Menschen, für die die ganze Natur und die Kunst ausschließlich aus Begriffen bestehen und deren Leben deshalb völlig an Objekte gebunden ist, die sie nur nach dem Etikett kennen und niemals als Werte für sich gesehen haben.

Zu den von Zeit und Chaos auferlegten Einschränkungen kommt noch die Tatsache, daß die Bedürfnisse verschiedener Menschen selten synchron laufen. Es muß also die Fähigkeit entwickelt werden, mit diesen vorübergehenden, jedoch unvermeidlichen Widersprüchen fertig zu werden – und zwar mit Hilfe eines Prozesses, den wir *Ausklammern* nennen. Dabei hält der Betreffende vorläufig mit einigen seiner Belange zurück, um sich statt dessen irgendeinem kommunikativen Prozeß zu widmen. Dies ist eine riskante Technik, denn sie grenzt an Selbstunterdrückung. Doch es besteht ein Unterschied, und zwar darin, daß man beim Ausklammern Prioritäten setzt hinsichtlich dessen, was zu einer bestimmten Zeit am wichtigsten ist, und sich dabei von anderen Belangen nicht ablenken läßt. Man wischt nicht einfach die Belange weg, die für das derzeitige Engagement irrelevant erscheinen, sondern kommt später auf sie zurück. Wenn man zum Beispiel mit einem Kollegen, zu dem man nur eine oberflächliche Beziehung unterhält, ein neues, gemeinsam auszuarbeitendes Programm bespricht, dann berichtet man wohl kaum von der heftigen Auseinandersetzung, die man gerade mit seiner Frau gehabt hat. Man klammert diese Gefühle aus, weil man es unangebracht findet, sein Herz gerade diesem Mann auszuschütten, und weil die Details des neuen Programms vorrangig sind. Weder schämt man sich seiner Gefühle noch glaubt man, daß seine Probleme keiner Beachtung wert sind. Hier spielen keine der vielen Ausreden, die sich der selbstunterdrückte Mensch erfindet, eine Rolle. Man hat nicht die Absicht, sich selbst niederzuhalten. Man weiß, daß man sich im geeigneten Augenblick mit dem Problem auseinandersetzen wird, das einen drückt. Aber man kann warten, genauso wie der Zuschauer, der mitten in einem spannenden Theaterstück Hunger verspürt, auch weiß, daß er den Hunger ertragen und dem Stück trotzdem noch mit Interesse folgen kann. Verhält man sich anders, dann wird man von Belanglosigkeiten beherrscht und verliert jegliches Gefühl der persönlichen Wahlfreiheit im Leben. Der Mensch verfügt über genügend

Spielraum – seine Fähigkeit, etwas auf einen späteren Zeitpunkt zu verschieben, ist bemerkenswert.

Eines Abends sollte ich, indem ich meinen eigenen Bewußtseinsfluß benutzte, öffentlich demonstrieren, wie wir in der Gestalttherapie die Hier-und-Jetzt-Erfahrung beschreiben. Unglücklicherweise hatte ich gerade an jenem Nachmittag eine schockierende Nachricht erhalten. Obwohl kein Grund bestand, den Inhalt der Nachricht zu verheimlichen, so war es doch für mich ästhetisch unerträglich, darüber vor einer großen Menschengruppe zu sprechen, die ich nicht kannte. Dieses Dilemma machte mir sehr zu schaffen; mir war klar, daß ich meine Belange ausklammern mußte, aber dann war ich mir nicht sicher, ob ich mit meiner aktuellen Erfahrung im Hier-und-Jetzt authentisch im Einklang bleiben konnte. Als ich jedoch vor das Publikum trat, verschwand meine Besorgnis, und ich konnte ohne das geringste Bedürfnis, irgend etwas abzublocken, die Demonstration durchführen. Indem ich eigene Prioritäten setzte, konnte ich meine ursprüngliche Absicht verwirklichen und mein Bewußtsein zu diesem Zeitpunkt frei beschreiben. Es gibt keine sichere Formel, aber es ist klar, daß in vielen Situationen der Prozeß des Ausklammerns für ein Gefühl der Wahlfreiheit und der Zielbewußtheit wesentlich ist und daß ohne diesen Prozeß bloße Ehrlichkeit zu einer kindischen Imitation der Einfalt wird.

Die Probleme, die aufgrund miteinander konkurrierender Erfahrungen bei der figürlichen Entwicklung entstehen, ähneln denen im Prozeß des Ausklammerns. Im Idealfall kann der Konflikt einfach gelöst werden, so daß das, was figürlich erscheint, in Einklang mit dem eigenen Hintergrund steht und auch mit dem Bedürfnis, es einem anderen Menschen mitzuteilen.

KIERKEGAARD bezeichnet das völlige Aufgehen in Gott als die tiefste Lebenseinheit. Jede Ambivalenz werde verschwinden, und konkurrierende Interessen miteinander in Einklang gebracht werden. Für die meisten von uns ist diese lautere Zielbewußtheit sehr schwer zu erreichen, da das, was in unserem Bewußtsein auftaucht, von unterschiedlicher Stärke und Wichtigkeit ist. Einige Gedanken, Wünsche und Bilder erscheinen wie winzige, schwache Leuchtflecken auf einem Radarschirm. Ihnen Ausdruck zu verleihen, hieße, sich kritiklos dem Fluß des Augenblicks zu unterwerfen. Unser Bewußtsein ist nicht so streng organisiert, daß es jedes Ereignis als gleichwertig empfindet. Jeder Mensch muß in sich ein Gefühl dafür entwickeln, welche Ereignisse die Kraft besitzen, um sich auszudrücken und welche nur schwache, lebensunfähige Erscheinungen sind. Jede menschliche Erfahrung, einschließlich der Gedanken und Wünsche, wird entweder ein Irrwisch im lebendigen System, oder sie wird so zentral, daß sie nach Ausdruck verlangt.

Erreichbarkeit des Grundes[21]

Indem wir die Figur-Grund-Formation als die grundsätzliche Dynamik des Bewußtseins postulieren, schneiden wir unzweifelhaft die bekannten Fragen an, wie zugänglich unsere Erfahrungen für uns sind und was den Kontext für die Ereignisse in unserem Leben bildet. Wenn es überhaupt ein psychologisches Prinzip gibt, welches viele Theoretiker teilen, dann dieses, daß im Menschen dynamische Kräfte existieren, die seinem Bewußtsein vielleicht nicht zugänglich sind, die aber dennoch sein Verhalten beeinflussen. Am bekanntesten ist natürlich der psychoanalytische Begriff des Unbewußten, zu dem die Figur-Grund-Formation das gestalttherapeutische Gegenstück bildet. Das Konzept des Unbewußten trug im 20. Jahrhundert wesentlich dazu bei, das Wissen des Menschen über seine eigene Natur zu erweitern, indem es die Kraft dessen dramatisierte, was dem Bewußtsein nicht zugänglich war. Doch trotz der eminenten Bedeutung dieses Konzepts als orientierendes Prinzip sind gewisse Nachteile offensichtlich geworden.

Zum ersten spaltet es den Menschen in Bewußt-Unbewußt, wobei die ganzheitliche Auffassung seiner Natur ignoriert wird. Dem freien Fluß zwischen dem Zugänglichen und dem Unzugänglichen schenkte man zwar im Konzept des Vorbewußten eine gewisse Beachtung, doch blieb er größtenteils unerkannt und unbenutzt. Das Unbewußte wurde zum Mittelpunkt bei der psychotherapeutischen Methodik, deren Suche nach unbewußten Deutungen zu so großen Sprüngen von einem psychischen Reservoir in das andere führte, daß diese geistige Akrobatik jedes Vertrauen in das Bewußte überschattete. Die Menschen wurden vom Unmittelbaren abgelenkt, entfernten sich von der direkten Erfahrung, damit sie entdecken konnten, was *wirklich* los war.

Das Figur-Grund-Konzept schreibt andererseits der äußeren individuellen Erfahrung große therapeutische Bedeutung zu, wie wir im Laufe dieses Buches noch zeigen werden. Das Leben ist tatsächlich eine einfache Sache, wenn man bereit ist, bei dem zu bleiben, was gegenwärtig klar ist, wenn man sich von einem Moment der aktuellen Erfahrung zum nächsten bewegt, in jedem etwas Neues entdeckt, etwas, was sich weiterbewegt und das Thema seiner eigenen Bewegung entwickelt, bis es schließlich in Einsichten gipfelt, die zu Beginn unzugänglich waren. So ist die *Sequenz* der Erfahrungen wesentlich aufschlußreicher als eine clevere Diagnose. Interpretationen und symbolische Gleichungen sind kühne Versuche der Divination, für die Hohenpriester ein erregendes Spiel, das sie herausfordert und ihnen auch die Möglichkeit bietet, sich ihr psychologisches Können zu beweisen. Dem Patienten kann es Erleuchtung und Überraschung bringen. Wenn die Interpretation ins Schwarze trifft, verbindet sie das Bewußte mit dem neuen Material aus dem Unbewußten, und der Betreffende erfährt die Einheit, die ihn wieder zum Ganzen macht. Das Risiko besteht darin, daß man lernt, dem Vordergrund zu mißtrauen und sich auf eine externe Autorität zu verlassen, die einem die Realität erklärt. Wenn man die Natur des menschlichen Unbewußten interpretiert, dann neutralisiert man den Entwicklungsprozeß. Dieser Prozeß ist aber weniger anfällig, wenn er statt dessen auf dem eigenen gegenwärtigen Bewußtsein basiert, wobei jede neue Erkenntnis von den vorangegangenen Erfahrungen getragen wird. Hier ein Beispiel dafür, wie die Sequenz der figürlichen Formationen sich in einer therapeutischen Sitzung entfalten kann, ohne daß das Unbewußte interpretiert wird. Cleo war eine 35jährige Frau, seit langem geschieden, klassisch unbefriedigt, trotz beruflichen Erfolgs und eines umgänglichen Wesens. Sie behielt ihre Reserviertheit chronisch bei, wobei sie jene Empfindungen fest in den Hintergrund einbaute, ohne die sie vagen Sehnsüchten und einem Gefühl der Unvollständigkeit ausgeliefert wurde. Eines Tages wurde sich Cleo ihrer Furcht bewußt, daß sie sich, wenn sie in näheren Kontakt mit Menschen käme, vielleicht verlieben würde. Für sie wäre diese Situation unerträglich gewesen, wenn sie nicht auch geliebt würde, und Cleo befürchtete, daß in ihr ein verzehrendes Bedürfnis nach dem anderen Menschen entstehen könnte. Die Erfahrung ihrer Furcht war für sie eine neue Figur, die sie früher nicht hatte auftreten lassen. Als sie darüber sprach, forderte ich sie auf, ihre Gefühle zu beschreiben. Sie erklärte, sie verspüre ein stechendes Gefühl, das sie nicht beschreiben könne und vor dem sie sich auch fürchte, nur sei diesmal die Furcht greifbar und bestimmt – eine neue Figur. Als ich ihr vorschlug, ihre Aufmerksamkeit auf dies Gefühl zu konzentrieren, meinte sie, wenn sie sich ihm tatsächlich hingäbe, würde es so stark werden, daß sie irgend etwas würde tun müssen. Cleo war nicht gewohnt, sich ein solches Gefühl der Unerbittlichkeit zu erlauben – also noch eine neue Figur. Ich forderte sie auf, ihre Augen zu schließen und zu sich eine Phantasie aufkommen zu lassen. Sie stellte sich die Szene in meinem Büro vor – wieder ein figürlicher Schritt. Dann forderte ich sie auf, sich vorzustellen, was sie dort gern machen würde. Sie sah, wie sie in meine Arme kam, und dann sah sie sich weinen. Die Farbe schoß ihr ins Gesicht und obwohl sie ihre Phantasie nicht in die Tat umsetzte, fühlte sie große Wärme in sich aufsteigen und keine der Ängste, von denen sie geglaubt hatte, daß sie bei so starkem Empfinden auftauchen würden. Sie sagte, sie fühle sich als Ganzes und überraschend unabhängig, unerwiderten Erfahrungen gegenüber überhaupt nicht mehr verletzlich. Eine neue Konfiguration war entstanden. Von ihren inneren Gefühlen gestützt, konnte sie ernsthaft und warm mit mir sprechen; von diesem Punkt an wurden ihre Beziehungen außerhalb der Therapie immer herzlicher, und Cleos Sicherheit anderen Menschen gegenüber nahm dramatisch zu.

Dieses Beispiel zeigt, wie die nichtinterpretative Bewegung von Figur zu Figur in der therapeutischen Erfahrung entstehen kann. Der Patient geht dabei seinen eigenen Weg und muß bei jedem Schritt seine Wahl treffen. Die gegenwärtige Erfahrung wurde für Cleo entscheidend bei der Lösung ihrer unerledigten Geschäfte, in diesem Fall die Unfähigkeit, sich tiefere Gefühle zu erlauben.

Der Prozeß, sich von Moment zu Moment weiterzubewegen, reflektiert die existentielle Auffassung, daß alles, was existiert, nur jetzt existiert. Beständiger Wandel ist für die Erfahrung grundlegend; wenn man also jeder Erfahrung die Realität gewähren kann, die sie sucht, dann wird sie wieder in den Hintergrund treten, um von dem ersetzt zu werden, was als nächstes die Kraft hat, im Vordergrund zu erscheinen. Nur das psychologische Festklammern kann den Anschein der Gleichförmigkeit des Lebens aufrechterhalten. Sobald Cleo beispielsweise ihren Glauben erfahren und aufgeben konnte, daß Wärme und Nähe sie in einem quälenden Zustand des Verliebtseins verharren lassen würden, war der Fluß ihres Bewußtseins wiederhergestellt. Jeder figürliche Moment trägt nur seinen Teil zum ganzen Erfahrungsprozeß bei, wie etwa ein Einzelbild beim Film. Wird der

Film angehalten, verschwindet die Lebendigkeit, selbst wenn das Einzelbild noch scharf zu erkennen ist. Die Wiederherstellung dieser Bewegung durch die Zeit ist ein allgegenwärtiges Thema unserer Therapie. Wo diese Bewegung Lücken aufweist oder unterbrochen ist, da wird das Leben unangenehm, unzusammenhängend oder bedeutungslos, da man nicht mehr durch den sich konstant verjüngenden Zyklus der Entwicklung und Erfüllung gestützt wird, der für den Lebensprozeß natürlich ist.

Die Gestalttherapie mißt Neuerung und Wechsel Bedeutung bei; es ist aber keine übertriebene Bedeutung, sondern eher die vertrauensvolle Erwartung, daß die Existenz der Neuerung und deren Hinnahme unvermeidlich sind, wenn wir bei unseren eigenen Erfahrungen verweilen, während sie tatsächlich entstehen. BEISSER[22] hat dies als eine paradoxe Theorie des Wechsels bezeichnet, da der Wechsel auf der vollen, wenn auch temporären Hinnahme des Status quo beruht. Paradoxe Spiele sind nicht einfach zu spielen, da sie höchst feinfühlige Unterscheidungen erfordern. Indem man den Status quo akzeptiert, das heißt, bei der Erfahrung ausharrt, während sie sich auf ihre Weise offenbart, läuft man Gefahr, sich am Status quo anzuklammern. Dieses Gift atmen diejenigen ein, die nicht verspüren, wann sie loslassen und dem natürlichen Prozeß der Veränderung seinen Lauf lassen müssen. Wenn der Prozeß des Loslassens erzwungen wird, vernichten wir natürliche Kontinuität, die zwischen jedem Moment und dem nächsten besteht; wird der Prozeß verzögert, dann unterbrechen wir diese Kontinuität.

Es besteht ein wichtiger Unterschied zwischen dem Ausharren bei einer Erfahrung, bis sie abgeschlossen ist, und dem Versuch, sich an ihr anzuklammern, noch mehr aus einer Situation herauszukommen, die entweder beendet oder steril ist. Der Unterschied zeigt sich darin, ob die Aufmerksamkeit des Betreffenden beweglich und locker ist oder ob sie starr am Objekt hängt. Die Menschen mit dem fanatischen Blick, dem klettenähnlichen Griff, den dringlichen Anliegen, dem Gefühl der Verzweiflung, den abgedroschenen Redensarten, diejenigen, die nicht gehen können, wenn die Unterhaltung schon längst beendet ist, die sich auf Autoritäten berufen, sie alle klammern sich fest. Wenn man in einer Situation verharrt, die einem Ärger bereitet und keine Aussicht auf Besserung bietet, dann klammert man sich fest. Zwanzig Jahre den gleichen Job und keine Belohnung dafür, zehn Jahre Ehe mit jemandem, mit dem man noch nicht einmal zusammen sein mag oder mit dem es offensichtlich nicht klappt, all das sind weitere Anzeichen des Festklammerns. Allgemein gesprochen, wenn die augenblickliche Situation permanent den Bedürfnissen des Betreffenden widerspricht, dann klammert er sich fest.

Ken, der aus Status- und Sicherheitsgründen eine akademische Laufbahn gewählt hatte, fühlte sich als Collegeprofessor zutiefst unglücklich. Die Notwendigkeit, zu publizieren, bedrückte ihn, die zahllosen Komiteesitzungen machten ihn verrückt, und es gab zahllose andere Möglichkeiten, wie er sein Leben lieber verbracht hätte. Ken war ein ausgezeichneter Geschäftsmann und träumte davon, ein Ferienzentrum zu leiten. Er hatte sich sogar schon Gedanken darüber gemacht, wie er das machen könnte, ohne seinen eigentlichen Beruf ganz aufzugeben. Aber er ignorierte seine gegenwärtigen Bedürfnisse und klammerte sich hartnäckig an seine Professur und an sein Image als Akademiker, zu dem jeder aufsah und den jeder respektierte. Wenn die Disharmonie bestehen bleibt und keine Anstrengungen unternommen werden, die Situation zu verändern, dann klammert man sich fest.

Aufgeschlossenheit für Alternativen und das Gefühl des Betreffenden, unter diesen Möglichkeiten wählen zu können, sind Kennzeichen des Ausharrens. Offensichtlich ist das Ausharren einfach, wenn die Erfahrung angenehm ist. Aber selbst wenn es Unglück und Schmerzen einschließt, ist es noch eine freie Entscheidung und keine Selbsteinschränkung. Ein Student, der die Universität haßt, aber weiß, daß er sein Studium für seine zukünftige Arbeit benötigt, harrt aus, wenn er seine Entscheidung als richtig hinsichtlich seiner Lebensbedürfnisse erfährt. Ein Mann, der aus freien Stücken bei seiner schwerkranken Frau bleibt, ohne verbittert zu werden, harrt aus, selbst wenn das Opfer groß ist.

Zwar haben alle diese Beispiele gemeinsame Aspekte, aber dennoch ist klar, daß das persönliche Urteilsvermögen und das echte Engagement des Betreffenden entscheidend sind. Es gibt keine festen Regeln, um zwischen dem Festklammern und dem Ausharren zu unterscheiden. Allein die Empfänglichkeit für jedes einzelne Ereignis bestimmt die Qualität des Lebens. Was für den einen Festklammern ist, kann für den anderen Ausharren bedeuten. Mit sich selbst und seinen Bedürfnissen in Berührung zu bleiben, darauf kommt es an.

3.

Widerstand

. . . Du bist ein besonderes Amalgam ungestümer Kräfte. Wir sprechen nicht in tadelnden Begriffen. So viele Faktoren liegen dazwischen. Erregen. Bekanntmachen. Jeder ist anders. Eine Million kleiner Dinge, unbemerkt von den Objekten ihres Einflusses . . . Negative und positive kämpfen gegeneinander an, und wir können nur auf sie schauen und uns darüber wundern oder weinen. Manchmal sieht man vielleicht sogar, wie Engel und Aasgeier in Kollision geraten.

SAUL BELLOW

Der Begriff des Widerstands beinhaltet für den Therapeuten weitreichende Implikationen, der über die endemischen »Solls« unserer Kultur hinausgehen will. Nach der herkömmlichen Auffassung impliziert Widerstand, daß ein Mensch bestimmte Ziele hat, die identifiziert werden können, wie beispielsweise einen Freund besuchen, zu Hause arbeiten oder ein Lied komponieren. Jede intrapersonelle Störung, die die Erreichung dieser Ziele verhindert, nennt man Widerstand, eine starre Barriere, die dem natürlichen Verhalten des Menschen fremd ist. Diese Barriere, so heißt es, muß überwunden werden, damit das »richtige« Ziel erreicht werden kann. So wird die Kraft, die zum Widerstand führt, als Saboteur unter den verschiedenen im Menschen existierenden Kräften, und sogar als Agent nicht des Selbst, sondern vielmehr des Antiselbst betrachtet. Dies erinnert an den mittelalterlichen Aberglauben der Besessenheit durch Dämonen oder böse Geister. Was im allgemeinen als Widerstand bezeichnet wird, ist nicht nur eine stumme Barriere, die beseitigt werden muß, sondern eine kreative Kraft, um eine schwierige Welt zu meistern. Ein Kind lernt, sich das Weinen zu untersagen, wenn dies unerfreuliche Reaktionen bei seinen Eltern hervorruft. Da sein Einflußbereich auf die unmittelbare Umwelt beschränkt ist, nimmt das Kind die gegebenen Umstände hin und sucht, das Beste daraus zu machen. Mit der Zeit erweitert sich der Bereich, und der Betreffende entwickelt ein neues Gefühl von Freiheit und Macht. Wenn er die Kindheitsvorstellung von den schrecklichen Konsequenzen des Weinens jedoch weiterhin behält, so ist er tatsächlich an die Vergangenheit gebunden, und es bedarf neuer Kräfte, um ihn davon zu lösen.

Anstatt zu versuchen, den Widerstand zu beseitigen, sollte man sich besser auf ihn konzentrieren, indem man von der Annahme ausgeht, daß ein Mensch sich bestenfalls durch den Widerstand entwickelt und daß der Widerstand schlimmstenfalls dennoch Teil seiner Identität ist. Das ursprüngliche Verhalten nur als Widerstand zu bezeichnen, ist irreführend. Den Widerstand zu beseitigen, um zur anfänglichen Reinheit zurückzukehren, ist ein leerer Traum, denn der Mensch, der Widerstand geleistet hat, ist ein neuer Mensch, und eine Rückkehr gibt es nicht. Jeder Schritt bei der Entwicklung des Widerstands formt einen neuen Teil der Natur des Betreffenden. Er ist nicht der alte Mensch plus Widerstand, der beseitigt werden kann, sobald er den Mut dazu findet. Er ist ein ganz und gar neuer Mensch.

Der Mensch, der zu weinen aufhörte, weil seine Eltern ihn sonst bestraften oder vielleicht beschimpften, hat viel mehr getan, als nur sein Weinen zu blockieren. Er hat eine Wahrnehmung von seinen Eltern gemacht und dabei seine Sensitivität erweitert. Er hat entdeckt, wie das Leben sein kann, wenn das Weinen eine nichtakzeptable Alternative ist. Er ist vielleicht härter und standhaft geworden; er ist vielleicht für die Bedürfnisse anderer feinfühliger geworden; er hat vielleicht seine Fähigkeiten vergrößert, Empfindungen zu assimilieren, ohne sie freisetzen zu müssen usw. Natürlich kann dieser Mensch auch eine Gefühlskälte entwickelt haben, damit er nicht mehr das Bedürfnis spürt zu weinen, oder er spricht stets in weinerlichem Ton oder besitzt eine von tausend anderen, unangenehmen Eigenschaften.

In jedem Fall bleibt dem Therapeuten nur übrig, den Menschen so zu nehmen, wie er ist, das zu betonen, was existiert, so daß es zu einem aktiven Teil seines Charakters wird, statt eine entpersonalisierte Last zu bleiben. John sagt beispielsweise, daß er mit Mary, einer Frau in seiner Gruppe, nicht sprechen kann, weil zwischen ihnen eine Mauer steht. Dies ist seine Art des »Widerstands« gegen ein Gespräch mit Mary. John muß diese Mauer *erfahren*, nicht entfernen; er muß die Mauer sein, oder mit ihr sprechen, oder sie beschreiben – irgend etwas tun, damit er die stagnierenden Stereotypen der Mauer los wird und ihre lebendige Realität entdeckt. Der folgende fiktive Dialog soll aufzeigen, wie dieser Prozeß im Idealfall ablaufen könnte.

John wird gebeten, die Mauer zu spielen, und sagt:

»Ich bin hier, um dich gegen männermordende Frauen zu schützen, die dich lebendig verschlingen werden, wenn du dich ihnen gegenüber öffnest.«

John antwortet der Mauer:

»Übertreibst du nicht? Auf mich wirkt sie ganz harmlos. Tatsächlich sieht sie eher verängstigt aus.«

M: Natürlich hat sie Angst. Dafür bin ich verantwortlich. Ich bin eine sehr harte Mauer und flöße vielen Menschen Angst ein. So will ich es, und sogar auf dich habe ich diese Wirkung. Obwohl ich eigentlich auf deiner Seite stehe, hast du Angst vor mir.

J: Ich habe tatsächlich Angst vor dir, und ich fühle dich sogar in mir drin, als wäre ich wie du geworden. Meine Brust fühlt sich wie Eisen an, und das macht mich langsam wütend.

M: Wütend – worüber? Ich bin deine Stärke, und du weißt es nicht einmal. Spürst du nicht, wie stark du innerlich bist?

J: Sicher, ich spüre die Stärke, aber ich fühle mich auch starr, wenn meine Brust sich wie Eisen anfühlt. Ich möchte auf dich einschlagen, dich niederreißen und zu Mary hinübergehen.

Therapeut: Schlag auf dein Eisen.

J: (Schlägt auf seine Brust und schreit) Verschwinde – verschwinde!

(Schweigen)

Meine Brust fühlt sich stark an, aber nicht so, als ob sie aus Eisen wäre.

Erneutes Schweigen . . . Johns Mund und Kinn beginnen zu zittern. Einen Moment kämpft er gegen die aufwallenden Gefühle an, dann gibt er sich dem Schluchzen hin. Er blickt auf und sagt dann zu Mary:

Ich fühle überhaupt keine Mauer mehr zwischen uns, und ich möchte mich wirklich mit dir unterhalten.

Dieses Beispiel zeigt sowohl die Stärke der Mauer als auch ihre störende Qualität. Wenn die Mauer im Betreffenden assimiliert wird – wenn John akzeptieren kann, daß er selbst die Mauer ist –, dann wird sie Teil seiner Zielbewußtheit, die auch von ihr gestärkt wird, und bereichert sein Leben, statt es zu beeinträchtigen. Die Charaktereigenschaften, die ihm wieder bewußt werden, erweitern sein Gefühl für die eigene Identität und erschließen Energiequellen, die bisher stillgelegt waren.

In vielen therapeutischen Ereignissen sind die gleichen Faktoren vorhanden, allerdings mit zusätzlichen Komplikationen. Zum einen gibt es vielerlei Arten von Widerständen. Während die Mauer in dem oben angeführten Beispiel eine konkrete und eindeutige Verkörperung war, kann der Widerstand doch verschiedene Formen annehmen, verbale, metaphorische oder verhaltensmäßige, und zwar entweder gleichzeitig oder nacheinander. Mit dem Widerstand umzugehen, erfordert daher großes Geschick, bei dem die Selektivität des Therapeuten zu einer transzendenten Kraft wird, die über die ausschließliche Konzentration auf den Widerstand an sich hinausgeht.

In einem Workshop war zum Beispiel ein riesiger Kerl, der wie ein moderner Falstaff aussah, ein Hüne mit dickem Bauch, gerötetem Gesicht und herzlicher Art. Obwohl er, rein physisch gesehen, die Szene völlig beherrschte, war Hal die meiste Zeit schweigsam. Wenn er sprach, flog sein Blick unruhig hin und her, und er zog wie zum Selbstschutz seine Schultern hoch. Sein Gesichtsausdruck war ängstlich, sein Benehmen machte einen vagen ziellosen Eindruck. Hal wirkte so, als ob er zu jeder Zeit einen Angriff befürchte. Als man ihn seiner Schweigsamkeit wegen ansprach, sagte Hal, daß er große Schwierigkeiten habe, mit herrischen Frauen auszukommen, besonders, wenn sie echte Autorität besäßen. Er würde nie einer den Rücken zukehren, nie eine hinter sich stehen lassen. So drückte Hal seinen Widerstand durch Schweigen, Mißtrauen und hochgezogene Schultern aus. Das alles ließ ich ihn benutzen. Als erstes stand ich auf und stellte mich hinter Hal; ich fragte ihn, wie es für ihn sei, da eine Frau jetzt tatsächlich hinter ihm stehe. Er saß auf dem Boden.

Als er sich umwandte, um mich anzusehen, legte er seine Hände auf den Boden, als ob er sich zusammenkauern wollte. Jetzt drückte sich der Widerstand durch Kauern aus. Ich ging um ihn herum und suchte nach einer Möglichkeit, wie wir sein Schweigen und sein mißtrauisches Kauern benutzen konnten. Diesmal setzte ich mich auf seinen Rücken und fragte Hal, was er mit mir machen könnte. Ihm standen viele Reaktionen offen, beispielsweise hätte er mich wie Zigarettenasche abschütteln können. Wenn ich vermutet hätte, daß sein nun in Energie umgesetzter Widerstand sich in diese Richtung wenden würde, dann wäre ich nicht auf ihn geklettert.

Aber er sagte: »Nun, ich könnte Sie auf meinem Rücken im Zimmer herumtragen.« Er hatte seine eigene Medizin gewählt.

Indem er mich im Raum herumtrug, übernahm er die Kontrolle. Selbst wenn es so aussah, als ob die Frau obenauf war, hatte Hal doch die Herrschaft an sich gerissen, hatte sogar vermittels seiner körperlichen Kraft eine bedrohliche Situation in eine spielerische verwandelt und erlebte ein Gefühl der Freude und Harmonie in sich selbst, mit mir und mit der Gruppe, die durch seine Ausgelassenheit aufgerüttelt wurde. Die allgemeine freudige Erregung bestätigte seine Gewalt. Für mich war es wie ein vergnügter Ritt auf einem Elefanten. Hal war der Agierende, der die Richtung, Geschwindigkeit und Ausgelassenheit weitgehend bestimmte. Als wir zu unserem Ausgangspunkt zurückkehrten und ich von seinem Rücken stieg, konnte er lachend und mit neuer Frische sagen, daß er jetzt nicht mehr auf der Hut vor mir sei und wohl in Zukunft nicht so schweigsam sein werde. Das war tatsächlich auch der Fall; und er wurde zu einer zentralen Figur in dieser Gruppe. Indem er seinen Widerstand akzentuierte und mobilisierte, setzte Hal dessen Kraft frei und paßte ihn unserer Interaktion an, statt in seinen anachronistischen Erwartungen verfangen zu bleiben. Anstatt von einer Frau beherrscht zu werden, konnte er dominieren; statt mit einem Angriff zu drohen, entwickelten wir spielerische Eintracht; statt in der Sackgasse der Interaktion zu verharren und sie mit Mißtrauen und Projektion zu füllen, lieferte er einen tatsächlichen Kampf, der viele aufschlußreiche Einzelheiten enthielt und schließlich ein unvorhersehbares Ende nahm.

Hal verwandelte aggressive Energie, die potentiell zersetzend war, in sozial akzeptables Verhalten. Nach der Theorie der Sublimierung spielte dieser Mann, *anstatt* zu kontrollieren oder zu verletzen. Wenn man jedoch den Widerstand als kreativ ansieht, dann hat *keine Substitution* stattgefunden. Unter den unendlich vielen Richtungen, in die er sich hätte bewegen können, traf er eine Wahl. Die daraus resultierenden Ereignisse waren die Kulmination verschiedener zusammenwirkender Kräfte, unter anderem Aggression, Ausgelassenheit, Mißtrauen, Vertrauen, Zuneigung und Zorn, von denen jede ihre eigene Gültigkeit besaß. Um daraus auf Sublimierung zu schließen, müßte man zwischen dem, was *wirklich* wahr ist, und dem, was tatsächlich geschah, unterscheiden, was wir nur ungern täten. Welche Kombination aus Mißtrauen und Feindseligkeit auch immer die Ausgelassenheit oder das Vertrauen gestört haben mag, sie war nicht *grundlegender* als das gegenwärtige Verhalten, in dem Ausgelassenheit und Vertrauen eingeschlossen waren. Findet man die ursprüngli-che Motivation wesentlicher für das jetzige Verhalten als die ge-genwärtige Erfahrung, dann bedeutet dies eine Entwertung des äußeren Verhaltens. Dieser Standpunkt kann sehr leicht dazu führen, daß manifeste Ereignisse zu bloßen Eintrittskarten ent-wertet werden, die Zugang zum wahren Geschehen, zu den wirklichen, aber latenten Mysterien des Lebens, verschaffen.

Dort, wo die Realität des manifesten Lebens wieder voll aner-kannt wird, hat die Gestalttherapie einen wichtigen Beitrag ge-leistet. Indem wir eher das Empirische als das Abstrakte betonen, behandeln wir jede Erfahrung für sich, ohne eine Klassifikation darüber zu benötigen, wie ein Mensch wirklich ist. Wir beschrei-ben den Menschen aus neuer Sicht, nicht als ein Wesen, das gegen sich selbst ankämpft, sondern als Komposition, in der jeder Be-standteil für sich wesentlich ist. Dies sagt nichts über die wahre Natur des Menschen als Gattung, nicht einmal etwas über die wahre Natur eines bestimmten Menschen aus. Die wahre Natur des Menschen ist untrennbar mit der *Totalität* seiner Erfahrung verbunden. Sein sogenannter Widerstand ist nicht weniger ein Teil seines Selbst als der Impuls, dem er Widerstand leistet. So können wir von einer Erfahrung zur nächsten fortschreiten, ohne irgendeinen bestimmten Aspekt des Betreffenden besonders herauszugreifen. Seine Geschichte entfaltet sich durch ihren ei-genen natürlichen Ablauf.

Komposition

Den Menschen als eine *Komposition* von Charakteristika statt nur als einen passiv Abwehrenden zu betrachten, ergibt das Bild eines Menschen, der in Schwierigkeiten ist, wenn er *in sich* eher als *gegen sich* geteilt ist.

Der innere Kampf, häufig entweder schal geworden oder in eine Sackgasse geraten, ist ein Existenzkampf, der von jedem ein-zelnen Aspekt des Menschen ausgetragen wird, jeder mit seiner eigenen Energie, mit seinem eigenen Rückhalt, mit seinen eige-nen Gegnern. Jede neue Synthese zwischen diesen Verschieden-heiten, die das Individuum ausmachen, ist eine frische Allianz, die vorübergehend die augenblickliche Stärke jeder Komponente reflektiert. Hals Abneigung zu handeln, war beispielsweise eine Verbindung seines grundsätzlichen Mißtrauens gegen Frauen im

allgemeinen, seiner Wahrnehmung eines weiblichen Gruppen-
leiters im besonderen, seiner unterdrückten Muskelkraft und
seiner Vermeidung der Ausgelassenheit. Seiner Muskelkraft ein
Ventil zu verschaffen, die Führer-Frau in einer neuen Perspektive zu erfahren und seinen eigenen Spieltrieb zu benutzen, all das
gehörte zu den spezifischen Veränderungen, die seinem Verhalten eine neue Richtung gaben. Wenn alte Bestandteile weiter entwickelt werden und neue – wie etwa der Ritt auf seinem Rücken
– hinzukommen, verändert sich die Komposition wie bei einem
Gemälde oder einem chemischen Prozeß. Dieser Prozeß, alte
Richtungen auszubauen und neue einzuschlagen, ist der Kern der
Psychotherapie. Wenn man zwischen den relevanten Kräften
neuen Kontakt schafft, dann entdeckt man die Stärke der entfremdeten Teile des Selbst.

PERLS'[23] Methode, einen Traum durchzuarbeiten, verdeutlicht
diese Auffassung des Menschen als eine Komposition von Kräften. Ohne Interpretation und ohne besondere Beachtung des
Widerstands, verfolgt PERLS die Entwicklung der verschiedenen
Charaktere und Ausdrücke des Träumers, so daß jeder Teil der
Person als eine Stimme im Gesamtbild vertreten ist. Der Träumer
heißt Dick; er berichtete folgenden Traum:

> (Sehr schnell, gehetzt) Ich habe einen ständig wiederkehren-
> den Alptraum. Ich schlafe, und ich höre jemanden schreien,
> und ich wache auf, und die Bullen verprügeln einen Jungen.
> Ich möchte aufstehen und dem Jungen helfen, aber am Kopf-
> und am Fußende meines Bettes steht jemand, und sie werfen
> immer schneller Kissen hin und her, und ich kann meinen
> Kopf nicht bewegen. Ich kann nicht aufstehen. Und ich wache
> schreiend und schweißgebadet auf.

Nach einigen einleitenden Worten fordert PERLS Dick auf, den
Polizisten zu spielen, der den Jungen verprügelt; dies tut er auch,
aber die Rolle behagt ihm nicht. Dann fordert PERLS ihn auf, mit
dem Polizisten zu sprechen. Dick erklärt dem Polizisten die so-
ziologisch bedingten Probleme des Jungen; der Polizist vertritt
jedoch einen moralischen Standpunkt und meint, wenn der
Junge anderen Menschen Leid zufüge, dann müsse er seinerseits
auch leiden. Dann schlägt PERLS Dick vor, die Rolle des Jungen
zu spielen. Der Junge erklärt, wie wichtig es sei, Mitglied einer
Bande zu sein und durch Gewalt anderen zu imponieren. Er will
sich dadurch Geltung verschaffen. Langsam beginnt Dick für die

realistische Einstellung des Polizisten und für dessen Aufgabe, die Interessen der Gemeinschaft zu schützen, Verständnis aufzubringen. Der Junge tritt immer deutlicher als Mensch hervor, der Zuneigung und einen sinnvollen Platz in der Welt braucht. Dann spürt Dick seine eigene Ohnmacht, als der Junge berichtet, daß er diesen Bezirk verlassen will und daß er dazu Hilfe braucht. Der Polizist setzt dem Jungen hart zu, und dieser schlägt wild um sich. Dick unterstützt den Jungen und beginnt dabei, seine eigene Gewalttätigkeit eher zu spüren als sie einfach auf den Polizisten oder den Jungen zu projizieren. PERLS führt Dick dann einen Schritt weiter bei der Entwicklung des eigenen Gefühls für sich selbst. Dick begreift allmählich den eigenen Wunsch, seine Vergangenheit zu zerstören und eine sinnvolle Tätigkeit auszuüben. Das Durcharbeiten des Traums endet mit dem folgenden, kulminativen Austausch, der eine Verbindung von Dicks eigenem Selbstbild, vom Polizisten und vom Jungen, die beide in ihm enthalten sind, von seinem Gefühl der Ohnmacht, seinem Bedürfnis, anderen zu imponieren und seiner Rationalität widerspiegelt:

Perls: Schließ deine Augen. Jetzt setz' dich mit deiner Gewalttätigkeit in Verbindung. Wie erfährst du Gewalt . . .?
Dick: (Atemlos) Ich möchte Dinge zer-zerstören. Ich möchte, ich möchte die Vergangenheit zerbrechen. Ich möchte all diese Dinge loswerden, die mich davon abhalten, etwas zu tun. Ich will *frei* sein. Ich möchte einfach auf sie einschlagen.
P: Sprich zur Vergangenheit: ›Vergangenheit, ich will dich loswerden.‹
D: Vergangenheit, du kannst mich nicht aufhalten. Viele Kinder haben dasselbe durchgemacht. Es gibt viele Arten von Slums in der Welt. Viele Menschen waren in der Erziehungsanstalt, im Gefängnis. Das bedeutet nicht, daß sie nicht etwas zustandebringen können. Ich werde meinen Professorentitel bekommen. Ich bin *fertig* mit dir. Ich bin dir mit *heiler Haut* entkommen. Ich brauch' nicht zuzulassen, daß du noch weiterhin um mich herum bist. Du brauchst mich nicht mehr verrückt zu machen. Ich brauch' nicht zurückzugehen und zu sehen, wie zum Teufel das Leben dort ist. Ich brauch' die Aufregung nicht mehr zu fühlen. Ich kann da leben, wo ich jetzt lebe. Ich werde in die akademische Welt gehen – die richtige Welt.

P: Was antwortet die Vergangenheit?

D: Ja, aber du – du weißt, daß wir deine Freunde sind und wir verstehen, was du willst. Unser Leben ist reicher. Es gibt mehr Erregung, mehr Bedeutung, mehr zu tun, mehr zu sehen. Es ist nicht steril. Du weißt, was du getan hast. Du kannst da nicht heraus, du kannst es nicht hinter dir lassen.

P: Mit anderen Worten, die Vergangenheit erfährt den Professorentitel als etwas Steriles? Bist du –

D: Professor ist – ah, Professor, was zum Teufel ist das?

P: Sag ihm das.

D: Hör zu, wenn du Professor bist, was hast du dann? Du stehst dann in einer Position, in der du ein wenig mehr helfen kannst, bestimmte Probleme zu analysieren, und wenn die Menschen damit konfrontiert werden, dann werden sie verdammt noch mal wirklich nicht viel damit machen. Es macht verdammt noch mal keinen großen Unterschied, *was* du tust.

P: Siehst du, jetzt kommen wir zu dem existentiellen Problem. Jetzt hast du deine Sackgasse.

D: Ich möchte nicht nur etwas Erregenderes tun; ich möchte etwas Bedeutungsvolleres tun – etwas *Wirkliches*. Ich möchte es berühren, es fühlen. Ich will sehen, wie es wächst und sich entwickelt. Ich will fühlen, daß ich nützlich bin. Selbst auf warme, zärtliche Art will ich fühlen, daß ich nützlich bin. Ich will die Welt nicht verändern . . . Dieses Gefühl der Impotenz. All die Arbeit.

P: Das ist eine sehr interessante Feststellung, denn alles zu töten, basiert auf Impotenz . . . Sei also der Professor . . .

D: Auf der Erde leben drei Billionen Menschen, und zehntausend von ihnen treffen vielleicht Entscheidungen. Und mein Job wird denen helfen, die die Entscheidungen fällen und sie weiser machen. Ich will die Welt nicht durcheinanderrütteln, aber ich werde verdammt viel mehr tun als die anderen zwei Billionen neunhundert und ein paar Millionen tun. Das wird ein lohnender Beitrag werden.

P: Merkst du, wie du mehr und mehr rational wirst – wie die Gegensätze jetzt zusammenkommen? Wie fühlst du dich jetzt?

D: Ich fühle, daß ich rational sein möchte.

P: Ja, ja, ich glaube, du hast hier etwas sehr Gutes geleistet.

Bei der Durcharbeitung dieses Traums wird keinerlei Versuch gemacht, herauszubekommen, was *hinter* dem Traum liegt. Vielmehr wird wiederholt versucht, die Aussagen innerhalb des Traums zu erweitern, so daß jede Aussage von der vorhergehenden getragen wird, bis die Serie ihren Verlauf genommen hat. Jeder Teil des Traums darf aus der *eigenen* Perspektive sprechen, von seiner Interaktion mit den anderen Teilen stets beeinflußt, jedoch nie bestimmt. Die Frage, wer das wirkliche Ich ist, wird genausowenig gestellt wie die Frage, ob das kleine rote Viereck in einem Gemälde von MONDRIAN eher das wahre Bild ist als das große blaue Rechteck. Der einengende Begriff der Identität weicht dem, was aus der Komposition der Kräfte hervorgeht. In diesem Fall ist es das Bedürfnis, den Doktortitel zu erlangen und ihn sinnvoll zu nutzen. Wenn die elementaren Identitäten miteinander in Berührung kommen, macht sich ein grundlegender Reflex in Richtung auf die Synthese bemerkbar. Die kompositionelle Natur des Menschen, die in der Durcharbeitung des Traumes offensichtlich wird, zeigt sich auch ganz deutlich in der gestalttherapeutischen Arbeit mit den personellen Polaritäten. Polaritäten beim Menschen zu untersuchen, ist nicht neu. Aber neu ist die Perspektive der Gestalttherapie, daß jedes Individuum in sich selbst eine niemals endende Sequenz von Polaritäten darstellt. Jedesmal, wenn ein Individuum einen Aspekt seiner Selbst erkennt, dann ist die Anwesenheit einer Antithese, oder polaren Qualität, implizit. Sie verbleibt als Hintergrund, verleiht der gegenwärtigen Erfahrung Dimension und ist doch stark genug, um figürlich zu erscheinen, wenn sie genügend Kraft gesammelt hat. Wenn diese Kraft unterstützt wird, dann kann sich eine Integration entwickeln zwischen den jeweiligen Polaritäten, die in einer Haltung gegenseitiger Entfremdung erstarren.

Die bekannteste dieser Polaritäten in der Gestalttherapie ist die Spaltung in Überlegene und Unterlegene[24], wo sich der Kampf zwischen Herr und Sklave abspielt. Der Herr befiehlt, dirigiert und schimpft, und der Sklave widersetzt sich ihm vermittels seiner Passivität oder Dummheit, seiner Ungeschicklichkeit oder indem er vorgibt, ohne Erfolg die Anordnungen des Herrn auszuführen. Die Polaritäten sind jedoch *nicht meßbar*, wie etwa meine Lebensweise und die meines Bruders; meine Güte und meine Grausamkeit; meine Zuneigung und mein Zynismus; der gute Erzähler und die Sphinx in mir. Dies ist etwas ganz Persönliches; jeder Mensch entwickelt seine eigenen Polaritäten.

Um die Polaritäten aufzulösen, muß jeder Teil helfen, sich voll auszuleben und gleichzeitig Verbindung mit seinem polaren Gegenstück aufzunehmen. Dies verringert die Möglichkeit, daß ein Teil im Sumpf seiner eigenen Impotenz steckenbleibt, am Status quo festhält. Statt dessen wird er angespornt, seine eigenen Bedürfnisse und Wünsche bekanntzugeben, und sich als ernst zu nehmende Kraft in einer neuen Verbindung der Kräfte zu behaupten. Ob nun der eine Teil als überlegen oder als unterlegen betrachtet wird, ist weniger wichtig als die gültige Ausdruckskraft eines jeden Teils, der seine eigene, spezifische Identität artikuliert. Es folgt als Beispiel der schriftlich aufgezeichnete Dialog zwischen der hilflosen und der zornigen Seite einer Frau, deren langes Schweigen in den Gruppensitzungen ihr ganz normal erschienen war, bis sie in Kontakt mit ihrem Zorn kam und mit der sich daraus ergebenden Hilflosigkeit, die sie beim Kampf mit diesem Zorn verspürte. Der Dialog zeigt die ursprüngliche Unverträglichkeit dieser beiden Seiten, dann ein Aufweichen der Barrieren, so daß eine neue Verbindung wünschenswert wird. Die Frau wurde tatsächlich nicht nur in der Gruppe, sondern auch in ihrem Beruf aktiver, wo sie ihren Kollegen gegenüber ihre Zurückhaltung aufgab.

Hilflosigkeit: Ich bin wirklich ganz hilflos. Ich kann in meiner Art zu funktionieren keine wirklichen Veränderungen herbeiführen. Ich äußere mich einfach nie und lasse andere Leute alles bestimmen.
Zorn: Allmählich bin ich deine Ausflüchte leid! Denn nur das sind sie. Dir gefällt das alles nicht, aber du tust auch nichts, um es zu ändern.
H.: Du bist der Grund, warum ich nichts ändere! Wenn ich nur ein wenig von dir freilasse – dann wirst du alles beherrschen. Von mir wird dann nichts übrigbleiben. Du wirst so lange herumtoben, bis du alles zerstört hast! Ich weine schon jetzt, wenn ich daran denke – du bringst mich immer zum Weinen. Wenn ich weine, dann besiege ich dich, weil du dann nichts tun kannst – aber ich kann auch nichts unternehmen. Es läuft darauf hinaus, daß ich nichts bin, nur Schwäche und Tränen.
Z.: Wenn du mir nur vertrauen könntest, dann könnte ich dir zeigen, daß ich nützlich sein kann und nicht nur destruktiv.

H.: Nein! –

Z.: Dann bleib' weiter der Schwächling, der du bist.

H.: Das will ich auch nicht. Es ist ein unmögliches Dilemma. Du bist schuldig – wenn du nicht wärst, dann könnte ich etwas unternehmen. Wenn du mich nicht schon so lange unterdrücken würdest, wenn du mich nicht verleugnet hättest, wenn du nicht versucht hättest, so ein verdammter Engel zu sein, damit jeder dich lieben würde – dann wärst du nicht in dieser Lage. Ich weiß das alles – aber das ändert überhaupt nichts. Ich kann mich nicht ändern.

Z.: Du tust, als müßtest du etwas unternehmen – dabei mußt du mich nur in Ruhe lassen. Du mußt mich kennenlernen – entspann dich und laß alles auf dich zukommen. Wenn du nicht immer so auf der Hut wärst – öffne den Mund, laß den Gedanken direkt zu Worten werden.

H.: Ich weiß, was du da sagst – das ist es, was ich will. Ich denke an den Terror des Zorns – und ich weine schon wieder. Ich sehe, wie mein Vater am Fuß der Treppe mit einem Schlachtmesser in der Hand steht und droht, meine Tante umzubringen – ich sehe, wie seine blaßblauen Augen hervorquellen, wie er sie anstarrt und schreit und schreit – und schreit – ich kann es nicht mehr aushalten!

Z.: Hör auf – das war er – das ist nicht die ganze Welt.

H.: Sein Zorn hat sein Leben ruiniert. Er ist ein verbitterter und einsamer Mann.

Z.: Dein Zorn ruiniert dein Leben, da du ihn ableugnest – ist das besser?

H.: Nein. Ich verstehe das alles wirklich – wie ich sagte –, aber immer kommen mir die Tränen in die Quere.

Z.: Vergiß die Tränen! Du kannst an ihnen vorbei – oder mit ihnen – oder trotz ihnen –, das ist überhaupt keine Entschuldigung.

H.: Wie kann ich dich gebrauchen – nein – sei mit mir – vielleicht liegt da das Problem – ich spreche, als ob du eine Art Waffe seist. Es sollte nicht so sein – ich möchte nicht gegen dich kämpfen – oder dich benutzen – sei einfach ein Teil meiner selbst.

Der letzte Satz dieses Dialogs spiegelt eine natürliche und grundlegende Tendenz zur Synthese – eine Reflexbewegung in Richtung Integration. Jeder komplexe Organismus wird seine Kräfte so einteilen, daß er ökonomisch funktioniert, und aus seinen diversen Hilfsmitteln die angenehmste, eleganteste und wirksamste Kombination machen, die gerade möglich ist. Zärtlichkeit, Zwanghaftigkeit, Wagemut, Rücksichtslosigkeit, Leutseligkeit – eine solche Kombination von Charakteristika kann nur als verträglich erfahren werden, wenn der Betreffende seine vielfachen Möglichkeiten wiederentdecken und diese persönlichen Charakteristika in einer neuen Komposition reorganisieren kann. Um Verträglichkeit zu erreichen, wo nach Ansicht der Gesellschaft keine existiert und wo nach früherer Erfahrung keine zu finden ist, erfordert es beträchtliches Geschick – um gar nicht erst von der Ausdauer und Kreativität zu reden, die notwendig sind, um eine kontaktreiche Integration unter den im quälenden Widerstreit befindlichen Charakteristika aufrechtzuerhalten.

Auf der physischen Ebene der reflexiven Integration hat REICH schon vor langer Zeit ein Phänomen beschrieben, das er den Orgasmusreflex nannte[25]: Unter der Wirkung eines sich aufbauenden Orgasmus werden die Bewegungen eines Menschen vollkommen synchronisiert. Wir glauben, daß die von REICH beschriebene Harmonie, die beim Orgasmus eintritt, bei jeder wichtigen Funktion beobachtet werden kann, die den ganzen Organismus einbezieht. Ähnliche Explosionen beanspruchen die ganze Muskulatur, beispielsweise beim Niesen, Husten, Weinen, Lachen, Erbrechen, Defäkieren. Angenommen, ein Kind lernt, daß es das Defäkieren mit Hilfe des Schließmuskels kontrollieren kann, und entwickelt dies aufgrund einer Art faustischen Vertrags zu einer chronischen Reaktion, wobei es gefürchtete Zwischenfälle vermeidet, dafür aber einen hohen Preis zahlt, indem es die Vielfalt seiner persönlichen Funktionen einbüßt – ein Verlust, den es nicht hatte voraussehen können. Kein unerwünschtes Defäkieren mehr, dafür aber eine Einschränkung der Beckenbewegungen oder Abschnüren des Atems. Man kann selbst die nicht unbeträchtliche Wirkung nachprüfen, wenn man den Schließmuskel anspannt und dann zu atmen oder zu sprechen versucht.

Es braucht nur noch einen kleinen Schritt, um zu erkennen, daß das, was in einem Teil des Menschen geschieht, den Menschen als Ganzes beeinflußt. Kooperative Erfahrungen zwischen den Bestandteilen des Individuums sind alltäglich: Manchmal stören sie das gute Funktionieren, manchmal fördern sie es. Ein bestimmter Musiker hat beispielsweise ein hölzernes Gesicht, besonders dann, wenn er auftritt, und trotzdem spielt er mit Ausdruckskraft, ja sogar mit Leidenschaft. Es ist, als leite er seine ganze Ausdruckskraft in das Medium Musik, als trennte er sie vom übrigen Körper ab und konzentrierte sie auf Arme, Finger und seine Geige. Ein Student bereitet sich aufs Examen vor, während unter seinem Fenster ein Niethammer dröhnt. Er schließt den Lärm aus, vermindert dabei eine Funktion, während er sich auf eine andere konzentriert. Solche Integrationen sind notwendig. Sie führen nur dann zu Schwierigkeiten, wenn die Blockierung chronisch wird und die blockierte Funktion nicht zur Verfügung steht, wenn sie gebraucht wird. Der Musiker mit dem hölzernen Gesicht ist um eine Erfahrung ärmer, wenn seine Empfänglichkeit in nichtmusikalischen Situationen chronisch unerreichbar ist.

Die selbsteinschränkende Verbindung verschiedener Funktionen zeigt sich am Beispiel einer Patientin, die festgestellt hat, daß sie, wenn sie rennt, sich in die Hosen macht. Also *will* sie nicht rennen, selbst wenn sie deswegen einen Bus versäumt oder zu spät zum Unterricht kommt. Ihre grundlegende Hemmung liegt in den Muskeln, die das Urinieren kontrollieren. Wenn sie rennt, dann kann sie diese Muskeln nicht kontrollieren, und deswegen erweist sich das Rennen als gefährlich, obwohl sie gegen das Rennen an sich nichts einzuwenden hat. Andere Menschen blockieren vielleicht herzhaftes Lachen, weil sie befürchten, daß ihr Lachen zum Weinen wird. Dementsprechend brechen viele Frauen und manche Männer auf dem Höhepunkt der sexuellen Erregung in Tränen aus. Wenn immer eine Aktivität nicht an sich selbst gefürchtet wird, sondern der Reaktion wegen, die sie möglicherweise auslösen könnte, dann erleidet der Betreffende einen doppelten Verlust. Er hat ein grundlegendes Problem nur dadurch gelöst, daß er eine damit verwandte Funktion vermindert.

Wir sehen also, daß das Individuum in sich selbst eine Gruppe darstellt, unter deren Mitgliedern immer wieder neue Beziehungen und Verbindungen entstehen. Kurt GOLDSTEIN[26] beschrieb diesen Prozeß der Integration, als er feststellte:

Alle Fähigkeiten eines Menschen sind bei jeder seiner Aktivitäten immer in Aktion. Die Fähigkeit, die für die jeweilige Aufgabe von besonderer Bedeutung ist, steht im Vordergrund; die anderen befinden sich im Hintergrund. Alle diese Fähigkeiten sind so organisiert, daß sie in dieser bestimmten Situation die Selbstverwirklichung des ganzen Organismus fördern. Für jede Leistung gibt es eine besondere Figur-Grund-Organisation der Fähigkeiten.

Natürlich treten im Prozeß der Integration Widersprüche auf; einige Elemente des Kampfes werden von anderen beherrscht, einige werden ausgelöscht, und einige wetteifern ständig miteinander, um aus dem Hintergrund des Menschen zu einer figürlichen Position aufzusteigen. Ursprünglich war der Kampf insofern berechtigt, als die widerstreitenden Impulse tatsächlich unvereinbar gewesen sein mochten, wobei jeder potentiell den anderen beeinträchtigte – wie etwa der Wunsch zu spucken, den Wunsch beeinträchtigen kann, von der Mutter geliebt zu werden. Kein persönliches Bedürfnis unterwirft sich gern seiner Antithese innerhalb des Individuums, wie auch kein Staat oder kein Individuum die Existenz seiner Antithese begrüßt. Wenn Antithesen miteinander kollidieren, dann geht der Status quo verloren, da jeder Protagonist durch die Wirkung verändert wird, die sie aufeinander ausüben. Um das Risiko unwillkommener Veränderungen zu vermeiden, schrecken sie zurück, versäumen aber hierbei die Gelegenheit zu einer neuen und dynamischen Synthese. Ein Mensch mit beispielsweise ausgeprägten, aber antithetischen Qualitäten der Grausamkeit und der Güte wird unentschlossen bleiben, bis er diese Qualitäten miteinander verschmilzt und zu einem glühenden Revolutionär wird, von seinen eigenen Leuten verehrt und geliebt. Auf eine Art gütig, die einem nur grausamen Menschen unbekannt ist, doch von einer Schärfe, die bei nur gütigen Menschen kaum anzutreffen wäre. Entwicklung hängt von der Erneuerung der Kontaktmöglichkeiten zwischen den diversen Aspekten des Individuums ab – Kontaktmöglichkeiten, die durch die irrtümliche Annahme der Unvereinbarkeit ausgeschlossen gewesen sind.

Die Wiederherstellung des Kontaktes zwischen den verschiedenen Teilen des Selbst ist natürlich nicht immer leicht. Wie die Strategie der Konfrontation in der Politik die Möglichkeit der Explosion des Chaos und der Entfremdung in sich birgt, so kann auch die Konfrontation widerstreitender Qualitäten im Menschen aufreibend und gefährlich sein. Dies trifft besonders zu, wenn die eine Qualität nur deswegen besonders fest verankert ist, weil sie eine andere Qualität unterdrückt, die nach Ausdruck zu verlangen beginnt. Manchmal kann die Kraft, die erforderlich ist, um einen fruchtbaren Kontakt wiederzuerlangen, verrückte oder extreme Verhaltensweisen dort hervorrufen, wo der Betreffende einen Kontakt herzustellen versucht, der deutlich spürbar ist. Wer seine Wut hinausschreien muß, um seiner impotenten Unterwürfigkeit entgegenzuwirken, wer sich dem Laster hingibt, um festgefahrene Moralbegriffe abzuschütteln und wer lieber im katatonischen Schweigen verharrt, als dem von seinem Vater überkommenen Ehrgeiz zu verfallen, der treibt ein riskantes Spiel, indem er die in ihm eingewurzelten Kräfte drastisch dominiert. Bis diese neu hervorgerufene Energie eine Synthese mit der ursprünglichen vorherrschenden Kraft erreichen kann, bleibt das Verhalten des Betreffenden willkürlich – ohne ein Gefühl der Ganzheit.

Beim unbehaglichen Waffenstillstand zwischen den zwei widerstreitenden Qualitäten ist ein Teil der Natur des Betreffenden seiner Erregung und Energie beraubt worden. Bei der Entwicklung zur Integration wird diese Erregung wieder mobilisiert, und die immer noch starke Energie des akzeptierten Teils wird dabei nicht vermindert. Der in diesem Prozeß Begriffene mag sehr wohl Überstimulierung erfahren sowie Angst davor, daß er buchstäblich zerspringt oder explodiert. Aufgrund seiner Unerfahrenheit mit explosiven Situationen erkennt er nicht, daß dieses Gefühl des Zerspringens in Weinen, Schreien, dramatisches Reden, heftige Bewegungen, Wutanfälle, Orgasmen übergehen kann. Bis zu diesem Augenblick glaubte er, daß seine persönlichen Grenzen durch die Ausdehnung seiner Gefühle bedroht wurden, und zwar deswegen, weil kein angemessenes Ventil ihm annehmbar erschien. Wenn er jetzt unter neuen Bedingungen, etwa in der Therapie, eine Explosion stattfinden lassen kann, dann ist er wie neugeboren. Wenn er aber andererseits die für die Integration notwendige Assimilation seiner Gefühlsausdehnung nicht verkraften kann, wird er zumindest vorläufig vor einer weiteren Entwicklung in diese Richtung zurückscheuen. Den Unterschied zwischen diesen beiden Möglichkeiten zu erkennen, erfordert viel Geschick und Fingerspitzengefühl von seiten sowohl des Patienten als auch des Therapeuten.

Zwar besitzt man keinen präzisen Maßstab für die Grenzen der individuellen Fähigkeit, potentiell explosive Gefühle zu assimilieren oder auszudrücken, jedoch der gebührende Respekt vor der Selbstregulierung des Menschen schützt den Therapeuten davor, den Patienten zu Verhaltensweisen zu zwingen oder zu verführen, die er nicht größtenteils selbst eingeleitet hat.

Die größten Fortschritte erreicht man jedoch nicht immer, indem man alle Risiken vermeidet. In meiner eigenen Therapie erlebte ich die beiden bedeutungsvollsten Momente, als ich in großer Gemütsbewegung sagte »Zum Teufel damit« – bereit, alles zu riskieren. Unter dem Eindruck eines überwältigenden Gefühls kann ein Mensch beschließen, keine weitere Wahl zu treffen, sondern den Dingen ihren Lauf zu lassen. Als ich mich einmal in der Therapie dazu entschied, mich allem zu ergeben, was auch kommen mochte, stellte ich überrascht fest, daß ich – zum erstenmal als Erwachsener – krampfhaft weinte. Das zweite Mal wurde ich von konvulsiven Zuckungen und heftigem Zittern befallen. Jedesmal wurde ich durch die Erfahrung empfänglicher für die Zärtlichkeit des Lebens und bekam ein neues Gefühl der persönlichen Ausrichtung; nicht durch Kontrolle, sondern durch Bewegung, Unerbittlichkeit, Kraft und Präsenz, die Art Präsenz, die die Welt zu einer Einheit werden läßt.

4.

Umgang mit dem Widerstand

Jeder Mensch organisiert seine Energie so, daß er einen guten Kontakt zu seiner Umwelt findet, oder er leistet dem Kontakt Widerstand. Wenn er das Gefühl hat, daß seine Anstrengungen erfolgreich sein werden – daß er potent ist und daß seine Umwelt ihm eine Gegenleistung bieten kann –, dann wird er dieser Umwelt mit Lust, Vertrauen und sogar Wagemut gegenübertreten. Aber wenn seine Anstrengungen nicht das bringen, was er will, dann entstehen in ihm die verschiedensten störenden Gefühle: Ärger, Verwirrung, Groll, Impotenz, Enttäuschung usw. In diesem Fall muß er seine Energie auf vielfache Weise ableiten, was die Möglichkeiten einer kontaktreichen Interaktion mit seiner Umwelt verringert.

Die spezifischen Richtungen, die diese abgeleitete Interaktion beim einzelnen nimmt, prägen seinen Lebensstil. Es gibt fünf Hauptrichtungen der vom Widerstand bestimmten Interaktion, von denen jede ihren eigenen, expressiven Stil besitzt: 1. Introjektion; 2. Projektion; 3. Retroflektion; 4. Deflektion und 5. Konfluenz.

Der *Introjektor* investiert seine Energie in der passiven Aufnahme dessen, was ihm die Umwelt anbietet. Er verwendet wenig Mühe darauf, seine Bedürfnisse oder Wünsche zu spezifizieren. Dies setzt voraus, daß er unkritisch bleibt oder in einer völlig freundlichen Umwelt lebt. Solange er in diesem Stadium bleibt, muß er, wenn die Welt sich nicht mehr seinen Bedürfnissen gemäß verhält, seine Energie vollständig darauf verwenden, sich seine Zufriedenheit mit den gegebenen Umständen zu bewahren.

Der *Projektor* lehnt bestimmte Aspekte seiner selbst ab und schreibt sie der Umwelt zu. Ist die Umwelt mannigfaltig genug, dann wird er natürlich bisweilen Recht haben. Aber sehr häufig werden ihm ernsthafte Fehler unterlaufen, indem er darauf verzichtet, auf die Richtung der Energie einzuwirken, und sich selbst als unfähig erfährt, irgend etwas zu ändern.

Der *Reflektor* gibt jeden Versuch auf, seine Umwelt zu beeinflussen, indem er eine separate und selbstzufriedene Einheit wird. Seine Energie führt er in ein ausschließlich intrapersonales System zurück und unterbindet weitgehend den Verkehr zwischen sich selbst und der Umwelt.

Der *Deflektor* engagiert sich mit seiner Umwelt auf gut Glück, wobei seine wenigen Erfolge meist nur dem Zufall zu verdanken sind. Folglich investiert er entweder nicht genügend Energie, um eine befriedigende Gegenleistung zu erhalten, oder er investiert sie so wahllos, daß sie sich verstreut und auflöst. Er verausgabt sich, erzielt keinen Gewinn und endet als Bankrotteur.

Bei der *Konfluenz* schwimmt der Betreffende mit dem Strom. Dies erfordert nur geringen Energieaufwand für persönliche Entscheidungen; er muß sich nur von der augenblicklichen Strömung mittragen lassen. Er kommt vielleicht nicht dort an, wohin er wollte, aber seine Zeitgenossen scheinen diese Richtung gutzuheißen, und so nimmt er an, daß sie schon richtig ist. Außerdem kostet es ihn nur wenig. Warum soll er sich also beschweren?

Diese fünf Möglichkeiten wollen wir genauer betrachten.

Introjektion

Introjektion ist die generische Art der Interaktion zwischen dem Individuum und seiner Umwelt. Das Kind betrachtet alles, was es nicht spontan erfährt, als schädlich. Entweder nimmt es die Nahrung in der Form an, in der sie ihm dargeboten wird, oder es spuckt sie wieder aus. Zunächst kann es die Substanz nicht in eine ihm passendere Form bringen, wie es später tun wird, wenn es mit dem Kauen beginnt. Bis dahin schluckt es jedoch vertrauensvoll das, was ihm an Nahrung geboten wird – und gleicherweise schluckt es Eindrücke über die Natur seiner Welt.

Da das Kind, zumindest am Anfang, die Dinge nehmen muß, wie sie sind, oder versuchen muß, sie loszuwerden, wenn es kann, ist das Bedürfnis, der Umwelt zu vertrauen, bemerkenswert stark. Wenn seine Umgebung in der Tat vertrauenswürdig ist, dann wird das eingehende Material nahrhaft und assimilierbar. Aber die Nahrung wird eilig in das Kind hineingestopft; der Arzt sagt, die Spritze werde nicht wehtun, und das Defäkieren wird als schmutzig und unwürdig empfunden. Die »Solls« beginnen sehr früh und haben häufig nur sehr wenig mit dem zu tun, was das Kind als seine Bedürfnisse erachtet. Das Vertrauen des Kindes wird durch äußere Autoritäten vermindert, deren beurteilungen seine eigene, klare Identität untergraben und das Kind erwachsenen Eroberern ausliefern, die das Gebiet übernehmen. Die Kapitulation ist zunächst erniedrigend, wird aber später vergessen. So regiert nun der Fremdkörper, verursacht beim Betreffenden Unbehagen und Mißtrauen gegenüber jeder Abweichung oder unerwarteten Erregung sowie ein Gefühl der Frustration, wenn sich sein aus zweiter Hand übernommenes Wertsystem als unempfänglich für seine gegenwärtigen Bedürfnisse erweist. Für denjenigen, der die Werte seiner Eltern, seiner Schule und seiner Umwelt kritiklos übernommen hat, muß das Leben stets so weitergehen wie bisher. Wenn die Welt um ihn herum sich verändert, dann ergreifen sehr leicht Angst und Abwehr von ihm Besitz. Seine eigene Energie handhabt er so, daß sie die introjizierten Werte unterstützt, während er gleichzeitig versucht, sein Verhalten möglichst mit seinem von anderen übernommenen Gefühl für richtig und falsch zu integrieren. Selbst wenn die Introjektion erfolgreich ist, das heißt, wenn sie mit der realen Welt, in der er lebt, in Einklang steht, zahlt der Betreffende immer noch einen hohen Preis, da er das Gefühl der freien Wahl im Leben aufgegeben hat.

Die fundamentale Schwierigkeit bei der Aufhebung der Introjektion liegt in ihrer langen Geschichte als anerkanntes generisches Lernmittel. Das Kind lernt, indem es seine Umgebung in sich aufnimmt. Der Sohn geht wie sein Vater, ohne ihn dabei zu imitieren. Sprachen und Dialekte werden aufgenommen, Sinn für Humor wird weitergegeben usw. Das Kind erfährt viele Aspekte des Lebens als gegebene Tatsachen, und das Lernen ist ein genauso natürlicher Vorgang wie der Blutkreislauf oder das Atmen. Dieses Erleben der Dinge, so, wie sie sind, besitzt eine Frische, die durch das später auftretende, bewußte und unterscheidende Lernen schwer wiederherzustellen ist.

Unglücklicherweise erfordert das ausschließlich durch Introjektion erfolgende Lernen eine Umwelt, die ausnahmslos den Bedürfnissen des Individuums entspricht. Wenn diese völlige Übereinstimmung fehlt – was unweigerlich der Fall ist –, dann muß der Betreffende nicht nur wählen, was er will und mit was er sich zu identifizieren bereit ist, sondern auch dem Druck und den Einflüssen widerstehen, die beständig auf ihn einwirken und die er *nicht* will. Und hier beginnt der Kampf.

In bestimmten Altersstufen, wenn der Kampf sich drastisch

verschärft, etwa mit zwei Jahren und dann wieder in der Pubertät, stößt er sich so sehr an den Eingriffen von außen, daß er sogar
bereit ist, die Weisheit zu opfern, nur um sein eigenes Wahlsy-
stem durchzusetzen. Er begreift meist intuitiv, daß er zu diesem
Zeitpunkt nicht dem bloßen Wissen, sondern der persönlichen
Wahlmöglichkeit den Vorrang geben muß. Zuerst kommt ich,
mein »Wohlergehen« kommt an zweiter Stelle, sagt er sich. Im
Alter von zwei Jahren sagt er wahllos nein, und in der Pubertät
würde er lieber die Schule verlassen, als sich den Anforderungen
anderer zu unterwerfen.

Da er zunächst die Implikationen seiner Wahl nicht wissen
kann, nimmt der Introjektor seine Erfahrungen mit sehr viel
Glauben auf. Zum Beispiel weiß ein Mensch im Alter von zwei
Jahren noch nicht, ob er so gehen will wie sein Vater. Er tut es
einfach. Erst später wird er dieses vielleicht in Frage stellen und
sich einen anderen Gang angewöhnen wollen. In Anbetracht der
grundlegenden Anziehungskraft und Unentbehrlichkeit dieses
Prozesses ist es kaum verwunderlich, daß man Schwierigkeiten
hat, ihn aufzugeben, selbst wenn später andere Lernmöglichkei-
ten auftreten und die Introjektion zurückdrängen. Unterscheidungen zwischen gefährlichen und gesunden Strömungen, die in
das Individuum eindringen, werden verläßlicher und nehmen
eher die Form einer Wahl an, wobei persönliche Werte und persönlicher Stil in den Wahlprozeß aufgenommen werden. Außerdem wächst die Fähigkeit, das Existierende neu zu strukturieren
und führt den Betreffenden über die bloße Ja-oder-nein-Wahl
hinaus. Er erlangt die Fähigkeit, seine Erfahrungen in seinem
Sinne zu gestalten, wobei er das schafft, was er braucht, anstatt
das Dargebotene nur anzunehmen oder abzulehnen.

Diese Entwicklung von der reaktiven zur kreativen Unterscheidung wird beim Vorgang des Kauens dramatisch verdeutlicht. Kauen ist die prototypische Aktivität, um die Welt den eigenen Bedürfnissen entsprechend assimilierbar zu machen[27].
Aber der unausweichliche Konflikt zwischen der Hinnahme des
Lebens, wie es ist, und dem Drang, es zu verändern, beginnt und
dauert ein ganzes Leben lang an.

Die primäre Aufgabe bei der Aufhebung der Introjektion besteht darin, innerhalb des Individuums ein Gefühl für seine
Wahlmöglichkeiten zu schaffen und seine Fähigkeit zu fördern,
zwischen »mir« und »dir« zu unterscheiden. Es gibt viele Möglichkeiten, dies zu erreichen. Eine der einfachsten ist, ihn Sätze

über sich selbst und über den Therapeuten bilden zu lassen, von denen erstere mit dem Fürwort *ich* und letztere mit dem Fürwort *du* beginnen. Oder man könnte ihn auch auffordern, Sätze zu bilden, die mit den Worten beginnen: *Ich glaube, daß* ... und dann untersuchen, wie viele dieser Sätze seine eigene, aus persönlicher Erfahrung gebildete Überzeugung widerspiegeln und wie viele einfach von anderen Menschen übernommen worden sind. Tatsächlich ist jede Erfahrung, die das Gefühl des Menschen für das »ich« verstärkt, ein wichtiger Schritt auf die Aufhebung der Introjektion zu.

Zum Beispiel: Eine attraktive 25jährige Frau lebte mit einem Mann zusammen, den sie liebte und der seinerseits behauptete, sie zu lieben. Gloria war jedoch verwirrt, weil Dan nicht bereit war, sie zu heiraten. Sie machte sich Sorgen darüber, wie stark seine Bindung an sie war und ob er jemals bereit sein würde, sie zu heiraten. Gloria sehnte sich nach der Ehe. Ihr Gefühl für die eigenen Wünsche war jedoch durch die ausgesprochenen und unausgesprochenen Ermahnungen ihrer Eltern verwirrt, daß eine Frau vor der Heirat nicht mit einem Mann zusammenleben sollte und daß ein Mann, der sich zu so einem Arrangement bereit erkläre, sie wahrscheinlich ohnehin nicht heiraten werde. Warum sollte er auch, so argumentierten sie, da er ja jetzt schon alles bekomme, was er wolle. Gloria mußte sich von dieser antisexuellen Haltung und den Vorstellungen von der Ehe befreien und ihre eigenen erfahren. Wenn sie ihre eigene Sexualität akzeptierte, dann würde sie ihre wirkliche Attraktion für Dan besser einschätzen und auch erkennen, daß sie unter verschiedenen Männern wählen könnte. Wenn *Dan* sie also nicht heiratete, würde sie verstehen, daß sie zwar ihn, jedoch nicht *jede* Möglichkeit zu heiraten verloren hätte. Mit anderen Worten, sie wäre dann nicht nur die Gewählte oder Nichtgewählte, sondern sie würde *sich selbst* als Wählende empfinden. Obwohl Gloria diese Rolle unbekannt war, brachte sie doch alle Voraussetzungen dafür mit, denn sie war attraktiv, intelligent und energisch. Wenn sie erst einmal ihre eigene Natur akzeptiert hätte, dann könnte sie sich von ihrer Introjektion der elterlichen Werturteile befreien: der Ablehnung der Sexualität und deren Ansicht von der Frau als nur reaktiv Wählender, die selbst keine freie Wahl treffen kann. Während der Therapie entwickelte sie sich in diese Richtung zunächst dadurch, daß sie mir gegenüber eine echte Wärme zeigte und die Zuneigung endlich als etwas Selbstverständliches begriff.

Dann lernte Gloria, mit ihrer visuellen Attraktivität zu spielen: Sie zog sich dramatischer an, lockerte ihre Körperhaltung und sah die Menschen, mit denen sie sprach, direkt an. Jetzt fühlte sie ihre eigene Individualität und heiratete schließlich auch Dan.

Der Introjektor reduziert auf ein Mindestmaß die Unterschiede zwischen dem, was er ganz hinunterschluckt, und dem, was er vielleicht wirklich wollte, wenn er sich erlaubte, diese Unterscheidung zu treffen. Dabei neutralisiert er seine eigene Existenz, indem er die Aggressivität vermeidet, die erforderlich ist, um das, was existiert, zu vernichten. Es ist, als wäre alles Existierende unantastbar. Er darf es nicht ändern, sondern muß es so nehmen, wie es kommt. So bezieht er jegliche neue Erfahrung auf vorangegangene Erfahrungen, was ihre Qualität der Unantastbarkeit verstärkt und dafür sorgt, daß er im voraus weiß, was geschieht oder akzeptiert, was gesagt wird. Das ganze Leben ist nur eine Variation dessen, was er schon erfahren hat; so ist er mit einem Puffer gegen alles Neue versehen, aber gleichzeitig leidet die Lebendigkeit darunter, die aus der unmittelbaren Erfahrung entsteht.

ALLPORT[28] erkannte die Bedeutung der Art, in der der Mensch auf Unterschiede oder Neuigkeiten reagiert, als er die Wahrnehmungsweisen als Nivellierung oder Verschärfung bezeichnete. Die »Verschärfer« erinnern sich an etwas und übertreiben die Unterschiede zwischen dem, was sie erwartet hätten, und dem, was sie tatsächlich erfahren. Dagegen setzen die »Nivellierer« den Unterschied herab. Die hervorstechenden oder einmaligen Aspekte der Erfahrung werden vermindert. Da das neue Wissen nicht viel Ungewohntes bietet, hauptsächlich, weil sie die ungewohnten Details ausgelassen oder vergessen haben, brauchen sie sich nicht sehr anzustrengen, um es zu behalten.

Die Durcharbeitung der Introjektion wird durch die Triade von Ungeduld, Faulheit und Gier stark behindert. Die Intoleranz gegen den unvermeidlichen Unterschied ist in Wirklichkeit eine Intoleranz gegen die Aggression, die erforderlich ist, um Unterschiede zu verändern, bevor sie verarbeitet und in den gesunden Organismus aufgenommen werden können. Ungeduld, irgend etwas schnell aufzunehmen, Faulheit bei der anstrengenden Arbeit, es richtig aufzunehmen, oder Gier, so viel wie möglich so schnell wie möglich zu bekommen – all diese Tendenzen führen zur Introjektion. Die Worte, die Sie jetzt lesen, können beispielsweise überzeugend wirken, oder aber sie rufen ärgerlichen

Widerspruch, ausgedehnte Diskussion oder Überlegung, Aktionen bei Ihrer eigenen Arbeit oder Entscheidungen darüber hervor, was jetzt in Ihrem täglichen Leben nicht zutreffend oder assimilierbar ist.

Der Introjektor möchte alles fertig serviert bekommen. Er fällt auf das Symbol herein, auf die allzu große Vereinfachung, die Masche, die Lektion, die sich leicht herunterleiern läßt. Die profunden und ausgefeilten Gedanken von PERLS und anderen, die durch Demonstrationen und eingängige Sprache dramatisiert wurden, sind oft bereitwillig geschluckt – aber nicht verdaut – worden, von denen, die durch Imitation und Anbetung eines anderen die Entwicklung des eigenen Stils ersetzt haben. Drama verstärkt den Kommunikationsprozeß durch Klärung und Beschleunigung der Botschaft. Aber für die persönliche Reife ist es unterläßlich, zwischen dem Drama, welches inspiriert und klärt, und billigen Sprachtricks zu unterscheiden, die einem das Gefühl geben, *in* zu sein, ohne zu wissen, wie die eigene Entwicklung gesteigert wird.

Wenn in der Therapie die Aggression und Kritik des Introjektors mobilisiert werden, verschafft sich seine aufgestaute Bitterkeit Gehör. Er hat allen Grund, verbittert zu sein, denn er hat viel für ihn Ungeeignetes geschluckt und fühlt sich deshalb betrogen. Aber zwischen Bitterkeit und Aggression muß man unterscheiden. Erstere sucht oft nur eine Rechtfertigung, während letztere meist etwas verändern will. Anfänglich mögen diese Veränderungen rein zufälliger Natur sein, da der Betreffende noch nicht daran gewöhnt ist, seine eigenen Wünsche zu kennen, und nur weiß, was er *nicht* will und was er loswerden muß. Veränderungen um der Veränderung willen, selbst wenn sie richtungslos und ungeformt ist, erweckt aufs neue die Energie im System und deutet an, daß ein lebender Organismus sich erholt. Wenn die Lebendigkeit wiederhergestellt ist, kann man sich immer noch über die Richtung Gedanken machen. Dies ist natürlich eine riskante Theorie, denn die wahllos freigesetzte Energie kann man genau dahin wenden, wo sie Schaden anrichtet. Dennoch muß besonders bei der Introjektion Energie freigesetzt werden. Deshalb beinhaltet auch die effektivste Psychotherapie ein Risiko – wie alle Rebellionen. Doch die Rebellion ist nötig, um die Introjektion aufzuheben und genauso das Speien, wörtlich oder bildlich genommen, denn es stellt das Ausstoßen häßlicher Fremdkörper dar, die ausgeschieden werden müssen, selbst wenn im Laufe der Jahre das Gefühl entstanden ist, daß sie zum Organismus gehören. Die Entdeckung, daß »gegebene« Tatsachen nicht immer »gegeben« sind, ist eine Erfahrung, die der Wiederentdeckung der Selbstbestimmung, bei der man seine Existenz nicht als gegeben hinnimmt, sondern sie dauernd gestaltet, dramatische Aspekte verleiht.

Projektion

Der »Projektor« ist ein Mensch, der seine Gefühle und Aktionen nicht akzeptieren kann, weil er auf diese Art nicht fühlen oder handeln »sollte«. Dies »sollte nicht« ist natürlich die grundlegende Introjektion, die sein Fühlen oder Handeln als schlecht wertet. Um dieses Dilemma zu lösen, erkennt er *nicht* seine eigene Untat an, sondern schreibt sie einem anderen Menschen zu. Das Ergebnis ist eine klassische Spaltung zwischen seinen tatsächlichen Charakteristika und dem, was er über sie weiß. Andererseits findet er diese Charakteristika überall bei anderen Menschen. Der Verdacht zum Beispiel, daß ein anderer ihm grollt oder versucht, ihn zu etwas zu verleiten, ist völlig grundlos und basiert auf der von ihm nicht akzeptierten Tatsache, daß *er* sich dem anderen gegenüber so verhalten will. Während der Introjektor sein Gefühl der Identität aufgibt, verschenkt es der Projektor Stück für Stück.

Dem Projektor die verstreuten Stücke seiner Identität wiederzugeben, ist ein Eckpfeiler des Durcharbeitungsprozesses. Wenn sich beispielsweise ein Patient darüber beklagt, daß sein Vater nicht mit ihm sprechen will, so braucht der Therapeut ihm dies nicht abzukaufen. Er kann dem gekränkten Sohn empfehlen, diese Beschwerde einfach umzudrehen, und statt dessen zu sagen, daß *er* nicht mit seinem Vater sprechen will. Der Sohn mag entdecken, daß er in der Tat eine Rolle bei der Entfremdung vom Vater gespielt hat. Vielleicht hat er sie sogar eingeleitet, indem er seines Vaters Annäherung so heftig zurückgestoßen hat, daß der Vater es einfach aufgegeben hat, mit ihm zu sprechen. Die therapeutische Technik beruht auf der grundsätzlichen Annahme, daß wir unser eigenes Leben selbst gestalten und daß wir, indem wir unsere eigenen Schöpfungen wieder in Besitz nehmen, ermutigt werden, unsere Welt zu verändern. Und auch wenn kein äußerlicher Wandel notwendig oder möglich sein sollte, ist das Gefühl der persönlichen Identität in sich schon eine Erfahrung.

Wenn ein Projektor sich vorstellen kann, daß er einige der Qualitäten besitzt, die er bei anderen sieht, aber bisher aus seinem eigenen Selbstbewußtsein verbannt hat, wird dadurch sein allzu rigides Identitätsgefühl gelockert und erweitert. Ein Mann hat beispielsweise das Gefühl für die eigene Grausamkeit unterdrückt. Sich selbst als grausam zu erfahren, kann ihm eine neue Vitalität schenken, verleiht seiner Liebenswürdigkeit vielleicht Dimension oder gibt ihm den notwendigen Anstoß, das zu verändern, was nur grausames Verhalten verändern würde.

David, ein Student, wurde durch die Konfrontation mit einem seiner Professoren, der ihn grausam behandelte, zugleich aufgebracht und erschöpft. Bei der Untersuchung der Frage, wie David sich als grausamer Mensch verhalten würde, entdeckte er, daß er zuerst versucht hatte, über seinen Professor zu dominieren. Außerdem war es ihm ein allgemeines Bedürfnis, eine Situation zu beherrschen, um seine eigene Unabhängigkeit zu bewahren. Jetzt erntete er den Sturm, aber durch die Erkenntnis, daß er selbst den Wind gesät hatte, fühlte er sich nicht mehr so sehr der Willkür anderer ausgesetzt. Bis zu diesem Zeitpunkt hatte er sich selbst nicht in einem strategischen Kampf um sein eigenes Überleben erfahren, sondern nur als hilfloses Opfer. Nachdem David selbst geschrien, getobt und in seiner Phantasie sogar getötet hatte, ließ der Druck seiner Projektionen nach, und zurück blieb nur das angemessene, taktische Problem, das er jetzt realistischer angehen konnte. Das aktive Bekämpfen seiner Schwierigkeiten ersetzte die projektive Entrüstung, die insofern ein in höchstem Maße zersetzender Faktor ist, da sie den Groll nährt und zu einer sterilen Macht wird, die den Betreffenden entschlußunfähig macht.

Glücklicherweise war David der Bestie in sich nicht so entfremdet, als daß er nicht hätte sofort das Experiment versuchen können. Dies ist nicht immer so einfach. Wenn die Projektionen sich zur paranoiden Selbsterhaltung formieren, dann wachsen die Schwierigkeiten. In diesem Stadium erfährt der Projektor seine Mitmenschen entweder als Gegner oder Anhänger. Jeder Vorschlag, der dem Betreffenden die erneute Inbesitznahme seiner eigenen Charakteristika nahelegt, wird so energisch bekämpft, daß dem Therapeuten möglicherweise die Hände gebunden sind. Vertrauen wird hier unerläßlich, denn es existiert nur ein schmaler Grat zwischen dem Wiedererwecken des Selbstbewußtseins des Patienten und der Gefahr, daß man bei ihm den Eindruck erweckt, man stehe auf der Seite des Feindes. Bei einem solchen Menschen muß man für dessen Perspektive Verständnis aufbringen, gleichgültig, wie die Wahrheit aussehen mag. Jeder Therapeut, der dieses Verständnis nicht wirklich empfindet, wird abgelehnt werden. Die erneute Inbesitznahme des projizierten Materials geht entweder aus erfahrenem Beistand hervor oder aber gar nicht.

Eine Frau litt unter lähmender Angst vor ihrem Chef. Sie hatte das Gefühl, daß er ihr Böses antun wollte, da sie intelligent war und er eine sensible Frau, deren umsichtigere Arbeitsweise ihn nur in seiner Machtposition und seiner Faulheit stören würde, nicht ausstehen konnte. Ich erkannte, daß die schlechte Atmosphäre zwischen den beiden dadurch intensiviert wurde, daß *sie* dominieren und ihren Willen durchsetzen wollte, ohne dafür kämpfen oder schöpferisch tätig sein zu müssen. Jeder Vorschlag von mir, diese neue Rolle auszuprobieren, stellte mich jedoch in ihren Augen auf die Seite ihres Chefs, obwohl ich das Verhalten dieses Mannes fast so sehr mißbilligte, wie sie es tat. Sie überwand ihre Paranoia erst, als es mir gelang, sie in Kontakt mit ihrer wahren Natur zu bringen, indem ich sie aufforderte, mir tatsächliche Geschehnisse aus ihrem Leben zu erzählen. Sobald sie vom Erzählen wahrer Begebenheiten, direkt und ohne strategische Unterströmung, gefesselt war, fühlte sie meinen Beistand, was die Paranoia etwas abschwächte.

Die Projektion ist nicht immer kontaktlos. Die Fähigkeit zur Projektion ist eine natürliche menschliche Reaktion. Von sich selbst auf andere schließen zu können, ist ein Beweis für die menschliche Gegenseitigkeit. Wie sonst sollte man wissen, worüber der andere spricht? Eine grundlegende Lebenswahrheit besagt, daß »es einen braucht, um einen zu kennen«. Deshalb ist der Therapeut, der im Einklang mit seiner eigenen Paranoia, Depression, Katatonie oder Hebephrenie steht, eher fähig, auf einen anderen Menschen einzugehen, der aufgrund einer Überdosis dieser Gifte sich im Prozeß der Selbstverminderung befindet. Unsere eigenen Projektionen geben uns aber nicht nur über diese herkömmlichen psychologischen Leiden Aufschluß. Gewöhnlich sind unsere Erkenntnisse weniger kategorisch; man weiß etwa, wie es ist, wenn man schüchtern, sexuell erregt oder gehemmt ist oder wenn man lächeln muß oder irgendeines der zahllosen anderen Charakteristika besitzt, die man bei anderen Menschen boebachten kann. Der Therapeut muß auf das

Menschsein reagieren. Er muß über die bestimmte Konfiguration hinausgehen, die seine Person ausmacht, und für die Elemente Raum schaffen, die bei *jeder* Person vorhanden sind.

Jeder Mensch ist der Schwerpunkt seines eigenen Universums. Die Tatsache, daß es dort draußen eine reale Welt gibt, vermindert nicht die eigene Fähigkeit, diese Welt so zu empfinden, zu interpretieren und zu manipulieren, daß ihre endgültige Natur durch die eigene Erfahrung bestimmt wird. Ungeachtet der Wissenschaft wird das Universum dann zur eigenen Schöpfung, genauso, wie wir uns früher vorstellten, daß es Gottes Schöpfung war. Diese Vorstellung entsprang unserer Demut, wobei sie uns unserer Kraft beraubte, oder zynischer, uns die Möglichkeit lieferte, uns der Verantwortung für die Schwierigkeiten, die wir uns selbst schufen, zu entziehen. Vielleicht wollen wir nicht glauben, daß wir uns selbst solche Schmerzen zufügen können, und erklären sie durch die Einmischung geheimnisvoller göttlicher Mächte.

Aber es ist unser eigenes Universum, im Schlechten und im Guten. Der Mensch ist die Achse, um die sich die Räder drehen. Er ist, wie es T. S. ELIOT ausgedrückt hat, »am stillen Punkt der sich drehenden Welt«.

Retroflektion

Retroflektion ist eine Zwitterfunktion, bei der der Betreffende sich selbst das zufügt, was er *gern einem anderen zufügen würde*, oder sich das antut, von dem er möchte, *daß es ihm ein anderer antut*. Er kann seine eigene Zielscheibe sein, sein eigener Nikolaus, sein eigenes Liebesverhältnis, was auch immer er will. Er verdichtet sein psychologisches Universum, indem er die Manipulation seines Selbst an die Stelle dessen setzt, was er als vergebliches Verlangen nach der Aufmerksamkeit anderer begreift.

Die Retroflektion unterstreicht die zentrale menschliche Fähigkeit, sich selbst in Beobachter und Beobachteten oder auch Ausführer und Dulder aufzuteilen. Diese Fähigkeit manifestiert sich auf vielfache Weise. Der Mensch spricht mit sich selbst. Der menschliche Sinn für Humor ist ein Beweis für diese Spaltung, denn er bedeutet, daß der Mensch abseits stehen und die Widersinnigkeit oder Absurdität seines Verhaltens erkennen kann. Das Gefühl der Scham oder Verlegenheit impliziert die Perspektive der Selbstbeobachtung oder der Selbstbeurteilung. Der Mensch ist sich sogar mit Unbehagen seiner eigenen Sterblichkeit bewußt.

Es gibt in der Kunst viele Schilderungen dieser Spaltung des Menschen in sich selbst und seinen Beobachter. POES Geschichte von William Wilson und SCHUBERTS *Doppelgänger* behandeln beide das Problem des Menschen, der vor einem geisterhaften Beobachter flieht, welcher sich schließlich als er selbst erweist und dem er natürlich niemals entkommen kann. Wir sehen dieses Phänomen auch in der Auffassung von Gott als Ideal, das jederzeit die innersten Gedanken und Absichten des Menschen beobachten kann. Die biblische Geschichte von Moses, der versucht, dem forschenden Blick Gottes zu entfliehen, ist eine frühe Vorwegnahme von Melanie KLEINS[29] Bild des strengen Über-Ich, welches das Kind konstruiert und unendlich viel unversöhnlicher ist als das elterliche Über-Ich, von dem es abgeleitet wurde. Die Eltern wissen nur, ob das Kind die Wand bekritzelt oder seinen Bruder quält. Das Kind weiß: »Ich wollte die Wand bekritzeln« oder: »Ich wollte meinen kleinen Bruder quälen.« Und die Solls, die es so gut kennt, zwicken, stoßen und drücken. Die Schmerzen, die der menschlichen Fähigkeit zur Selbstbeurteilung entspringen, durchdringen sein ganzes Leben.

Angenommen, ein Kind wächst in einem Haus auf, in dem die Menschen ihm zwar offenkundig feindlich gesinnt sind, jedoch unempfindlich und unzugänglich für seine natürlichen Manipulationen. Wenn es weint, gibt es keinen Schoß, auf dem es sitzen kann, und Liebkosungen kennt es fast gar nicht. Es lernt sehr schnell, sich selbst zu beruhigen und verwöhnen, und verlangt von anderen nicht mehr sehr viel. Später besorgt sich dieser Mensch die auserlesensten Nahrungsmittel und bereitet sie liebevoll zu. Er kauft sich schöne Kleider, ein teures Auto. Er umgibt sich ausschließlich mit sorgfältig ausgesuchten Dingen. Trotz all dieser Selbstliebe glaubt er immer noch an seine generische Introjektion: »Meine Eltern wollen mir keine Aufmerksamkeit schenken.« Aber er hat sich keine Gelegenheit gegeben festzustellen, daß dies nicht dasselbe ist wie: »Niemand will mir Aufmerksamkeit schenken.« Wenn er unkritisch bei der Introjektion verharrt, so muß er zwangsläufig folgern: »Deshalb muß ich es selbst machen.«

Er mag auch versuchen, diese Impulse auf sich selbst zurückzulenken, die anfänglich auf eine andere Person gerichtet waren.

Diese Impulse können entweder feindlich oder freundlich sein. Wutanfälle, Schlagen, Schreien oder Beißen werden konsequent unterdrückt. Wieder erscheint die gegnerische Introjektion: »Ich sollte nicht auf sie wütend werden«, um die herum die retroflektive Abwehr aufgebaut ist. Er wendet seinen Zorn gegen sich selbst.

Dies wird in unverkleideter Form am Beispiel eines Mannes Anfang dreißig gezeigt. Er hatte als Kind Hirnhautentzündung gehabt, die zu einem Gehirnschaden und Entwicklungshemmungen geführt hatte. Er unterhielt sich gern mit anderen Menschen, konnte aber das Gespräch nicht sehr lange in Gang halten. Ihm wurde bewußt, daß er den Faden verlor, und er pflegte dann zornig zu sich zu sagen: »Ich werde albern, ich werde albern!« Kurz darauf zog er sich auf die Haustreppe zurück, saß zusammengekauert und hin und her schaukelnd da, während er sich verzweifelt kniff und ständig wiederholte: »Ich werde albern, ich werde albern.«

Dennoch kann die retroflektive Aktivität im günstigsten Fall ein Selbstkorrektiv darstellen, indem sie den tatsächlichen Begrenzungen oder Gefahren entgegenwirkt, die der spontanen Natur des Menschen inhärent sind. Bei Gefühlsaufwallungen, die zur Gefahr werden könnten, muß der Mensch sich *selbst zurückhalten*, so wie er es auch täte, wenn er aus Übermut auf die Idee käme, sich beim Schwimmen zu weit vom Strand zu entfernen. Bei großem Engagement wird der Drang des betreffenden zur Handlung so stark und unkritisch, daß eine Gegenkraft nötig ist. Zum Beispiel: Eine Mutter preßt ihre zusammengeballten Fäuste gegen die Stirn und hält sich auf diese Weise davon zurück, brutal auf ihr Kind einzuschlagen.

Die Retroflektion wird nur dann charakterologisch, wenn sie zu einer chronischen Distanzierung zwischen entgegengesetzten Energien im Menschen wird. Dann verhärtet sich die ursprünglich gesunde und angebrachte Hemmung der spontanen Aktion zu einer starren Resignation. Der natürliche Rhythmus zwischen Selbstbeobachtung und Spontaneität geht verloren, und der Verlust dieses Rhythmus spaltet den Menschen in sich gegenseitig behindernde Kräfte.

Wenn ein Mensch wiederholt retroflektiert, dann blockiert er seine Ventile zur Außenwelt und bleibt in den Klauen widerstreitender, aber stagnierender Kräfte hängen. Wenn zum Beispiel ein Mensch sich dazu entschließt, nicht zu weinen, da dies die strengen Eltern von ihm verlangen, so braucht er dieses Opfer nur so lange zu bringen, wie er mit ihnen in Kontakt steht. Um ein erfülltes Leben zu haben, muß man sich bemühen, mit den existierenden Möglichkeiten Schritt zu halten, anstatt sich für alle Zeiten von Erfahrungen prägen zu lassen, die nur vorübergehend waren oder auf irrtümlicher Wahrnehmung oder Intuition basieren. Vielleicht glaubte man nur, man müsse das Weinen unterdrücken, während diese Notwendigkeit in Wirklichkeit nie bestand. Und möglicherweise besteht sie jetzt nicht, ganz unabhängig davon, ob man ursprünglich recht hatte oder nicht.

Denken ist an sich ein retroflektiver Prozeß, eine subtile Art, mit sich selbst zu sprechen. Obwohl das Denken offensichtlich insoweit zersetzenden Charakter hat, als es das Handeln stört oder verzögert, so bietet es doch eine wertvolle Orientierung in solchen Lebensfragen, die zu komplex sind, um spontan gelöst zu werden. Die Berufswahl, die Entscheidung, ob man heiraten soll, die Lösung eines schwierigen mathematischen Problems, all dies zieht Vorteil aus dem vermittelnden Einfluß des Denkens. Selbst bei weniger wichtigen Entscheidungen, wie etwa welchen Film man sich ansehen soll, mag man denken: »Ich will das-und-das nicht sehen; für mich ist das heute zu blutrünstig und zu deprimierend. Ich möchte viel lieber etwas sehen, was mich aufheitert.« Solange man nicht auf diese Weise darüber nachgedacht hatte, wußte man wahrscheinlich gar nicht, wohin man gehen wollte.

Unglücklicherweise bewirkt die bei der Retroflektion auftretende Spaltung häufig inneren Verschleiß und schweren Streß, weil sie in sich geschlossen bleibt und nicht die erforderliche Aktion überleitet. Der Versuch einer Entwicklung würde deshalb bedeuten, die Energien umzulenken, so daß der innere Kampf geöffnet wird. Anstatt nur innerhalb des Individuums zu wirken, wird Energie frei, um eine Beziehung zu einem äußeren Objekt herzustellen. Die Aufhebung der Retroflektion beruht auf der Suche nach dem geeigneten anderen.

Obwohl das Ziel darin besteht, den Kontakt mit den anderen zu suchen, so ist doch sehr häufig die Durcharbeitung des inneren Kampfes vorrangig. Da der Impuls, durch den Kontakt mit anderen zu agieren oder zu erleben, sehr ernsthaft überschattet ist, muß der Interaktion innerhalb des geteilten Selbst zu einem neuen Bewußtsein verholfen werden. Die genaue Beobachtung des physischen Verhaltens des Betreffenden bietet eine Möglich-

keit, den Schauplatz des Kampfes zu identifizieren. In der Körperhaltung, Gestik und Bewegung zeigt sich der Kampf um die
Kontrolle des menschlichen Körpers. Ein Mann berichtet beispielsweise einer Frau ein tieftrauriges Ereignis in seinem Leben.
Während er spricht, bemerkt er, daß sie sich immer tiefer im Sessel zusammenkauert und die Arme eng um sich schlingt. Er unterbricht sich, weil er spürt, wie sie sich mit jedem seiner Worte
von ihm zurückzieht und ihn isoliert mit seinen Sorgen allein
läßt. *Ihre* Erfahrung ist jedoch völlig anders. Sie ist sehr bewegt,
hat jedoch das Gefühl, daß jede Reaktion ihrerseits nur eine Auf-
dringlichkeit wäre. Ihre Gestik drückt ihre geteilten Gefühle aus.
Anstatt ihn zu umarmen, umklammert sie sich selbst. Ihr unter-
drückter mitfühlender Impuls hat eine muskuläre Gegenkraft
geschaffen, die diesen Impuls unter Kontrolle zu halten sucht.
Ihre ganze Energie setzt sie ein, um den Impuls, vor dem sie sich
fürchtet, zu unterdrücken. Bei einem anderen Menschen mögen
sarkastische, verletzende, beleidigende oder sonst feindselige
Bemerkungen verboten sein. Seine Bemühungen, sich zu beherrschen und seine Wut zu unterdrücken, sind beispielsweise an den
gespannten Muskeln des Unterkiefers zu erkennen. Eine Frau,
die die Beine fest übereinanderschlägt, will sich vielleicht daran
hindern, provokativ hin und her zu rutschen. Die Menschen verwenden ungeheuer viel Energie auf solche Aktionen.

Der Widerstand gegen die Freilassung der retroflektierten Aktivität existiert auf zwei Ebenen. Auf der harmloseren Ebene tut
der Betreffende zumindest selbst das, was er braucht. Ein an-
schmiegsamer Mensch mag sich gemütlich hinsetzen, sich wie ein
Ball zusammenrollen und sich selbst wärmen. Wenn er sich selbst
soviel Befriedigung gestatten kann, dann ist er etwas im Vorteil,
denn er verschafft sich etwas von der Wärme und Zuneigung, die
er eigentlich von einer anderen Person haben möchte. Aber auf
der schlimmeren Ebene der Retroflektion ist selbst diese innere
Berücksichtigung seiner Bedürfnisse minimal. Wenn er nicht nur
den Versuch, anderen Menschen nahe zu sein, als vergeblich erlebt hat, sondern auch sich selbst als unberührbar empfindet,
dann kann er noch nicht einmal gut zu sich selbst sein. Er hat das
ursprüngliche Verbot gegen das Berühren so tief introjiziert, daß
er schon zu seinem eigenen Bewacher geworden ist. Er sitzt steif
auf seinem Stuhl, und wenn er sich berührt – etwa beim Abtrock-
nen nach dem Bad –, dann ist diese Berührung völlig zweckdienlich. Er ist auf der Hut vor jedem Kontakt, selbst zwischen seinen

beiden getrennten Selbst. Nicht nur, daß er sich nicht an andere Menschen anschmiegt, er schmiegt sich überhaupt nicht an, nicht einmal an sich selbst.

Im Frühstadium der Auflösung des retroflektiven Prozesses kann daher die Lockerung der Muskulatur oder des Aktionssystems den Betreffenden auf sich selbst, anstatt auf andere zubewegen. Eine Bewegung, die die Immobilisierung aufhebt und dem System wieder Lebensenergie zuführt, ist eine Bewegung zur schließlichen Wiederherstellung des Kontakts mit der Außenwelt, selbst wenn sie in der Zwischenzeit auf sich selbst gerichtet sein kann. Aber das ist nur von Nutzen. Der Betreffende akzeptiert sich selbst etwa im gleichen Maße, wie seine introjizierte oder sogar projizierte Welt da draußen es tat. Der erstarrte, retroflektierte Mensch, von jeglicher sexuellen Erfahrung mit anderen Menschen abgeschnitten, kann im allgemeinen auch nur sehr schlecht masturbieren. Bei der Wiederherstellung seiner vollen Sexualität muß er möglicherweise zuerst lernen, richtig zu masturbieren. Wenn ihm dies gelingt, dann ist er schon auf dem besten Weg, sexuelle Erlebnisse mit einem anderen Menschen zu genießen. Natürlich müssen dabei Übergänge bewältigt werden, aber es ist einfacher, jemandem Spanisch zu lernen, der schon Französisch kann, als jemandem, der keine Fremdsprachenkenntnisse hat. Wenn erst einmal der natürliche Fluß der Energie wieder besteht, dann findet er auch sehr wahrscheinlich seine richtige Richtung.

Jede neue Aktivität, die mit Muskelenergie verbunden ist, ist zunächst gehemmt und ungelenk. Die Auflösung des retroflektiven Impulses durchläuft das gleiche Stadium. Wenn ein Kind gehen lernt, muß es sich intensiv darauf konzentrieren, einen Fuß vor den anderen zu setzen. Nachdem es aber dies gelernt hat, läuft es spontan, ohne daran zu denken. Dasselbe gilt für den retroflektiven Impuls.

Gespannte Arme, geballte Fäuste, verkrampfter Kiefer, unbewegliches Zwerchfell oder Becken, Zähneknirschen, beständiges Stirnrunzeln – all diese muskulären Ausdrücke der Selbstkontrolle beginnen in der Kindheit ihre mühevolle und bewußte Kontrolle. Ich will das böse Wort nicht sagen, ich werde die weiche und schöne Haut meiner Mutter nicht berühren – das alles beginnt als bewußte Kontrolle. Ein Kind, das in Versuchung gerät, das Verbotene zu berühren, betrachtet das Objekt und sagt immer wieder: »Nein, nein nein«, als wäre es die eigenen Eltern.

Später wird dies eingebaut, integriert, vergessen, und die daraus herrührende Spannung wird als gegeben hingenommen. Vergessen ja, aber nicht verborgen, denn der Körper besitzt viele Möglichkeiten, die vergessene Botschaft aufzuzeichnen. Magenkrämpfe, eingefallene Brust und eine ganze Reihe körperlicher Fehlfunktionen sind das Ergebnis. Der feindselige Mensch mit dem gespannten Unterkiefer, der seine eigenen aggressiven Impulse unterdrückt, wundert sich darüber, wie andere scherzen und ihre Mitmenschen aufziehen können; denn unter ähnlichen Umständen wirkt er selbst plump und beleidigend. Andere können einem alten Freund auf den Rücken klopfen und fragen: »Wie geht es dir, du alter Mistkerl?« Worauf der alte Freund lacht und auf diese Begrüßung mit einer Umarmung reagiert. Aber wenn *er* den Arm steif ausstreckt, wird das, was eigentlich ein freundschaftlicher Klaps auf den Rücken sein sollte, möglicherweise zu einem harten Schlag, und so schüttelt man ihm nur höflich die Hand, oder noch schlimmer, er wird überrascht angesehen, als ob er gerade vom Mars gekommen wäre.

Um die Retroflektion aufzuheben, muß man zum Selbstbewußtsein zurückkehren, das sie anfänglich begleitet hat. Der Mensch muß sich wieder bewußt werden, wie er sitzt, wie er anderen auf die Schulter klopft, wie er mit den Zähnen knirscht usw. Wenn er erst einmal weiß, was in ihm selbst vorgeht, dann wird seine Energie mobilisiert, um sich in der Phantasie oder der Aktion ein Ventil zu suchen. Dann kann er solche Vorstellungen ertragen, wem er zum Beispiel gern auf dem Schoß sitzen möchte, wen er mit einem Ringergriff zermalmen oder wen er sanft umarmen möchte.

Deflektion

Die Deflektion ist eine Methode, sich dem direkten Kontakt mit einem anderen Menschen zu entziehen. Es ist eine Art, den aktuellen Kontakt abzuschwächen. Dies wird durch Weitschweifigkeit erreicht, durch eine übertriebene Ausdrucksweise, dadurch, daß man stets im scherzhaften Ton spricht, daß man den Gesprächspartner nicht direkt ansieht, daß man nie zur Sache kommt, daß man schlechte Beispiele heranzieht, die nichts besagen, daß man höflich statt dirckt ist, daß man sich einer stereotypen Sprache bedient, daß man über die Vergangenheit spricht, wo doch die Gegenwart relevant ist, daß man seine eigenen Worte in Frage stellt. Alle diese Deflektionen führen nur dazu, das Leben zu verwässern. Die Handlung verfehlt ihr Ziel; sie ist schwächer und weniger effektiv. Der Kontakt kann entweder von demjenigen abgebogen werden, der die Interaktion initiiert, oder von dem auf die Interaktion Antwortenden. Der erstere hat häufig das Gefühl, daß er für das, was er tut, nicht genügend bekommt, daß seine Anstrengungen ihm nicht die gewünschten Ergebnisse bringen. Er weiß noch nicht einmal, wie er dies erklären soll. Der Antwortende, der die Anstrengungen eines anderen abbiegt, erfährt sich oft als ungerührt, gelangweilt, verwirrt, interesselos, zynisch, ungeliebt, unwichtig und fehl am Platz. Wenn die abgebogene Energie wieder auf das Ziel gerichtet werden kann, dann wird das Gefühl des Kontakts enorm vergrößert.

Obwohl die Deflektion im allgemeinen selbsteinschränkend ist, so kann sie doch eine nützliche Basis haben. Es gibt Situationen, die so explosiv sind, daß der Mensch sich von ihnen abwenden muß. So gibt es bestimmte internationale Probleme, die entschärft werden müssen, oft mit Hilfe der Diplomatensprache. Viele dieser sprachlichen Konversationen mögen sich als unaufrichtig herausstellen, aber einige versuchen wirklich, die offene Feindseligkeitserklärung zu vermeiden, die nicht mehr zurückgenommen werden kann. In vielen Ausdrücken schwingen stereotype Implikationen mit, die gar nicht beabsichtigt sind. Sie lösen im Zuhörer Reaktionen aus, und obwohl die Gefühle selbst vielleicht nur vorübergehend sind, wird durch diese Reaktionen etwas verfestigt. Dies gilt sowohl für einzelne Menschen als auch für ganze Nationen. Wenn ich in der Wut jemanden beschimpfe, sagt dies nichts über meine ständigen Gefühle dem Betreffenden gegenüber aus. Mit Vertrauen, Zeit und gegenseitigem Verstehen kommt man über solche Augenblicke hinweg, aber wo diese Bedingungen nicht gegeben sind, kann es klug und auch nötig sein, die Wut abzulenken.

Wenn man sich ausschließlich der Deflektion bedient oder kein Unterscheidungsvermögen besitzt, wird die Sache problematisch. Wenn zum Beispiel die Eltern ein Kind aufklären, sich dabei aber einer unklaren Sprache bedienen, begehen sie ein Verbrechen. Ein Kind über die Sexualität aufzuklären, ist eine der unvermeidlichen Deflektionen im Leben. Technische Einzelheiten und abstrakte Genauigkeit verschleiern nur weiter eine Botschaft, die auch bei der günstigsten Übermittlung weit entfernt von der sexuellen Wirklichkeit ist. Das Kind kommt nicht ganz mit, und meist weiß es nicht einmal richtig, worum es geht. Das gleiche Bedürfnis, die Dinge abzuschwächen, kann jeden durchdringen, der problematische Konsequenzen haben kann. »Ich spreche nicht von Ihnen, aber die meisten Menschen sind nun mal grob, kurz angebunden oder bringen für andere nicht die nötige Zeit auf.« Hier wird die wirkliche Beschwerde darüber, unhöflich behandelt worden zu sein, abgeschwächt oder von ihrem Ziel abgelenkt.

Die Aktivität des Deflektors wirft keinen Ertrag ab. Es geschieht einfach nichts. Der Betreffende kann reden und sich doch unberührt oder mißverstanden fühlen. Seine Interaktionen mißlingen, sie bringen nicht das, was er vernünftigerweise erwarten könnte. Selbst wenn man richtig und akkurat kommuniziert, wird man nicht die volle Wirkung erzielen, wenn man nicht *in* den anderen eindringt.

Walt zum Beispiel, der auf jede Frage sämtliche nötigen Informationen lieferte, beantwortete keine Frage ganz. Als ich ihm dies vor Augen hielt, wurde er wütend, ein weniger deflektierter Zustand als gewöhnlich. In seinem Zorn stellte Walt fest, daß er das Recht habe, so zu sprechen, wie er wolle; wenn ich ihm nur zuhörte und seinen Stil verstünde, würde ich begreifen, daß er die Frage beantwortet habe. Aber natürlich reichen seine Genauigkeit oder seine Vortrefflichkeit nicht aus; wenn er den Menschen nicht klar begegnet, wird er niemals die Reaktion bekommen, die er benötigt. Ich forderte Walt auf, seine Antwort in einem einzigen Wort zusammenzufassen. Als er dies tat, wußte ich klarer und eindringlicher, was er meinte, als es aufgrund seiner langen Ausführungen der Fall gewesen war.

Ramona sprach eine halbe Stunde sehr diagnostisch über sich selbst. Ein zufälliger Beobachter hätte annehmen können, daß sie die ganze Zeit in Kontakt stand, da sie redegewandt und anfänglich auch interessant war. Aber sie verminderte diese Wirkung teils dadurch, daß sie mich nicht direkt ansah, teils dadurch, daß sie diagnostische Stereotype verwandte. Obwohl ich für ihre Aussagen über sich selbst Verständnis hatte und von einigen sogar bewegt war, wurde das Zuhören doch schließlich lästig. Ich bat Ramona, einige Aussagen zu machen, die mit dem Wort »du« beginnen sollten; sie lächelte, ihre Augen leuchteten auf, und sie machte die Aussagen. Sofort entstand ein neuer Kontakt zwischen mir und ihr. Wie sich herausstellte, bestand Ramonas größtes Lebensproblem darin, daß sie ihre Erfahrungen immer verschärfte. Als Halbwüchsige war sie von ihrem Vater stark überstimuliert worden. Wie sie es ausdrückte, machten sie alles gemeinsam außer dem Geschlechtsverkehr. Auch heute noch wird sie leicht überstimuliert von Kontakten, die normalerweise ganz assimilierbar sind. Während sie diagnostisch über sich sprach, beklagte sie sich, daß ihr Magen völlig verkrampft sei, und bis auf gelegentliche Ausnahmen sah sie mich nicht direkt an. Nachdem sie den Kontakt hergestellt und gemerkt hatte, daß ich sie ansah, konnte sie mir auch visuell begegnen. Da war auch die Verkrampfung verschwunden, und die Spannung, die schon seit Tagen bestand, löste sich, wie Ramona es ausdrückte, als wäre sie nie dagewesen. Sie hatte direkten Kontakt hergestellt und war dabei nicht verbrannt worden.

Konfluenz

Die Konfluenz ist ein Phantom, hinter dem diejenigen herjagen, welche Unterschiede vermindern wollen, um so die durch das Neue und Andere hervorgerufene Verwirrung zu mildern. Es ist ein Linderungsmittel, bei dem man sich mit einem oberflächlichen Arrangement abgibt, mit einem Abkommen, die Sache nicht ins Wanken zu bringen. Andererseits behält ein guter Kontakt, selbst in der tiefsten Verbindung, das erhöhte und profunde Gefühl für den anderen bei, mit dem der Kontakt besteht.

Eine der Schwierigkeiten bei der Konfluenz ist, daß sie nur eine schwache Basis für eine Beziehung liefert. Zwei Menschen können nicht immer genau gleichen Sinnes sein. Wenn es also schon für zwei Menschen schwierig ist, Konfluenz zu erreichen, ist es noch zweckloser, in der Familie, der Organisation oder der Gesellschaft nach Konfluenz zu streben.

Man kann absichtlich wählen, Unterschiede herunterzuspielen, um wichtigere Ziele zu verfolgen und irrelevante Störungen zu vermeiden. Den individuellen Stil zugunsten einer zugewiesenen Rolle in einem Team aufzugeben, wie beim Fußball, oder im Chor oder bei einer politischen Kampagne, ist ein vorübergehendes Opfer an die größere Einheit. Dies unterscheidet sich dadurch von der Konfluenz, daß das Gefühl des Betreffenden für sich selbst figürlich ist. Es bleibt bestimmt durch seine persönliche Zustimmung sowie durch seine klare Bewußtheit von sich selbst und seiner Umgebung.

Es konzentriert sich freiwillig auf ein Element im Gruppenprozeß. Wenn sein Leben aber die Forderung an ihn stellt, seine Persönlichkeit zu unterdrücken, ob er es nun will oder nicht, dann wird es sich offensichtlich als frustrierend und steril erweisen und kann dazu führen, daß er alles hinschmeißt. Dies geschieht in vielen Ehen, wenn sich die Ehegatten schließlich nicht mehr ausstehen können. Genau dies war auch bei einem jungen Mann der Fall, der sich schließlich dazu entschloß, eine stumpfsinnige Arbeit im Krankenhaus aufzugeben, nachdem er wiederholt Kontakt mit den Forderungen nach Konfluenz gemacht hatte, die seiner Tätigkeit implizit war. Als er begriff, daß Konfluenz der Preis für eine konfliktfreie Existenz war und daß er endlos zahlen müßte, verließ er das Krankenhaus, um einen anderen Lebensstil zu entwickeln.

Die Konfluenz ist ein Abkommen zwischen zwei Menschen, die sich darauf geeinigt haben, sich nicht zu streiten. Es ist ein unausgesprochener Vertrag, häufig mit versteckten Klauseln, die vielleicht nur dem einen Vertragspartner bekannt sind. In der Tat kann man an einem Konfluenzvertrag beteiligt sein, ohne jemals befragt worden zu sein oder über die Bedingungen »verhandelt« zu haben. Man kann durch Trägheit oder Unwissenheit hineingeraten und die Existenz des Vertrages erst überrascht feststellen, wenn man ihn bricht oder stört. Selbst wenn man undeutlich wahrgenommene Differenzen niemals zu einem offenen Streit geführt haben, machen sich Störungen in konfluenten Beziehungen zwischen Mann und Frau, Eltern und Kind, Chef und Untergebenem bemerkbar, wenn einer von ihnen, wissentlich oder nicht, die Vertragsbedingungen verletzt. Die Feststellung einer Frau: »Ich weiß nicht, warum er gegangen ist; in den ganzen Jahren unserer Ehe hatten wir keinen Streit«; oder die der Eltern: »Aber er war doch ein so braves Kind, er hat niemals widersprochen«, lassen den erfahrenen Hörer eher auf eine fragile als auf eine stabile Beziehung schließen. Die Kontinuität beruht nicht auf ungestörter Harmonie, sondern wird von gelegentlichen Mißklängen unterbrochen.

Zwei Zeichen für gestörte, konfluente Beziehungen sind häufige Schuldgefühle oder Groll. Wenn einer der beiden Partner in einem konfluenten Vertrag spürt, daß er die Konfluenz verletzt hat, fühlt er sich verpflichtet, sich zu entschuldigen oder Wiedergutmachung zu leisten. Er weiß vielleicht nicht, warum, aber er fühlt, daß er gefehlt hat, und glaubt, daß Buße, Strafe oder Sühne angebracht ist. Er wird möglicherweise darum bitten oder sich demütig damit abfinden, bestraft, beschimpft oder verstoßen zu werden. Er kann auch vermittels retroflektiven Verhaltens versuchen, sich selbst zu bestrafen, indem er sich erniedrigt oder sich wertlos und schlecht fühlt. Schuld ist eines der deutlichsten Zeichen, daß die Konfluenz unterbrochen wurde.

Der andere Teil, der das Gefühl hat, ihm ist etwas angetan worden, empfindet gerechten Zorn und Groll. Er ist verletzt und beleidigt. Er wurde betrogen, ihm wurde Unrecht angetan, und gegen ihn wurde gesündigt. Der Vertragsbrecher soll sich zumindest schuldig fühlen, um Verzeihung bitten und sich um Wiedergutmachung bemühen. Auch er kann retroflektives Verhalten zeigen, um etwas zu erreichen, das er vom anderen erwartet. Dies ist eine notwendige Anstrengung, da seine Forderungen unrealistisch und daher häufig unerfüllbar sind. Er bedauert sich also selbst und ergeht sich in Selbstmitleid. Welch hartes Leben führt er doch, und was ist das für ein unsensibler und brutaler Mensch, der ihn da verletzt hat! Um seine Position noch vertretbarer zu machen, macht er sich noch unglücklicher und bedauernswerter, was natürlich nur dazu führt, seinen Groll zu verstärken. So geht es immer weiter in einer endlosen Spirale von seelischem Schmerz und Gegenbeschuldigungen.

Man kann auch versuchen, Konfluenzverträge mit der Gesellschaft abzuschließen. Aber da die Gesellschaft solche Arrangements nicht anerkennt, ist er zu Unzufriedenheit und Groll verurteilt.

Er läßt sich also auf eine einseitige Übereinkunft mit der Gesellschaft ein; er wird sich gut benehmen, sich anpassen, all die Dinge tun, von denen er annimmt, daß die Gesellschaft sie erfordert. Er wird nicht einmal Gedanken aufgreifen oder Ziele verfolgen, die die Gesellschaft nicht billigt oder fördert. Da seine Konfluenz ein Vertrag ist, der für vollbrachte Leistung den entsprechenden Lohn garantiert, muß er einfach erfolgreich sein, oder hochgeschätzt, oder berühmt, oder ohne Leiden, oder unbehelligt von persönlichen Schwierigkeiten. Seine Tätigkeit als solche kann ihn nicht befriedigen, denn seine Handlungen sind von einem unbekannten anderen determiniert, der schließlich dafür sorgen soll, daß sich alles lohnt. Er tut nichts einfach aus Lust an der Sache; er hat keinen ausreichend starken Kontakt zu sich selbst, um zu wissen, *wann* er Freude an einer Tätigkeit hat. Er konzentriert sich hauptsächlich darauf, festzustellen, ob es anderen gefällt. Wenn er die entsprechende Belohnung nicht erhält, ist er gekränkt, aufgebracht, mißtrauisch und davon überzeugt, daß »die Menschen einfach nichts taugen«. Oder er wendet sich statt dessen gegen sich selbst und vermutet, daß er, wenn er sich nur mehr angestrengt oder das-und-das nicht getan hätte, sein Ziel erreicht hätte. Er nimmt an, daß die Gesellschaft mit dem Vertrag einverstanden war und daß er derjenige ist, der die Vertragsbestimmungen verletzt hat. Tragisch wird es dann, wenn sich in ihm das Gefühl ausbreitet, daß selbst seine intensivsten Bemühungen nicht ausreichen, um den nebulösen Preis zu gewinnen, hinter dem er sein ganzes Leben lang hergejagt hat.

Die Gegenmittel zur Konfluenz sind Kontakt, Differenzierung und Artikulation. Der Betreffende muß Entscheidungen, Bedürfnisse und Gefühle erfahren, die seine eigenen sind und nicht mit denen anderer Menschen unbedingt übereinstimmen müssen. Er muß lernen, daß er dem Entsetzen, von diesen Menschen getrennt zu sein, ins Auge sehen kann und trotzdem am Leben bleiben.

Fragen wie »Wie fühlst du dich jetzt?«, »Was willst du jetzt?«, »Was machst du jetzt?«, können ihm helfen, sich auf seine eigene Richtung zu konzentrieren. Wenn er sich mit den Gefühlen beschäftigt, die diese Fragen auslösen, wird er davon abgehalten, sich für eine »Standard-Traumpackung« zu entscheiden, die seine Bedürfnisse befriedigen mag oder auch nicht. Seine Erwartungen laut zu äußern, zuerst seinem Therapeuten und schließlich demjenigen gegenüber, von dem er Befriedigung verlangt, kann der erste Schritt sein, verborgene Versuche in Richtung auf konfluente Beziehungen zu vereiteln.

Portia versuchte nach Kräften, die Art Leben zu führen, die ihr Mann als ideal für eine gute Frau und Mutter fand, und trotzdem war sie todunglücklich. Sam war seinerseits bemüht, sie mit jedem Komfort zu versorgen und war außerdem ein liebevoller und toleranter Ehemann. Trotzdem wurde Portia von der Fiktion erstickt, die sie und ihr Mann aufrechterhielten; eine Frau soll ausschließlich durch den Ehemann und die Familie Bestätigung suchen, und wenn sie dies findet, dann soll sie sich zufrieden geben. Auf meine Frage: »Wie fühlst du dich jetzt?« antwortete Portia eines Nachmittags: »Ich fühle mich wie ein formloser Klecks.« Sie hatte das Gefühl, daß alles, was sie tat, nur zur Befriedigung der Bedürfnisse anderer geschah: ihre Kinder und ihren Mann herumzufahren, zum Flugunterricht ihres Mannes zu gehen, wenn Sam nicht in der Stadt war, um für ihn Aufzeichnungen zu machen, und sich von den Schwierigkeiten, die sie mit einem der Kinder hatte, nicht aus der Fassung bringen zu lassen. Eine Meinungsverschiedenheit mit ihrem Mann erschreckte sie derart, daß sie sofort zu weinen anfing und Kopfschmerzen bekam. Als ihr bewußt wurde, daß sie sich die Standards ihres Mannes nicht zu eigen machen konnte, begannen in Portia unangenehme Ressentiments gegen Sam aufzusteigen, und sie wurde zornig auf sich selbst, weil sie demütig allem zustimmte. Jedesmal, wenn sie sich bei ihm beklagte, fühlte sie sich noch schuldiger, als stellte sie übertriebene Forderungen. Sam ärgerte sich, daß seine Liebe und seine materielle Fürsorge sie nicht glücklich machten. Er fühlte sich auch schuldig, da er vermutete, weil er dies in den Vertrag aufgenommen hatte, daß irgendwie die Schuld bei ihm liege, weil er ihr nicht mehr gebe. Obwohl sie sich durch ihr Verhalten gegenseitig weh taten, begannen sie doch, einen neuen Lebensstil auszuarbeiten. Sie ließ sich an der Universität immatrikulieren, und Sam zog seine Bewerbung um eine Stellung in einer anderen Stadt zurück, bis sie mit ihrer Ausbildung fertig war. Wenn sie endlich frei wird, Dinge zu tun, einzig und allein weil sie Freude daran hat, dann wird der Beistand anderer sie zwar noch erfreuen, jedoch nicht mehr die Hauptquelle des Wohlgefühls sein.

Indem man sich seinen eigenen Bedürfnissen zuwendet und sie auch artikuliert, kann man die eigene Richtung feststellen und so das erreichen, was man will. Man braucht keinen Handel mit einer zu beschwichtigenden Macht abzuschließen; man wird unabhängiger, weiß, wohin man will und wie man aus eigenem Antrieb dorthin gelangen kann. Da man sich seine eigenen Ziele setzt, ist man nicht gebunden, sondern kann sich frei bewegen, sich seiner gegenwärtigen Erfahrung anpassen und braucht nicht einem Vertrag entsprechend zu leben, der vor langer Zeit abgeschlossen wurde.

5.

Die Kontaktgrenze

Nur das Wesen, dessen Anderssein von mir akzeptiert ist, lebt und sich mir gegenüberstellt in der ganzen Verdichtung der Existenz, bringt den Glanz der Ewigkeit zu mir. Nur wenn zwei mit allem was sie sind sich sagen: »Du bist es«, dann ist es das Innewohnen des gegenwärtigen Seins zwischen den beiden.

MARTIN BUBER

Im Mutterschoß hatten wir es gut. Wir brauchten nur in der freundlichen Umwelt zu schwimmen. Die Schwierigkeit war, daß das Wachstum über eine bestimmte Grenze hinaus dem Wohnverhältnis ein Ende setzte; wir mußten heraus und nolens volens lernen, unseren eigenen Weg in einer weniger um uns besorgten Welt zu machen.

Seit dem Abnabeln ist jeder von uns ein separates Wesen geworden, das eine Vereinigung mit dem anderen sucht. Wir können niemals wieder in das ursprüngliche symbiotische Paradies zurückkehren; paradoxerweise hängt unser Gefühl der Vereinigung von einem erhöhten Gefühl des Getrenntseins ab, und dieses Paradox versuchen wir fortwährend zu lösen. Die Funktion, die das Bedürfnis nach Vereinigung und Trennung verbindet, ist der Kontakt. Durch den Kontakt hat jeder Mensch die Chance, die Welt außerhalb seiner selbst gewinnbringend zu erleben. Immer und immer wieder nimmt er Kontakt auf, wobei jeder Kontakt sofort vom nächsten abgelöst wird. Ich berühre dich, ich spreche zu dir, ich lächle dich an, ich sehe dich, ich befrage dich, ich empfange dich, ich kenne dich, ich begehre dich; all dies verleiht dem Leben Resonanz. Ich bin allein, doch um zu leben, muß ich dich treffen.

Unser ganzes Leben lang versuchen wir, die Balance zwischen Freiheit oder Trennung auf der einen Seite und Zugang oder Vereinigung auf der anderen zu halten. Jeder von uns muß einen gewissen psychologischen Freiraum haben, in dem er sein eigener Herr ist und in den einige eingeladen werden können, aber niemand eindringen darf. Wenn wir jedoch hartnäckig auf unseren territorialen Rechten beharren, dann laufen wir Gefahr, den erregenden Kontakt mit dem »anderen« zu vermindern und zu verkümmern. Eine Verminderung des Kontakts verurteilt den Menschen zur Einsamkeit und läßt in ihm ein Unbehagen aufkommen, das wie ein Geschwür inmitten einer erstickenden Ansammlung von Gewohnheiten, Ermahnungen und Gebräuchen wuchert.

Kontakt

Kontakt ist nicht nur Zusammensein oder Mitmachen. Kontakt kann nur zwischen separaten Wesen auftreten, die immer Unabhängigkeit brauchen und auch immer Gefahr laufen, in der Vereinigung gefangen zu werden. Im Augenblick der Vereinigung geht das Gefühl für die eigene Person in einer neuen Schöpfung auf. Ich bin nicht mehr nur ich, sondern »ich« und »du« zusammen ergeben »wir«, zwar nur dem Namen nach, doch durch die Bezeichnung »wir« riskiert man die Auflösung vom »ich« oder vom »du«. Wenn ich mit vollem Kontakt keine Erfahrung habe, kannst du für mich unwiderstehlich werden und mich überwältigen, wenn ich dich mit allen Sinnen voll erlebe.

Indem ich mit dir Kontakt aufnehme, setze ich meine Unabhängigkeit aufs Spiel, aber nur durch den Kontakt können wir unsere eigene Identität voll begreifen.

Ich habe eine Patientin, deren Mutter viele Männer verführte, mit ihnen Geschlechtsverkehr hatte und schließlich wahnsinnig wurde. Meine Patientin, eine liebenswerte Frau, nimmt sich selbst und auch mich zu ernst. Sie befürchtet, wenn sie mit mir spielte, würde sie mit mir Geschlechtsverkehr haben und wahnsinnig werden. Ich glaube nicht, daß sie wahnsinnig würde, obwohl sie möglicherweise mit mir schlafen würde. Aber selbst das ist nicht wahrscheinlich. Ganz bestimmt ist es nicht unvermeidlich. Ich sagte ihr dies, und zwar gerade zu einem Zeitpunkt, zu dem sie mir glauben konnte. Also spielte sie mit mir. Sie lächelte neckisch. Sie stellte sich hinter meinen Stuhl und streichelte meine Glatze. Sie saß dicht vor mir, ihre Augen strahlten, und ich konnte erkennen, daß sie mich traf und mich kannte. Sie liebte mich, das heißt, sie spürte durch den Kontakt mit mir freudige Erregung. Wir waren einander so nah, als hätten wir miteinander Geschlechtsverkehr, aber unsere Leben waren nicht darauf ausgerichtet. Wir strahlten beide, als sie mir von ihrer Tochter und ihrem Sohn und ihren Freunden berichtete, die sie übers Wochenende besucht hatten. Wir kannten uns gegenseitig, auf ganz einfache Weise. Sie ging, ohne etwas gefordert oder sich etwas versagt zu haben. Sie hatte sich davor gefürchtet, gefangen zu werden, sich selbst in der Vereinigung zu verlieren, in der ihre Mutter untergegangen war. Um den Geschlechtsverkehr ging es nicht. Sie weiß, daß sie mit ihrem Mann schlafen kann, aber sie muß mit mir und vielen anderen spielen und sie kennenlernen, denn das Leben erfordert zu jeder Zeit und auf vielfache Art und Weise Kontakt. Selbst beim Beischlaf wird sie sich nicht verlieren, wenn sie lernen kann, den Kontakt vom bloßen Zusammensein oder Mitmachen zu unterscheiden. PERLS, HEFFERLINE und GOODMAN[30] beschreiben Kontakt:

... grundsätzlich lebt ein Organismus in seiner Umwelt, indem er seine Unterschiede beibehält und, noch wichtiger, indem er die Umwelt seinen Unterschieden entsprechend assimiliert. Gefahren werden an der Grenze zurückgewiesen, Hindernisse werden überwunden, und das Assimilierbare wird ausgewählt und angeeignet. Das, was ausgewählt und assimiliert wird, ist immer neuartig; der Organismus besteht dadurch weiter, daß er das Neuartige assimiliert, sich verändert und entwickelt. So ist zum Beispiel Nahrung etwas, wie Aristoteles es ausdrückte, was »ungleich« ist, aber »gleich« werden kann. Und im Prozeß des Assimilierens wird auch der Organismus verändert. Primär ist Kontakt das Gewahrwerden und die Aufnahme der assimilierbaren Neuigkeiten, auch die Zurückweisung der unassimilierbaren Neuigkeiten. Was universell, immer gleich oder indifferent ist, ist kein Objekt für den Kontakt.

Der Kontakt ist das Herzblut der Entwicklung, das Mittel, sich selbst und seine Erfahrung der Welt zu verändern. Veränderung ist ein unvermeidliches Resultat des Kontakts, denn die Aufnahme des Assimilierbaren oder das Zurückweisen des Nichtassimilierbaren wird unausweichlich zu einer Veränderung führen. Wenn meine Patientin ihre Annahme, daß sie wie ihre Mutter ist, nicht in Frage stellt, dann hat sie Kontakt weder zu den tatsächlichen Ähnlichkeiten mit ihrer Mutter noch, was wichtiger ist, zu den Unterschieden zwischen den beiden. Wenn sie bereit ist, mit

dem Neuen in ihrem eigenen Selbstgefühl Kontakt aufzunehmen, ist sie eher zu einer Veränderung fähig. Der Kontakt
schließt implizit die Möglichkeit aus, gleich zu bleiben. Man
braucht sich jedoch nicht um eine Veränderung zu bemühen; sie
ergibt sich von allein.

Wenn aus dem Kontakt immer eine Änderung hervorgeht,
dann wird man natürlich vor dem Kontakt zurückscheuen, bis
man Vertrauen zu der sich daraus ergebenden Änderung gefunden hat. Futuristisches Denken, Sorge über die Konsequenzen
oder »Einstudieren«, wie PERLS[31] es nannte, können uns ängsti-
gen und wie das Haupt der Medusa in Stein verwandeln. Niemand will Schwierigkeiten haben, und wir alle wissen, daß die
Konsequenzen schließlich einen so starken Kontakt erfordern
werden, wie unsere gegenwärtige Erfahrung es tut. Zum Beispiel
meine Patientin. Wenn sie es allzu toll treibt, wird sie vielleicht
doch wie ihre Mutter wahnsinnig werden. Wer kann ganz sicher
behaupten, daß dies nicht eintreten wird? Aber in einer Hinsicht
ist dies ein Risiko, das wir alle in der einen oder anderen Form
eingehen. Keine sehr sichere Sache, wenn wir nicht den Glauben
an uns selbst haben, den wir laut der Vertreter der Religion an
Gott haben sollten.

Der Kontakt wird genausowenig bewußt erlebt wie etwa die
Schwerkraft. Wenn wir uns unterhalten, sind wir uns dessen bewußt, was wir sagen, sehen oder hören, aber es ist unwahrschein-
lich, daß wir uns selbst als kontaktschaffend erfahren. Unsere
sensorischen und motorischen Funktionen sind potentiell die
Funktionen, durch die der Kontakt hergestellt wird, aber man
sollte nicht vergessen, daß der Kontakt mehr als die Summe aller
möglichen dazugehörigen Funktionen ist, wie auch das Ganze
mehr als die Summe seiner Einzelteile ist. Sehen oder Hören sind
keine Garantien für einen guten Kontakt; dieser hängt vielmehr
davon ab, *wie* man sieht oder hört. Aus dem Kontakt resultiert
außerdem eine Interaktion mit belebten wie auch mit unbelebten
Gegenständen; einen Baum oder einen Sonnenuntergang zu sehen, einen Wasserfall oder die Stille einer Höhle zu hören, das
ist Kontakt. Kontakt kann auch mit Erinnerungen oder Vorstellungen geschaffen werden, wobei man sie deutlich und voll erfährt.

Kontakt unterscheidet sich vom Zusammensein oder Mitmachen dadurch, daß er an einer Grenzlinie auftritt, wo ein Gefühl
des Getrenntseins beibehalten wird, so daß die Vereinigung den

Betreffenden nicht zu überwältigen droht. PERLS[32] unterstreicht die dualistische Natur einer kontaktvollen Interaktion:

> Wo und wann auch immer eine Grenze existent wird, wird sie sowohl als Kontakt wie auch Isolation empfunden.

Die Grenzlinie, an der Kontakt geschlossen werden kann, ist ein durchlässiger, pulsierender Ort der Energie. Wie PERLS, HEFFERLINE und GOODMAN[33] schreiben:

> . . . die Kontaktgrenze ist weniger ein Teil des Organismus als essentiell *das Organ einer bestimmten Beziehung zwischen Organismus und Umwelt.*

Die Kontaktgrenze ist der Punkt, an dem man »ich« in Beziehung zu dem, was »nicht ich« ist, erfährt; durch diesen Kontakt wird beides klarer erfahren. PERLS[34] stellt fest:

> . . . die Grenzen, die Stellen des Kontakts, konstituieren das Ego. Nur wo und wenn das Selbst das »Fremde« trifft, beginnt das Ego zu funktionieren, wird existent, bestimmt die Grenze zwischen dem persönlichen und dem unpersönlichen »Feld«.

Kontakt beinhaltet also nicht nur ein Gefühl seiner selbst, sondern auch ein Gefühl für das, was diese Grenze berührt, sie überragt und sogar mit ihr verschmilzt. Die Fähigkeit, das Universum in das Selbst und Nichtselbst zu unterscheiden, verwandelt dieses Paradox in die erregende Erfahrung des Wählens. Die üblichen Regeln gelten nicht; wohlüberlegte Entscheidungen sind notwendig. Soll ich einen Freund beeinflussen oder ihn in seiner eigenen Freiheit schwimmen lassen?

Wenn wir aufgrund solcher Überlegungen davor zurückscheuen, in den psychologischen Freiraum eines anderen einzudringen, dann lassen wir ihn und auch uns selbst im eigenen Saft schmoren. Der Widerspruch, der daraus resultiert, daß man jedem prinzipiell das Recht zugesteht, das eigene Leben zu führen, hat heutzutage viele junge Leute ihres Vertrauens in und ihres Wissens um die eigenen kreativen Einwände gegen die Kräfte beraubt, die unweigerlich auf sie einwirken werden. Wenn die Freiheit eines Menschen *ausschließlich* davon abhängt, daß sie ihm ein anderer *gestattet*, verliert er sein Gefühl für die Kraft, die er einsetzen muß, um seinen psychologischen Freiraum vor natürlichen Eingriffen zu schützen und zu definieren. Die Vorstellung einer Welt, in der die Handlungsfreiheit geschenkt oder garantiert eher als mühsam *erarbeitet* wird, ist bedauerlicherweise nur Wunschdenken, utopisch und kontaktlos. Das Meistern des Lebens kommt durch den Kontakt und läßt Lebendigkeit entstehen. Der Kontakt beinhaltet jedoch auch die Gefahr, die Identität oder das Getrenntsein zu verlieren. Hierin liegt das Abenteuer und auch die Kunst des Kontakts.

Diese Auffassung des Kontaktes hat Implikationen, die den Verlauf der Psychotherapie beeinflussen.

Wenn wir den Menschen dazu bringen wollen, daß er seine Kontaktfunktionen wiederentdeckt, wird die Interaktion in der Therapie wohl sehr intensiv sein. Wir gehen dem nicht aus dem Weg. Wir können sogar das intensive Erfahren begünstigen, wenn dies der Entwicklungsrichtung des Betreffenden entspricht. In dem oben erwähnten Beispiel führte das Bedürfnis der Frau, zwischen »mir« und »meiner Mutter« zu unterscheiden, zu einer kontaktreichen Erfahrung, die sie wohlgemerkt nicht überwältigte.

Indem wir den Kontakt in den Mittelpunkt stellen, haben wir auch das traditionelle psychoanalytische Konzept der Übertragung aufgegeben, in dem viele therapeutische Interaktionen nur als Verzerrungen betrachtet wurden, die dem Leben in der Vergangenheit entspringen und keine eigene gegenwärtige Gültigkeit haben. Wenn der Patient seinen Therapeuten nur als desinteressiert oder als Ungeheuer empfindet, dann stehen uns viele Alternativen offen. Wir können untersuchen, wie man mit einem desinteressierten Menschen oder mit einem Ungeheuer umgeht. Wir können untersuchen, was diesen Eindruck beim Patienten hervorruft. Wir werden versuchen, herauszufinden, wo das Desinteresse liegt: Ist der Therapeut wirklich desinteressiert, oder projiziert der Patient sein Desinteresse in das, was er zur Zeit tut? Manchmal wird sich seine Ansicht als verzerrt erweisen, aber selbst dann ist noch nicht sicher, daß diese Verzerrung auf einer Übertragung aus einer früheren Beziehung beruht. Manchmal sieht der Patient etwas, was tatsächlich existiert, daß er in der Tat langweilig ist oder daß sein Therapeut ein ziemliches Ungeheuer ist; in diesem Fall lernt er etwas, was er wissen muß. In jedem Fall liegt es am Patienten, die Realität der Situation durch sein eigenes Handeln zu entdecken, anstatt durch die rätselhaften Interpretationen des Therapeuten darüber, wie er in Wirklichkeit auf irgend etwas Historisches reagiert.

Als Beispiel mag die Erfahrung einer 20jährigen Frau dienen, die in einer Gruppe darüber berichtete, wie sie schon drogensüchtig und Prostituierte gewesen war und vor vier Jahren ein Kind bekommen hatte, das sie zur Adoption freigab. Jetzt hatte sie ein neues Leben angefangen; sie half jungen Süchtigen und besuchte noch die Universität. In einem sehr quälenden Augenblick wandte sie sich an einen Mann in der Gruppe und bat ihn, sie zu halten. Er nickte, und nach einigem Zögern ging sie zu ihm hinüber und er umarmte sie. Da ließ sie sich gehen und weinte. Als ihr Weinen nachließ, sah sie auf, erschrocken von der Vorstellung, was die anderen Frauen in der Gruppe wohl von ihr denken mochten. Ich meinte, daß sie vielleicht den anderen Frauen etwas darüber beibringen könnte, wie man sich umarmen läßt. Offensichtlich fühlte sie sich in der Umarmung geborgen und zeigte eine Anmut und eine einladende Qualität, die jeder Frau gut zu Gesicht gestanden hätten. Für eine Weile fühlte sie sich beruhigt, verblieb in den Armen des Mannes, war aber immer noch für die Reaktionen der weiblichen Gruppenmitglieder empfänglich, die in der Tat emotional sehr bewegt und unvoreingenommen waren. Dann bat sie eine der attraktiveren und führenden Frauen, ob sie sie umarmen wolle. Das Drama war so stark, daß es fast unausbleiblich war, daß die Frau sie tatsächlich umarmen wollte. Sie ging zu dem Mädchen hinüber und nahm es in die Arme. Da ließ es sich völlig gehen und weinte heftiger als zuvor. Als sie sich ausgeweint hatte, war die Spannung in ihr gelöst, sie fühlte sich nicht mehr befangen und völlig eins mit der Gruppe.

Hier haben wir eine Lösung, die aus der Erfahrung und nicht aus der Interpretation resultiert. Anstatt ihre Gefühle darüber zu analysieren, daß sie im Mittelpunkt der Aufmerksamkeit stand oder ob die Frauen ihre Sexualität negativ auffassen könnten, oder die Scham darüber, daß sie drogensüchtig und Prostituierte gewesen war, wurde die Lösung durch einen tatsächlichen Kontakt mit den Anwesenden herbeigeführt. Sie hatte *ihnen* ihre Geschichte berichtet. Sie hatte sich darum bemüht, umarmt zu werden. Sie wurde umarmt. Ihr Widerstand gegen den Kontakt ließ nach, indem sie sich umarmen ließ, während sie weinte, anstatt darauf zu bestehen, sich um sich selbst zu kümmern, da möglicherweise niemand sonst dies tun wollte. Anstatt ihre Angst vor den anwesenden Frauen zu interpretieren, förderte man den Kontakt mit ihnen. Durch diesen Kontakt kam Erlösung und Vereinigung zustande.

Welcher Wert liegt in dieser Erfahrung, wenn die Einsicht nicht so artikuliert wird, daß sie als Richtlinie für den weiteren Kontakt dient? Die Antwort liegt in den mehr selbstbestimmten und universellen Sensibilitäten, die der Betreffende, so hoffen wir, entwickeln wird. PIAGET sagte einmal, daß wir ein Kind, wenn wir es die »richtige Antwort« lehren, daran hindern, viele neue richtige Antworten für sich selbst zu lernen und zu erfinden. Die Handlung trägt den Keim des inneren Wissens in sich, ein Wissen, das das Ausdehnen der eigenen Grenzen und auch die Bewußtheit einschließt, die so assimiliert wird. Jedesmal, wenn das Mädchen in dem obengenannten Beispiel eine andere Frau um etwas bitten kann, was sie benötigt, oder sich von einer anderen Frau trösten lassen kann oder andere, neue Erfahrungen mit Frauen hat, dann wird sich ihre eigene Welt in Richtungen ausdehnen, die wir jetzt weder definieren noch vorhersagen können. Aus dieser Erfahrung eine Einsicht zu gewinnen, rundet alles ab und befriedigt vielleicht den Sinn für Ordnung, leitet aber nicht zu einer neuen Erfahrung über.

Der Therapeut – der schließlich auch ein Bedürfnis nach Vollendung und Abrundung hat – mag leicht in die Versuchung geraten zu sagen, daß das Mädchen bemuttert werden muß oder homosexuelle Neigungen hat oder andere Frauen entlarven will oder irgendeine der anderen, erklärenden Schablonen anwenden; aber es ist anmaßend sich einzubilden, daß man ihren tragisch-hoffnungsvollen Lebensfluß in einem Satz zusammenfassen kann. Wir sollten lieber unser Vertrauen in den Kontakt setzen, uns auf die momentane Handlung einstimmen und von deren Stoßkraft vorantreiben lassen.

Ein besonderer Aspekt des Kontakts führt von der Möglichkeit her, mit sich selbst in Kontakt zu stehen. Dies steht nicht im Widerspruch zu unserer Feststellung, daß der Kontakt die verbindende Funktion zwischen »wir« und »nicht wir« ist. Dieser innere Kontakt kann jedoch entstehen aufgrund der menschlichen Fähigkeit, sich in Beobachter und Beobachteten zu spalten. Diese Spaltung kann im Dienste der Entwicklung eingesetzt werden, eine Möglichkeit, die der Selbstprüfung inhärent ist. So kann zum Beispiel ein Athlet seine Konzentration nach innen richten, um seine Erfahrung zu ordnen, ehe der Wettkampf beginnt. Ein Redner wird sich einer störenden Angewohnheit bewußt und unternimmt etwas dagegen. Diese Spaltung kann aber auch störend sein, da sie den Menschen reflexiv nach innen lenkt, anstatt die sinnvollere Wendung nach außen zu gestatten. Der Hypochonder, der von seinem Körper besessen ist, betrachtet diesen als ein Objekt, nicht als sich selbst.

Der besondere Prozeß, der einem Menschen erlaubt, Kontakt mit sich selbst aufzunehmen, kann ausschließlich dessen innerer Entwicklung dienen, oder er kann auch als Sprungbrett funktionieren, das eine Kontaktaufnahme zu einem anderen Menschen ermöglicht. POLANYI[35] beschreibt, wie ein Mensch einen anderen durch den Prozeß, den er »Innewohnen« nennt, kennenlernen kann:

> . . . wenn wir den Punkt erreichen, an dem ein Mensch einen anderen kennt, verweilt der Kennende (so) sehr in dem, was er kennt . . . (daß) . . . wir schließlich ein menschliches Wesen als verantwortlichen Menschen betrachten, und wir wenden auf ihn die gleichen Maßstäbe an, die wir für uns akzeptieren; unser Wissen über ihn hat endgültig den Charakter der Beobachtung verloren und ist statt dessen zu einer Begegnung geworden.

Daraus folgt, daß wir die Gedanken oder Gefühle eines anderen Menschen insofern erfassen können, als wir mit unseren eigenen in Kontakt gekommen sind und uns so weit von dieser persönlichen Sicht befreit haben, daß wir uns vorstellen können, wie ein anderer Mensch in der gleichen Situation reagieren könnte. Wenn ein Vater seinem Sohn beibringt, Fahrrad zu fahren oder eine Krawatte zu binden, besinnt er sich auf seine eigenen Bewegungen, um ein Gefühl dafür zu bekommen, was sein Sohn machen soll. Im Idealfall pendelt dieser Prozeß zwischen Lehrer und Schüler hin und her. Auch in der Therapie findet man zeitweilig den gleichen Rhythmus.

Ich-Grenzen

Wir haben betont, daß der Kontakt eine dynamische Beziehung ist, die nur an den Grenzen von zwei überaus attraktiven, aber deutlich getrennten Interessensgebieten auftritt. Man kann zwi-

schen einem Organismus und einem anderen unterscheiden,
zwischen einem Organismus und einem unbelebten Objekt in
seiner Umgebung oder einem Organismus und einer neuen Qualität seiner selbst. Was auch immer die beiden unterschiedlichen
Einheiten sein mögen, sie haben beide ein Gefühl der Begrenztheit, sonst könnten sie nicht figürlich oder kontaktfähig werden.
Wie VON BERTALANFFY[36] es ausgedrückt hat:

> Jedes System, welches für sich untersucht werden kann, muß
> begrenzt sein, entweder räumlich oder dynamisch.

Die Grenzen des menschlichen Wesens, die Ich-Grenzen, sind
durch seine sämtlichen Lebenserfahrungen und seine eingebau-
ten Fähigkeiten bestimmt, neue oder intensivierte Erfahrungen
zu assimilieren.

Die Ich-Grenze eines Menschen ist die der für ihn zulässigen
Kontaktmöglichkeiten. Sie besteht aus einer ganzen Reihe von
Kontaktgrenzen und definiert jene Handlungen, Ideen, Menschen, Werte, Situationen, Vorstellungen, Erinnerungen und so
weiter, bei denen man sich bereitwillig oder verhältnismäßig frei
engagieren kann, sowohl mit der Welt außerhalb seiner selbst wie
auch mit dem Nachhall in sich selbst, den dieses Engagement erwecken mag. Die Ich-Grenze schließt auch ein Gefühl dafür ein,
welches Risiko man auf sich nehmen will, wo die Möglichkeiten
der persönlichen Steigerung groß sind, wo aber die Konsequenzen neue persönliche Erfordernisse mit sich bringen könnten,
denen er vielleicht nicht gewachsen ist. Einige Menschen besitzen
ein besonders ausgeprägtes Gefühl für das Risiko, denn sie scheinen fortwährend am sogenannten Entwicklungsrand ihres Lebens zu leben. Das Bedürfnis, die Ergebnisse ihrer Handlungen
vorhersagen zu können, hindert die meisten Menschen daran, die
existierenden Verhaltensformen mühelos zu überschreiten und
dorthin zu gelangen, wo die größten Möglichkeiten liegen. Wenn
sie sich auf unbekanntes Gebiet wagten, würden sie zwar ein verstärktes Gefühl der Erregung und der Macht erlangen, könnten
jedoch ihre Urteilskraft verlieren und sich unvorbereitet und
fremd fühlen. Wenn sie die Verwirrung nicht ertragen wollen,
werden sie weniger waghalsig sein. Es hat alles seinen Preis.

Innerhalb der Ich-Grenze ist der Kontakt leicht herzustellen,
und er führt zu einem angenehmen Gefühl der Befriedigung und
des Wachstums. An der Ich-Grenze wird der Kontakt risikorei-

cher, und die Wahrscheinlichkeit der Befriedigung ist weniger sicher. Außerhalb der Ich-Grenze ist der Kontakt so gut wie unmöglich.

Wird ein Mensch hohen Temperaturen ausgesetzt, wird er bald ohnmächtig und kann sterben, wenn seine Fähigkeit, Hitze zu assimilieren, ernsthaft überschritten wird. Das gleiche kann auch in psychologischer Hinsicht geschehen. Wo der Mensch große Erniedrigung oder andere schwere Beeinträchtigungen erlebt, die die Grenzen seiner zulässigen Erfahrung überschreiten, wird er diesen bedrohlichen Einbruch durch Aufgabe des Kontakts abwehren. Dies kann von einem Ohnmachtsanfall bei schwerem Schock bis hin zum Abblocken unzulässiger Erfahrungen durch subtilere, kaum wahrnehmbare Methoden reichen, wie etwa Gedächtnisverlust bei unangenehmen Ereignissen.

Die Kontaktwahl, die durch die Ich-Grenzen des einzelnen bestimmt ist, wird seinen Lebensstil bestimmen, einschließlich der Wahl seiner Freunde, der Arbeit, seines Wohnsitzes, seiner Phantasien, seines Liebeslebens und all der anderen Erfahrungen, die für seine Existenz biologisch relevant sind. Die Art, wie ein Mensch Bewußtheit und Aktion an der Kontaktgrenze entweder abblockt oder erlaubt, zeigt seine Methode, sein Gefühl für die eigenen Grenzen zu erhalten. Dies hat in seinem Leben den Vorrang vor dem Vergnügen, der Sorge um die Zukunft oder der praktischen Frage, was für ihn gut oder schlecht sein mag.

Obwohl die Ich-Grenze, selbst bei ganz unflexiblen Menschen, nicht starr festgelegt ist, so zeigt sich beim einzelnen doch große Variabilität in der Dehnfähigkeit oder Zusammenziehbarkeit der Ich-Grenze. Einige Menschen scheinen ihre Ich-Grenze im Verlauf ihres Lebens stark zu verändern, und wir betrachten die Menschen mit den größten Veränderungen als diejenigen, die sich am weitesten entwickelt haben. Dies kann das Ergebnis eines glücklichen Zufalls sein, über den sie sehr wenig Kontrolle haben, auf den sie aber energisch und gewandt zu reagieren scheinen, mag aber auch durch ihre eigenen Anstrengungen hervorgerufen worden sein.

Unsere Gesellschaft ist entwicklungsorientiert; wir bewundern diejenigen, die den expansiven Schritt von einer Ich-Grenze zur anderen schaffen. Wir alle kennen die Geschichten vom armen Jungen, dessen frühes Leben auf kleine Aktionen in seiner unmittelbaren Umgebung beschränkt war, der aber als Erwachsener die Welt bereist und große Menschen beeinflußt. Dies ist ein Papierheld. Häufiger stellen wir in Wirklichkeit fest, daß es in ein- und demselben Menschen beides gibt, sowohl den Antrieb, sich auf einigen Gebieten zu entwickeln, als auch den Widerstand gegen die Entwicklung auf anderen, so daß Teile der Ich-Grenze zurückgeblieben sind. Dies führt zum Phänomen des leitenden Angestellten, der niemals ganz an seine Macht glaubt und sich in seinem Innersten als Emporkömmling betrachtet. Er übt zwar seine Macht aus, fühlt sich jedoch ständig fehl am Platz und in seinen Möglichkeiten gehemmt, sich kontaktreich in seiner Arbeit und seinem Leben zu engagieren. Seines Kontaktmangels wegen bezieht er nur einen verminderten Erlebnisreichtum aus dem, was ein aufregendes Leben oder interessante Arbeit sein könnte. Dasselbe gilt auch für den Vater, der sich immer noch als kleinen Jungen erfährt, oder für die Frau, deren Gefühl für sich selbst immer noch das einer Jungfrau ist.

Wenn die Grenzen starr sind, fürchtet sich der Betreffende vor einer Erweiterung dieser Grenzen, vielleicht aus Angst, er könnte explodieren, weil er die auftretende starke Gefühlserregung nicht mehr zu kontrollieren vermöchte. Seine Furcht jedoch vor einem Zusammenziehen der Ich-Grenze ist die Angst davor, sich angesichts eines überwältigenden Drucks von außen leer, schwach oder mutlos zu fühlen. In jedem Fall fürchtet er sich vor dem Zerreißen der gewohnten Ich-Grenze. Er hat das Gefühl, daß die schweren Risse der Ich-Grenze seine Existenz selbst aufs Spiel setzen, und ein drohender Riß erweckt seine Notfunktion. Diese schließt sowohl das Hervorrufen starker Erregung als auch dessen Gegensatz, die Unterdrückung dieser Erregung, die als Angst erfahren wird, ein. Das Paradox rührt daher, daß die Bedrohung der Ich-Grenze Notreaktionen erweckt, die die Grenze sichern sollen, die aber selbst jenseits dieser Grenze liegen können. Jemand, der zum Beispiel entlassen oder bei einer erwarteten Beförderung übergangen wird, erfährt eine Kontraktion seiner Ich-Grenze; er ist von den nötigen Gelegenheiten abgeschnitten und fühlt sich in seinem Wirkungsraum beeinträchtigt. Wenn er dies als einen gefährlichen Riß in seiner Ich-Grenze erfährt, dann wird er sich mit allen ihm zur Verfügung stehenden Mitteln dagegen wehren, indem er vielleicht denjenigen angreift, dessen geringe Meinung von ihm diese Erfahrung ausgelöst hat. Aber wenn ein kräftiger und aggressiver Gegenangriff außerhalb seiner Grenzen liegt, bleibt er mit den in ihm geweckten Notgefühlen zurück, ohne sie zu einem Kontakt, der möglicherweise zu einer zielgerichteten Handlung führen würde, assimilieren zu können. Die Angst, die aus der Unterdrückung der Erregung resultiert, wird als zersetzend erfahren und kann zu Konzentrationsunfähigkeit, Ineffizienz, Unbestimmtheit oder sogar zu einer Psychose oder zum Suizid führen.

Aber das Leben ist manchmal auch ein Verwandlungskünstler, der den Menschen in einer Flut von Ereignissen mitreißt, die eine freudige Erregung über die sich verändernden Grenzen hervorrufen. Ein Junge, der die ersten Jahre seines Lebens im Rollstuhl verbracht hatte, dann auf Krücken ging und schließlich seine ersten Beinprothesen bekam, war von seiner neuen Beweglichkeit wie berauscht. Er konnte sich im Zimmer bewegen, seine Hände waren frei, so daß er alles berühren konnte, was er wollte. Er setzte sich nicht mehr, so erregt war er über seine neue Freiheit!

Das Gestaltexperiment (siehe 9. Kapitel) wird dazu benutzt, um die Reichweite des Menschen auszudehnen, um ihm zu zeigen, wie er seine gewohnheitsmäßigen Grenzen, an denen Gefahr und Erregung auftreten, erweitern kann. Eine »sichere« Gefahr wird geschaffen, die die Entwicklung des Selbstvertrauens gegenüber neuen Erfahrungen fördert. Handlungen, die früher fremd waren und abgelehnt wurden, werden jetzt zu akzeptablen Ausdrucksweisen und führen zu neuen Möglichkeiten.

In einem Wochenendworkshop hatte sich ein Mann gestattet, ungehemmt aus persönlichem Kummer zu weinen. Er berichtete, daß er sich im wörtlichen Sinne physisch erweitert fühle; er deutete auf eine Stelle, ungefähr fünf Zentimeter von ihm entfernt, wo er seine Haut verspüre. Dies ist ein dramatisches Beispiel für das Gefühl der Erweiterung, die ein neues Verhalten hervorrufen kann. Er nahm ein großes Risiko auf sich, als er den Widerstand gegen das Weinen aufgab. Er lief Gefahr, mit einer fortwährenden ichfremden, nichtintegrierten und isolierten Erfahrung zurückzubleiben, anstatt des wachsenden Gefühls, daß es ihm möglich war, neue Intensitäten der Erfahrung in seinem Leben zuzulassen. Aus diesem Grund muß das Wochenendworkshop erweitert werden, damit man längere Zeit mit den Teilnehmern sowohl individuell als auch in der Gruppe arbeiten kann, wo man Ziele entwickeln kann und die folgerichtige zeitliche Evolution respektiert wird.

Die eigenen Ich-Grenzen sind schon komplex genug, wenn es darum geht, mit Neuigkeiten in der Umgebung oder unbekannten Qualitäten in sich selbst Kontakt aufzunehmen. Wenn jedoch die Tücken der Kontaktaufnahme mit einem anderen Menschen, der mit ähnlichen Bedürfnissen und Widerständen jongliert, noch hinzukommen, dann werden die Komplikationen erschreckend. Das ist, als verlangte man von zwei Menschen, die auf einem Drahtseil balancieren und versuchen, aneinander vorbeizukommen, daß sie einen bedeutungsvollen Kontakt miteinander schließen. Aber das Wunder liegt natürlich darin, daß es uns irgendwie doch meistens gelingt.

Ich möchte Peter »Guten Tag« sagen. Peter wendet sich ab. Aus seiner Reaktion schließe ich, daß er die Begrüßung als Zudringlichkeit erfahren könnte. Wenn aber mein Wunsch, zu ihm durchzudringen, stark genug ist, dann nehme ich auch das Risiko auf mich, ihm lästig zu sein. Vielleicht ist er sogar froh, wenn ich es tue. Er kann mich aber andererseits als noch unangenehmer empfinden und versuchen, sich noch weiter abzuwenden. Ich muß also den richtigen Augenblick und sowohl bei mir als auch bei ihm die richtige Stimmung finden für die Art Kontakt, die ich beabsichtigte. Es ist ein Abwägen zwischen Peters Zugänglichkeit und der Mühe, die ich zu investieren bereit bin, um einige Schwierigkeiten bei der Kontaktaufnahme zu überwinden. Aber selbst wenn er darauf besteht, den Abstand zu wahren, kann ich immer noch Kontakt mit ihm schließen. Ich kann das Mienenspiel und die Gestik beobachten, mit denen er sich abwendet. Ich kann mir bewußt sein, wie uncharakteristisch dies für ihn ist. Ich kann eine Körperhaltung oder einen Gesichtsausdruck bemerken, die mich sehr stark mit Peter in Kontakt bringen können, selbst wenn der Kontakt ein anderer ist als der, den ich ursprünglich wollte. In Anbetracht seiner Stimmung wird dies meinen Kontakt mit ihm beenden, es sei denn, ich überlege mir eine neue, kontaktfördernde Handlung. Wenn ich ihn zum Beispiel anschreie, dann führe ich den Fluß des Kontaktes weiter und schaffe auch in ihm ein anderes Gefühl der Kontaktmöglichkeit.

Durch die ständige Verschiebung der Ich-Grenzen verschiedener Menschen ist die Entwicklung des Kontakts völlig unvorhersagbar. Jeder Mensch muß ein Experte in der Beurteilung der Möglichkeiten werden, die sich aus seinen Bedürfnissen und Wünschen im Zusammenspiel mit denen anderer Menschen ergeben. Bestimmte Umgebungen und Menschen bilden einen fruchtbareren Boden für den Kontakt. Bei anderen Menschen oder zu anderen Zeiten sind die Aussichten dürftig und die Ergebnisse gering.

Künstler scheinen besonders für den Prozeß empfänglich zu sein, Plätze und Menschen auszuwählen, wo Kontakt möglich und fruchtbar ist. Sie versuchen, ein Milieu zu finden, welches den Kontakt erlaubt oder sogar schafft, der für ihre kreativen Energien lebenswichtig wird. Dies ist nicht immer eine freundliche Atmosphäre: ZOLA wurde durch die moralische Unterdrückung im Frankreich des 19. Jahrhunderts angeregt, GOYA durch die Ironien der spanischen Lebensweise, GAUGUIN durch den idyllischen Rhythmus der Südseeinseln und so weiter. Dies waren nicht immer nur angenehme Themen, aber dennoch öffnete sich irgend etwas an ihnen den prüfenden Blicken des Künstlers. Nur für ihn ergab der Kontakt genau seine Perspektive.

Wenn ich für den guten Kontakt empfänglich genug werde, dann gehe ich auch dorthin, wo ich ihn finden kann. Ich finde ihn vielleicht bei Menschen, die mich noch aus meiner Kindheit kennen, vielleicht bei meiner Familie, die meine Sprache spricht und mein Leben wirklich kennt; vielleicht finde ich aber gerade hier nichts als Stereotype. Möglicherweise finde ich Kontakt bei aufgeweckten, jungen Menschen oder bei weisen, alten Männern oder bei Nichtintellektuellen. Vielleicht bedeutet für mich Kontakt, vor einem großen Publikum zu sprechen, guten Freunden Geschichten zu erzählen und den ihren zuzuhören, in Gesellschaft oder allein Musik zu hören, ein gutes Essen zu kochen oder mich sportlich auszutoben. Es gibt vielleicht einige wenige Menschen, für die die Umstände überhaupt keine oder nur eine untergeordnete Bedeutung für die Qualität ihrer Kontakte haben. Aber für die meisten von uns ist anhaltend guter Kontakt ein Prozeß von Ebbe und Flut, ein sorgfältiges Abwägen der Energie zwischen dem, der den Kontakt schließt, und dem, mit dem der Kontakt geschlossen wird.

Aus diesem Grund wird die Fähigkeit des einzelnen, sein Leben selbst zu gestalten, besonders betont, und dies schließt die Fähigkeit ein, die Angemessenheit seiner Umwelt zu erkennen. Das heißt, daß er sich Menschen, Tätigkeiten, Wohnort usw. selbst auswählen kann. Die Fähigkeit zur Kontaktaufnahme kann niemals völlig unabhängig von der Wahl seiner Umgebung oder der Schaffung der neuen Umgebung sein. Gefängnisrevolten, studentische Streiks und Rufe nach Reformen in den Nervenheilanstalten zwingen uns dazu, die wichtige Rolle zu erkennen, die die Umgebung beim Verhalten der Menschen spielt, die im allgemeinen mehr oder weniger unfreiwillig in diesen Anstalten eingeschlossen sind. Wir fangen erst an, »die Beziehung zwischen der physischen Umgebung – besonders der vom Menschen geschaffenen – und der Erfahrung und dem Verhalten des Menschen[37]« zu verstehen. Wir müssen uns viel mehr Mühe geben, um zu einem trockenen, geschmacklosen Brot in einer staubigen, überfüllten Werkskantine Kontakt zu finden, als zu einer duftenden selbstgebackenen Scheibe in der Küche eines Freundes.

Ähnlich wird ein bitterer und stereotyper Mensch guten Kontakt weder fördern noch aufrechterhalten, wie es ein lebhafter, offener Mensch kann. Es gibt Menschen, die andere dazu ermutigen, ihre Andersartigkeit zu erforschen und mit ihnen in Interaktion zu treten. Und es gibt andere, die verschlossen bleiben, nur minimalen Kontakt an der Ich-Grenze erlauben, ihre Abgeschlossenheit beibehalten und keine Entwicklung zulassen. Die meisten Menschen müssen die Fähigkeit – die Kunst, wenn man so will – erlernen, Umgebungen gefühlsmäßig zu erfassen und zu schaffen, in denen Bewegungen außerhalb ihrer Ich-Grenzen unterstützt werden können, oder aber solche Umgebungen zu verlassen, wo das unmöglich erscheint.

Die Erfahrung der Ich-Grenze kann von mehreren Gesichtspunkten aus beschrieben werden. Diese sind: Körpergrenzen, Wertgrenzen, Vertrautheitsgrenzen, Ausdrucksgrenzen und Bloßstellungsgrenzen.

Körpergrenzen

Die Menschen sind ihrem Körper gegenüber parteiisch. Das Empfindungsvermögen bestimmter Teile oder Funktionen des Körpers wird unterdrückt oder verboten und verbleibt außerhalb des Selbstgefühls des Betreffenden. Mit dem, was sich außerhalb der Ich-Grenze befindet, ist der Kontakt so gut wie unmöglich, und so bleiben diese Menschen ohne Kontakt zu wichtigen Teilen ihres Selbst.

Ein Mann in einem Workshop beklagte sich darüber, daß er impotent sei. Im weiteren Verlauf der Arbeit wurde offenbar, daß er unterhalb des Halses nur sehr wenig empfand. Sein Kopf stand bei ihm im Mittelpunkt, und es wurde ganz klar, daß er, wenn er nur den Kopf zum Beischlaf benötigte, keine Probleme gehabt hätte. Sogar sein Zorn war auf den Kopf beschränkt, der sehr stark errötete. Als er zorniger wurde, knurrte und schrie er wie ein Besessener, aber selbst in dieser Situation konnte er die Auswirkungen nur bis hinunter zur Brust verspüren. Nachdem er sich stark auf seinen Körper konzentriert und auch den Beckenbewegungen Aufmerksamkeit geschenkt hatte, begannen seine Beine zu zittern. Diese neuen Empfindungen im Unterleib machten ihm Angst, und er ließ sie nicht weiter aufkommen. Aber durch das Zittern in den Beinen spürte er eine unbekannte Wärme und ein Gefühl der Ruhe im ganzen Körper. Obwohl er seine Aufgabe nicht zu Ende geführt hatte, hatte er doch die Skala seiner Körperempfindungen erweitert und seine frühere Körpergrenze verändert.

Beatrice hatte Schwierigkeiten, zu den anderen Gruppenmitgliedern Kontakt zu finden. Sie sprach nie einen Satz zu Ende, und die Gruppe konnte nur vermuten, was sie sagen wollte. Sie wollten sie nicht verletzen, betrachteten sie aber eher mit Gleichgültigkeit, da sie ihnen so unwirklich erschien. In einer der früheren Sitzungen, in der wir die Körperempfindungen untersuchten, hatte Beatrice zu ihrer Überraschung festgestellt, daß sie den Hinterkopf überhaupt nicht empfand. Sie konnte nur die Vorderseite, die Fassade, empfinden. Sie war sich ihres Gesichts und ihrer Brust bewußt, aber am Rücken konnte sie nichts empfinden.

Ich forderte Beatrice auf, sich Todd gegenüber auf den Boden zu setzen, zu ihm zu sprechen und ihn jedesmal anzustoßen, wenn sie etwas zu ihm sagte. Aber bald wurde offenbar, daß sie jedesmal die Kraft ihres Stoßes irgendwo zwischen Schulter und Ellenbogen unterbrach. Ich bat beide, aufzustehen und weiter miteinander zu sprechen und sich zu stoßen. Beatrice stieß wieder gegen Todd, aber diesmal nur mit den Fingerspitzen. Ich brachte ihr dann bei, ihren ganzen Körper zu gebrauchen. Dann benutzte sie ihren Handballen und schlug fester zu. Ich forderte sie auf, Todd anzuschauen, wenn sie ihn anstieß, und ihn so kräftig zu schubsen, daß sie ihn ins Wanken brachte. Schließlich benutzte sie ihren ganzen Körper, und nicht nur die Vorderseite, zu diesem Kontakt. Sie pflanzte sich breitbeinig auf, senkte den Kopf und benutzte Rücken, Schenkel und Gesäß. Da hörte sie aber auf, das Becken zu bewegen, und ich bat sie, auch diesen Körperteil einzusetzen. Nach ein paar Minuten wurde ihr, wie uns allen, bewußt, daß sie zum erstenmal ihren *Rücken* erfuhr.

Und da änderte sich ihr Gesichtsausdruck auf dramatische Weise. Das starre, vertrauensselige Lächeln war verschwunden. Ihr Gesicht hatte keinen vorausbestimmten Ausdruck mehr, sondern konnte freudig oder traurig werden. Die Fassade war verschwunden, und die Gruppe verspürte eine neue Wirklichkeit, die Wirklichkeit eines Menschen, der zu dem stand, was er sagte.

Wertgrenzen

Ein Patient, ein 16jähriger Junge, glaubte, daß interessiert zu sein, wesentlich für die menschliche Existenz sei, im besonderen für die eigene. In der Schule mußte er andererseits Dinge tun, an denen er nicht interessiert war. Er war nicht bereit, seine Wertbegriffe in Frage zu stellen oder zu verleugnen, indem er uninteressante Dinge tat, also war seine Leistung in der Schule schlecht, und er lief Gefahr, durchzufallen. Seine Wertgrenze schien äußerst starr zu sein, vielleicht auch, weil er dem starken Druck ausgesetzt war, seine Standards aufzugeben. Aber das Problem lag darin, daß er sich selbst einschränkte, weil er den Kontakt nur gestattete, wenn dieser innerhalb *seiner* Ich-Grenze stattfand. Tatsache war, daß auch andere Werte neben dem existierten, den er dem Interessiertsein beimaß. Der Beruf des Automechanikers interessierte ihn, obwohl er nicht glaubte, daß die Arbeit ihn auf die Dauer befriedigen würde. Er möchte, so meinte er, Luftfahrtingenieur oder vielleicht Architekt werden. Um dies zu erreichen, hätte er sich durch wenig interessante Gebiete hindurcharbeiten müssen. Aber er hatte sich dem Lernprozeß entzogen, da sein starres Wertsystem ihn der nötigen Einsichtigkeit beraubt hatte.

Er mußte lernen, seine Wertgrenzen zu erweitern, um vielleicht Selbstbestimmung darin einzuschließen, damit er den Boden für eine interessantere Tätigkeit vorbereiten konnte, und um andere Werte zu übernehmen, die den Weg für eine kreative Vereinigung der zur Zeit anscheinend unvereinbaren Werte bahnen könnten. Er hätte einen Anfang machen können, indem er wenigstens die Dinge tat, die ihn wirklich interessierten, anstatt alles aufzugeben. Zum Beispiel hätte er einen Kursus für Automechanik belegen können, was er auch gemacht hat. Er hätte eine Bibliothek besuchen, eine therapeutische Aufgabe lösen und Bücher lesen können – jedes nur so lange, wie er wollte –, was er auch machte. Er hätte sich mit seinen Mitschülern über Themen unterhalten können, die sowohl ihn wie auch sie interessierten, was er auch machte. Er ging mit einem Mädchen aus, die für seine Einstellung Verständnis hatte und für ihre Schularbeit echtes Interesse aufbrachte. All diese Einflüsse lockerten sein Wertsystem auf und gaben ihm neue Möglichkeiten, seinen Horizont zu erweitern. Ehemals unvereinbare Werte lagen miteinander im Wettstreit und erforderten die Entwicklung eines selbstbestimmten Programms, bei dem er zwar immer noch mit dem existierenden Schulsystem fertig werden mußte, sich jedoch nicht mehr nur damit abfand. Er mußte seinen Anspruch darauf, interessant zu leben, nicht aufgeben, aber er war jetzt nicht mehr in der Langeweile der bloßen Widerspenstigkeit gefangen. Die Erweiterung seiner Wertgrenze schaffte neue Handlungsmöglichkeiten und bot Alternativen zu seiner stereotypen Existenz. Durch die Vielfalt der ihm jetzt zur Verfügung stehenden Werte konnte er genügend Energie entwickeln, um mit seiner Findigkeit und Initiative das Gegengewicht des »Systems« auszugleichen. Dies heißt nicht, daß er es billigt, aber er hat gelernt, von ihm das zu bekommen, was er braucht, um sein Leben flexibler zu gestalten.

Grenzen der Vertrautheit

Eine Familie hatte seit fünfzehn Jahren jeden Sommer ihren Urlaub in Vermont verbracht, bis sie entdeckte, daß die Mutter *niemals* hatte dorthin reisen wollen, die Kinder während der vergangenen fünf Jahre nicht mehr und nur der Vater es immer noch als undenkbar betrachtete, woanders den Urlaub zu verbringen. Der Vater war kein selbstherrlicher Tyrann; das Gewohnte besaß nur eine solche Macht, daß es mehr Energie gebraucht hätte, um es zu ändern, als irgendein Familienmitglied hätte aufbringen können. Jeder wußte von seinem eigenen Widerstand, aber die Gewohnheit zog sie immer wieder in ihren Bann.

Nicht nur der Tod, auch Veränderung bringt Schrecken mit sich und läßt viele Menschen in einer begrenzten, dafür aber bekannten Umwelt verharren. Für diese Menschen ist eine neue Arbeit, eine Veränderung der wichtigen Menschen in ihrem Leben oder ihrer Beziehungen zu ihnen, wenn beispielsweise die

Kinder erwachsen oder die Eltern älter werden, ein schwieriger Übergang. »Ich bin, was ich bin«, verhärtet sich zu der Aussage: »Ich bin, was ich schon immer gewesen bin und was ich auch immer sein werde«.

Nicht nur die Furcht vor dem Unbekannten bestimmt unsere Vertrautheitsgrenze. Wir haben die Gelegenheit, nur einen kleinen Teil des im Leben Möglichen zu erfahren: örtliche und zeitliche Faktoren beschränken den Kontakt mit dem Neuen oder Unbekannten. Diese Grenzen sind unvermeidlich und lassen sich auch nur teilweise durch Reisen, Lesen oder die Bekanntschaft anderer Menschen mit unterschiedlichem Lebensstil entfernen. Aber wir *weigern* uns, mit dem Unbekannten Kontakt aufzunehmen, obwohl die Möglichkeit dazu bestünde, und die Demarkationslinie, die wir zwischen uns und dem Unbekannten ziehen, ist eine Einschränkung, die wir uns selbst auferlegen.

Ein Mann sprach in seiner Gruppe von der unmittelbar bevorstehenden Scheidung und von der Verwirrung und der Angst, die er dabei empfand. Er wollte um fast jeden Preis die Ehe aufrechterhalten, weil er hoffte, daß seine Frau doch eines Tages wieder zurückkommen würde, obwohl dies äußerst zweifelhaft war. Als er darüber sprach, stellte sich heraus, daß er hauptsächlich um sein eigenes Image besorgt war. Er ist Pfarrer, und seiner Ansicht nach wird ein Pfarrer nicht geschieden. Zudem glaubt er noch – möglicherweise zu Recht –, daß seine Gemeinde und seine Kirche einen geschiedenen Pfarrer nicht billigen. Solche Images sind nützlich, um einen Menschen kurz zu charakterisieren, können aber leicht zu Verzerrungen und Vereinfachungen führen, die ihm einen großen Teil der individuellen Handlungsfreiheit rauben können. Die Frage des besorgten Pfarrers stellte sich folgendermaßen: »Wenn ich weder Ehemann, Vater oder Pfarrer bin, was bin ich dann?« und er gab sich auch selbst die Antwort: »Dann bin ich nichts.« Für ihn gab es nur das Bekannte oder das Nichts; und das Nichts war eine Katastrophe.

Für diejenigen Menschen jedoch, die bereit sind, sich durch die anscheinend katastrophale Auflösung des Bekannten zu einem Neubeginn hindurchzuarbeiten, kommt die Katastrophe nicht so schnell. Das zukünftige Wohl läßt sich oft nicht auf Anhieb erkennen, und meist kann man erst nach beträchtlichem Aufruhr sagen, daß etwa die Scheidung, der Austritt aus dem Familienunternehmen oder sogar der Herzanfall das beste sei, was einem hätte passieren können. Eine der Schwierigkeiten, sich aus dem Bekannten herauszubewegen, liegt in der Versuchung, das ganze Drama der Veränderung auszuschließen, bevor die ihr eigenen Reize sich überhaupt entwickeln können. Das Gefühl, des Bekannten völlig beraubt zu sein, ist ein Vakuum, das alles in seiner Nähe aufzusaugen droht. Es ist schwer, sich dort, wo man entsetzt eine katastrophale Lücke erblickt, eine fruchtbare Leere vorzustellen. Die fruchtbare Leere ist die existentielle Metapher dafür, die bekannten Stützen der Gegenwart aufzugeben und sich darauf zu verlassen, daß die Schwungkraft des Lebens neue Gelegenheiten und Perspektiven hervorbringen wird. Der Akrobat, der sich vom einen zum anderen Trapez schwingt, weiß genau, wann er loslassen muß. Einen Augenblick wird er nur von der eigenen Schwungkraft getragen. Gespannt verfolgen wir seine Bahn und lieben ihn dafür, daß er den Augenblick der Gefahr riskiert.

Grenzen des Ausdrucks

Tabus gegen das expressive Verhalten setzen sehr früh ein. Rühr' das nicht an, zappel nicht herum, weine nicht, masturbiere nicht, pinkel nicht! So werden die Grenzen gezogen. Was in der Kindheit beginnt, wird während des Aufwachsens weitergeführt, nur viel subtiler als die ursprünglichen Verbote. Wir finden sogar neue Situationen, auf die sich die frühen Verbote anwenden lassen. Die einfachen, kleinen Szenen aus der Kindheit, die mit dem Ziehen der Grenzen zusammenhingen, existieren jetzt nicht mehr; aber es sind nur die Einzelheiten, die sich verändern. Beispielsweise das Verbot gegen das Masturbieren – sich selbst liebkosend zu berühren – entwickelt sich zu einer Grenze, die einen davon abhält, jemanden liebevoll zu berühren. Wenn sich das Kind zum Mann entwickelt hat, wird sein Lieben daher konservativ und beschränkt sein. Als Vater berührt er seine Kinder nur, wenn er es muß, und wenn ein Freund weint, hält er Distanz. Und sogar wenn er selbst weint, wird sein Widerstand gegen das Berühren ihm den Trost vorenthalten, den die Nähe eines anderen Menschen bringen könnte. Er kann noch so liebevoll sein, der Akt des Berührens ist für ihn als Ausdruck seiner Zuneigung verboten. Wie die Ausdrucksgrenzen gezogen werden, zeigt der Fall einer 21jährigen Frau namens Jennifer, die schon seit Jahren

Mannequin für Teenagerkleidung war. Sie sah immer noch sehr jung aus und war sehr zierlich gebaut. Sie hatte so lange wie möglich an ihrem Teenagerverhalten festgehalten, wobei sie selbst noch nicht einmal wußte, in welchem Maße ihr das gelungen war. Jennifer wollte aber auch Sängerin werden. Hier war sie jedoch nicht so erfolgreich. Ihre Stimme war leicht und farblos und ihr fehlte Tonfülle und Reife; im Alter von 21 Jahren sang sie immer noch wie ein Teenager. Ihr Widerstand gegen eine reife Ausdrucksweise, die ihre Karriere als Mannequin gefährdet hätte, verringerte unbeabsichtigt ihre Chancen als Sängerin.

Ein Pfarrer wollte über die Rassenunruhen in Selma, Alabama, bei denen Polizeihunde gegen die schwarzen Demonstranten eingesetzt worden waren, eine Predigt halten. Ich forderte ihn auf, mir probeweise die Predigt zu halten; es war kein Wunder, daß er sich Sorgen gemacht hatte – sie war ausgesprochen langweilig. Ich bat ihn, es noch einmal zu machen, nur diesmal sollte er so sprechen, als wäre er Polizist aus Alabama. In dieser Rolle erzählte er die Geschichte ganz anders. Er streute Anekdoten ein, sein Gesicht bekam Farbe, und er gestikulierte mit den Fäusten. Seine Stimme wurde lauter, volltönender und vertrauensvoller. Dann forderte ich ihn auf, die Geschichte noch einmal zu erzählen, nur sollte er diesmal seine eigenen Ansichten zum Ausdruck bringen, Stil und Vortragsweise des Polizisten jedoch beibehalten. Diesmal hielt er eine sehr gute Predigt, die mich und später auch seine Gemeinde beeindruckte. Bei diesem Prozeß des Durcharbeitens erinnerte er sich, daß er als Kind die tyrannischen Typen in der Schule bewundert hatte. Sie hatten ihn zwar immer als Schwächling beschimpft und ihn auch drangsaliert, aber sie wirkten immer sicher und energisch, also hatte er zu ihnen aufgeschaut. Er hatte die moralische Position des Opfers eingenommen; er hatte recht, handelte gerecht, das Gesetz war auf seiner Seite, aber er war ohne Körperkraft und dazu verdammt, der Unterlegene zu sein. Tyrannisch sein, hieß, Vitalität besitzen, aber er war kein Tyrann, also besaß er keine Vitalität. Die Erweiterung seiner Ausdrucksgrenze hatte ihn zu der Erkenntnis gezwungen, daß er, obwohl kein Tyrann, Vitalität besitzen und daß er dem Tyrannen mit gleicher Münze heimzahlen konnte.

Es ist erschreckend, die Grenzen, die wir uns selbst gesteckt haben, auszudehnen. Uns droht immer die Gefahr, dabei unsere Identität zu verlieren. Und in gewisser Weise geschieht dies auch, denn wir verlieren zwangsläufig die Identität, die wir einmal hatten. Wir müssen unsere sich entwickelnde Identität entdecken. Das Selbst ist keine Struktur, sondern ein Prozeß. Indem wir die alten Ausdrucksgrenzen abbauen, gewinnen wir ein erweitertes Gefühl unseres Selbst. Jennifer konnte eine reife Stimme akzeptieren. Sie ist bereit, mehr zu werden, als ihr die Ausdrucksgrenzen des Teenagers erlaubten. Der Pfarrer tut mehr, als sich nur rechtschaffen für eine verlorene Sache einzusetzen. Er kann kraftvoll und aggressiv sein, wenn er dies nur als innerhalb seiner Möglichkeiten liegend akzeptiert hat.

Grenzen der Bloßstellung

Es gibt beachtliche Querverbindungen zwischen den verschiedenen Formen der Ich-Grenzen. Was als Widerwille, sich auszudrücken, beginnt, kann so zur Gewohnheit werden, daß selbst dann, wenn das Ausdruckstabu entfällt, die Vertrautheitsgrenze in Kraft tritt und das Tabu weiterhin aufrechterhält.

Die Bloßstellungsgrenze hat mit den anderen Grenzen vieles gemeinsam. Hier jedoch richtet sich die spezifische Abneigung dagegen, beobachtet oder erkannt zu werden. Ein Mensch hat eine bestimmte Meinung und ist bereit, sie zu äußern. Er mag sogar danach handeln, besteht aber darauf, dies alles privat oder anonym zu tun. Solch ein Mensch wird anonym kritisieren oder auch anonym schenken. Er ist bereit, sich nur innerhalb der Grenzen, die er selbst aufgestellt hat, von anderen beobachten zu lassen. Sich bloßzustellen, ist gefährlich, ob man sich dabei den Elementen oder der Verachtung oder Forderungen anderer aussetzt.

Eine Frau wurde über ihre Erfahrung in einem Wochenendworkshop von einem anderen Mitglied ihrer wöchentlichen Therapiegruppe befragt. Irene berichtete begeistert von den neuen Übungen, die sie gemacht hatten, und von den Ergebnissen, die sie beobachtet hatte. Es klang großartig, ein hundertprozentiges Vergnügen. Als sie jedoch fortfuhr, bemerkten die Gruppenmitglieder, daß ihre Antwort ausführlicher als erwartet war, als überreichte sie ihnen stolz ein Geschenk. Irene gab dann zu, daß diese Wochenendsitzung tatsächlich nicht einfach für sie gewesen sei. Sie war ausgerutscht und hatte sich eine große Wunde an der Stirn zugezogen, die genäht werden mußte; sie hatte sich am ganzen Wochenende äußerst unwohl gefühlt. Schließlich weinte sie, und sie konnte erkennen, wie stark ihr Widerstand dagegen war, ihr Leiden offen darzulegen. Sie fürchtet sich vor Mitleid und liebt es, wenn man sie für fröhlich und lustig hält. Aber diesmal konnte Irene das Verständnis und die Sympathie der Gruppe annehmen, ohne sich bedroht oder gedemütigt zu fühlen.

Die Psychotherapie hat stets viel Wert auf die Feststellung gelegt, der Patient müsse sich nur dem Therapeuten oder den anderen Gruppenmitgliedern offenbaren. Vertraulichkeit wird als Garantie gegen eine vorzeitige Enthüllung seiner selbst angeboten. Dem einzelnen wird versichert, er werde ausschließlich in der therapeutischen Situation bloßgestellt. Etliche private therapeutische Gruppen verbringen viel Zeit damit, ihre Wünsche nach Vertraulichkeit zu erörtern. Niemand kann garantieren, daß Gruppenmitglieder, die in solchen Dingen unerfahren sind, zuverlässig zwischen vertraulichem und nichtvertraulichem Material werden unterscheiden können. Dennoch begreifen sie im allgemeinen, daß über das, was sich in der Gruppe abspielt, nicht überall herumerzählt werden darf, und häufig versprechen sie, keine Namen zu erwähnen und niemandem, bis auf die Ehegatten, davon zu berichten. Manchmal kann die Frage der Vertraulichkeit zu lächerlichen Situationen führen. So berichtete beispielsweise eine Frau, sie habe ein anderes Gruppenmitglied im Konzert gesehen, habe aber nicht gewußt, ob sie grüßen sollte, da sie dadurch vielleicht verraten hätte, daß sie beide zur gleichen Psychotherapiegruppe gehörten.

Viele Menschen brauchen oder zumindest wollen diese Versicherung. Das Bedürfnis des Patienten, bei der Lösung seiner Probleme Tempo und Schauplatz selbst bestimmen zu können, muß respektiert werden. Wenn er jedoch so weit ist, daß er sich selbst in all seinen verschiedenen Manifestationen akzeptieren kann, dann hat er weniger Angst vor Bloßstellung. Wenn er weder Scham noch Verlegenheit darüber empfindet, daß er sich in psychotherapeutischer Behandlung befindet, dann wird es ihm wohl weniger ausmachen, wer sonst noch davon weiß. Dadurch akzeptiert zu werden, daß man seinen tatsächlichen Charakter verbirgt, ist bestenfalls eine sehr unsichere Sache.

Von manchen wird die Vertraulichkeit jedoch in Frage gestellt. Carl WHITAKER[38] hat betont, wie wichtig es ist, Therapiepatienten zum gemeinschaftlichen Engagement zurückzuführen. Er hat Gemeinschaftstherapie beschrieben, bei der Nachbarn wie auch Familienmitglieder zu den Sitzungen eingeladen wurden. MOWRER[39] propagiert schon lange die gemeinschaftliche Beichte. Primitive Stämme betreiben eine eigene Art Psychotherapie sowie Traum- und Phantasiedeutung in Anwesenheit aller Familien- und Gemeindemitglieder[40].

Mit der Entwicklung der Bloßstellungsgrenze hängt auch die Rolle zusammen, die der Exhibitionismus beim persönlichen Wachstum spielt. Die Semantiker[41] haben verschiedene Ausdrucksarten beschrieben: blockierte, gehemmte, exhibitionistische und spontane. Die blockierten und gehemmten Stadien sind nicht expressiv. Beim ersteren weiß der Betreffende nicht einmal, was er ausdrücken will, beim zweiten weiß er es zwar, will es aber nicht tun. Das dritte exhibitionistische Stadium ist erreicht, wenn der Betreffende das ausdrückt, was er ausdrücken will, obwohl er den Ausdruck in sein System noch nicht voll integriert oder assimiliert hat. Die Spontaneität tritt dann ein, wenn der Betreffende mit vollem Engagement das ausdrückt, was er will, und wenn der Ausdruck mit seinen Wünschen vereinbar und voll assimiliert ist.

Im dritten exhibitionistischen Stadium tritt Ungeschicklichkeit und sogar Heuchelei auf. Dies ist häufig notwendig und unvermeidbar, denn ein Mensch, der neue Ausdrucksweisen lernt, kann nicht so lange warten, bis er sie völlig assimiliert hat, bevor er sie ausprobiert. Wenn er aus zwanghafter Integrität oder aus dem Bedürfnis heraus, Ungeschicklichkeiten zu vermeiden, darauf besteht, so wird er vielleicht lange warten müssen, bis die ideale Integration stattgefunden hat. Tatsächlich tritt sie möglicherweise nie ein, denn man entwickelt sich nicht geradlinig und ohne Schwierigkeit von einer blockierten oder gehemmten Position zur Vollkommenheit. Aber sich selbst als zornig, liebevoll oder verärgert zur Schau zu stellen, ist nicht das gleiche, wie wirklich liebevoll, zornig oder verärgert zu *sein*. Im allgemeinen besteht die Bloßstellung nicht nur aus der *Bereitschaft* zu einer bestimmten Handlung, sondern auch aus der Bloßstellung des ursprünglichen *Widerwillens*, dies zu tun. Der erste Schritt kann also nicht der reine und authentische Akt eines Menschen sein, der ganz genau weiß und auch billigt, was er tut. Daher gibt es einen Unterschied zwischen den Übertreibungen und Ungeschicklichkeiten der exhibitionistischen Phase und der Anmut und Glaubwürdigkeit der spontanen. Viele neue Entwicklungen sind hier steckengeblieben, im Keim erstickt, ohne die Möglichkeit, sich zur Spontaneität durchzuarbeiten.

Da der therapeutische Prozeß zu neuen Verhaltensweisen anregt, läuft er Gefahr, den Exhibitionismus zu begünstigen; aufgrund seiner Betonung der Authentizität ist er gegen ihn kritisch eingestellt.

Dieses Dilemma ist so unvermeidbar, wie es auch bedauerlich ist. Neue und früher nicht assimilierte Verhaltensweisen werden attraktiv und möglich. Ein ängstlicher Mensch, der von anderen dazu überredet wird, jemanden zu umarmen, kann in der Tat eine neue Bereitschaft entwickeln, Intimität zu erfahren. Andererseits spielt er vielleicht ein neues Spiel, teils frech, teils schüchtern, teils eingeschüchtert, teils mit einem lächerlichen Gefühl und teilweise seine persönliche Integrität außer Kraft setzend. Die Bereitschaft, diese nichtauthentischen und unschönen Augenblicke bis zu einem gewissen Grad zu akzeptieren, ist für die Entwicklung unerläßlich. Manchmal ist es das größte Geschenk, das die anderen Gruppenmitglieder jemandem machen können, der gerade seine ersten Schritte in die Richtung wagt, die er einschlagen will.

Wir müssen uns aber bewußt werden, daß diese Augenblicke nur ein Teil des Prozesses sind, die Ich-Grenzen zu erweitern, und nicht die vollendete Entwicklung. Sich zu räuspern, bevor man zu sprechen beginnt, mag nötig sein, aber es ist noch kein Ersatz für das Sprechen selbst.

6.

Die Kontaktfunktionen

Kontakt ist belebend. MICHELANGELO hat dies erkannt, als er in der Sixtinischen Kapelle Adam malte, der matt darauf wartet, daß die Berührung Gottes ihn zum Leben erweckt. Durch seine symbolische Darstellung der göttlichen Macht hat MICHEL-ANGELO die Bedeutung des physischen Kontakts zwischen zwei Wesen gezeigt.

Auch in unserer Sprache kommt zum Ausdruck, daß Berührung der Prototyp des Kontakts ist. Wir kommen mit jemandem »in Berührung«, wir sehen oder hören etwas so Bewegendes, daß wir davon »berührt« sind usw. Für uns ist der Kontakt schon fast gleichbedeutend mit Berührung geworden.

Intuitiv nähern wir uns damit der Wahrheit. Kontaktvolle Erfahrungen, selbst wenn sie in erster Linie die anderen vier Sinne betreffen, haben immer noch mit einer Berührung zu tun. Beim Sehen wird man zum Beispiel von Lichtwellen berührt. Hören bedeutet ebenfalls, von Schallwellen berührt zu werden. Schmecken und Riechen heißt, entweder von flüssigen oder gasförmigen Chemikalien berührt zu werden.

Wegen der Bedeutung der Nähe beim Kontakt ist man versucht, der Berührung an sich höchste Priorität einzuräumen, wobei man jedoch den Kontakt abwertet, den man durch den Raum hinweg schließen kann. Schlagen, Streicheln, Halten usw. gehören zu den einleuchtendsten Möglichkeiten, andere Menschen schnell und eindrucksvoll zu erreichen. Die Gelegenheiten, den Menschen durch den Raum hinweg zu erreichen, wie durch Sprechen, Sehen und Hören, sind sicherlich reichlicher vorhanden als durch die Berührung, selbst in einer idealen interpersonellen Situation. Die Entdeckung, daß das richtige Wort zur richtigen Zeit genauso berühren kann wie ein physischer Kontakt, erhöht die Freude an der täglichen Kommunikation. Aber dieses sind subtile Einflüsse, die erfordern, daß der Mensch sich aufmerksamer auf seine eigenen Empfindungen einstimmt. Damit der nicht berührende Kontakt die gleiche Unmittelbarkeit wie die Berührung besitzt, muß man für Resonanz sorgen. Diese Fähigkeit bzw. Unfähigkeit, auf seine Erfahrungen zu antworten, ermöglicht dem einen, kontaktvoll zu reagieren, und dem anderen, Ereignisse von vergleichbarer Intensität abzustumpfen.

Zu diesen fünf grundlegenden Methoden des Kontakts kommen noch zwei weitere hinzu: Sprechen und Bewegung. Diese sieben Prozesse sind die Kontaktfunktionen. Durch diese Funktionen kann Kontakt erreicht werden, und durch die Verfälschung dieser Funktionen kann der Kontakt entweder blockiert oder vermieden werden. Man darf jedoch nicht vergessen, daß wir zwar sieben verschiedene Kontaktfunktionen beschreiben können, daß aber der Kontakt, wenn er einmal hergestellt ist, für alle gleich ist. Eine Erregung entsteht im Betreffenden, die in einem Gefühl des vollen Engagements mit dem, was gerade wichtig ist, kulminiert. Manchmal erfährt man, wie man »Kontakt hergestellt« hat. Meistens ist solch ein bewußtes Erleben irrelevant, und der freie Fluß des Kontakts wird einfach als innerer Reichtum erfahren. Der Kontakt führt nicht immer zum Glücklichsein – viele Kontakte sind in der Tat sehr unglücklich –, aber er ist eine essentielle Komponente der eigenen Menschlichkeit. Die Furcht vor dem Unglücklichsein führt häufig dazu, daß man den Kontakt einschränkt, um das »Glück« zu bewahren. Das Problem liegt darin, daß dies nur ein anderer faustischer Handel ist, der letztlich mit Ineffizienz und Langeweile bezahlt wird.

Alle diese Kontaktfunktionen sind der Gefahr der verminderten Schlagkraft ausgesetzt, entweder durch Trägheit oder Desinteresse oder aufgrund unausweichlicher technischer Entwicklungen. Nahrungsmittel sind sehr häufig so verpackt, daß man sie nicht sehen kann; man kauft nur das Bild eines Pfirsichs oder einer Tomate, oder, noch schlimmer, man kauft die Inhaltsangabe auf der Packung. Und wenn man sie sehen kann, dann befinden sich die Nahrungsmittel entweder in Gläsern oder in Zellophanhüllen; es ist gesünder, sie nicht zu berühren, Zitronen werden in Sechserpackungen verkauft, Dörrobst zusammengeballt in Plastiktüten, und selbst Fische liegen wohlriechend unter einer Klarsichtfolie. In der Industrie sind Meßgeräte unerläßlich, um unter gefährlichen und teuren Bedingungen schnelle Entscheidungen treffen zu können.

Es ist zwecklos, über verschüttete Milch zu jammern, wir müssen neue Möglichkeiten des Kontakts entwickeln. Kontakt ist zu keiner Zeit schädlich. Er ist eine zeitgenössische Funktion, bei der jedes Zeitalter seinen eigenen Stil ausarbeitet. Der »Fortschritt« bewirkt stets, daß die Menschen zu Verhaltensweisen verführt werden, die teilweise eine Folge der neuen Technologien sind. George SIMENON[42] bemerkte, daß DOSTOJEWSKI wie auch TOLSTOI, würden sie heutzutage schreiben, wesentlich kürzere Romane verfassen würden. Sie brauchten nicht in solchem Detail Dinge zu beschreiben, die ihre Leser bestimmt schon – zumindest vom Fernsehen her – kannten. Dies ist eine übermäßige Vereinfachung, aber wir brauchen sicherlich nicht einfach die alten Wege weiterzugehen. Auch die neuen Möglichkeiten können zu gutem Kontakt führen, wenn wir uns nur in die Richtungen begeben, die sie für uns öffnen.

Zum Beispiel setzte die Waschmaschine dem sicherlich persönlicheren Kontakt zu dem Waschbrett ein Ende, doch die meisten Frauen, die diesen Übergang mitgemacht haben, sind davon überzeugt, woanders sinnvoller beschäftigt zu sein. Aber für eine Frau, die diese bestimmte Entwicklung nicht erlebt hat, mag die moderne Waschmaschine eine neue Falle darstellen. Sie muß sich deren tödlichem, unpersönlichem Einfluß entziehen. Wenn man mit einer Maschine spielt, macht sie leicht aus einem eine Maschine. Kann die Frau ihre Energie, die ihre Vorgängerin am Waschbrett verbrauchte, auf ihre gegenwärtigen Aktivitäten übertragen, oder führt sie sie mit der gleichen Empfindungslosigkeit, mit der sie Wäsche wäscht, aus? Die Autobahn ist ein weiteres Beispiel. Die hohe Geschwindigkeit ist der Besinnlichkeit abträglich, doch man kann eine große Strecke sehr schnell zurücklegen, sie machen Besuche leichter, weniger anstrengend als in den Tagen des Pferdewagens. Und was noch wichtiger ist, die Möglichkeiten zum Kontakt können auf den Autobahnen ebenso erregend sein wie die langsame Kutschenfahrt durch die unberührte Landschaft. Zu den Sehenswürdigkeiten unserer Tage gehören einige Autobahnen, wie sie sich über Berge und Hügel schlängeln und selbst eine neue, erregende Landschaft bilden. Der Maßstab ändert sich, aber der natürliche Kontakt bleibt immer noch erregend. Sicherlich ist der Blick auf die Wolken vom Fenster eines Flugzeugs erhebend, selbst wenn der Flugreisende eingekapselt ist. Das Waschbrett konnte auf seine Art auch entpersonalisierend sein. Es kommt eben auf den Blickpunkt an.

Sehen

Versuchen Sie folgendes: sehen Sie dieses Buch, diese Seite an.
Betrachten Sie den schwarzen Druck auf der weißen Seite. Beachten Sie, wie das Weiß die dunkleren Druckstellen umschließt.
Beachten Sie die Strukturierung des Papiers und den Umriß der
Buchstaben. Versuchen Sie, die Zeilen als horizontale Linien zu
sehen und nicht als Worte, die Sie verstehen müssen. Sehen Sie
den Schatten, den das Licht auf die Seite wirft. Drehen Sie die
Seite jetzt so, daß die Zeilen vertikal verlaufen und nicht so sehr
zum Lesen einladen.

Wenn diese Worte Sie im richtigen Augenblick erreicht haben
und Sie sich selbst die Zeit für diese Verschiebung der Betrachtungsweise nehmen können, dann werden Sie einen kurzen, visuellen Genuß erleben, der in sich selbst nicht sehr viel ist, der
Ihnen aber eine Vorstellung von der Kraft geben kann, die in der
reinen visuellen Erfahrung liegt. Diese Kraft ist von Joyce
CARY[43] liebevoll geschildert worden:

> Ich erinnere mich an eines meiner Kinder – es war erst vierzehn
> Monate alt –, wie es im Kinderwagen saß und eine auf dem Ra-
> sen liegende Zeitung beobachtete. Eine leichte Brise fuhr über
> den Boden, und die Zeitung bewegte sich. Manchmal erhob
> sich die Titelseite und flatterte; manchmal wurden zwei oder
> drei Seiten bewegt und schienen miteinander zu kämpfen;
> manchmal wurde die ganze Zeitung aufgehoben, flatterte un-
> geschickt ein paar Fuß weit und senkte sich dann wieder zu
> Boden. Das Kind wußte nicht, daß dieses Objekt eine Zeitung
> war, die vom Wind bewegt wurde. Es betrachtete mit intensiv-
> ster Aufmerksamkeit eine Schöpfung, die seiner Erfahrung
> völlig neu war. Und durch die Augen des Kindes hatte ich eine
> reine Intuition der Zeitung als Objekt, als ein individuelles
> Ding in einem spezifischen Augenblick.

Natürlich hat solch visueller Kontakt nicht immer eine so hohe
Priorität, beispielsweise dann nicht, wenn Sie dieses Buch nur des
Inhalts wegen lesen. In diesem Fall wird das Sehen eine vermit-
telnde Art des Kontakts, die den Kontakt mit den Ideen oder Begriffen erleichtert, die wir verstehen wollen. Nur wenige Menschen oder solche, die über genügend freie Zeit verfügen, können
uneingeschränkt auf das ganze Spektrum der Kontaktmöglich-

keiten reagieren, die zu jedem gegebenen Augenblick existieren. Meistens errichten wir Prioritätsebenen, je nach Situation und Motiv. Aber jedesmal, wenn wir uns dazu entscheiden, unsere Prioritäten zu verändern, können wir ein erregendes Gefühl der Wahl erfahren, und wir werden lebendige Menschen, die dem Wechsel von einer Kontaktmöglichkeit zur anderen zugänglich sind. Nachdem Sie jetzt diese Seite als Erfahrung in sich selbst und nicht nur als Informationsträger betrachtet haben, werden Sie eine neue Dimension des Lesens erfahren, die fehlte, bis Sie die visuelle Qualität der Seite mit einbezogen.

Wir können hier zwei Arten des Sehens unterscheiden, und diese Dichotomie gilt auch für die anderen Kontaktfunktionen. Die eine ist der zweckgebundene Kontakt, wo das Sehen uns eine Orientierung über Situationen und Handlungen gibt, die über das Sehen als solches hinausgehen. Das andere ist der Kontakt um seiner selbst willen.

Wenn der zweckgebundene Kontakt überwiegt, dann wird das Leben sehr praktisch ausgerichtet. Ich sehe die Schreibmaschine, *damit* ich auf ihr schreiben kann, ich betrachte meinen Freund, während ich mich mit ihm unterhalte, *weil* ich wissen muß, ob er noch da ist oder ob er noch zuhört. Diese Funktion ist offensichtlich lebenswichtig. Ein Blinder ist sehr stark benachteiligt, nicht nur, weil er niemals die belebende visuelle Erfahrung kennenlernen wird, sondern auch weil es sehr schwierig ist, bestimmte Dinge ohne Unterstützung oder ohne visuelles Feedback zu erledigen.

Sehr viele von uns sind für den zweckgebundenen Kontakt sehr gut ausgerüstet, sie sind jedoch kontaktblind, da das Sehen an sich von geringerer Bedeutung für uns ist. Das flacht das Leben ab und kann wahrscheinlich auch den zweckgebundenen Kontakt beeinträchtigen. Vom praktischen Wert abgesehen, müssen alle Funktionen um ihrer selbst willen existieren. Diejenigen, die sich am Sehen erfreuen, sind wahrscheinlich aufgeschlossener und sensibler, wenn es ums zweckgebundene Sehen geht. Sehen ist jedoch nicht immer nur eine ungetrübte Freude. Manchmal können die Gefühle, die das Sehen begleiten oder daraus resultieren, unkontrollierbar sein. Wie das folgende Beispiel zeigt, müssen gefährliche Wahlen getroffen werden, wenn die Fähigkeit eines Menschen, das Gesehene zu assimilieren, beeinträchtigt ist und er Gefahr läuft, psychisch überlastet zu werden.

Der 47jährige Sid litt unter chronischen Angstzuständen, die ihn fast aktionsunfähig machten. Er war selten frei von Angst, schaffte es jedoch, seine Arbeit zu verrichten. Er verfiel in starkes Grübeln, was ihn im allgemeinen der grundlegenden Erfahrungen des Kontakts beraubte und teilweise einen Versuch darstellte, ihn von Angst abzulenken. Während seiner Therapie konnte er mich lange nur von der Seite ansehen, fast, als wolle er sich kurz versichern, daß ich immer noch anwesend war. Nach und nach brachte ich Sid dazu, mit mir in visuellen Kontakt zu treten, indem ich ihn fragte, was er sah, wenn er mich anblickte; indem ich ihm beibrachte, die Gegenstände im Raum anzusehen, ihm auftrug, Menschen und Gegenstände außerhalb der therapeutischen Situation anzusehen. Eines Tages konnte er, während er zu mir sprach, mich ansehen, und seine Augen leuchteten auf! Zum erstenmal wurde es richtig klar, daß er zu *mir* sprach und daß er außerdem zu mir sprechen *wollte*. Zu diesem Zeitpunkt erinnert sich Sid an eine alte Erfahrung. Als Oberschüler hatte er für seine Lehrer geschwärmt, und für einen ganz besonders. Was auch immer dieses Gefühl bedeutete, ob homosexuelle Neigungen oder Heldenverehrung, es war zu stark, als daß er es hätte aushalten können. Eines Tages ging Sid nach dem Unterricht zu diesem Lehrer, um ihn etwas zu fragen. Er sah das Gesicht des Mannes ganz klar und spürte bei diesem Anblick eine überwältigende Freude; Sid mußte diese Erfahrung nicht bewußt, sondern reflexiv abschneiden. Er beschrieb, wie in diesem Augenblick das Gesicht des Mannes »auseinanderbrach«. Er konnte nur noch den Mund, die Augen, die Nase sehen, alles als getrennte Einheiten anstatt als Teile einer Konfiguration. Er bekam eine panische Angst, brachte kein Wort heraus, begann darüber nachzugrübeln und versuchte vergeblich, die Bedeutung dieses Gesichtes herauszufinden und die Implikationen der Tatsache, daß ihm das Gesicht in einem Moment als Einheit, im nächsten nur aus Einzelheiten zu bestehen schien. Seine Grübeleien gewannen die Oberhand, und er konnte die grundlegende Erfahrung, die diese Angst ausgelöst hatte, nicht wiedererlangen. Er mußte gehen. Später besuchte er noch einmal seinen Lehrer, der nur wenig Zeit für ihn hatte und ihn kurzerhand zu einem Psychiater schickte. Kurz darauf brach Sid zusammen und mußte die Schule verlassen; ein Jahr später kehrte er zurück, um seine Ausbildung abzuschließen. Zum erstenmal seit dieser Zeit wurde er durch sein Erlebnis mit mir an seine frühere Erfahrung erinnert, aber diesmal konnte er die Intensität dieser inneren Gefühlserregung assimilieren. Anstatt einer Bedrohung spürte er jetzt Freude und Freundschaft.

Die Assimilierung der visuellen Erfahrung kann man offensichtlich kaum als gegeben hinnehmen. Obwohl die meisten Menschen keine so dramatischen Effekte wie Sid erleben, ist man in unserer Kultur der visuellen Erfahrung gegenüber vorsichtig. Ein einfaches Beispiel stellt die Überbelastung dar, die aus Furcht resultiert; wir haben wahrscheinlich schon alle während einer besonders furchterregenden Episode in einem Horrorfilm die Augen zugemacht oder den Blick abgewendet. Wir verschwenden sehr viel Energie auf solche Ausweichmanöver, um dem persönlichen Kontakt die Spitze zu nehmen.

Wegblicken ist natürlich nur eine Möglichkeit, dem visuellen Kontakt auszuweichen. Anstarren ist die genau entgegengesetzte Methode und ermöglicht dem Betreffenden, den Kontakt durch Verkrampfung der Augenmuskeln zu blockieren. Starren scheint darauf hinzudeuten, daß der Betreffende intensiven Kontakt pflegt, aber in Wirklichkeit ist der Kontakt abgetötet, wie die Arme auch gefühllos werden, wenn sie zu lange irgend etwas umklammern, oder die Füße einschlafen, wenn man zu lange in der gleichen Stellung sitzt. Der Unterschied zwischen dem direkten Blick des Kindes und dem Starren besteht darin, daß das Kind sieht und derjenige, der starrt, sich am Sehen festklammert. Der starrblickende Mensch wartet darauf, zu sehen, erreicht es aber niemals. Seine Augen sind unbewegt und zeigen keine Reaktion; die Lebhaftigkeit fehlt sowie jegliches Gefühl für die Resonanz und die Anziehungskraft des visuellen Objekts. Derjenige, der angestarrt wird, fühlt sich wie festgenagelt und hat das Bedürfnis zu entfliehen. Starren ist das visuelle Äquivalent der endlosen Wiederholung derselben Worte, bis sie zu Kauderwelsch werden und ihren Sinn verlieren.

Die grundlegende Auflösung des Starrens besteht natürlich darin, die Bereitschaft zum Sehen und das Gefühl für dessen Wirkung wiederherzustellen. Den Therapeuten sehen zu lernen, ist schon ein Schritt in dieser Richtung. Der Patient und auch sein Therapeut müssen die Vielfalt visueller Möglichkeiten, die der Therapeut darstellt, untersuchen können. Er muß bereit sein, die freundlichen Augen zu sehen, das harte Kinn, die Anmut, den geizigen Mund, die spielerische Geste, den verwirrten Gesichtsausdruck und das verächtliche Grinsen. Was auch immer existiert, er muß lernen, daß es sein Recht ist, es zu sehen. Und hieraus lernt er, daß er durch das Öffnen der Augen zu einer Einheit wird – und auch durch das Gesehenwerden. Die Augen, die zusammengekniffen sind, um die Tränen zu unterdrücken, und die alle daran hindern, in sie hineinzusehen oder zu erblicken, was hinter ihnen liegt, diese Augen können schließlich Tränen vergießen, und die verkrampften Muskeln können sich zum Sehen und Gesehenwerden entspannen. Oder die ängstlichen Augen, die schließlich den Mut finden, das Verbotene zu betrachten, werden dazu angeregt, ein ganzes Kaleidoskop von stimulierenden Anblicken wahrzunehmen.

Obwohl die Grundzüge des Sehens im ganzen persönlichen System des Individuums verankert sind, so existieren doch ein paar ganz einfache therapeutische Techniken, die dazu beitragen, die Bereitschaft zum Sehen wiederzuerlangen. Eine Übung besteht darin, etwa zehn bis fünfzehnmal die Augen abwechselnd weit zu öffnen und dann wieder fest zu schließen. Dabei werden die Augen entspannt und vermitteln dem Patienten ein Gefühl dafür, wie unterschiedlich sich seine Augen fühlen *könnten* und wie unterschiedlich er sehen *könnte*. Dies kann schon ausreichen, um ihn so weit zu aktivieren, daß er die Lust am Sehen entdeckt oder daß er weniger Angst hat, wenn er das nächstemal angeregt wird.

Von einer Seite zur anderen zu sehen, ohne dabei den Kopf zu bewegen, ist eine andere nützliche Übung. Sehr oft nimmt die Kontaktblindheit die Form an, bei der man wie im Tunnel nur das sieht, was direkt vor einem ist, wie etwa die Scheuklappen beim Pferd dazu dienen, daß es ohne Ablenkung geradeaus geht. Gegenstände im Sprechzimmer des Therapeuten anzusehen, kann zu beträchtlichen Überraschungen führen; häufig wird der Patient außer dem Therapeuten nichts im Büro sehen. Sich im Zimmer umzusehen scheint für solche Menschen irrelevant; wie die Rationalisierungsfachleute verschwenden sie keine Energie auf etwas, was nicht das unmittelbar definierte Ziel ist. Solche »Verschwendung« ist aber unerläßlich. Es gibt keine Möglichkeit, die Aufmerksamkeit ausschließlich auf das »Relevante« zu richten, ohne dabei das Gefühl für die Zusammenhänge zu verlieren. In der Tat haben bestimmte Experimente[44] die Vermutung nahegelegt, daß die ständige Bewegung des Auges zur richtigen Wahrnehmung gehört. Die Beziehung der Figur – des Therapeuten, seiner Körperhaltung, seiner Kleidung – zu ihrer Umgebung – dem Sessel, in dem er sitzt, der Zimmereinrichtung,

das Licht, das ihn mehr oder weniger deutlich erkennen läßt –
kann die späteren Interaktionen mit ihm sehr erleichtern. Der
Zusammenhang gibt der Erfahrung Dimension und Resonanz,
indem er das Vorhergehende mit dem verbindet, was nach der
gegenwärtigen Situation eintreten kann. Starres Festhalten an der
Figur läßt die Interaktion vertrocknen, da es eine Kraft ist, die
nur strategisch und gegen ihre eigene Natur handelt. Die Natur
ist generös, ja sogar verschwenderisch, und die dazugehörige
»Ineffizienz« oder »Vergeudung« ist ein Nebenprodukt der
Spontaneität. Um ein Gefühl der Frische im Leben zu erlangen,
mag diese Generosität, auf lange Sicht gesehen, wirkungsvoller
sein als die Effizienz, die die unausbleiblichen Oszillationen im
Kreislauf des Relevanten/Irrelevanten aussondert.

Zuhören

»Wie können Sie dort sitzen und den ganzen Tag Menschen zuhören?« fragte jemand den Therapeuten. »Wer hört denn zu?«
entgegnet dieser.

Dieser Austausch illustriert die allgemeine Meinung, daß das
Zuhören als Handlung an sich, die keinen Bezug zu anderen Formen der Erfahrung hat, langweilig und eine unerträgliche Anstrengung ist, selbst wenn man dafür bezahlt wird. Zuhören kann
jedoch ein sehr aktiver, offener Prozeß sein. Jemand, der tatsächlich zuhört, empfängt begierig die Geräusche, die auf ihn eindringen – zum Beispiel bei einem Konzert. Dies ist ein sehr schöner Prozeß, der nur zu häufig als zweitrangig übergangen wird,
verglichen mit dem offensichtlich aktiveren Verhalten beim
Sprechen oder beim Verursachen anderer Geräusche.

Die Implikation ist, daß man beim Zuhören das Handeln vorübergehend einstellt, daß man das Podium nur so lange einem
anderen überläßt, bis man selbst an der Reihe ist, die aktive Rolle
zu übernehmen. Diese Auffassung basiert auf der reziproken
Natur des Sprechens und Zuhörens. Man kann einem anderen
Menschen nicht zuhören, wenn man dabei selbst spricht. Es verhält sich ungefähr so: Mein Freund hat etwas zu sagen, aber noch
nicht zu Ende gesprochen, und meine schnelle Reaktivität hat
schon etwas aufgegriffen, das mich zu einer Antwort anregt.
Jetzt habe ich die Wahl, entweder gleich zu antworten oder die
Antwort zurückzuhalten, bis er zu Ende gesprochen hat. Wenn

ich ihn unterbreche, dann riskiere ich, ihn sowohl zu verärgern als auch eine nur unvollständige Darstellung zu bekommen. Unterbrechungen würden zum Chaos führen, und Chaos wird nicht gern gesehen in einer Gesellschaft, in der die Zeitgebundenheit dazu führt, daß wir den Glauben an die Auflösung des Chaos verlieren. Die Menschen werden also dazu erzogen, nicht zu unterbrechen; sie lernen, sich gegenseitig anzuhören, meist indem sie versuchen, beiden Teilen ihr Recht zu geben – dem Zuhörer und dem Unterbrecher. Im allgemeinen schließen die Menschen einen Kompromiß: sie tun so, als würden sie zuhören, während sie in Wirklichkeit nur die Chance abwarten, sprechen zu können.

Folglich steht das Zuhören nicht sehr hoch im Kurs, es sei denn in Form der herablassenden Feststellung, gewisse Menschen seien »gute Zuhörer«. Natürlich ist Zuhören nicht genug, wenn es nur dazu eingesetzt wird, um die Position eines anderen Menschen zu erfahren, sondern es muß ein Teil des ganzen Austausches werden. Aber als Orientierung ist es wesentlich für die nachfolgende Handlung.

Die Schwierigkeiten, den Rhythmus zwischen Zuhören und Sprechen herauszuarbeiten, werden in jeder Unterhaltung evident, in der der Standpunkt von zumindest einem der Teilnehmer bereits feststeht oder wo die Anforderungen an die Unterhaltung schon vorherbestimmt sind. Verdeckte Anliegen wie diese werden immer ein volles Zuhören stören. Man wählt nicht nur das, was man sagen oder nicht sagen will, sondern auch das, was man hören oder nicht hören will. So wird ein Mensch, der Kritik erwartet, nur dies hören und sonst nur sehr wenig. Ein anderer mag nur das hören, was er als angenehm akzeptieren kann, und Kritik wird ungehört an ihm vorbeigleiten. Der Kontaktreichtum des Menschen ist natürlich in dem Maße begrenzt, wie diese vorbestimmten Auswahlen sein direktes Zuhören stören.

Jeder Mensch baut seine Fähigkeiten im Zuhören auf ganz eigene Weise auf, ob er nun aus dem Gesagten Unterstützung, Information, Herablassung, einfache Tatsachen, komplexe Dinge, die er nicht verstehen wird, heraushören will oder ob er nur auf den Ton der Stimme und nicht auf die Aussage selbst achtet. Gleichgültig, was man Jack sagt, er wird es vereinfachen und jedes Gefühl für das Detail verlieren. Gleichgültig, was man Marie sagt, sie wird nur eine Menge Wenn und Aber heraushören. Manche Menschen hören nur Feststellungen, wo Fragen gestellt wurden, so daß es unmöglich wird, ihnen eine Frage zu stellen, da sie unausweichlich als Forderung oder Anklage aufgefaßt wird. Wenn sie gefragt werden, was sie machen, verstehen manche Menschen das so, als wollte man ihnen etwas über ihr Verhalten *erzählen*, anstatt es herauszufinden. Ein Gruppenmitglied bemerkte einmal, da er Fragen dazu benutzte, andere Menschen in die Defensive zu drängen, er vermute, daß dies die anderen auch mit ihm machen. Wenn die Mutter schreit, »warum hast du deinen kleinen Bruder geschlagen?«, so bedeutet das weniger Informationssuche als Strafe. Wenn ein Mann zu seiner Frau, während sie am Steuer sitzt, sagt, »ich glaube, es ist besser, du fährst weiter rechts, um die Kurve zu nehmen«, dann wird sie vielleicht dieses hören: »Du blöde Kuh, du mußt gleich um eine Rechtskurve und hast dich immer noch nicht darauf vorbereitet!«

Dieser Disparitäten wegen ist es möglich, die Aufmerksamkeit und Konzentration wieder auf den Prozeß des Zuhörens zu lenken, indem man den Patienten auffordert, auf etwas anderes als die gerade gesprochenen Worte zu hören. Was hört er in der Stimme des anderen Menschen? Ist sie sanft und weich oder hart und aggressiv? Das gleiche gilt für den Tonfall: flach, metallisch, monoton oder erregt und mitreißend? Die Menschen sind oft überrascht, daß sie, wenn sie nicht mehr auf die Worte hören, völlig neue oder andere Botschaften empfangen, als die alten, bekannten Kommunikationen.

Um sich zu vergewissern, daß jemand zuhört, kann man ihn auch auffordern, das zu wiederholen, was er gerade gehört hat, bevor er darauf antwortet. Der andere muß bestätigen, daß er dies auch meinte, bevor die Konversation weitergeht. Obwohl diese Techniken in der Einzeltherapie verwandt werden können, erscheinen sie doch wertvoller, wenn man mit Paaren oder Gruppen zusammenarbeitet, wo man es nicht nur mit dem Widerstand eines Menschen gegen das Zuhören zu tun hat, sondern auch mit dem Bedürfnis eines anderen, ungehört und unbemerkt zu bleiben. Wenn der Therapeut mit einem einzelnen Patienten arbeitet, versucht er im allgemeinen, sich so klar und verständlich wie möglich auszudrücken. Aber selbst hier kommen Mißverständnisse vor. Wer PERLS' Demonstrationen beigewohnt hat, erinnert sich klar daran, daß er grundsätzlich erwartete, Gehör zu finden, wenn er sprach; alles andere betrachtete er als bewußten Widerstand und weigerte sich, etwas zu wiederholen, wenn man ihn darum bat. Ärgerlich, gewiß, aber die Wirkung auf den

Menschen, mit dem er arbeitete, war elektrisierend; von da an konzentrierte er sich auf jedes Wort.

Die Selektivität, die beim Prozeß des Zuhörens beschrieben wurde, kann zu einer Quelle der Kreativität werden. Beispielsweise arbeiten einige Therapeuten erfolgreich mit den sexuellen Implikationen dessen, was sie hören, andere haben ein Gespür für die kleinsten Andeutungen von Feindseligkeit, und wieder andere können auf die kreativen Frustrationen reagieren, die in den Worten des Patienten mitschwingen. Sie legen dies nicht hinein, sondern sind nur für bestimmte Themen besonders empfänglich. Dies mag erklären, warum manche Therapeuten mit einigen Patienten besser arbeiten, als mit anderen.

Zuhören ist also nicht mehr nur wörtlich zu verstehen. Es wird fast zu einer Instrumentation des Zuhörens, die sich auf das *Wörtliche* gründet, aber auf Stimmnuancen genauso wie auf die Wortfolge und den Zusammenhang reagiert. Ein Mensch, der jammert, macht dies oft auf so subtile Weise, daß nur ein sehr gut eingestimmter Zuhörer dies merkt, obwohl alle Zuhörer unterschwellig davon betroffen sein mögen. Ich höre einen Menschen in Schwierigkeiten; ich will es nicht hören, ich will mich nicht darum kümmern. Es wird mich belasten.

Ich höre einen anderen Menschen in Schwierigkeiten; ich bin gerührt, meine Augen öffnen sich; er drückt Tragisches aus, das mich erschüttert. Er weiß, daß er Gehör findet.

Ich arbeitete einmal mit einer Gruppe junger Leute in einem Café. Wir hatten uns noch nicht lange unterhalten, als jemand seine Bedenken äußerte, ob man mir trauen könnte. Ich fragte, warum nicht. Er meinte, ich sei vielleicht ein Polizist. Inwiefern erinnere ich an einen Polizisten, wollte ich wissen. Er antwortete: »Sie hören zu, nur Polizisten hören zu.« Ein bemerkenswerter Kommentar zur Gesellschaft, in der der junge Mann lebte! Tatsache ist natürlich, daß seine Beobachtung fundiert war.

Manche Menschen können sehr engagiert und angeregt sein, aber sie sind nicht darauf eingestellt, sich gegenseitig zuzuhören. Unterhaltungen sind oft stereotyp, wobei gewisse Worte, bestimmte Reaktionen auslösen, ohne Rücksicht auf die Feinheiten der besonderen Aussage. Die Menschen sind häufig zu sehr damit beschäftigt, ihren Standpunkt darzulegen, um diesen Standpunkt in Beziehung zu den Meinungen anderer zu stellen.

Der kontaktvolle Zuhörer achtet aufmerksam auf das Gesagte, hört aber mehr als die bloßen Worte. Er hört auf alles, was Bedeutung für ihn hat, und ist davon berührt. Wenn der Zuhörer hört, dann weiß er, daß er guten Kontakt hat, und wenn der Sprecher weiß, daß er gehört wird, dann wird sein Kontakt ebenfalls lebendiger.

Berühren

Die offensichtlichste Möglichkeit, Kontakt zu schließen, ist die Berührung. Obwohl die Tabus gegen Sehen und Zuhören schon unmißverständlich sind – man sollte niemanden anstarren, niemanden belauschen –, sind die Tabus gegen Berühren noch viel eindeutiger. Wenn Kinder etwas berühren, was sie nicht berühren sollten, bekommen sie einen Klaps auf die Finger, oder sie haben das Gefühl, daß sie das, was sie gerade berührt haben, beschmiert haben. So lernen sie schnell, daß sie wertvolle Objekte nicht berühren dürfen, daß sie ihre Genitalien nicht berühren dürfen, daß sie vorsichtig sein müssen, wo und ob überhaupt sie andere Menschen berühren, falls sie sie an einer verbotenen Stelle anfassen. So wird die Vorsicht zum Normalen. Händeschütteln ist ja noch in Ordnung, aber selbst da wird die Etikette zwischen Mann und Frau undurchsichtig. Andere Berührungen sind selten und sorgfältig strukturiert, was sich in getarnten und abgelenkten Gesten äußert.[45]

Obwohl die Tabus weniger streng werden, haben sich die Menschen doch so sehr vom Berühren distanziert, daß die gegenwärtige Wiedererlangung der Bereitschaft zum Berühren den befangenen Exhibitionismus aufweist, der allgemein die Durchführung einer unbekannten Funktion begleitet. Berühren bekommt einen schlechten Ruf, da es sehr häufig unter Bedingungen geschieht, wo es sich als Kunstgriff erweist, anstatt Ausdruck einer reifen Kulmination zu sein. Die Menschen können sich gezwungen fühlen, jemanden zu berühren, den sie entweder noch nicht berühren oder den sie überhaupt nicht berühren wollen. Dieser Zwang führt häufig zu sehr schlechtem Timing; beispielsweise wollte ein Mann in einer Gruppe schon kurz nach Beginn der Gruppenarbeit mich umarmen. Nach dieser kurzen Bekanntschaft lag mir nichts ferner als das.

Das neue Klima des Berührens erfordert Übung und Geduld. Es bedarf der jahrelangen Erfahrung, bis unsere Kultur die Anmut und Sensibilität entwickeln kann, die die Berührung zu einem authentischen Teil ihrer Existenz machen wird, so wie es bei den Etruskern war, deren Gemälde zeigen, daß das Berühren bei ihnen genauso natürlich wie das Gehen war. Während dieses evolutionären Prozesses müssen wir, die wir guten Kontakt hochschätzen, uns bemühen, das Berühren *als Kontakt* anstatt als einen Initiationsritus der neuen Ordnung zu begreifen.

Besonders in Gruppen ist die Wiedereinführung der Berührung ein Mittel, wichtige unerledigte Geschäfte zu beenden. Die Unmittelbarkeit der Berührung dringt durch die intellektuellen Schichten und bringt fühlbare, persönliche Erkenntnisse. In einer Gruppe erzählte eine lebhafte, aber sexuell naive Frau, sie sei eine richtige Range gewesen, und bemerkte, daß sie niemals das Gefühl gehabt habe, einem Mann wirklich nahe gewesen zu sein. Ich forderte sie auf, einige der anwesenden Männer zu berühren. Zuerst sträubte sie sich, obwohl der Vorschlag sie offensichtlich nicht erschreckte. Zaghaft berührte sie die Haare eines Mannes, verlor langsam ihre Befangenheit, schlug dann dem nächsten Mann auf die Schulter und streichelte einem anderen die Wangen. Sie spürte, zunächst ungläubig, daß sie tatsächlich Kontakt zu den Männern bekam und daß jeder für ihre Berührungen empfänglich war und ihre Erforschung respektvoll entgegennahm. Sie wurde mehr und mehr von ihrer neuen Entdeckung entzückt. Als sie zu mir kam, kroch sie auf meinen Schoß. Bald wurde sie von einem Gefühl des Verlustes erfüllt. Sie weinte, während sie uns von der Beziehung zu ihrem Vater berichtete, der sie immer auf Distanz gehalten hatte. Er war erst vor einem Jahr gestorben, gerade als sie das Gefühl hatte, ihm näher zu kommen. Sie war noch von tiefer Trauer über seinen Tod erfüllt, aber anstatt der Depression, die Verlust und Verzicht hervorgerufen hatten, freute sie sich über die neuentdeckten Kontaktmöglichkeiten mit anderen Menschen.

In einer anderen Gruppe beklagte sich Julia über die Tatsache, daß Tony, einer der jüngeren Männer, nicht auf ihren Wunsch eingehen konnte, sich ihm gegenüber spielerisch zu benehmen und als Kumpel von ihm akzeptiert zu werden, wie er dies bei einigen der jüngeren Gruppenmitglieder machte. Sie war nicht bereit, dem Stereotyp der bürgerlichen, berufstätigen Frau in mittleren Jahren zu entsprechen. Ich forderte sie auf, miteinander zu sprechen, die Hände auszustrecken und sich zu berühren, was sie auch taten. Es wurde klar, daß Tony das Bedürfnis hatte, im spielerischen Berühren lebhaft, aggressiv und energisch zu sein. Julia dagegen war durch Arthritis behindert. Beide erkannten, daß er manchmal vorsichtig mit ihr umgehen mußte. Tonys Vorsicht ihr gegenüber hatte jedoch dazu geführt, daß er sie jetzt ganz allgemein als »empfindlich« betrachtete. Diese Interaktion lehrte sie, daß Julia zwar grobe physische Behandlung nicht ertrage, daß sie jedoch nicht zu zart sei, um sein Bedürfnis nach einer offenen und kräftigen Ausdrucksweise zu merken und zu verstehen.

Diese Beispiele sind in einem Rahmen nicht ungewöhnlich, in dem das Berühren als zentrale Kontaktfunktion bewertet wird. Durch die Berührung entdecken wir jetzt die ungeheure Wirkung, die ein Mensch auf einen anderen haben kann. Wenn einmal die Tabus gegen das Berühren nicht mehr so stark sein werden, dann werden wir nicht nur berühren, sondern auch eine ganze Reihe von Erfahrungen machen, die vorläufig verboten sein müssen, falls sie in der tabuisierten Handlung resultieren sollten – der Berührung. Vorsicht vor den möglichen Konsequenzen unseres Verhaltens macht häufig genauso aktionsunfähig, wie das Verbot der Verhaltensweisen selbst, da es den Kontakt unterbricht, lange bevor der gefürchtete Gefahrenpunkt erreicht ist. Direkte Berührung zu vermeiden, wäre nicht annähernd so schlimm, wenn dies uns nicht gleichzeitig davon abhielte, hinter unserem Schreibtisch hervorzukommen, intime Geschichten über uns selbst zu erzählen, warm und lebhaft zu sprechen, nahe bei anderen Menschen zu stehen, und all die anderen Handlungen unmöglich machte, bei denen wir vielleicht mit anderen Menschen in Berührung kommen könnten.

Tatsache ist, daß Berühren nicht das *unausweichliche* Resultat eines herzhaften Engagements ist, aber wenn man überwältigende Angst davor hat, werden die katastrophalen Erwartungen in jedem Fall ihre abstumpfende Wirkung ausüben. Der Unterschied zwischen dem, was man letztlich verweigern will, und dem, was man tatsächlich verweigert, ist der neurotische Unterschied. Er bildet den Kern der Verschwendung im Leben. Es ist nicht unsere Absicht, die Menschen davon abzuhalten, nein zu sagen, sondern wir wollen sie mit ihrem existentiellen Nein in Berührung bringen. Das existentielle Nein sagt nein, wenn man tatsächlich nein meint und nicht früher oder später. Wenn jemand zum Berühren nein sagt und das auch so meint, dann ist dies kein neurotisches Problem, obwohl das wahrscheinlich zu Schwierigkeiten in persönlichen Beziehungen führen wird. Aber wenn sich jemand davor fürchtet, in der Nähe eines anderen Menschen zu stehen – obwohl er dies gern möchte –, weil dies zu einer Berührung führen könnte, so hat er eine Kluft zwischen dem geschaffen, was er *ist* und was er sein *könnte*. Je größer die Kluft, um so geringer die Möglichkeit, sich selbst zu verwirklichen. Das Ergebnis? Die verschiedenen Krankheitsbilder, die in Abhandlungen über abnormale Psychologie beschrieben werden, und das Gefühl persönlicher Rhythmusstörungen, das von den existentiellen Psychologen, Romanschriftstellern und Filmemachern im letzten halben Jahrhundert beklagt worden ist.

Die Fesseln, die uns davon abhalten, in Kontakt mit der existentiellen Wirklichkeit zu treten, und uns zum Grübeln und zu intellektuellen Ersatzhandlungen zwingen, müssen auf zweifache Weise gelöst werden. Zuerst müssen wir lernen, das existentielle Nein zu identifizieren, damit wir nicht immer verfrüht nein sagen müssen und dann wie Tantalus ewig in fast greifbare Nähe unseres Ziels kommen, es jedoch nie erreichen und immer enttäuscht und unerfüllt bleiben. Zweitens müssen wir fähig sein, die Implikationen unseres Ja zu erfassen, damit wir uns nicht an irgend etwas binden, von dem wir früher oder später loskommen wollen. Wenn wir jetzt zu irgend etwas ja sagen, schlagen wir vielleicht eine Richtung ein, die schließlich ein Nein von uns erfordern wird; wir müssen diese Möglichkeiten anerkennen und schon beim Jasagen berücksichtigen. Wenn wir zu irgend etwas ja sagen, müssen wir erkennen, daß dies zwar zu einer Situation führen kann, in der wir nein sagen werden, daß es jedoch nicht bedeutet, daß das ursprüngliche Ja, dumm, heuchlerisch oder kurzsichtig war.

Die Vereinfacher unter uns, die mit bloßem Gerede keine Geduld haben, können recht haben, wenn sie uns raten, den eigenen Weg zu gehen und die Konsequenzen auf uns zu nehmen. Dies bedeutet, daß wir beträchtlich leiden würden, aber das wäre ein existentielles Leiden und kein neurotisches, und die Erfahrung wäre schmerzlich, aber nicht sinnlos.

»Den eigenen Weg gehen« hat seine Wurzeln in der Entwicklung der Fähigkeit, das Ja und das Nein genau zu identifizieren.

Sprechen

Als Kontaktfunktion hat das Sprechen zwei Dimensionen: Stimme und Sprache.

1. Stimme. Musikalisch wird die menschliche Stimme häufig als Prototyp des expressiven Klangs verstanden. Man spricht von der Ausdruckskraft eines Musikinstruments, von seiner »Stimme« usw. Für den Schauspieler ist die Stimme natürlich das hauptsächliche Ausdrucksmittel.

Doch auch in der alltäglichen Kommunikation sind diese stimmlichen Möglichkeiten vorhanden, wenn auch weniger dramatisch und leichter zu übersehen. Die Frage »Wie geht's?« kann, je nach Tonfall, echte Sorge um die Gesundheit, einen herzlichen Gruß, eine höfliche, aber oberflächliche Frage, Ungeduld, zu den eigentlich wichtigen Dingen zu kommen, usw. ausdrücken. Schauspieler nehmen oft zur Übung einen Satz und deklamieren ihn aus verschiedener Perspektive: als Verzweifelter, als Wütender, als leidenschaftlich Verliebter. Überflüssig zu sagen, daß man verliebt anders klingt, als wenn man zornig ist, obwohl es viele Menschen gibt, deren Stimme gleich bleibt.

Larry besaß eine ausdruckslose Stimme, wobei er noch nicht einmal davon wußte. Daher forderte ich ihn auf, seine Worte zu singen, als wäre er Operettendarsteller. Dieser Vorschlag belustigte ihn. Als er zum erstenmal seine Antwort sang, erhellte sich sein Gesicht. Larry arbeitete während der ganzen Sitzung an seiner Stimme, bis er schließlich auch mit einiger Lebhaftigkeit sprechen konnte. Wenigstens erkannte er jetzt den Unterschied zwischen seiner lebendigen und seiner ausdruckslosen Stimme, und die neue Sprechweise hielt eine Weile an. Mit der Zeit verfiel er jedoch wieder in die alte Monotonie. Diesmal war Larry aber äußerst frustriert, denn jetzt kannte er den Unterschied, und er *wollte* seine lebendige Stimme wiedererlangen.

Jetzt sprach er mit gesenktem Kopf, ein Seufzen klang aus seiner Stimme. Ich forderte ihn auf, tief einzuatmen und richtig zu seufzen, wobei er seinen Kopf bis auf die Brust senken sollte. Aus dem Seufzen wurde ein Stöhnen, dann wurde seine Stimme tiefer und tiefer, und er spürte allmählich ein Gefühl der Integration zwischen Körper und Stimme. Jetzt erkannte er, daß seine Stimme nicht nur monoton gewesen war, sondern auch körperlos. Selbst während des Stöhnens spürte er jetzt einen seltsamen

Frieden, ein Gefühl der Einheit in sich selbst, ein Gefühl, das vom spezifischen Inhalt unabhängig ist. Nach ein paar Augenblicken konnte er wieder mit der Lebendigkeit sprechen, die er aufs neue entdeckt hatte. Auch diese neue Lebendigkeit wird nicht permanent sein, doch jedesmal, wenn er sie verliert, wird es einfacher sein sie wiederzuerlangen – zuerst in der Therapie und später auch ohne sie.

Jeder Mensch ist dazu bestimmt, gewisse Aspekte seiner Natur immer und immer wieder durchzuarbeiten; hoffnungsvoll erreicht er jedesmal neue Positionen, wo er weniger verwundbar ist und eine größere Spannkraft besitzt, um sich selbst zu erneuern und den Weg zurückzufinden. Die Therapie widmet sich der Aufgabe, wiederkehrende Themen in jeder Weise so lange durchzuarbeiten, bis sie schließlich in ihren vielen Erscheinungsformen durchgespielt sind und von anderen verdrängt werden, die in den Vordergrund treten. Bevor Larry mit seiner monotonen Stimme wirklich zu einer vokalen Lebendigkeit gelangt, wird er wahrscheinlich knurren, schreien, weinen, flüstern, keuchen, quietschen, toben müssen und dabei seine unfertige Stimme entdecken, die er solange unterdrückt hat. Einige dieser Laute werden zunächst aus den Anregungen anderer entstehen, aber letztlich werden sie für ihn überraschend kommen, sich aus seinen eigenen expressiven Bedürfnissen entwickeln. Wenn er sich dieser Bedürfnisse bewußter wird, dann wird auch seine Stimme an Ausdruckskraft gewinnen. Übungen dienen nur der Auflockerung; sie sind zwar wesentlich, um die für die Entwicklung notwendige Kraft und Ausdauer aufzubringen, doch sie werden niemals die tatsächliche Lebenserfahrung ersetzen.

Die Stimme hat aber nicht nur eine expressive Funktion, sondern auch noch Richtung und Schwungkraft. Sie hat sozusagen ein Ziel, das der Betreffende durch das Medium des Klangs zu erreichen versucht. Mit der Stimme in einen anderen Menschen zu dringen, ist ein aggressiver Akt. Wenn man harmonisch und mit einem assimilierbaren Haß an Schärfe eindringt und wenn man willkommen ist, entsteht ein Gutes. Wenn dagegen der Sprecher zu wenig heftig ist, wird er niemals sein Ziel erreichen. Wenn er zu scharf ist, wird beim Gesprächspartner der normale Widerstand gegen das Überranntwerden einsetzen und den Kontakt beeinflussen. Die Worte mancher Menschen erreichen den Zuhörer nicht, einige gehen durch den Zuhörer hindurch, einige gehen um ihn herum oder an ihm vorbei, und einige schließen genau den richtigen Kontakt, wobei sie als frisch und richtig empfunden werden.

Je nach der Situation ist der Kontaktreichtum der Stimme verschieden. Die Stimmen mancher Menschen sind für ein intimes Gespräch am besten geeignet; sie sind nicht kräftig, können aber die erforderliche Distanz überbrücken. Andere kommen in der Öffentlichkeit am besten zur Geltung.

William war ein ausgezeichneter Redner. Er fesselte sein Publikum, da jedes seiner Worte ausnahmslos jeden Zuhörer erreichte. Wenn er zu einzelnen Menschen sprach, blieb er zwar interessant, machte aber den Eindruck, als spräche er zu einer großen Versammlung, so daß seine Worte über sie hinwegbrausten. William konnte daher nicht die Intimität erreichen, die seiner Ausstrahlung angemessen gewesen wäre. Er war zu überwältigend für einen einzelnen Menschen, der sich bevormundet und unberührt, manchmal sogar überrollt fühlte.

Lachen ist ein anderer wesentlicher Aspekt des stimmlichen Kontakts. Sprudelt das Lachen frei heraus, oder wird es herausgepreßt? Hat es Resonanz oder ist es blechern? Ist es ungezwungen oder kontrolliert? Ein Patient lachte bei jeder Situation, die das kleinste Fünkchen von Humor enthielt, und zwar immer mit voller Lautstärke. Lächeln und Schmunzeln waren nicht in seinem Repertoire enthalten. Sein Gelächter war die Forderung eines Menschen, der die verbindende Qualität des Humors benutzte, um aus ihm das letzte Tröpfchen Kameradschaft herauszuquetschen. Sein überstarkes Bedürfnis nach Nähe und seine Trägheit, selbst irgend etwas dazu beizusteuern, machten ihn gierig und verzweifelt, was sich auch in seinem Lachen widerspiegelte.

Bei einem anderen Patienten lag stets ein chronisches Winseln in der Stimme. Er berichtete einer Gruppe bei einem Wochenendworkshop von einer traumatischen ärztlichen Untersuchung, bei der sich herausstellte, daß er mit der Zeit taub werden könnte. Normalerweise hätte das Mitleid erregen sollen, doch es zeigte sich nur eine schwache Reaktion. Die Geschichte wurde jedoch durch den flehenden Ton in Bens Stimme unnötig dramatisiert, so daß die anderen Teilnehmer sich überfordert fühlten und sich von ihm abwandten.

Ein grundlegendes Prinzip der Gestaltpsychologie besteht darin, das, was existiert, zu betonen, anstatt es nur verändern zu wollen. Nichts kann verändert werden, solange es nicht akzeptiert worden ist. Dann kann es sich selbst totlaufen und der natürlichen Tendenz zur Veränderung unterliegen. Diesem Prinzip entsprechend, forderte ich Ben auf, im Raum herumzugehen und von jedem Anwesenden irgend etwas zu erbetteln. Obwohl sich dies für Ben als nützliche Erfahrung herausstellte, sind in einem solchen Experiment doch Risiken enthalten. Zum Beispiel hätte es für ihn erniedrigend sein können, so abrupt mit seiner flehenden Art in Kontakt gebracht zu werden. Während Erniedrigung gelegentlich eine Neuorientierung oder Mobilisierung bewirkt, so hindert sie meist die Entwicklung des Betreffenden. Aber ein Mensch wird kaum von dem erniedrigt werden, was er zu erforschen bereit ist. So war es auch mit Ben, der entdecken wollte, warum er die Menschen abstieß, und der genügend Selbstvertrauen hatte, um den Bittsteller in sich selbst zu erkunden. Als er bettelnd durch den Raum ging, wurde ihm durch die Übertreibung und erhöhte Aufmerksamkeit sein eigener Tonfall bewußt. Als er sich selbst ganz deutlich als Bettler erkannte, fing Ben herzhaft zu lachen an; er sah die komische Seite seiner schwächlichen Bitten und erkannte, daß er überhaupt nicht zu betteln brauchte. Er war ein eigenständiger Mensch und konnte mit anderen als Gleichgestellter über den Verlust seines Hörvermögens sprechen. Die anderen wiederum konnten ihm jetzt ohne übertriebene Mitleidsbezeigungen zuhören. Ihr Mitgefühl überbrückte die Kluft zwischen Ben und der Gruppe, ohne daß sich irgend jemand überfordert fühlte.

Vereinfacht ausgedrückt kann Sprechen als modifiziertes Atmen betrachtet werden. Deshalb ist es wichtig, dem Atmen die ihm zukommende wesentliche Rolle in dieser Kontaktfunktion wiederzugeben. Der Mensch kann entweder den Atem oder die Muskulatur zum Sprechen benutzen, das heißt, die Stimme reitet oben auf einer Luftschwelle, oder man verursacht die Geräusche vermittels Muskelkraft, die die Luft über die Stimmbänder treibt. Wenn man richtig einatmet und diesen Atem auch beim Sprechen voll benutzt, dann wirkt die Stimme sehr lebhaft. Die Stimmbänder werden nicht dazu gezwungen, die anstrengende Arbeit der Energieversorgung zu leisten, für die sie in keinem Fall ausgerüstet sind. Sie sollen vibrieren, die Energie umformen, so wie es eine Flöte macht, wenn in sie hineingeblasen wird. Solche Stimmen haben Leben, Resonanz, sie wirken mühelos. Wenn das vokale System mit der Arbeit belastet wird, die eigentlich das Atemsystem verrichten sollte, dann wird die Anstrengung offensichtlich. Die Stimme ist hart, gepreßt und blechern. Therapiepatienten, die die stützende Funktion ihrer Atmung erkennen, sind fast immer über die Veränderung in ihrer Stimme erfreut.

2. Sprache. Die Sprache ist potentiell eines der stärksten Kontaktmittel. Prägnanz, Farbe, Schärfe, Einfachheit, Direktheit, diese und weitere Sprachcharakteristika bestimmen, ob man zu einem anderen Menschen durchdringt. Gute Schriftsteller wissen mit der Sprache umzugehen, denn sie verlassen sich nur auf diese Kontaktfunktion.[46]

Abgesehen vom tatsächlichen Inhalt, sagen die linguistischen Gewohnheiten eines Menschen viel über ihn aus. Einige gehen geizig mit ihren Worten um, wägen jedes Wort sorgfältig ab. Aus anderen sprudeln die Worte wie Sturzbäche hervor, die dann spurlos versickern, oder sie glitzern und funkeln wie Edelsteine. Manche Menschen benutzen gern Verben, manche Substantive; manche vermeiden die Personalpronomen, manche bedienen sich der dichterischen Freiheit, und wieder andere sind so genau wie Geometer.

Die Kontaktmöglichkeiten der Sprache kann man durch eine umständliche Ausdrucksweise sehr stark einschränken. Ein Professor, für den die Kommunikation mit seinen Studenten von grundlegender Bedeutung ist, erzählte mir nach der zweiten oder dritten Sitzung, wie er sich immer zensiert fühlte und wie er glaubte, daß alle Interaktionen des Lebens zensiert werden. Ich fragte ihn, welche Note er mir geben würde.

Aus seiner ausführlichen, weitschweifigen und außerordentlich umständlichen Antwort konnte ich gewisse Schlüsse über seine Maßstäbe, seine Schwierigkeit beim Zensieren, seine Skepsis usw. ziehen. Er hätte noch weitergeredet, aber ich wollte, daß er sich auf seine aktuelle Erfahrung konzentrierte und auf seinen Versuch, mir eine Note zu geben, also fragte ich ihn, was er gerade tue und fühle. Er erwiderte:

Ich versuche, meine Gedanken entsprechend meiner Reaktion auf Sie zu formen, die eine Reaktion auf das ist, was meinem Gefühl nach in diesen Sitzungen geschieht, und ich versuche, sie so *korrekt* und *genau* wie möglich auszudrücken, die Gedanken, die ich hatte. Ich versuche, mich an den ersteren der beiden Teile zu wenden, und glaube, daß Sie wohl eine Art existentieller Therapie betreiben, deren Struktur ich nicht erkenne, und ich glaube, dies ist der Grund, warum ich mich enttäuscht und unbehaglich dabei fühle, und ich vermute auch, daß ich selbst in eine Falle aus Widersprüchen gerate, und zwar insofern, als die existentielle Therapie keine Struktur hat.

An dieser Stelle forderte ich ihn auf, mir in einem Satz eine Note zu geben. Er sagte: »Fragezeichen.« Da wußten wir beide, daß er jetzt endlich das gesagt hatte, was er meinte, und es entstand ein Gefühl des Verständnisses und des Kontakts zwischen uns, das bei seinen langen Ausführungen gefehlt hatte.

Die Weitschweifigkeit dieses Patienten war ausgeprägter als gewöhnlich, aber nicht so hartnäckig, als daß sie nicht zu erkennen gewesen wäre. Alle Menschen, die immer recht haben oder alles berücksichtigen müssen, was zu ihrer Aussage eine Beziehung haben könnte, sind mit ihren inneren Prozessen so beschäftigt, daß keine Energie mehr zur Verfügung steht, um einen unvollendeten, aber trotzdem *pointierten* Kontakt aufrechtzuerhalten. Wenn ein kontinuierlicher Kontakt entsteht, dann braucht man nicht immer sofort recht zu haben, weil die Richtigkeit sich im Lauf der entwicklungsbedingten Interaktionen herausbildet. Wenn dieser Mann gleich »Fragezeichen« gesagt hätte, hätte er sicherlich trotzdem noch einige der Dinge, die er sagte, erwähnen wollen. Dazu hätte er wahrscheinlich auch Gelegenheit gehabt; ich hätte beispielsweise daraufhin fragen können: »Was stellen Sie in Frage?«, oder ich hätte sagen können: »Scheren Sie sich zum Teufel!« Aber in jedem Fall hätte er genügend Gelegenheit dazu gehabt, das auszudrücken, was unerledigt geblieben war.

Der Jargon ist ein anderer linguistischer Trick, der Menschen die Arbeit abnimmt, Kontakt herzustellen. Es kann leicht zu einer Gewohnheit zwischen Menschen werden, die sich persönlich oder beruflich kennen und die sich nicht die Mühe machen wollen, immer wieder etwas Neues zwischen sich zu gestalten. Jargon ist ein Fertiggericht, ein vorgefertigtes Produkt, welches gar nicht so schlecht ist, wenn man den eigenen Geschmack außer acht läßt. Schließlich sieht das Bild auf der Packung ganz lecker aus, und so kaufen wir es auch wieder und lassen uns von unserer Faulheit und Hast hereinlegen.

Zu sagen, was man sagen will, ist ein hervorragender schöpferischer Akt, der deshalb leicht übersehen wird, weil die Menschen so viel reden. Strenggenommen bedeutet ein bestimmtes

Wort für zwei Menschen nie genau dasselbe – und häufig auch nicht für den gleichen Menschen zu verschiedenen Zeiten oder unter verschiedenen Umständen –, denn ein Wort beinhaltet oft ein ganzes Leben mit seinen Gefühlen, Erinnerungen, Wünschen und Vorstellungen. So würde jedes wirkliche Wort logischerweise seine einzigartige Bedeutung haben. Jargonausdrücke lassen diese Qualität vermissen und sind nur minimal kontaktträchtig, da sie nicht wirklich die persönliche Stellungnahme des Betreffenden wiedergeben. Sie verfälschen, weil sie zum Vertuschen und zu verschwommenem Wahrnehmen verleiten.

Wer die Sprache der Growth Centers und die der Encounter-Gruppen kennengelernt hat, erkennt die Symptome. Viele von uns haben es satt, jemanden sagen zu hören, daß er »er selbst sein möchte«. Diese Formel sagt sehr wenig aus, wenn sie nicht dazu führt, daß er bestimmte Dinge tut, die er tun möchte, oder daß er Dinge erfährt, die er früher nicht erfahren wollte. Aber man kann nichts anderes als »man selbst« sein; sei es unzufrieden, heuchlerisch, gehemmt oder was auch immer, so *ist* man eben. Bis man nicht einsieht, daß man tatsächlich dieses unbefriedigende oder unbefriedigte Selbst ist, werden einem umgangssprachliche Schlagworte sehr wenig nutzen.

Andere Jargonausdrücke verhüllen die einfachsten Dinge in der gehobensten Sprache. In einigen Gruppen sagt man beispielsweise nicht, daß man mit jemandem spricht, sondern man »tritt mit ihm in Beziehung«, oder man »teilt sich ihm mit«, oder der Therapeut »interveniert«. Die Interaktionen zwischen Menschen klingen schließlich wie eine Serie taktischer und strategischer Aktionen, die eine herrlich definierte Absicht verfolgen.

Es wird also nötig, die Sprache auf jede mögliche Art zu klären. Eine Methode besteht darin, den Menschen dazu aufzufordern, das zu *sein*, was er beschreibt. Wenn er sagt, er sei radikal, fordere ich ihn auf, radikal zu sein und das zu personalisieren, was er nur halb ausdrückt. So könnte er etwa sagen: »Ich bin ein Radikaler, ich werfe mit Steinen. »Oder er könnte sagen: »Ich bin ein Radikaler, ich möchte den Dingen auf den Grund gehen.« Eine andere Methode besteht darin, ihn zu fragen, wie oder wann oder wo er radikal ist; dies deckt die spezifischen Umstände seiner radikalen Natur auf und entfernt das alles bedeckende Etikett.

Es gibt viele andere Sprachspiele, die der Kontaktaufnahme abträglich sind. Eine davon ist das übermäßige Erklären – man versucht, den Gesprächspartner dadurch zu beeinflussen, daß man ganz klarstellt, was er hören und wie er es interpretieren soll. Ein Mensch, der immer die *ganze* Geschichte erzählt – um was es auch geht –, wird schließlich zu einem ausgesprochenen Langweiler, weil gar nichts übrig bleibt, wenn er mit seiner Geschichte zu Ende ist. Er führt kein Gespräch, er hält nur Monologe, die alle veranlassen, sich zu fragen, warum sie nicht gern mit ihm zusammen sind. Sich zu wiederholen, ist eine andere Form, den Kontakt zu neutralisieren. Wenn die erste Aussage keinen Kontakt herstellt, so wird dies vielleicht durch eine Wiederholung erreicht. Es ist wie der Wunschtraum einer Nymphomanin, daß der nächste Geschlechtsakt die Erfüllung bringen wird.

Ja, aber ist eine ähnliche Art, Kontakt zu neutralisieren. PERLS sagte immer, daß er niemals auf die Worte, vor dem »aber« achtete. »Ich käme gern heute abend, aber ich bin beschäftigt« – es hört sich besser an, wenn man die beiden Satzteile umdreht. Oder wenn man die Worte vor dem »aber« wegläßt, oder wenn man es verkürzt und den Sprecher einfach bittet, zu sagen: »Ich kann nicht kommen«, oder »Ich will nicht kommen.« Das übrige dient nur der Besänftigung und isoliert das Hauptthema der Aussage. Manchmal verhält es sich umgekehrt, und der beängstigende Satzteil ist das Hauptthema: »Ich würde gern heute abend rüberkommen.« Wenn jemand jedoch seine Sprache fortwährend in Asbest verpackt, wird es sogar für ihn schwierig, zu erkennen, was die wahre Mitteilung ist. »Ja, aber« ist ein Signal, daß man mehr als gewöhnlich aufpassen muß, um die Wahrheit der Aussage zu erkennen.

»Wenn nur« ist dem »Ja, aber« sehr ähnlich. Wie der Mann, der seiner Frau versichert, wie liebenswert sie sein könnte, wenn sie nur ihre Schüchternheit überwände, oder wie kreativ sie sein könnte, wenn sie es nur versuchte. Er drückt sich mit wohlwollenden Worten aus und ist sehr überrascht, wenn sie sich durch die verhüllte Botschaft unter Druck gesetzt fühlt, die seinen wirklichen Wunsch mitteilt, sie möge anders sein, als sie gegenwärtig ist.

Fragen zu stellen anstatt Aussagen zu machen, ist eine andere Art, den Kontakt auf Sparflamme zu halten. Es ist Anti-Engagement und heuchlerisch, weil man durch die Frage Unsicherheit und Zögern vortäuscht. Aber die wahre Botschaft kommt zum Vorschein, weil in jedem Fall in diese Fragen Implikationen hineingelesen werden. Es gibt Fragen, die überhaupt keine Fragen sind. Jemand, der einen anderen Menschen fragt, ob er seinen Vater liebe, will vielleicht damit sagen: »Es klingt nicht so, als ob du deinen Vater liebst«, oder »Ich mag meinen Vater nicht«, wobei er versucht, dies wie einen unschuldigen Wunsch nach Information aussehen zu lassen. Zwischen einfacher Neugierde oder versteckten Aussagen zu unterscheiden ist entscheidend für die Entwicklung der Kontaktmöglichkeiten in der Sprache.

Oft kann man ausschließlich mittels der Sprache Kontakt herstellen, und selbst die geringsten Veränderungen entscheiden, ob man Kontakt findet oder nicht. Ein sehr kluger und gesprächiger Student langweilt seine Zuhörer, obwohl seine Ideen sehr anregend sind. Er sprüht seine Worte wie ein Desinfektionsmittel um sich, anstatt sie an die Person zu richten, zu der er spricht. Ich versuchte ihm auf verschiedene Weise zu helfen, mich zu erreichen. Eine Methode bestand darin, daß er mich beim Sprechen anschaute, oder er mußte jedesmal beim Sprechen auf mich deuten. Die dritte Methode war, jeden Satz mit meinem Namen zu beginnen. Auf jedem dieser drei Wege erreichte er mich – nicht nur in meiner Erfahrung von ihm, sondern auch in seiner Erfahrung von sich – und – mir. Er strahlte jedesmal, wenn er erlebte, wie er mich mit seinen Worten erreichte, und mehrmals brach er in lautes Lachen aus, als ob er das Geheimnis des Universums entdeckt hätte!

Bewegen

Die Kontaktmöglichkeiten der Bewegung werden am deutlichsten bei der Pantomime sichtbar. Nur mittels der Bewegung wird gezeigt, wie jemand ein Paket öffnet und entweder ein widerliches oder kostbares Objekt vorfindet, wie sich jemand seinem Chef nähert, um ihn um eine Gehaltserhöhung zu bitten, oder wie jemand einen Fremden nach der Richtung fragt, wie sich jemand bewegt, der seine ältere Tante oder einen Liebhaber küßt. Kein Dialog, keine Kulisse lenkt ab; die Aufmerksamkeit richtet sich ausschließlich auf die Bewegungen. Im täglichen Kontakt jedoch tritt die Bewegung sehr häufig in den Hintergrund und übt nur eine subtile und oft unerkannte Wirkung aus. Aber REICHS Untersuchungen der körperlichen Abwehrhaltungen, die bei der Verdrängung auftreten, und gegenwärtige Studien über die Körpersprache[47] bestätigen die zentrale Bedeutung der Bewegung.

Bewegungen fördern entweder den Kontakt, oder sie unterbrechen oder stören ihn. Der eine, wenn er einen Raum betritt und auf den Menschen zugeht, mit dem er sprechen will, bewegt sich frei und geschmeidig, der andere dagegen erinnert an eine Marionette, die ruckartig durch den Raum gezogen wird, um widerwillig einer sozialen Verpflichtung nachzukommen.

Das Studium der Bewegungen offenbart entweder die ungehinderte, fließende Haltung eines Menschen, der seine gegenwärtige Aktivität bejaht, oder die unschöne, unbeholfene Handlung, die ein Kompromiß zwischen einem Impuls und seiner Hemmung ist. REICH[48] beschreibt dieses Verhalten:

> . . . es ist eine Ersatzfunktion für etwas anderes, sie dient der Abwehr, sie absorbiert Energie und ist ein Versuch, widerstreitende Kräfte in Einklang zu bringen . . .
> Das Ergebnis steht in keinem Verhältnis zu der aufgewandten Energie.

Durch die für den Kompromiß nötige Ablenkung und den aus dem Ersatzverhalten resultierenden mangelhaften Kontakt wird die Befriedigung des Betreffenden vermindert, und er muß sich sehr anstrengen, um das zu erreichen, was er haben will, als führe er mit angezogener Bremse.

Wenn man mit der Bewegung arbeitet, gibt es zwei hauptsächliche Schritte. Der eine besteht darin, die Aufmerksamkeit auf bemerkenswerte Aspekte der Bewegung zu lenken, wenn sie in den Vordergrund treten. Der andere besteht darin, sich ein Experiment auszudenken, welches die Möglichkeit bietet, in der Richtung weiterzumachen, die durch die Bewegungen oder durch die Worte, die die Bewegungen begleiten, nahegelegt wurde. Steve hielt sich beispielsweise steif. Wenn er durch den Raum ging, hatte sein Gang etwas Ruckartiges. Als er darauf aufmerksam gemacht wurde, erinnerte er sich, daß er in seiner Jugendzeit fortwährend ausgelacht wurde, da er sich so ruckartig bewegte. Um nicht verspottet zu werden, versuchte er bewußt, sich beim Gehen zu beherrschen. Das gelang ihm auch, indem er den Oberkörper verkrampfte, was aber zu einem unrhythmischen Verhalten zwischen Oberkörper und Unterleib führte – eine grundlegende Spaltung, die man sehr häufig antrifft. Steve erklärte, daß er sich nur beim Wandern – was er sehr gern machte – frei bewegen konnte. Wenn aber Menschen in der Nähe waren, wurde er befangen und gehemmt. Ich forderte Steve auf, ein paarmal durch den Raum zu hüpfen. Zuerst war er befangen, aber nach und nach machte ihm die Sache Spaß, und er verlor seine Befangenheit. Dann forderte ich ihn auf, beim Hüpfen mit den Armen zu schlagen, als fliege er. Da wurde seine Freude noch größer, und zum erstenmal hatte er ein Gefühl der Einheit von oberem und unterem Körperteil, ganz anders als die vage Unruhe, die er normalerweise spürte. Als er wieder normal durch den Raum ging, war der Unterschied deutlich zu merken.

Steve wird wahrscheinlich einen Rückfall in sein charakteristisches Verhalten erleben, denn eine einzige Erfahrung kann kaum die Gewohnheiten eines ganzen Lebens ändern. Aber trotzdem waren ihm einige der Kontrollen bewußt geworden, die er vor langer Zeit aufgebaut hatte, und er hatte eine Vorstellung davon, wie es ist, wenn diese Spaltung überwunden wird.

Es ist wohl schwer zu akzeptieren, daß eine so einfache Übung wie Steves Fall eine große Veränderung bewirken kann. Wie wir schon beobachtet haben, muß diese Art Erfahrung so lange wiederholt werden, bis sie assimiliert wird. Aber selbst jene temporären Veränderungen, die auftreten, wenn man mit den Kontaktfähigkeiten eines Menschen im allgemeinen und mit der Bewegung im besonderen arbeitet, können wertvoll sein. Obwohl Bewegung figürlich ist, tritt sie doch aus dem Bereich der reinen Gymnastik heraus, wenn man ihr einen Kontext gibt, indem man sie vor den Erfahrungshintergrund stellt, der ihr Bedeutung verleiht. In dem eben erwähnten Beispiel bezog sich diese Bedeutung auf die Spaltung in Steves Persönlichkeit zwischen seiner Ausgelassenheit und seiner Vorsicht, auf sein Gefühl, den Kontakt zu anderen Menschen abgeblockt zu haben, auf andere, intensive Erfahrungen, die schon in der Gruppe aufgetreten waren, und auf die Erinnerung an sein Leiden als Kind, an das er aber sehr lange nicht mehr gedacht hatte. Dies sind nur ein paar der Faktoren, die zusammen ihn inspirierten und ihm ermöglichten, das gefühlsmäßig zu erfahren, was sonst nur rational oder spekulativ geblieben wäre. Plötzlich fühlte er sich als Ganzes, und er wird jetzt nicht mehr so leicht vergessen, daß Ganzheit möglich für ihn ist. Wenn man einem Menschen zeigt, wo er suchen muß, dann wird er es wohl leichter finden, als wenn er in den alten ausgefahrenen Gleisen weiterfährt.

Wie ein Mensch sitzt, sagt auch sehr viel über seine Kontaktbereitschaft aus. Wenn man während des Sprechens oder Zuhörens sich nach vorn beugt, schafft man einen anderen Kontakt, als wenn man den Kopf abwendet oder gar einzieht. In einem Workshop für Ehepaare beschwerte sich Paul, daß seine Frau Sheila, die neben ihm auf dem Boden saß, fortwährend »um ihn herum« sei. Er meinte damit, daß sie ihn häufig berührte und sich an ihn schmiegte, wenn er das gar nicht wollte, obwohl er es manchmal auch begrüßte, wenn ihm danach war. Als er jetzt nahe bei ihr saß, war seine Haltung so symmetrisch und buddha-ähnlich, daß Sheila kaum an ihn hätte herankommen können. Er sah so hart und undurchdringlich aus, daß sie ihn nur mit großem Energieaufwand erreicht hätte. Paul war eine geschlossene Figur, die den Zugang nur zu seinen Bedingungen gestattete. Sheila drohte ihn aus dem Gleichgewicht zu bringen, und seine starre Haltung sollte ihn davor bewahren. Doch sie verhinderte ebenfalls eine befriedigende Vereinigung mit ihr. Irgend jemand in der Gruppe begann zu experimentieren, indem er versuchte, Paul umzuwerfen. Ab und zu gelang es ihm, und jedesmal schnellte Paul wieder hoch wie ein Stehaufmännchen. Aber selbst Paul begann sich bald zu fragen, ob er so schnell wieder zum Status quo zurückkehren müsse. Jetzt forderte ich Sheila auf, mit aller Energie wieder zu versuchen, den körperlichen Kontakt zu ihrem Ehemann herzustellen. Es wurde dabei offensichtlich, daß Paul nicht nur der Drohung, »übernommen« zu werden, Widerstand leistete, sondern daß er die Intimität an sich schon als bedrohlich empfand, und diese Furcht ließ ihn eine Haltung einnehmen, die ihn so unerreichbar aussehen ließ. Aber er mußte doch lachen, und Paul gab sich dem Gefühl der Wärme hin, entspannte seine Muskeln und empfing seine Frau zärtlich und ohne Furcht. Von da an schien selbst seine Symmetrie weicher und empfänglicher. Er muß sich darin üben, seine eigene Begrenztheit zu finden, so daß er auf Intimität antworten kann ohne die Furcht, übernommen zu werden.

Ebenso kann die Aufmerksamkeit auf kleinere Details der Gestik oder Bewegung gerichtet werden. Ein Zuhörer, der aufmerksam nickt, bestätigt und betont sein Kontaktgefühl mit dem Sprecher, er kann aber auch mit einer ablehnenden Geste reagieren. Der Sprecher bewegt seinen Kopf vielleicht langsam von einer Seite zur anderen, während er sagt, daß er seine Mutter sehr liebe, und negiert dadurch seine eigene Aussage. Ehrfurcht, Angst, Faszination oder Überraschung lassen einen Augen oder Mund aufreißen, als wollte man die Aussage in voller Stärke eindringen lassen. Ein Mensch, dessen Gesten vorsichtig und nur auf sich selbst bezogen sind, übermittelt eine andere Botschaft als derjenige, der seine Arme weit ausbreitet und seinen Körper dadurch offen und ungeschützt läßt. Ein Mensch, dessen Nasenflügel und Mundwinkel nach unten gezogen sind, drückt durch seine Bewegungen aus: »Ich werde diese Luft atmen und mit Ihnen sprechen, aber ich verabscheue diese Luft und auch Sie.« Die Stellung, die ein Lehrer bei sehr jungen Kindern einnimmt, wird den Kontakt beeinflussen. Aus diesem Grund knien viele Lehrer, so daß sie auf gleicher Höhe mit dem Kind sind, sie verringern so die Distanz, über die hinweg der Kontakt geschlossen werden muß, und schaffen ein Gefühl der Gleichheit. Die Sensibilität und Kreativität des Therapeuten können ihm helfen, die relevanten Bewegungen für den jeweiligen Patienten zu finden. Es existieren keine klaren Regeln, aber es gibt einige Richtlinien, die für die therapeutische Arbeit nützlich sind.

Als erstes kann der Therapeut den Patienten dazu bringen, *seine Bewegungen so zu erfahren, wie sie gegenwärtig existieren.* Alles, was auf das gegenwärtige Geschehen aufmerksam macht, liefert eine Grundlage für eine Veränderung. Wir suchen die Bereitschaft zur Hinnahme dieses beständigen Wechsels wieder herzustellen, trotz des Schmerzes, der damit verbunden ist, das zu erfahren, was man nicht wahrhaben wollte und deshalb vergessen hat. Wenn dieses Akzeptieren wiedererlangt ist, dann tauchen auch die Kräfte der Veränderung wieder auf, die den Betreffenden in die für ihn natürlichen Richtungen führen. Wenn ich beispielsweise darauf aufmerksam werde, daß ich nach links gebeugt gehe, dann kann ich auch begreifen, was daraus entstehen kann. Vielleicht entdecke ich auch eine Bewegung meines linken Armes, der in Wirklichkeit ein angedeuteter heftiger Schwinger an das Kinn eines Tyrannen ist, der entweder in meiner Phantasie oder in meiner Erinnerung existiert. Wenn ich den Schlag ausführe, kommt bei der schrecklichen Erinnerung meine vergessene Wut aufs neue hoch, doch diesmal fürchte ich mich nicht und halte mich auch nicht zurück, wenn ich zuschlage. Meine verkrampfte Haltung ist gelöst, meine linke Seite kann sich mit der Anmut bewegen, die aus der neuen Freiheit resultiert. Nur durch Abstumpfen oder Vergessen hätte ich die zwanghaft schiefe Körperhaltung beibehalten können.

Folgendes Beispiel verdeutlicht die zentrale Bedeutung, die Bewegung unmittelbar zu erfahren: Arthur wollte mir näher sein, wußte aber nicht, auf welcher Basis er Anspruch auf größere Intimität erheben konnte. Die Gefahr, aufdringlich zu erscheinen, ließ ihn erstarren. Ich forderte Arthur auf, aufzustehen und die für ihn richtige Entfernung zu mir herauszufinden. Nachdem wir uns kurz unterhalten und einige Versuche gemacht hatten, um die richtige Entfernung festzustellen, kam er nah auf mich zu und war plötzlich sehr erfreut darüber, da zu sein, wo er war. Ich forderte ihn auf, diese Bewegung bewußt zu fühlen und ihr freien Lauf zu lassen. Nach einigen Augenblicken schlug Arthur die Hände kräftig gegeneinander, so daß ein schallendes, hohles Geräusch entstand. Arthur erinnerte sich, daß in seiner Kindheit die Jungen in der Nachbarschaft ein solches Geräusch gemacht hatten, wenn sie sich über etwas freuten. Bei dieser Erinnerung strahlte er und fuhr fort, dieses Geräusch zu machen, wobei er sich mir und dann den anderen Menschen im Raum zuwandte. Dann fingen sie alle an, dieses Geräusch zu machen. Arthur hatte seine Freude über den Kontakt zu mir bestätigt und auf die anderen Gruppenmitglieder übertragen. Die Konzentration auf seine Bewegungen bekräftigte nicht nur seinen gegenwärtigen Kontakt, sondern gab ihm auch in all ihrer Frische eine kindliche Erfahrung zurück, die viele Jahre lang außerhalb seines Bewußtseins verblieben war. Bemerkenswert ist, daß die Vollendung bisher unausgeführter Bewegungen alte Erinnerungen freisetzt, so daß sie zu einem Teil des Prozesses der Durcharbeitung werden. Dies ähnelt der psychoanalytischen Suche nach unbewußtem oder verdrängtem Material aus der Vergangenheit, nur wird der Prozeß umgekehrt. In der Gestaltpsychologie kommt die Rückkehr des Unbewußten nach der Wiederherstellung des Kontakts; die Psychoanalyse geht dagegen davon aus, daß die Rückkehr des Unbewußten der Wiedererlangung der gegenwärtigen Funktionen vorausgeht.

Das zweite Orientierungsprinzip besteht darin, die Bewußtheit des Patienten und seine Aktionen durch alle Hindernisse hindurchzuführen zu einer vollen Ausübung der Bewegung, auf die wir uns konzentrieren. Als Beispiel dient das Händeklatschen, das eine ganze Gruppe einigte, und auch Steve, der aufgefordert wurde, zu hüpfen und mit den Armen zu schlagen. In diesem Stadium sind Geschick und Interaktion des Therapeuten und des Patienten von entscheidender Bedeutung. Jeder Schritt muß bei beiden gefühlsmäßig erfolgen und koordiniert werden. Der »gute« Patient ist nicht der gehorsame, sondern der mit einer reichen Phantasie begabte, der sich traut, Gedanken und Aktionen frei fließen zu lassen. Der Therapeut spielt sicherlich eine wichtige Rolle bei der Schaffung des richtigen Klimas, in dem diese Qualitäten im Patienten aufblühen können, aber »gute« Patienten können die meisten von uns zu »guten« Therapeuten machen.

Eine dritte Richtlinie heißt, *die Quellen der Unterstützung zu suchen*, die im Körper des Betreffenden vorhanden sind. Es ist zum Beispiel wichtig zu erkennen, ob der Mensch seine Beine als Fundament benutzt, auf dem er sicher gehen und stehen kann. Die Beine mancher Menschen erinnern an Storchenbeine und versprechen nur sehr wenig Unterstützung. Andere halten ihre Knie steif, als könnte nur Starrheit die nötige Unterstützung bieten. Wieder andere haben Beine wie Gummi, die nur minimale Unterstützung geben. Einige Menschen sehen so aus, als hingen sie wie eine Marionette an unsichtbaren Fäden ohne Unterstützung von unten, von sich selbst.

Jeder Körperteil trägt zur Unterstützung der sich bewegenden Menschen bei. Die Wirbelsäule stützt den Nacken, der auf dem Oberkörper ruht, und dieser wird hinwiederum vom Becken getragen. Aber was ist, wenn der Nacken gegenüber der Unterstützung mißtrauisch ist oder den Kopf mehr stützt, als notwendig wäre? Ein Versteifungsprozeß setzt ein, der die Übermittlung der Gefühle von anderen Körperteilen zum Kopf stört, eine Trennung der Funktion des Kopfes vom übrigen Körper. Der Körper baut zwar genügend Spannung auf, um zu schreien oder zu brüllen, die Nachricht dringt jedoch niemals bis zum Kopf durch. Das mag sich in Magenkrämpfen oder Rückenschmerzen oder in einer Verkrampfung der Oberarme manifestieren, aber der Kopf ist als Ventil nicht verfügbar, so daß die Aktion diese Ersatzventile suchen muß. Der Kopf, abgeschnitten von den sensorischen Informationen des übrigen Körpers, bleibt sich selbst überlassen. Handlungen, die nur dem Gehirn entspringen und ihrer sensorischen Basis beraubt sind, führen zum Intellektualisieren. Man muß noch hinzufügen, daß der verkrampfte Nacken seine Beweglichkeit verliert und sich nicht mehr frei und voll drehen kann, so daß der Mensch starr nach vorn blickt, und nur die Sachen im Leben sieht, die sofort offenkundig sind, aber das, was am Rande vorgeht, nicht wahrnimmt. Der Hals ist besonders verletzlich, da er so viele lebenswichtigen Organe enthält wie die Kehle, den Kehlkopf und die Luftröhre. Auch seine Fähigkeit, sich zu drehen, läßt uns manchmal fürchten, daß er seiner Aufgabe nicht gerecht wird und daß man tatsächlich den Kopf verlieren könnte. Deshalb ist Vorsicht dem Hals gegenüber nicht überraschend.

Jeden Körperteil zu befreien, damit er seine eigene unterstützende Funktion ausüben kann – *und nicht mehr –*, ist deswegen häufig von übergeordneter Bedeutung. Um dies zu erreichen, ist ein Wiedererlangen des Vertrauens in das normale Unterstützungssystem nötig. Die Beine bilden offensichtlich die Grundlage. Aber im gesamten Unterstützungssystem müssen die Gefühle wiederentdeckt werden, und die Barrieren gegen das Wachsen der Gefühle müssen durch Übungen, die die Bewußtheit erhöhen, erforscht und erweitert werden.

Wenn ein Mensch sitzt oder sich hinlegt, dann muß er fähig sein, einen Teil seiner inneren Unterstützung aufzugeben und äußere Unterstützung von dem Boden oder der Couch empfangen. Das scheint einfach. Aber einige Menschen sitzen oder liegen, als schwebten sie ein paar Zentimeter darüber. Charlotte Selver hat eine Übung entwickelt, in der der Patient abwechselnd die Arme, Beine und den Kopf seines Partners anhebt, der auf dem Boden liegt. Für manche Menschen ist es erstaunlich schwierig, ihre eigene Unterstützung aufzugeben und sich ganz auf eine andere zu verlassen. Sie verrichten die ganze Arbeit, heben und senken ihre Gliedmaßen und den Kopf unabhängig von den Handlungen ihres Partners. Sie behalten die Kontrolle, und so soll es auch bleiben. Das Gefühl, »Ich muß alles für mich selbst machen« berücksichtigt meine Bedürfnisse nicht, von etwas außerhalb meiner selbst gestützt zu werden, was es auch immer sein mag. Für diejenigen, die keine vertrauenswerten und nährenden Quellen der Unterstützung erfahren können, ist die Welt einsam und das Dasein sinnlos.

In der Bewegung suchen wir schließlich den *Beweglichkeitsgrad des sich bewegenden Teils.* Ellenbogen, Schultern, Handgelenke, Hals, Kiefer, Augen, Knie, Knöchel, Hüfte und Becken sind alles Körperteile, die sich auf die eine oder andere Art biegen können. Wie frei bewegen sich diese Teile, wenn sie mobilisiert werden? Besonders in unserer Gesellschaft wird eine freie Bewegung des Beckens häufig unterdrückt. Aber der Beweglichkeitsgrad anderer Körperteile hängt oft von der freien Bewegung des Beckens ab. Wenn das Becken sich im Zusammenspiel mit den Beinen frei bewegen kann, ist die daraus folgende Bewegung fließend und ungehindert, direkt und kontaktreich, ohne das Gefühl einer inneren Störung. Viele Männer unterdrücken ihre Beckenbewegungen, da unser westliches Ideal besagt, daß nur Frauen sich dort bewegen. Auch Frauen unterdrücken die freie Bewegung des Beckens, und zwar wegen der sexuellen Implikationen und der Stimulierung, die daraus entstehen könnten. Für beide Geschlechter besteht eine allgemeine therapeutische Notwendigkeit, daß das Becken wieder frei beweglich wird.

Das Drehen von Hals und Augen ist fast ebenso wichtig. Beweglichkeit resultiert daraus, sich sowohl drehen als auch direkt vorwärts gehen zu können. Ein Mensch mit starrem Nacken und unbewegten Augen schaut direkt nach vorn. Manche Patienten merken erst nach vielen Sitzungen, daß im Zimmer noch etwas anderes als der Therapeut ist, so stark sind sie auf ihre eigenen Absichten fixiert. Alles andere ist irrelevant und darf nicht beachtet werden. Aber die Relevanz braucht einen Kontext, und indem die Patienten sich nur auf die Gestalt des Therapeuten konzentrieren, haben sie nur eine geringe Möglichkeit, ein Gefühl des Zusammenhangs aufzubauen, welches für die Figur-Grund-Wahrnehmung und die kontaktreiche Erfahrung wesentlich ist.

Wie kann man diese Sterilität überwinden? In einigen Sitzungen werden Übungen abgehalten, in denen der Patient seine Augen von einer Seite zur anderen bewegt und seinen Hals dreht, um das Zimmer so weit wie möglich in seiner Ganzheit zu sehen. Ihm wird aufgetragen, diese Übungen auch außerhalb der Therapie durchzuführen; er soll den Details, die seitlich oder hinter ihm liegen, Aufmerksamkeit schenken, ob er nun Auto fährt, sitzt oder geht. Ein Mensch, der zu einer wichtigen Verabredung fährt, wird gewöhnlich weder die Bäume, die Fußgänger, den Fahrer des Autos vor ihm noch das Gaspedal in seinem eigenen Auto sehen. Für den Kontakt ist Beweglichkeit von größter Bedeutung, denn alles, worauf sich die Aufmerksamkeit zu lange und zu starr konzentriert, wird tot, so wie ein Fuß taub wird, wenn man zu lange auf ihm sitzt. Menschen, die sich nicht drehen, bleiben auf etwas fixiert und ohne Kontakt. Die Wiederherstellung der Hals- und Augenbewegungen spielt eine große Rolle bei der Auflösung dieser Fixierung.

Riechen und Schmecken

Schmecken und Riechen wird bedauerlicherweise nur eine untergeordnete Bedeutung als Kontaktfunktion zuerkannt. Sie spielen in den meisten Situationen des produktiven Lebens eine Nebenrolle und sind vorwiegend für weniger ernste Angelegenheiten wichtig – um einen guten Wein oder ein ausgezeichnetes Essen zu genießen, um Kiefern zu riechen oder den Frühlingsregen –, oder für Notlagen, in denen wir riechen müssen, ob etwas brennt oder ob Gas ausströmt, oder wo wir schmecken müssen, ob etwas verdorben oder sauer ist. Wir sind von automatischen Signalen abhängig geworden und brauchen uns nicht weiter auf unsere Sinne zu verlassen. Eine Zeituhr sagt der Hausfrau, wann ihr Essen fertig ist. Auf einem Meßgerät liest sie ab, ob es im Haus zu warm ist, und nach Ablauf des Waschprogramms ist ihre Wäsche sauber. Im täglichen Leben haben Geruch und Geschmack nur eine untergeordnete Bedeutung als Kontaktfunktion, und auch in der Therapie werden sie kaum beachtet. Unter den Gestalttherapeuten ist die Geschmacksfunktion wieder aufgegriffen worden, primär wegen PERLS'[49] Einschätzung des Eßprozesses als Prototyp der Manipulation und Assimilation dessen, was die Umgebung anzubieten hat. Zuerst schluckt das Kind das leicht assimilierbare Ganze; dann beginnt es zu kauen, um das zu verändern, was seine Welt in verdaulicher Form bietet.

Hinzu kommt, daß das Schmecken ein bewertender Akt ist: ob die Nahrung akzeptabel ist oder nicht. Und Schmecken ist sowohl Stimulus als auch Belohnung für das Essen. In der Gestalttherapie wird der Fähigkeit, feine Unterscheidungen in jeder Gefühlsart zu treffen, hohe Bedeutung beigemessen. Aber es wäre sehr merkwürdig, wenn unsere Patienten Nahrung mit in die Sitzungen brächten, damit wir den Kau- und Geschmacksprozeß untersuchen könnten. Wir haben dies tatsächlich – mit bemerkenswerten Ergebnissen – versucht, aber nur sehr selten. Doch nicht selten sagt man, daß der eine einen guten Geschmack hat und der andere einen schlechten. Der Gebrauch des Wortes Geschmack in bezug auf die Fähigkeit eines Menschen, Dinge zu bewerten, deutet darauf hin, daß die Geschmacksfunktion der Prototyp für die Beurteilung von gut oder schlecht ist, von zweckmäßig oder unzweckmäßig.

Wir haben den Punkt erreicht, wo der Geschmack der Bequemlichkeit und dem Profit geopfert wird. Immer weniger

Menschen nehmen zur Kenntnis, daß zwischen selbstgemachtem und in Massenproduktion hergestelltem Essen ein großer Unterschied besteht. Und selbst wenn sie den Unterschied merken, haben sie keine Zeit, sich darüber zu beschweren, oder sie haben das unbestimmte Gefühl, daß der Anlaß zu trivial ist. Die Entfernung vom Bauernhof zum Verbraucher hat nur wenig zu diesem Mangel an Unterscheidungsvermögen beigetragen, der von unseren kulturellen Werten verschlimmert wird. Wenn man erst einmal die einfachen und grundlegenden Kontaktmöglichkeiten übergeht, die im Schmecken der Nahrung liegen, dann ist es nur noch ein kleiner Schritt, den Kontakt im allgemeinen zu entwerten. Die Wiederherstellung des eigenen Unterscheidungsvermögens beim Schmecken ist ein Schritt auf die Wiederherstellung des Kontakts selbst; nicht nur um seiner selbst willen, was allein schon genügte, sondern auch wegen der einfachen Freude, sich voll auf das zu konzentrieren, was auch immer in der Umgebung erreichbar ist.

Der Geruchssinn ist eine der primitivsten Kontaktfunktionen und wahrscheinlich auch eine der am meisten mißachteten. Was bei den anderen Tieren einer der kontaktträchtigsten Sinne war, wird beim Menschen verspottet und herabgesetzt. Die meisten Menschen wollen auch gar nicht an anderen herumriechen. Und sie wollen auch nicht, daß man sie riechen kann. Jeder oberflächliche Beobachter der Werbung kann bezeugen, wieviel Zeit darauf verwandt wird, uns aufzufordern und – zum entsprechenden Preis – zu helfen, den eigenen Geruch zu überdecken, zu entfernen oder zu vermindern. Wir müssen Körpergeruch vermeiden; wir müssen uns die Haare häufig waschen, wir benutzen Haushaltssprays, unsere Hunde bekommen sogar Nahrung, die ihren Atemgeruch vermindert, und Gott behüte, daß wir Mundgeruch haben könnten.

Parfum ist eine Kontaktverstärkung, aber es verliert niemals ganz die Qualität des Ersatzes und vermittelt nur eine stereotype Botschaft. Eine Witzzeichnung stellt eine dickliche Frau in mittleren Jahren dar, die offensichtlich einen letzten Versuch wagen will. In der Parfümerie schaut sie die Flakons an – »Nacht der Leidenschaft«, »Hingabe« oder »Folge mir« und fragt ganz schüchtern: »Haben Sie nicht etwas für eine Anfängerin?«

Marcia unterstrich ihre Aussagen mit einem charakteristischen Schnüffeln. Ich forderte sie auf, an irgend etwas, was sie im Raum interessierte, zu riechen. Zuerst roch sie am Teppich, dann am

Tisch und dann an mir. Als sie mich roch, wurde ihr bewußt, daß sie mir zu nahe war, wurde verwirrt und ging wieder zu ihrem Stuhl zurück. Als sie sich der starken Intimität, mich zu riechen, bewußt wurde, erinnerte sie sich auch an eine alte Demütigung, die sie sehr verletzt hatte. Marcia war neun Jahre alt, als sie von Europa in die Vereinigten Staaten kam. Ihr neues Leben war sehr verwirrend, und es fiel ihr sehr schwer, Freunde zu finden und sich zu Hause zu fühlen. Eines Tages machten die Kinder ihr ein Geschenk, das sich als ein Riegel Seife herausstellte, eine Seife speziell gegen Körpergeruch. Obwohl Marcia damals noch nicht die volle Bedeutung dieses Geschenks erfassen konnte, wußte sie doch, daß sie stark gedemütigt worden war; daß sie auf schändliche Weise anders war als all die anderen Menschen in ihrer Umgebung. Als sie weitersprach, erkannte Marcia, daß sie einen großen Teil ihrer Energie darauf verwandt hatte, herauszufinden, wie die Welt riecht und war ganz allgemein zu dem Schluß gekommen, daß dieser Geruch schlecht war. Diese Meinung unterstützte sie in ihrem chronischen Bedürfnis, über andere Menschen erhaben zu sein. Eines ihrer charakteristischen Merkmale ist ihre Kenntnis der Fehler anderer. Ihr bildliches Schnüffeln in ein tatsächliches Schnüffeln zu verwandeln, führte eine große Änderung herbei. Sie hatte entdeckt, daß ihr wirkliches Schnüffeln sie mir näher brachte, sie bekam Angst und zog sich zurück. Natürlich war es erregender, wenn ihr Schnüffeln zu Intimität führte als wenn es nur eine Darstellung einer alten Kränkung war.

7.

Kontaktepisoden

Wir sollten nicht mit dem Forschen aufhören,
Und am Ende all unseres Forschens
Werden wir dort ankommen, wo wir angefangen haben
Und diesen Ort zum erstenmal kennen.

T. S. Eliot

Wir haben die Grenze beschrieben, an der Kontakt auftaucht,
und die Funktionen, durch die er geschlossen wird. Dies sind jedoch nur die grundsätzlichen Komponenten der Kontakterfah-
rung. Kontaktepisoden sind die tatsächlichen Ereignisse, bei denen der Kontakt stattfindet. Diese Ereignisse verleihen der
Therapie Substanz und Dramatik. Wiederkehrende Fragen und
Themen flechten sich in diese Episoden ein und spinnen einen
Faden, der zur Richtlinie für die hauptsächlichen Ereignisse im
Leben eines Menschen wird.

Anne wurde auf mich zornig, weil sie glaubte, daß ich andere
Patientinnen bevorteile und daß diese hervorragende Erfahrungen in der Therapie mit mir hatten – und sie hatte diese Erfahrung
nicht! Sie warf meine Uhr zu Boden, zertrümmerte Lampen und
Aschenbecher und schlug mir ins Gesicht. Ich mußte sie festhalten, damit sie nicht noch mehr Unheil anrichtete. Zum Schluß
war Anne weiß vor Hysterie, völlig erschöpft und befand sich in
einem Schockzustand. Ich streichelte sie, bis Farbe in ihr Gesicht
zurückkehrte und sie mich wieder ansehen konnte. Dann nahm
ich sie bei der Hand und sagte, daß wir zusammen den Raum auf-
räumen würden. Sie war erleichtert, mit mir zusammen die Spu-
ren ihres Wutausbruchs beseitigen zu können. Als wir den Raum
wieder aufgeräumt hatten, konnte sie lächeln; sie strahlte, als sie
ging. Am nächsten Tag rief Anne an und sagte, sie wolle mir die
Uhr ersetzen; diese Erfahrung sei ihr eine Million Dollar wert
gewesen. Ich verzichtete auf das Geld und nahm die Uhr an. Solche Episoden stehen außerhalb jeder Technik, und der Therapeut
erfährt sich selbst als Teilnehmer an den Ereignissen.

Natürlich besitzen nicht alle Kontaktepisoden solche Intensität. Sie sind auch nicht alle so schmerzhaft. Aber alle Kontaktepi-

soden haben eine Folge von Kontaktaugenblicken, die sich zu einer erkennbaren Einheit aufbauen. Diese kleinen Einheiten der Interaktion bilden die Grundlage für die Entwicklung des Gefühls, daß das eigene Leben ereignisreich ist.

Kontaktepisoden haben drei hauptsächliche Qualitäten: Syntax, Symbolcharakter und Wiederkehr.

Syntax

Die ursprüngliche Qualität der Kontaktepisode ist ihre Syntax, das heißt das geordnete und erkennbare Verhältnis des einen Teils der Episode zu ihren anderen.

Die Episode beginnt mit dem Auftauchen eines Bedürfnisses, das entweder sofort erkannt wird oder nach und nach aus dem Nährboden von Leere, Verwirrung, Chaos oder Ziellosigkeit aufsteigt. Viele Bedürfnisse entstehen und werden unabsichtlich oder unbewußt befriedigt. Jemand erzählt einen Witz, und Sie lächeln, wobei Sie spontan sein Bedürfnis befriedigen, humorvollen Kontakt mit Ihnen herzustellen. Häufig werden die Bedürfnisse jedoch nicht nur nicht so leicht befriedigt, sondern sie sind auch unklar; Impulse zur Befriedigung werden durch persönliche Widersprüche verhindert. Man erzählt einen Witz, doch man sieht dabei besorgt aus, und niemand lacht, aber seinen Sorgen wird ebenfalls keine Aufmerksamkeit geschenkt. Man muß sich darin üben, die eigenen Erfahrungen zu erforschen, bevor viele Bedürfnisse so nah an die Oberfläche kommen können, daß sie erkennbar werden. Man weiß vielleicht gar nicht, daß man besorgt ist oder besorgt aussieht und dadurch die Reaktion beeinflußt. Ohne Übung fällt vielen Menschen die Antwort schwer, wenn man sie direkt fragt, was sie wollen. Einige wissen es einfach nicht, andere fragen nach weiteren Einzelheiten, um eine Ahnung davon zu bekommen, wie sie die Frage beantworten *sollten*. Andere wissen es ganz genau, wollen es aber nicht wahrhaben; wieder andere negieren einfache Wünsche, wie das Bedürfnis, das Bein zu bewegen, und suchen statt dessen nach dem ganz großen Wunsch. Für einige ist der bloße Akt des Wünschens so fremd, daß sie gar keinen Wunsch erfahren.

In der Therapie taucht das Bedürfnis bald auf, und die Kontaktepisode leitet dazu über, das Bedürfnis herauszustellen, seine Einzelheiten zu entwickeln, so daß es vervollständigt und befrie-

digt werden kann. Wenn dann das Bedürfnis klarer wird, stößt
es normalerweise auf Widerstand. Der Punkt, an dem die Stärke
des Bedürfnisses und die Kraft des Widerstandes ungefähr gleich
sind, kann als Drehpunkt gesehen werden, wo die Bewegung des
Individuums entweder abgeblockt oder vorangetrieben werden
kann. Bei der Entwicklung auf diesen Punkt hin tritt ein Thema
hervor, das den Inhalt des Dramas betont und dem, was sich gerade abspielt, Klarheit und Namen verleiht. Das Thema mag die
Bedeutung sein, die ein Mensch für den anderen hat, so wie es
oben bei Anne beschrieben wurde, oder das Verhalten eines
Menschen unter Druck, wie im unten angeführten Beispiel. Die
Variationsmöglichkeiten sind unbegrenzt, wobei jedes Thema
seinen spezifischen Charakter und Inhalt hat und sich auf eigene
Art innerhalb der Kontaktepisode entwickelt. Das Thema zeigt
den Weg, bewegt sich immer schneller auf den Drehpunkt zu. Im
Angesicht des Widerstands erreicht die Kontaktepisode einen
Höhepunkt, wobei sie neue Möglichkeiten öffnet, frühere Barrieren zu durchbrechen und sich durch früher unzulässige Gefühle und Verhaltensweisen hindurch zur Vollendung hin zu bewegen. Die wachsende Erregung, die nicht mehr bedrohlich
sondern assimilierbar ist, unterstützt eine Gefühlswallung, die
schließlich zur Erleuchtung führt. Hier erreicht der Betreffende
eine neue Orientierung hinsichtlich von Entschlüssen und Alternativen. Die neue Erfahrung wird gewöhnlich anerkannt, obwohl manchmal solche Anerkennung – besonders in Gruppen –
zu leicht zu nachträglichen Diskussionen führen kann, die das
Drama des vollendeten Ereignisses zudecken. Nach der Anerkennung – oder selbst auch ohne sie – kann der Betreffende sich
frei weiterbewegen, oft wird das gleiche Thema in neuen Kontaktepisoden wiederholt, aber mit endlosen Variationen, die jede
Wiederholung mit einer größeren Dimension und Relevanz versehen.

Die Syntax der Kontaktepisoden bewegt sich durch acht Stadien: 1. das Auftauchen des Bedürfnisses; 2. der Versuch, das
Bedürfnis auszuspielen; 3. die Aktivierung des inneren Kampfes,
4. Angabe des Themas samt Bedürfnis und Widerstand; 5. die
Erreichung des Drehpunkts; 6. die sich zuspitzende Erfahrung;
7. die Erleuchtung und 8. die Anerkennung. Dieser Zyklus dauert vielleicht nur eine Minute, er mag sich in einer Sitzung abspielen, in einem Jahr oder vielleicht im Lauf eines ganzen Lebens.
Die acht Stadien können in verschiedenen Sequenzen auftreten

oder auch manchmal gleichzeitig. Sie sind nur Richtlinien, die man nicht als feststehend ansehen darf.

Hier ein Beispiel dafür, wie eine Kontaktepisode die verschiedenen Phasen durchmacht. Es ist die Zusammenfassung einer auf Tonband aufgenommenen therapeutischen Einzelsitzung, in der Bernhard zunächst beschreibt, wie schwierig es für ihn ist, irgend etwas zu tun, es sei denn, er empfindet die Situation als kritisch. Das Ergebnis ist, daß er wiederholt von Krisensituationen beherrscht wird und nicht die Dinge tun kann, die er eigentlich tun müßte, da er nur von unmittelbaren Notwendigkeiten inspiriert wird. Er erfährt sein Leben als gehetzt, hat ein starkes Gefühl der Dringlichkeit, wenig Gefühl der Unterstützung und nicht annähernd genug Ruhe.

> *Bernhard:* Wenn ich mich in einer Krisensituation befinde, dann fühle ich mich so, als ob ich fließe ... Ich kann mich wirklich bewegen. Ich kann erkennen, daß ich Angst habe ... alle möglichen Gefühle, aber ich mache mich niemals unbeweglich.

Er fährt fort:
> (Jetzt) ist es so, als wenn ich ans Telephon gehe und etwas tue. Wie gestern am Telephon. Aber die drei Monate davor habe ich nur herumgedruckst, und das finde ich einfach verrückt.

Hier haben wir das erste Stadium der Kontaktepisode, wo das Bedürfnis auftritt, eingeleitet von ein paar persönlichen, informativen Worten, die halfen, nicht strategisch, sondern auf natürliche Weise die Erfahrung des Kontaktes zwischen uns zu erleichtern. Bernhards besonderes Bedürfnis beinhaltet auch, daß er lernen muß, etwas zu produzieren, nicht nur, wenn die Dringlichkeit das Gefühl der Wahl vernichtet, sondern auch wenn er frei und ohne Druck agieren kann. An diesem Punkt der Kontaktepisode sind wir bereit, zum zweiten Stadium überzugehen, in dem *das Bedürfnis ausgespielt* werden soll. Meine Vorstellung war, daß Bernhard mit dem Rücken gegen die Wand stehen müsse, bevor er etwas produzieren würde. Meine nächste Überlegung war, daß er niemandem traue, ihn zu unterstützen – deshalb agiere er am besten, wenn er mit dem Rücken gegen die Wand stehe. Ich war mir meiner Sache sicher genug, um das Bedürfnis in einer Metapher auszuspielen, damit Bernhard in eine

Szene gesetzt wurde, in der sich seine Beziehung zu der Wand hinter ihm entfalten konnte. Zuerst versuchte ich ihm bewußt zu machen, wie er den Raum hinter sich erfuhr; dabei ging ich davon aus, daß Bernhard durch diese Erfahrung Kontakt mit dem leeren Raum hinter sich schließen konnte, anstatt ihn nur mit Projektionen anzufüllen hinsichtlich des Drucks, dem er ausgesetzt war. Als Antwort stellte er sich vor, daß der Raum hinter ihm konkav war und daß er sich in ihn wie in einen großen Sessel kuscheln konnte. Dies erinnerte ihn an den Mutterleib, und er fühlte sich verlegen, daß ein Mann in seinem Alter (Anfang dreißig) sich so etwas wünschen konnte. Dann begann sich sein *innerer Kampf* (Phase drei) zu formieren, der seine unakzeptable, im allgemeinen zersetzende Passivität und Infantilität zurückwies und zu gleicher Zeit die Krise herausforderte, wo er aufstehen (wie ein Mann) und handeln konnte. Bernhard sagte:

Bernhard: Ja, genauso fühlt es sich an, genauso absurd. Ich sollte dies nicht tun wollen. (Lange Pause) Nun, die andere Vorstellung, die ich hatte, in einer Krise steh' ich aufrecht auf, und es gibt kein Bedürfnis, so etwas zu tun. Und ich fühle mich . . . einig. Aufrecht, einig und fähig, etwas zu tun.

Hier wird sein Bedürfnis neu formuliert, nur diesmal ist sein polarer Kampf evident. Eine der entgegengesetzten Kräfte in ihm sagt: »Ich sollte das nicht tun wollen«, er ist verlegen, er zögert, zieht die Schultern hoch und estarrt. Seine andere Seite sucht dagegen die Krise, so daß er sich »einig, aufrecht und fähig, etwas zu tun« fühlen kann. Bernhard muß entdecken, daß auch der Teil von ihm, den er als verächtlich abtut, fruchtbar sein kann. Seine Vorstellung des Mutterleibs ist peinlich genug, um ihn davon abzuhalten, Kontakt mit dem Raum hinter sich aufzunehmen. Aber er muß diese Verlegenheit überwinden. Deshalb forderte ich Bernhard wieder auf, sich Raum und Wand hinter ihm vorzustellen.

Bernhard: Fühlt sich ganz gut an, aber nicht zu sicher, da ich nicht genau weiß, was sich dahinter befindet. Und es fühlt sich locker an, so daß irgend etwas durchkommen könnte . . . Puh!
Therapeut: Flößt Ihnen dies Angst ein?
Bernhard: Nicht die Sache an sich, doch die Tatsache, daß ich

es so begreife, flößt mir Angst ein . . . fühlte mich ein wenig
ängstlich.

T.: Was könnte da durchkommen? Versuchen Sie, es sich vorzustellen.

B.: Eine Vorstellung von zwei Händen, die da durchkommen,
die sich auf meine Schultern legen und mich zurückziehen.
Aber sie kommen durch die Wand oder aus der Wand heraus
wie wirklich körperlose Hände. Es sind sehr starke Hände,
sehr stark . . . knorrig . . . und haarig . . . und sie schweben so
(Geste).

T.: Was halten Sie vom Schweben?

B.: Ich habe Angst. Ich dachte gerade, ich stellte mir gerade
vor, daß sie anfingen, mich zu liebkosen. Sie liebkosten mich,
dann nahmen sie meinen Kopf, ich hatte das Gefühl, als sinke
ich nach unten . . . und sie nahmen meinen Kopf und zogen
mich wieder nach oben, sie packten mich.

Der mobilisierte Kampf wird heftiger. Der Widerstand nimmt
die Form eines projizierten, gefährlichen Kontakts an, so wie er
vom drohenden Bild der zwei Hände verkörpert wird. Diese
Projektion treibt den Kampf in Richtung auf den Drehpunkt und
die daraus folgende klimaktische Auflösung. Angst ist beengte
Erregung[50], so daß wir erwarten können, daß der Druck, der
durch jegliche Beengung entsteht, hier als vorwärtstreibende
Kraft dienen wird, die Ausdruck sucht. Der Dialog setzt sich
fort:

T.: Was versuchen sie zu machen?

B.: Sie versuchen weiterhin, meinen Kopf nicht nach unten
fallen zu lassen. Und ich habe das Gefühl, wenn sie ihn losließen, würde ich meinen Kopf senken.

T.: Sind Sie damit zufrieden, Ihren Kopf nicht zu senken, oder
möchten Sie es tun?

B.: Ich habe das Gefühl, meinen Kopf zu senken wäre eine unfreiwillige Handlung; daß ich nicht wirklicht wollte, aber es
trotzdem täte.

T.: Gegen Ihren Willen und trotz der Hände.

B.: Es ist so: Wenn ich meinen Kopf nicht hochhalten kann,
dann können es die Hände, und wenn sie es nicht können,
dann hilft nichts mehr. (Sehr lange Pause)

T.: Das gibt Ihnen zu denken.

B.: Ich hatte gerade eine kurze Vorstellung von einer ganzen Menge Leute, die mir sagen, daß ich Dinge tun oder nicht tun soll, und es fühlte sich wie ihre Hände an (dies wurde sehr schnell und hastig gesagt). Mir fallen die Worte ein: »Bin ich wirklich so schwach?« Manchmal fühle ich mich so, besonders bei den täglichen Dingen, die getan werden müssen.

T.: Erzählen Sie mehr darüber, wann Sie sich so fühlen.

B.: Wenn ich weiß, daß ich etwas machen sollte, wenn ich einen Bericht machen oder etwas schreiben sollte, dann werde ich wirklich ganz schwach. Wenn etwas von mir erwartet wird, dann tue ich es, ein Druck von außen. Das ist verrückt, weil ich mich selbst in die Lage bringe, wo ich diesem Druck ausgesetzt bin, und dann ist es so, als ob ich fühle, daß ich nicht mitmachen will oder kann oder beides.

Hier haben wir eine *klare Angabe des Themas* (Phase vier) seines Dilemmas. Um sich selbst zum Handeln zu zwingen, schafft Bernhard eine Situation, in der von außen Druck auf ihn ausgeübt wird. Sein Groll gegen die Forderung weckt seinen Widerstand gegen das, was er geschaffen hat. Er muß fähig sein, seine Berichte zu schreiben, seine Arbeit zu verrichten ohne den unmittelbaren und eindeutigen Druck von außen, der seine eigene Unklarheit über seine Wünsche kompensieren soll. Meine Theorie ist, daß Bernhard fähig sein muß, Kontakt ohne Druck herzustellen, und daß er die Erregung in sich aufsteigen lassen muß. Dieses Gefühl der Erregung muß auch dann für ihn erreichbar sein, wenn er nicht unter dem Druck steht, der sein Gefühl der freien Wahl zerstört. Das Problem liegt für ihn darin, etwas aus innerem Antrieb machen zu können, innerhalb des Rahmens der Unterstützung und der Erwartung, aber ohne das Gefühl, getrieben zu werden. Wir machten weiter, indem wir einen Dialog zwischen den beiden polaren Kräften führten.

T.: Lassen Sie Ihr schwaches Selbst zu den beiden Händen sprechen.

B.: Warum stoßt ihr mich 'raus, zieht mich' raus? Ich möchte mich nur hinlegen, warum laßt ihr mich nicht zufrieden?

T.: Was sagen die Hände?

B.: Entwickle dich! Nimm dich zusammen! Laß den Blödsinn! Werd erwachsen! Übernimm die Verantwortung. Sei ein Mann. Sei nicht so gescheit.

T.: Wie fühlt sich Ihr schwaches Selbst jetzt?

B.: Willst du endlich abhauen? Scher dich weg! Laß mich zufrieden! Ich hab' dich satt! Du bist ein Narr! (Tiefes Seufzen und lange Pause) Du . . . du bist es nicht wert.

T.: Was machen die Hände jetzt?

B.: Nimm dich um Himmels willen zusammen, du benimmst dich wie ein Kind! (Viel lauter und schärfer). Ich weiß nicht, was ich mit dir machen soll! Du bist zu nichts nutz! Du verschwendest dein Leben, du verschwendest deine Zeit!

Zu diesem Zeitpunkt erreicht Bernhard *den Drehpunkt* (Phase fünf). Sein Gefühl der Schwäche hat genügend Kraft bekommen, so daß es sich seinem Gefühl, bedrängt zu werden, stellen kann; er wird schwach, wenn die Hände ihn streicheln, und so verwandelt er das Streicheln in eine Unterstützung für seine Schwäche. Die unterstützenden Hände klagen ihn schließlich an und bedrängen ihn. Daraus entsteht sein Widerstand sowohl gegen die Unterstützung als auch gegen die Bedrängung.

Diese Ausweglosigkeit könnte auf verschiedene Arten gelöst werden. Ihnen alle würde das Schaffen einer sicheren Notsituation zugrunde liegen, entweder durch Experiment oder Konfrontation, wo eine Umgruppierung der alten Bestandteile Bernhard dazu zwingen würde, sich über die alten Widersprüche hinauszubewegen. An dieser Stelle entschloß ich mich, hinter ihm zu stehen, so daß er *mich* dort in dem leeren Raum fühlen und von einem Gefühl des realen Kontakts aktiviert werden würde, anstatt durch seine gewohnheitsmäßigen Projektionen.

T.: (Der hinter ihm steht) Was fühlst du jetzt?

B.: Hm, zuerst habe ich mich gefragt, was Sie tun würden; dann hörte ich ein Geräusch und fragte mich, was Sie machen. Deshalb sah ich mich um und erkannte, daß es (das Geräusch) außerhalb des Raumes war: Ich fühle mich sowohl entspannter als auch mehr dazu gedrängt, etwas zu tun. (Sehr lange Pause, während der Therapeut hinter ihm stand und sanft seinen Hals hielt.) Ich habe das Gefühl, daß ich mich zusammenrollen und ein Baby sein möchte.

T.: Dann tun Sie es.

B.: (Flüsternd) Sie scherzen. Nein, es macht mir wirklich Angst. Oh (starkes Seufzen), ich hatte eine blitzartige Vorstellung . . . wie ein Baby zu sein, bedeutet, meinen Daumen in

den Mund zu stecken und zu weinen, und dann hab' ich erkannt, daß das alles ist, was es für mich bedeutete, ein Baby
zu sein . . . so, als ob das das Ganze ist.

T.: Nun, stecken Sie doch den Daumen in den Mund, damit
Sie sehen können, wie das ist.

B.: (Tut es. Kurzes Auflachen.) Es fühlt sich an . . . ich hab'
wirklich gefühlt, wie die Spannung aus meinem Körper wich,
ich fühlte mich richtig entspannt. (Sehr lange Pause.) Hui. Als
ich den Daumen in den Mund steckte, hatte ich das Gefühl,
nicht weinen zu müssen. Meine Vorstellung war, daß ich beides tun würde, aber als ich es tat, war es so, als ob es mich davon abhalten würde zu weinen, als ich meinen Daumen in den
Mund steckte . . . es hielt mich nicht ab, ich fühlte überhaupt
kein Bedürfnis zu weinen.

Hier ist der erste Durchbruch; Bernhard löst die Ausweglosigkeit dadurch auf, daß er entdeckt, daß verbotenes Verhalten un-
erwartete Befriedigung bringt. Dieses befreit ihn, so daß er Unterstützung ohne Bedrängung erfahren kann, und wird ihn
darauf vorbereiten, sich in seine klimaktische Erfahrung hinein-
zubewegen.

T.: Wie ist es, wenn ich hinter Ihnen stehe?

B.: Ein schönes Gefühl! Ich fühle mich jetzt sehr warm und
gesichert. Irgendwie bin ich nicht mehr so besorgt über das,
was ich sage.

T.: Lassen Sie Ihren Gedanken freien Lauf und warten Sie ab,
was Ihnen einfällt.

B.: Mir fällt eine ziemlich sonderbare Folge von Worten ein.
Fast so, als wenn ich ein Gedicht schriebe, ich bin mir nicht
wirklich sicher, was noch kommen wird, deshalb fühle ich
mich unbeherrscht, Worte, oh . . .

> Zeit ist gerecht und hat
> Keinen Begriff der Intimität.
> Es gibt ein süßes Lied, das sagt
> Richtiger Morgen, dunkle Nacht,
> (flüsternd) richtiger Morgen, dunkle Nacht,
> Irgendwo zwitschern Spatzen
> Bis . . .
> Der Donner wird noch kommen.

Und niemals vorher in einem süßen Mysterium, vielleicht
niemals wieder
Können Flüsse von Süden nach Norden fließen.
Denn alte Männer träumen Träume, singen Lieder und
tanzen.
Hinter Horizonten, die die Jugend niemals berühren
kann,
Ist ein schnell fließender Fluß,
Tief in die Qualitäten der Dunkelheit und hoch in
Die Qualitäten des blauen Himmels hinein.
Nur alte – nur alte Chefs,
Die wissen, daß der Zauber manchmal nicht funktioniert,
Wissen, daß
Zeit die Konsequenz der Gerechtigkeit ist,
Dessen, was ich fremd träume.
Dieser Morgen ist *jetzt* in Strömen von Blut,
Die durch meinen Körper fließen.

Die *klimaktische Erfahrung* (Phase sechs) ist eingetreten; mit
starker Konzentration, ja sogar Ehrfurcht, hat Bernhard etwas
aus einem inneren Drang geschaffen, anstatt aufgrund einer projizierten Forderung. Er hat die Unterstützung einer anderen Person erfahren, ohne dabei schwach zu werden, wobei er seine eigene expressive Freiheit und seinen eigenen Stil beibehielt. Die
Erleuchtung (Phase sieben) kommt als nächstes:

T.: Können Sie die Ströme von Blut spüren?
B.: Ja, in meinem Hals und in den Armen. (Lange Pause.) Jetzt
fühle ich mich wie ein . . . als ob ich im Auge eines Hurrikans
wäre, in dem alles ruhig ist, und das wäre in Ordnung. Man
könnte sehen, wie draußen alles umherwirbelt, und man
könnte sich immer noch bewegen. Genau das geschieht jetzt
mit mir. Ich . . . das, was jeden Tag geschieht. Es ist nicht so,
daß es langweilig und alltäglich erscheint. Es scheint so chaotisch, und dann fühle ich mich auch chaotisch, und irgendwie
bin ich dem Chaos nicht gewachsen. Aber wenn ich mich so
ruhig wie jetzt fühle, dann habe ich das Gefühl, mit dem Chaos
fertig werden zu können, als ob es in Ordnung ist, daß die
Dinge chaotisch sind. Ich habe nicht das Bedürfnis, sie zu kontrollieren, ich kann einfach damit fertig werden . . . Ich wünsche jetzt, ich hätte Papier und Bleistift. Wenn ich sehen

könnte, was ich gesagt habe (sehr langes Schweigen). Ich fühle mich jetzt total befreit . . . Frieden. Bin mir meiner Wahrnehmungen sehr bewußt. Der Raum scheint viel heller. Einige Dinge wie das Gemälde, die Couch, das Kissen, ich habe das Gefühl, wirklich zu sehen . . . Ich kann die Farben wirklich sehen, wissen Sie, zum erstenmal scheinen sie nicht langweilig zu sein. Jetzt erscheinen sie sehr farbig. Es ist schön.

Mit der *Anerkennung* »Es ist schön« (Phase acht) ist Bernhard frei, sich weiterzubewegen; die Kontaktepisode ist abgeschlossen.

Allgemeingültigkeit

Viele Leute haben besorgt gefragt, was, wenn überhaupt, die Psychotherapie mit dem menschlichen Leben außerhalb der Therapie zu tun hat. Diese Kontroverse ist ein Faß ohne Boden. Gute Erfahrungen entwickeln sich über ihre eigene kurze Existenz hinaus, wie auch der eine Augenblick in den nächsten übergeht. Dies ist unser Glaube. Individuelle Kontaktepisoden stellen die verschiedenen Kontaktarten dar, die außerhalb der therapeutischen Erfahrung existieren, und sie üben noch Einfluß außerhalb der Therapiesitzung aus.

Jegliche Erfahrung hat eine allegorische Kraft, das heißt, die Kraft, Ereignisse, die über längere Zeit geschehen, zu kleineren Einheiten zu verdichten. Die therapeutische Erfahrung besitzt diese Kraft in besonderem Maße, da sie sehr intensiv ist und die Absicht hat, die Bedeutung der Erfahrung auf das tägliche Leben zu übertragen. Zusätzlich zu dieser Kraft gibt es jedoch drei hauptsächliche Methoden, die Allgemeingültigkeit des therapeutischen Kontakts zu fördern.

1. Lehren von Fähigkeiten, die im täglichen Leben angewandt werden können; 2. die Weckfunktion und 3. die Entwicklung eines neuen Selbstgefühls.

1. Lehren von Fähigkeiten. Im allgemeinen werden Fähigkeiten – wie zum Beispiel Fahrradfahren – mit einem klaren Ziel vor Augen und mit einer einigermaßen klaren Vorstellung der notwendigen Lernschritte gelehrt. Anders verhält es sich in der Psychotherapie, wo die Lehrmethode – obwohl gelegentlich eindeutig, beispielsweise wenn man jemandem beibringt, sich nicht mehr von anderen tyrannisieren zu lassen – meistens sehr subtil ist und die Fähigkeiten häufig auch nicht leicht zu identifizieren sind. Die Fähigkeiten können darin bestehen, sich einer kraftvolleren Sprache zu bedienen, die Augen offenzuhalten, sich beim Tanzen freier zu bewegen, der Klitoris eine starke Gefühlserregung zu gestatten, verbotene oder unangenehme Fragen zu stellen, ein Mädchen telefonisch um eine Verabredung zu bitten oder eine vergiftende Umwelt zu verlassen.

Die Fähigkeit des Therapeuten oder der Gruppe, Unterstützung oder Ermutigung für neue Verhaltensweisen zu geben, ist allgemein bekannt. Sie zeigt sich selbst dann, wenn keine spezifischen Instruktionen gegeben worden sind. Viele Patienten, deren sexuelle Phantasien angehört und akzeptiert werden und die dann anfangen, sexuell zu experimentieren, werden niemals auf *der gleichen Ebene* wieder Angst vor der Sexualität haben. Viele schweigsame Patienten, die in der Therapie ihre Redseligkeit erforschen, werden eher neue Möglichkeiten zu sprechen außerhalb der Therapie suchen. Wenn man einmal geliebt worden ist, vom Therapeuten oder von der Gruppe, dann wird man kaum zur alten Isolation oder Schüchternheit zurückkehren oder sich wieder mit ihnen abfinden.

Eine Frau machte ihrem Mann andauernd Szenen, weil er so häufig von zu Hause weg war. Doch genau die Tatsache, daß sie so reagiere, behauptete er, treibe ihn von zu Hause fort. Ich fragte sie, was sie machen könnte, was interessanter sei. Sie druckste eine Weile herum und gab schließlich zu, daß sie ihn vielleicht näherbringen könne, wenn sie ihm gegenüber liebevoller sei. Sie lächelte ihn also an, sprach sanft über das, was sie an ihm mochte, und erinnerte ihn an Dinge, die sie gern zusammen taten. Sie war einladend, und ihre Stimme klang intim und warm. Er war hocherfreut, und sie entdeckte, daß sie die Fähigkeit hatte, ihn näherzubringen, und daß sie sich nicht auf Beschwerden zu verlassen brauchte. Eine andere Patientin, die aufgrund ihrer konservativen und puritanischen Erziehung stark zur Schwarzweißmalerei neigte, mußte lernen, die Alternativen zu sehen.

In der Therapie lernte sie, andere Seiten ihres Charakters zu berücksichtigen und sie entdeckte in sich selbst einen schelmischen Humor und eine Ursprünglichkeit, die ihr neue Antworten auf ihre Probleme zeigten – sie verkaufte beispielsweise ihre ganze Einrichtung, weil sie sie langweilte.

Solche Beispiele gibt es viele. Wenn erst einmal eine Fähigkeit erlernt ist, dann kann sie benutzt werden; oder umgekehrt, wenn erst einmal eine Fähigkeit benutzt wird, dann kann sie erlernt werden. Wenn jemand in einem sicheren Weiher schwimmen lernt, dann kann er auch überall schwimmen. Wenn eine Frau in der Therapie lernt, daß sie charmant zu ihrem Mann sein kann, anstatt immer zu nörgeln, oder wenn ein Mann lernt, daß er nachdrücklich statt schüchtern sprechen kann, dann werden diese Menschen ihre Fähigkeiten wahrscheinlich auch überall anwenden.

Viele der in der Therapie erlernten Fähigkeiten sind Nebenprodukte des Öffnungs- oder Auflösungsprozesses. Wenn sich die verhaltensmäßige Perspektive – oder der »Grund« – des Menschen erweitert, dann wird er neuen Aktivitäten und Gefühlen gegenüber empfänglicher. Wenn man beispielsweise keimende Sexualität in der belebenden und verständnisvollen Atmosphäre der Therapie spürt, ist man angeregt, neue sexuelle Verhaltensweisen zu versuchen. Die darauffolgende Entwicklung der sexuellen Fähigkeiten ist nicht abhängig von direkten Auswirkungen, sondern entwickelt sich aus den Aktivitäten des Betreffenden heraus, durch die er entdeckt, wie er das tun kann, was sich früher außerhalb seiner Grenzen befand. Eine Fähigkeit kann solange nicht richtig erlernt werden, bis sie nicht erprobt wird. Indem er sie erprobt, setzt er die Risikoschwelle herab. In der Tat zielt die gesamte Therapie darauf ab, die Risikoschwellen zu verändern, indem in einer relativ sicheren Situation das erprobt wird, was in der Außenwelt aus Angst unterlassen wurde. Wenn erst einmal die neue Fähigkeit erprobt wurde, geht es nicht mehr darum, ob sich der Betreffende so verhalten *könnte,* sondern darum, ob er sich dazu *entschließt,* und wenn ja, unter welchen Umständen. Dies ist jedoch keine Alles-oder-nichts-Empfehlung. Die Therapie will neue Erfahrungsschwellen schaffen und nicht mehr das Verhalten total verändern. Der Betreffende wird wohl nicht so schnell verlegen, entmutigt oder eingeschüchtert, oder falls dies doch geschieht, dann wird er von diesen Gefühlen nicht so geschwächt. Und selbst wenn er geschwächt wird, dann wird er sich von diesen Rückschlägen besser erholen.

Das beiläufige und unbeabsichtigte Erlernen von Fähigkeiten durch den natürlichen Interaktionsprozeß ist natürlich unausweichlich. Aber in vielen Fällen gibt es doch eine klare Intention, spezifische Fähigkeiten zu lehren; wie man sprechen, gehen, stehen, atmen soll usw. Wenn jemand durch Übung lernt, pointiert zu sprechen, seine Ansichten zu begründen, sein Becken zu bewegen, seine Augen zu öffnen und seine Umgebung zu sehen, die Wahrheit über sich selbst oder das, was er beobachtet, zu sagen usw., dann *lernt er Fähigkeiten.* Der Therapeut braucht sich nicht zu sträuben, irgend jemanden irgend etwas zu *lehren;* ihn etwas zu lehren, bedeutet nicht, ihm etwas Fremdes aufzuzwingen; es darf auch nicht bedeuten, ihn der Gelegenheit zu berauben, aus eigenem Antrieb etwas zu erlernen, und es darf auch nicht die Tatsache ignorieren, daß das Leben mehr als eine spezifische Fähigkeit ist.

Nehmen wir folgenden Dialog zwischen Therapeut und Patienten an: »Versuchen Sie, Ihr Becken so zu bewegen.« Der Patient versucht es und sagt: »Ist das feminin?« Therapeut: »Ja, feminin, aber wie gefällt es Ihnen?« Patient: »Es fühlt sich weich an, so zu gehen«, und schließlich wird sein Gang frei und leicht, und er macht sich keine Gedanken mehr darüber, ob er feminin ist. Das ist durchaus legitim. Sie wären beide schwer benachteiligt, wenn der Patient das allein herausfinden müßte, ohne Anweisung oder Hilfe vom Therapeuten. Welchen Nutzen hätte die Therapie dann für den Patienten? Es ist natürlich ein Risiko, jemandem etwas zu lehren, denn man läuft Gefahr, daß der Patient zum Schluß nur nach Anweisungen handeln kann. Ohne Risiko kann man jedoch nur sehr wenig erreichen, und dieses Risiko scheint es wert zu sein, daß man es auf sich nimmt. Es ist in der Tat unvermeidbar, wie eifrig man auch die Unantastbarkeit der individuellen Initiative verteidigen mag. Häufig wird der Patient den Therapeuten imitieren oder versuchen, dessen Wünsche zu erraten. Wenn der Therapeut also über die Fähigkeit verfügt, jemandem etwas zu lehren, dann ist es nicht genug, gottesfürchtig darauf zu warten, daß der Patient das alles eines Tages selbst begreifen wird. Viele Fähigkeiten können direkt gelehrt werden, ohne dabei die Integrität des Lernenden anzugreifen. Wenn mein Schwimmlehrer mir sagt, daß ich fortwährend Wasser schlucke, weil die Beine zu tief im Wasser liegen, werde ich versuchen, die Beinstellung zu ändern und dabei entdecken, daß dies angenehmer ist. Ich muß mich immer noch darin üben, damit es auch geht, aber ich bin dankbar dafür, daß ich es nicht selbst herausfinden mußte. Vielleicht hätte ich dies nie bemerkt, oder erst nach langer Zeit, einer Zeit, die man viel besser für den nächsten Lernschritt verwenden kann. Wenn also der Therapeut jemandem, der unklar spricht, den Rat gibt, tiefer einzuatmen und dann zu sprechen, wenn sein Brustkasten noch voll Luft ist, so ist dieser Mensch nicht einer unabhängigen Funktion beraubt. Man könnte in der Tat behaupten, daß ihm dadurch eine festere Basis gegeben worden ist, auf der er seine individuelle Funktion ausüben kann.

2. *Erwecken.* Gute Therapeuten, aus welcher Schule sie auch immer kommen, sind interessante Menschen. Ihre Gespräche und Handlungen sind positiv und stimulierend. Wenn man mit ihnen zusammen war, fühlt man sich erneuert und zu neuen Entwicklungen ermutigt, noch lange nachdem der ursprüngliche Kontakt geschlossen worden war. Dieses Erwecken ist ein natürlicher Bestandteil des Kontakts. Das Talent des Therapeuten, Kontakt herzustellen, ist sein wichtigstes Instrument, mit dem er den anderen anregt, seine eigenen Energien zu benutzen und den Mut zur Veränderung zu finden. Erwecken an und für sich bringt – schafft vielleicht sogar – neue Möglichkeiten für Entschlüsse. Weiterhin hat jeder Entschluß ein neues Weckpotential.

Der Therapeut ist nicht derjenige, der schlafende Hunde liegen läßt, es sei denn, er ist der Meinung, daß sie so weniger Unheil anrichten. Wenn der Patient erst einmal eine angeregte, lebhafte Diskussion erlebt und sich daran beteiligt hat, wird er sich kaum noch mit einer langweiligen und stereotypen Konversation zufrieden geben, die zwar sicher, aber unbefriedigend ist. Er ist dazu angeregt, anderswo wieder das zu erschaffen, was er schon mit dem Therapeuten oder der Gruppe erfahren hat. Er mag auch allmählich seine Fähigkeit erkennen, andere Menschen zu erwecken. Er reagiert nicht nur auf eine erregende Situation, sondern er lernt auch, wie er solch eine Situation entstehen lassen kann, wenn er ihrer bedarf.

Die Schwierigkeiten beim Versuch, Dinge geschehen zu machen, liegen natürlich darin, daß die Umstände außerhalb der Therapie völlig verschieden und Frustrationen unvermeidlich sind. Aber die Erregung initiiert einen neuen Prozeß, der zumeist zu neuen Werten und Verhaltensweisen führt, manchmal verursacht er Veränderungen bei den Vorgesetzten, Mitarbeitern und beim Ehegatten. Der darauffolgende Mangel an Rhythmus, die Angst, das Chaos und der Konflikt sind Teil eines Aufruhrs, der einen fragen läßt, ob es das alles wirklich wert ist. Vorgesetzte oder Mitarbeiter verstehen nicht oder wollen nicht belästigt werden. Ehegatten sind gehetzt und unaufmerksam. Aber nur durch diese Risiken wird eine Veränderung eintreten. Nicht der Aufruhr ist notwendig für eine Veränderung, sondern das Risiko, daß er entstehen könnte.

Eine der erregendsten Erfahrungen im Leben besteht darin, sich zu verlieben. Dies geschieht nicht selten zwischen Patient und Therapeut oder zwischen Gruppenmitgliedern. In dieser Liebe liegt der Keim der Mobilisierung, der über die therapeutische Beziehung selbst hinausgeht. Ein 21jähriges, von Männern völlig isoliertes Mädchen berichtete mir von einem Traum, in dem sie Geschlechtsverkehr mit mir gehabt hatte, und behauptete dann, daß sie dies auch wirklich gern mit mir tun würde. Ihre Wünsche, so stark und furchterregend sie auch waren, entsprangen einer jungfräulichen Direktheit und erwärmten mich. Obwohl ich nicht bereit war, mit ihr Geschlechtsverkehr zu haben, sagte ich ihr, wie attraktiv ich sie fand. Sie konnte erkennen, wie stark mich ihre Offenheit bewegt hatte. Seitdem sind Männer zu einem Teil ihres Lebens geworden. Es war, als hätte sie die Sprache eines Landes gelernt, in dem sie ein Fremder gewesen war.

Aber nicht nur Liebe ist erweckend. Frustration ist eine andere bekannte Quelle der Erweckung. Wir haben schon erwähnt, daß PERLS von einem großen Teil seiner Arbeit gesagt hat, sie basiere auf einer kreativen Frustration. Seine Absicht war, den Patienten in seiner Bewegung auf ein Ziel zu frustrieren, das von PERLS' Mitarbeit *abhängig* war. Mit Hilfe der aus dieser Frustration sich entwickelnden Antriebskraft überwand der Betreffende seine Lähmung und wurde genügend wach, um Befriedigung durch seine eigenen Bemühungen zu erlangen.

Humor ist ein anderes erweckendes Element bei der Kontaktepisode, sowohl in der Therapie als auch außerhalb. Ausgelassenheit, der Scherz im richtigen Moment, necken, über Ungereimtheiten lachen, all das gehört dazu, sich einem anderen Menschen zu nähern, nicht nur wenn er Kummer hat, sondern auch in der Aufgeschlossenheit, die der Humor unausweichlich hervorruft. In den Gestaltgruppen ist Ausgelassenheit häufig anzutreffen. Manchmal ist dies sicher wirklichkeitsfremd, aber oft gehört es dazu, um die Ereignisse ins Leben zu rufen, die die Menschen aufgeschlossener machen.

In einer Gruppe hatte beispielsweise Barbara geschildert, wie sie mit ihren Kindern nicht fertig wurde und daß sie sich nicht auch noch gegen ihren Mann durchsetzen konnte, wenn sonst so viel auf sie zukam. Wir spielten eine Situation durch, die Barbara beschrieben hatte und in der sie einen Wagen voller Kinder samt Familienhund zum Schlittschuhlaufen gefahren hatte. Ihr Mann entschloß sich, auf eines der Kinder zu warten, welches immer zu spät kam oder etwas verlor oder sonst alles aufhielt. Wir stellten Stühle auf, um den Wagen darzustellen, verteilten die Rollen der Kinder und des Hundes unter den Gruppenmitgliedern, setzten Barbara hinter das Steuer und wählten jemanden, um den Ehemann zu spielen, der beschlossen hatte zu warten, bis das säumige Kind erschien. Die Szene war wirklich lustig – der Hund bellte, die Kinder stritten laut miteinander, wer wo sitzen sollte –, eine zum Brüllen komische Familienkomödie. Als der Spaß seinen Höhepunkt erreichte, entdeckte unsere weibliche Hauptperson, daß sie alle überbrüllen und ihrem Mann klarmachen konnte, was sie wollte, nämlich ohne das säumige Kind abfahren.

Berühren ist erweckend. Dramatische Geschichten sind erweckend. Neue physische Bewegungen sind anregend. Erkenntnis ist anregend. Richtiges Atmen ist anregend. Führerschaft ist erweckend. Ein Aufschrei ist erweckend. Ein Geheimnis zu enthüllen, ist erweckend. Die Liste der erweckenden Erfahrungen ist grenzenlos.

3. Das neue Selbstgefühl. Die Menschen sehen sich selbst meist unklar, ja sogar verzerrt. Sie hören ihre Stimme auf Tonband, oder sie sehen Filme von sich und wollen es nicht glauben. Carl ROGERS[51] glaubt, daß der Mensch aufgrund der Informationen, die er von anderen über sich erhält, ein Selbstbildnis von sich konstruiert. Dieses Bild kann in verschiedenem Maße verstellt, aber auch akkurat sein. Sein Gefühl von sich selbst beinhaltet auch die stereotypen Haltungen seiner Umwelt, Familie und Freunde. Ein Mann mag glauben, daß man streng sein muß, um ein guter Vater zu sein, mag aber selbst ein umgänglicher Mensch sein. Oder er mag der Meinung sein, daß er, um männlich zu sein, laut reden und aggressiv auftreten muß, obwohl er in Wirklichkeit ruhig und still ist. Die Gelegenheit, neue Informationen oder nichtstereotype Antworten zu erhalten, wie etwa in der Therapie, gibt dem Menschen neue Einsichten in seine Natur und die Implikationen seines Charakters.

Noch wichtiger für die Herbeiführung von Veränderungen im Selbstbild sind die eigenen Entdeckungen eines Menschen, wie sie durch neue Verhaltensweisen oder neu erlernte Fähigkeiten entstanden sind. Derjenige, der beispielsweise in einer Gruppe feststellt, daß er teilnahmsvoll auf die Sorgen eines anderen reagiert – wohingegen er sich früher nur als schroff und ablehnend gesehen hat – ist jetzt frei, aufgrund dieser Entdeckung weiterzugehen und jemanden, der weint, zu umarmen oder zu trösten. Diese Handlungen, ungeachtet des Feedback von anderen, verändern in sich schon das Selbstbild. Die Theorie der kognitiven Dissonanz[52] besagt, daß ein Verhalten, das mit den etablierten Attitüden nicht übereinstimmt, nach Veränderung verlangt. Diese Veränderung besteht normalerweise darin, die ursprüngliche Haltung dem tatsächlichen Verhalten anzupassen. Wenn ein Mensch sich anders verhält, wird er dementsprechend auch seine Einstellung zu sich selbst ändern.

Ein Mann erwies sich in der Therapie als sehr liebenswert. Niemand, nicht einmal er selbst, sah ihn so, da er sich als Teil seiner Rolle als ehrgeiziger Ingenieur ein forsches Auftreten zugelegt hatte. Als ich bemerkte, daß er sehr liebenswert sei, errötete er vor Überraschung und Hoffnung, und er war beinahe zu Tränen gerührt. Seinem gewohnten Selbstgefühl war eine neue Information hinzugefügt worden.

Naomi sah sich selbst als intuitiv sensibel, aber zu einer genauen Beschreibung unfähig. Eines Tages forderte ich sie auf, ein Gemälde in meinem Büro zu beschreiben. Sie liebte dieses Bild und hatte schon häufig auf die sich verändernden und glühenden Farben reagiert. Diesmal aber sollte sie es mit direkten, konkreten Begriffen beschreiben, so daß es sofort für einen Menschen erkennbar war, der es zum erstenmal in einem Raum voller Bilder erblickte. Als Naomi dies tat, wurde ihr die Schwierigkeit dieser Aufgabe bewußt – sie biß die Zähne aufeinander, verkrampfte die Kiefer und stieß die Worte hervor. Sie erkannte auch, welchen Groll sie in ihrer Kindheit gegen die Erwachsenen empfunden hatte, die ihr die richtige Art eingeschärft hatten, auf Dinge zu reagieren – die Freude zu ignorieren und nur die trockene Beschreibung gelten zu lassen. Aber jetzt entdeckte Naomi, daß sie das Bild tatsächlich beschreiben konnte, ohne ihre Freude daran zu vermindern.

Ted, ein konservativ eingestellter Mann mit einer halben Million Dollar auf der Bank, lebte sparsam von seinem Verdienst als Arzt. Er enthielt sich nicht nur, sein Geld auszugeben, er erfuhr es nicht einmal als realen Faktor in seinem Leben.

Als Ted begriff, daß das Geld tatsächlich vorhanden war und eine Quelle für Handlungsmöglichkeiten darstellte, begann er sich als kraftvollen, unabhängigen und reichen Mann zu erfahren. Als erstes richtete er seine Wohnung so ein, wie er es wirklich wollte, und – noch wichtiger – in ihm tauchte auch der Wunsch auf, einen neuen Lebensstil zu schaffen.

Zusammenfassend kann man sagen, daß das Lehren neuer Fähigkeiten, die Kraft, andere zu erwecken, und die Veränderung im Selbstgefühl alles zusammen die therapeutische Erfahrung zu einem Anreiz machte, sich auch ohne Therapeut oder die Gruppe einen neuen Lebensstil zu schaffen. Der Übergang ist schwierig, da der Schutz und die Vereinfachungen der Therapie im täglichen Leben fehlen. Die Veränderungen können auch nicht in den therapeutischen Sitzungen vollständig durchgeführt werden. Wenn das Neuerlernte anfangs in der nichtgarantierten, nichttherapeutischen Situation ausprobiert wird, wird das Verhalten vielleicht nicht zum persönlichen Stil des Betreffenden passen, oder es kann Konsequenzen haben, die nicht vorhersehbar waren, oder falsch aufgefaßt werden und Erweiterung und weitere Reaktionen erfordern. Wenn der Betreffende selbstsicher wird, wird er natürlich auch in seinem Verhalten flexibler. Er wird sein Verhalten ändern oder neue Variationen improvisieren können, so wie es die sich verändernde Szene erfordert. Was der Mensch also in den therapeutischen Sitzungen lernt, dient meist als Einübung für das tägliche Leben. Doch weiß er nicht immer, welche Auswirkungen sein Verhalten haben wird. Mit wachsender Erfahrung wird er immer empfänglicher für die Erfordernisse des Neuerlernten. Fehler können assimiliert werden, das Bedürfnis nach früheren selbstzerstörerischen und lähmenden Stützen verringert sich, und die Gelegenheiten zum Erproben neuer Methoden dienen dazu, die neuen Erfahrungen zu konsolidieren und sie in eine neue Realität zu verwandeln.

Wiederauftauchen

Neue Vorstellungen und Verhaltensweisen zu assimilieren, ist also schwierig, da es eben kompliziert ist, therapeutische Entwicklungen in das tägliche Leben zu integrieren. So ist es nicht überraschend, daß Themen, die eine Lösung erfordern, häufig wiederkehren. Während manche Themen ein ganzes Leben lang immer wiederkehren, können andere in einem bestimmten Zeitabschnitt durchgespielt werden, so daß sie sich nicht mehr wiederholen. Der Drehpunkt, an dem das Bedürfnis nach Veränderung auf eine Kraft stößt, die sich mit gleicher Stärke der Veränderung widersetzt, stellt sich wiederholt ein, bis der Betreffende seine Ich-Grenzen Schritt für Schritt so erweitert, daß das aufgenommen wird, was früher nicht assimilierbar war. Das Wiederauftauchen von bestimmten Themen stellt die stückweise Exploration eines psychologisch nicht abgesteckten Gebietes dar.

Eine Patientin verlangte während der ersten Monate ihrer Therapie, wie eine Dame behandelt zu werden. Nachdem ihr ihre Damenhaftigkeit und deren Implikationen klar geworden waren, machte sie sich keine Gedanken mehr darüber, ähnlich wie ein Erwachsener, der Spielzeug nicht mehr braucht.

Ein anderer Patient machte sich wiederholt Sorgen über seine gelegentlichen homosexuellen Aktivitäten und auch darüber, welche Bedeutung das für seinen Wert als Mensch hatte. Dieses Thema wurde vermittels zahlreicher Phantasien, Berichte über seine Erfahrungen, Dramatisierung relevanter Situationen, wiederholter Konfrontation mit dem Therapeuten durchgearbeitet. Dann entdeckte er seine Potenz Frauen gegenüber, heiratete, und schon bald wurde kein weiteres Wort über Homosexualität in seinen therapeutischen Sitzungen erwähnt. Er hat sich nicht dazu *entschlossen*, nichts mehr darüber zu sagen; es war einfach nicht mehr interessant. Jetzt begann er, seine Angst hinsichtlich seiner beruflichen Entwicklung zu erkunden und seiner Fähigkeit, Geld zu verdienen, das er jetzt dringender als vorher benötigte. Seine Fähigkeit, klare, berufliche Aussagen zu machen, seine Bereitschaft, das Risiko einer gelegentlichen Blamage einzugehen, und seine Erfindungsgabe wurden zum Mittelpunkt seiner therapeutischen Anstrengungen. Angst war immer noch ein wichtiger Faktor in seinem Leben – obwohl nicht mehr so zwingend wie früher –, aber diese Angst betraf jetzt andere Dinge.

Man könnte sich deshalb fragen, wozu es gut sein soll, homosexuelle Probleme dadurch zu lösen, daß man sie mit denen des Heterosexuellen vertauscht. Der Vorteil ist groß, denn durch die Veränderung seiner Probleme selbst löst er sich von der grundlegenden neurotischen Qualität der Unbeweglichkeit. Wer behauptet, man kann ein Leben ohne Probleme leben, geht mit den neuen Kleidern des Kaisers hausieren. Die Probleme so verändern zu können, daß sie das gegenwärtige Leben reflektieren, ist nicht zu verachten. Einer der schlimmen Aspekte der Neurose ist, daß sie so langweilig ist. Anfälle von Panik und Angst kann man natürlich kaum langweilig nennen. Jedoch die größtenteils unveränderliche Qualität der neurotischen Existenz führt dazu, daß ungewohnte Aspekte einer Situation abgelehnt werden und alles in die alten Gleise gebracht wird. Während man zu neuen Themen übergeht, entdeckt man, wie man mit Problemen ganz allgemein fertig wird, sowie die Zuversicht, daß durch den Kontakt das Problem sich lösen lassen wird. Wenn Themen wieder auftauchen und gelöst werden, dann erscheinen ihre Lösungen verläßlicher.

Wenn schließlich die Themen ein Leben lang immer wieder auftauchen, dann können die Lösungen zu einem inhaltsreichen Lebensstil führen anstatt zu einer einfachen und sich wiederholenden Meisterung von Problemen. Ein Mensch mag sein ganzes Leben lang Frauenkleider entwerfen, da er ein starkes Bedürfnis hat, sie schöner zu machen, als sie seiner Meinung nach sind. Oder er wird Therapeut wegen eines unerledigten Bedürfnisses, seiner Mutter zu helfen. Oder er wird Musiker, um das Unaussprechliche ohne Worte ausdrücken zu können. Sicherlich beinhalten diese Bedürfnisse eine Entwicklung der Erfindungsgabe, selbst wenn bekannte Themen durchgespielt werden. Wenn das Spektrum neuernder Lösungen breit genug ist, dann können diese Themen fruchtbare Leitmotive für eine ganze Lebensspanne sein.

Andere Einflüsse auf die Kontaktepisode

Es gibt drei zusätzliche Faktoren, die bei der Entwicklung der Kontaktepisoden sowohl störend als auch anziehend wirken können: Liebe, Haß und Wahnsinn. Sie stören, weil wir sie fürchten, wenn sie drohen, unsere gewohnten Toleranzgrenzen zu sprengen. Sie sind anziehend wegen ihrer Kraft, jede Richtung einzuschlagen, in die unsere inneren Kräfte streben. Sie sind so starke Erfahrungen, daß sie in verschiedener Form viele Kontaktepisoden durchdringen. Ein Mensch lernt beispielsweise eine spezifische Fähigkeit in bezug auf das Lieben oder das Geliebtwerden, er mag die erregende Energie der Liebe oder des Geliebtwerdens erfahren, und sein Selbstgefühl wird wesentlich dadurch geändert werden, daß er sich selbst als liebevoll oder liebenswert empfindet.

1. Lieben. Die Formen, in denen sich die Liebe manifestiert, reicht von der unverbindlichen Freundlichkeit über Verführung, Sexualspiele, Ergebenheit, bis hin zum süchtigmachenden Zustand des Verliebtseins. Ohne die süchtigmachenden Eigenschaften der Liebe würde ein Großteil des Risikos, das das Lieben enthält, verschwinden – sowohl in wie auch außerhalb der Therapie. Innerhalb der Therapie, wo Liebe praktisch unausweichlich ist, kann man lernen, zwischen Liebe und Abhängigkeit, Liebe und Besessenheit und vielleicht sogar zwischen Liebe und Sexualität zu unterscheiden. Der Durcharbeitungsprozeß verlangt vom Betreffenden, daß er Gefühlsregungen als ein Produkt seiner Persönlichkeit akzeptiert und daß er erkennt, daß seine Gefühle auf so viele Arten zu befriedigen sind, wie seine Findigkeit nur erdenken kann. Wenn er unter den günstigen Bedingungen der Therapie seinen gewohnheitsmäßigen Widerstand gegen die Liebe überwunden hat, dann hat er entdeckt, wie er das Lieben ohne List, Strategie oder Stereotype erfahren kann. Wenn er einmal über die reinen Konventionen des Liebens hinausgegangen ist, dann wird er fähiger, alle Befriedigungen zu erlangen, die therapeutische Beziehung trotz ihrer natürlichen Grenzen bietet. Wenn dann die gleichen Gefühle anderswo auftauchen – solange sie nicht an irgendwelchen vorgeformten Arten der Liebe hängenbleiben –, sind die Chancen zur Befriedigung im allgemeinen wesentlich größer. Mit solcher Freiheit, Erfahrung ohne stereotype Forderungen zu akzeptieren, sind die süchtigmachenden Qualitäten der Liebe nicht so drohend, und der Erfolg wird nicht auf eine einseitige Konzentration auf nur einen Menschen reduziert.

Wenn ein Patient zum Beispiel den Therapeuten liebt, dann wird er mit ihm vielleicht Geschlechtsverkehr haben wollen. Wahrscheinlich wird er es nicht tun, aber dennoch ist er immer noch offen für die vielen Interaktionen, die die Beziehung erregend und bedeutungsvoll machen. Der Patient, obwohl er Vorteile daraus zieht, braucht immer noch jemand, mit dem er Geschlechtsverkehr haben kann. Wenn einmal dieses Bedürfnis nach Liebe an die Oberfläche gedrungen ist, wird der Patient dazu angeregt, das, was er benötigt, aus anderen Beziehungen zu bekommen, so wie sie sich ergeben. Ist dies denn nicht nur eine Verlagerung des sexuellen Drangs vom Therapeuten auf einen anderen Menschen – eine Ersatzerfahrung, die sich einfach auf ein Gefühl der Ablehnung gründet? Möglich, aber nur dann, wenn der Mensch weiterhin verbissen an seinem Ideal festhält und versucht, wenigstens einen Ersatz zu finden.

Das Gegenmittel gegen das Festhalten ist die Entdeckung der Vielgestaltigkeit, die Erkenntnis, daß jede Erfahrung in sich gültig ist und nicht nur einen Ersatz für eine andere Erfahrung darstellt. Der gesunde Mensch ist nicht nur der Gefangne seiner Gefühlsregungen. Gefühle weisen nur auf ihr eigenes Verschwinden hin.

Gefühle *wollen* verschwinden – sie haben keinen Anspruch auf Unsterblichkeit. Sie gehen den für sie bestimmten Weg bis ans Ende. Dann sind sie fort, nur um von neuen Gefühlen ersetzt zu werden, die genauso entbehrlich und bescheiden sind. Nur Sentimentalität, die auf der vagen Furcht vor der verfrühten Unterbrechung basiert, führt zu dem Bedürfnis, sich anzuklammern, führt zum Gefühl der Unverletzlichkeit und zum Bedürfnis nach einer Garantie, wo man versucht, das zu erhalten, was vom Wesen her unbeständig ist.

Unsere Aufgabe in der Therapie ist es, bei der Wiederentdeckung der Progression im Leben zu helfen. Wenn eine Erfahrungseinheit endet, dann beginnt die nächste, und dieser Prozeß ist es, der die Unsterblichkeit ausmacht, nicht das Idolisieren einer Einzelerfahrung.

Aber wir wollen das tatsächliche Dilemma, das in der Therapie durch die Intensität der Gefühle entsteht, nicht unterschätzen. Das Gefühl der Dringlichkeit kann stark werden, der Weg zur Vollendung kann mit Schwierigkeiten gepflastert sein, und das Bedürfnis, in der Hoffnung auf ein vorherbestimmtes Kriterium der Vollendung auszuharren, kann den Betreffenden gefangenhalten. Es ist nicht einfach zu begreifen, daß Liebe nicht Bindung bedeutet, besonders dann, wenn die Liebe nicht mit den bekannten, hochgepriesenen Aufmerksamkeiten belohnt wird, die unser sozialer Kodex vorschreibt.

Ruth war beispielsweise wütend und sogar desillusioniert, als ich sie bei einem Krankenhausaufenthalt nicht besuchte. Sie hatte meine Zuneigung bei unserer Zusammenarbeit häufig erfahren und glaubte jetzt, da ich sie nicht besucht hatte, daß meine Zuneigung nur vorgetäuscht gewesen sei, eine reine Technik, um sie zu heilen. Ruth mußte lernen, daß die herzlichen Reaktionen auf ihren Humor, auf ihre Traurigkeit, auf ihre Einfälle tatsächlich ehrlich waren. Sie führten einfach nicht dazu, daß ich sie im Krankenhaus besuchte. Dies mag nun einen echten Grund für ihren Zorn und ihre Enttäuschung geliefert haben, aber es negierte weder die Wärme, die ich für sie empfand, noch die Anziehungskraft, die Ruth durch meine Zuneigung in sich selbst entdeckt hatte. Ihre Anziehungskraft hing jedoch nicht davon ab, daß ich diese entsprechend ihrer stereotypen Forderungen ständig bestätigte. Es ist sehr schwer einzusehen, daß auch unerwiderte Liebe gesund und stärkend sein kann. Die Konfrontation mit der Wirklichkeit der Liebe anstatt nur mit ihren gewohnten Formen bringt den Patienten dazu, die Liebe zu sehen, wie sie ist und nicht wie sie sein *sollte*.

Dies mag wie eine nüchterne Auffassung der Liebe erscheinen, bei welcher der eine Partner keine Verantwortung empfindet, auf die Erwartungen zu reagieren, die manche Kontakte entstehen lassen, doch es verhält sich anders. Es gibt Erwartungen, die zurecht entscheidend sind für das Niveau bestimmter Beziehungen. Doch diese Erwartungen dürfen keinesfalls stereotype Schuldscheine sein, die aus früheren gesellschaftlichen Verträgen abgeleitet werden. Sie sind Teil des Prozesses der gegenseitigen Entdeckung und stellen eine sensible Aussage darüber dar, in welcher Beziehung ein Mensch zu einem anderen steht.

Ruth kam also zu der Erkenntnis, daß meine Zuneigung für sie ehrlich war, aber daß sie nicht unbedingt zu einem Krankenhausbesuch führen mußte.

Es wäre eine große Verlockung, Ruths Verhalten als eine dumme Wiederholung der unerledigten Geschäfte in bezug auf ihren Vater interpretieren zu können, der ihr nur wenig Aufmerksamkeit geschenkt hatte. Der Druck einer aktuellen Liebesbeziehung kann sehr stark sein. BREUER hat dies vor langer Zeit entdeckt, als er deswegen die psychoanalytische Richtung verlassen mußte. FREUD erwies sich als fähiger, diesen Druck zu ertragen, aber selbst er mußte das Prinzip der Übertragung einführen, um sich abzusichern. Mit Hilfe des Prinzips der Übertragung war es ihm und seinen Nachfolgern möglich, den Kontakt dadurch zu entpersonalisieren, daß sie ihn als völlig unabhängig von der Persönlichkeit des Therapeuten darstellten.

In der Gestalttherapie versuchen wir, uns auf die Beziehung an sich zu konzentrieren. Sich selbst wieder als liebevoll zu erfahren, bedeutet die Wiederentdeckung eines Aspekts der vollen Selbsterfahrung, die im täglichen Leben vieler Menschen schwach oder gar nicht vorhanden ist. Liebe ist mehr als nur eine Cause célèbre oder ein gesellschaftsfähiger Fall der Monomanie. Sie ist nicht unwiderruflich an ein auslösendes Objekt gebunden, sondern sie ist eine Funktion des liebenden Menschen. Je mehr er also lernen kann, viele Menschen auf vielerlei Weise zu lieben, desto größer werden seine Chancen der Erfüllung und Befriedigung. In der Sicherheit der Therapie oder der Gruppe, in der Kontinuität der Interaktionen, in der Erregung, attraktive Menschen kennenzulernen, in der Tiefe und Intimität eines guten Kontakts, selbst angesichts der Verletzbarkeit, die das Bedürfnis nach Liebe häufig mit sich bringt, entstehen für den Patienten optimale Bedingungen, einen anderen Menschen zu lieben.

Wir wissen alle, daß Liebe schön und bereichernd sein kann, ohne die begleitenden Stereotype und Verpflichtungen, die aus solchen Erscheinungen wie Permanenz, Ausschließlichkeit und Leidenschaft entstehen können. Die Liebe zu seinem Universitätsprofessor kann einen Studenten dazu anspornen, sich selbst und seine Ausbildung ernst zu nehmen und ihn in neue Richtungen beim Lesen, Denken und in der Kommunikation lenken. Es ist verwerflich, den Menschen ihre liebenden Gefühle auszureden. Die Menschen müssen vielmehr lernen, daß jemanden zu lieben nicht bedeutet, daß sie den Betreffenden heiraten, mit ihm schlafen, ihn auf die Universität schicken, auf Parties einladen oder immer mit ihm zusammensein müssen. Es kann so sein, muß aber nicht. Erwartungen, ja; Forderungen, nein!

2. Hassen. Genau wie Lieben eine grundlegende Bedeutung für ein breites Spektrum von Handlungen und Gefühlsregungen hat, so schließt auch Haß eine Fülle von interaktiven Möglichkeiten ein, wie Zorn, Ablehnung, Ausschluß, Mißtrauen, Streit, Entfremdung und vieles andere. Haß ist Abfall, der aus der Anhäufung unausgedrückter Gefühle, Worte oder Handlungen besteht, welche durch persönliche Bedrohung entstehen. Der Haß ist von genauso zentraler Bedeutung für die Kontaktepisode wie die Liebe, da es eine Kraft ist, die einem Nichtkontakt entspringt, der jedoch nach Kontakt drängt. Die besonderen Kontakte, die Haß begleiten, nehmen so in Anspruch, daß sie, wenn sie nicht in der therapeutischen Erfahrung konfrontiert werden, das Kontaktpotential ernsthaft vermindern. Es ist entscheidend, einen Teil des Kontaktreichtums wiederzuerlangen, der zurückgehalten wird. Der Betreffende fürchtet sich vor den Gefühlen, die entstehen können, wenn seine Haßgefühle freigelassen würden, und er fürchtet sich vor den möglichen Konsequenzen einer solchen Freilassung. In der Phantasie, der Mutter oder dem Chef die Meinung zu sagen, einen Tyrannen aus der Nachbarschaft im Bild zu schlagen, die Schicksalsmächte im Zorn anzubrüllen, einem Freund nein zu sagen, heftig auf seinen Rechten in der Therapie oder der Gruppe zu bestehen, das alles sind Kontakterfahrungen, die zu Entfremdung oder Impotenz führen können, wenn man sich ihnen nicht stellt. In all den vielen Formen, die der Haß annehmen kann, existiert ein so großes Reservoir an Erregung, daß es droht, den Betreffenden in seinem giftigen Strom zu ertränken. Niemand kann es sich leisten, dies leicht zu nehmen. Tempo und Timing des Ausdrucks von Haßgefühlen müssen sorgfältig bestimmt werden, um die Integrität des Betreffenden zu respektieren. Wenn dieser wieder Frieden durch Vollendung erlangen soll, müssen die organischen Eruptionen, die aus Haßgefühlen entstehen, als zeitgemäß und kulminativ erfahren werden, nicht gezwungen oder gekünstelt. Wild um sich schlagen kann unwirksam sein, wenn der Therapeut oder die Gruppe einen blockierten Menschen so reizt, daß er seinem Zorn Ausdruck verleiht. Solcher Zwang kann auch selbst auferlegt sein; beispielsweise verkündete ein Gruppenmitglied am Beginn eines Workshop, es sei ausschließlich aus dem Grunde gekommen, um seinem Zorn ein Ventil zu verschaffen. Diese Absicht färbte sein ganzes Verhalten der Gruppe gegenüber. Andererseits erwies sich die Gruppe in Wirklichkeit als Quelle großer Wärme für ihn. Es wäre wenig zweckdienlich gewesen, wenn er die Gruppe nur als Blitzableiter benutzt hätte. Der Zorn, der auf solch wenig spontane Art entsteht und abreagiert wird, kann nur Machwerk sein.

Unglücklicherweise existieren mehr als genug echte Möglichkeiten für den natürlichen Fluß der Feindseligkeit, so daß wir sie nicht zwanghaft schaffen müssen.

In der Wut ergriff eine Patientin meinen Lieblingsaschenbecher und warf ihn zu Boden, so daß er in tausend Stücke zersprang. Ich beugte mich vor und gab ihr kräftig eine aufs Hinterteil. Es tat ihr wirklich weh, und sie war sehr überrascht, denn sie hatte bestimmte Vorstellungen von der Freizügigkeit in der Therapie. Kein Zweifel, selbst diese kurze Erfahrung war eine entscheidende Kontaktepisode. Während dieses Kontaktes wurden verschiedene Dinge gelernt: wie es war, meinen Aschenbecher auf den Boden zu werfen; wie es war, von mir geschlagen zu werden; die demütigende – wenn auch glücklicherweise nicht erniedrigende – Wiederherstellung der Realität. Eine weitere Lektion lieferte die darauffolgende Versöhnung zwischen uns beiden.

Obwohl sie sich ungebärdig verhalten hatte, war, im ganzen gesehen, die Auflösung genauso wichtig für die Episode, wie es der Schmerz gewesen war. Zu einem früheren Zeitpunkt hätte sich die Feindseligkeit der Frau passiv ausgedrückt, durch Schweigen, Selbstzweifel und Verwirrung. Ihre frühere sterile Unnahbarkeit verwandelte sich diesmal in Zorn, der zwar noch nicht geschickt ausgedrückt wurde, aber erregend und empfänglich für die Auflösung war. Offensichtlich war der Übergang zu einem zornigen Kontakt ein fruchtbares Ereignis.

Andere Manifestationen der auf Haß basierenden Kontaktepisode sind subtiler. Der langweilige Gesprächspartner, derjenige, der am Thema vorbeiredet, derjenige, der zu spät kommt, der Verwirrende, der Unnachgiebige, sie alle lenken ihre Feindseligkeit ab, um minimal kontaktfähig zu sein. Die Ablenkung läßt sie nicht zielgerichtet und unerreichbar erscheinen. Sie müssen ihre Konzentration erhöhen und ihre Gefühle und Richtungen identifizieren. Für den Menschen, der seine Feindseligkeit retroflektiert, ist das Gefühl einfacher zu identifizieren; er muß es nur umdrehen und von sich selbst weg- und auf den Kontakt mit dem entsprechenden Ziel lenken. An der Erkenntnis ist nichts wesentlich Neues oder Überraschendes, daß die Feindseligkeit in der Psychotherapie wesentlich ist. Neu ist das Konzept der Kontaktgrenzen als Ort einer wiederherstellenden therapeutischen Handlung, und das der Kontaktepisode als Folge von Lebensereignissen, innerhalb derer der Kontakt geschaffen wird.

3. Wahnsinn. Tief im Menschen steckt eine reflexive Furcht vor dem eigenen Wahnsinn. Diese Furcht bestimmt und durchdringt die Kontakte, die er zu schließen bereit ist. Die Abwehr gegen den Wahnsinn ist am stärksten bei denjenigen, deren Abwehrmechanismen von der Gesellschaft als »wahnsinnig« bezeichnet werden. Dies sind die Menschen, die alles tun, um ihre geistige Gesundheit zu beweisen: der Halluzinierende, der auf der Realität dessen besteht, was er sieht; der Katatoniker, der seinen Körper so stark gegen den Ausbruch seiner übersteigerten Erregung verkrampft, daß er sich noch nicht einmal vom Stuhl erheben kann, und der Depressive, der an die Sinnlosigkeit des

Lebens glaubt, damit seine eigenen verrückten Bedürfnisse nicht nach Befriedigung verlangen. In geringerem Maße sitzen wir alle im gleichen Boot und verhindern den Kontakt, der mit Wahnsinn drohen könnte. Die Furcht vor dem Wahnsinn muß in der Entwicklung der Kontaktepisode respektiert werden – teilweise als Vorsichtsmaßnahme, um die Einheit des Menschen zu erhalten, und teilweise, weil die Furcht vor dem Wahnsinn eine Wachsamkeit erzeugt, die eine starke kontaktfeindliche Kraft freisetzt.

Wie schon erwähnt, wenn ein Mensch den Ich-Grenzen zu nahe kommt, hat er das Gefühl, er könnte verschwinden, sich auflösen oder sich selbst fremd werden. Wenn er sich dieser Grenze nähert, zweifelt er auch mehr an einem erfolgreichen Ergebnis. Er fürchtet, die Richtung zu verlieren, seine eigenen Handlungen sind ihm fremd und die Ergebnisse unsicher. Verrückt zu werden, bedeutet natürlich, den extremsten Verlust des eigenen Wahlsystems zu erfahren. In einer milderen Form erlebt man etwa das gleiche Gefühl, wenn man sich albern benommen, sich übermäßig aufgeregt oder gegen besseres Wissen etwas getan hat. Dieses Gefühl ist oft Gegenstand der therapeutischen Erkundung. Der Mensch, der nicht berühren will, der keine Rede halten will, der ständig lächelt, um seine Angst vor der Depression abzuwehren, derjenige, der sich davor fürchtet, seine Scham wegen der Masturbation offen darzulegen, sie alle sind Gefangene ihrer Furcht vor dem Wahnsinn. Für sie ist Wahnsinn das nicht assimilierbare Übermaß, welches sich drohend einstellt, wenn die Kontrollen nachlassen. Die Herrschaft über sich selbst steht auf dem Spiel, wobei manchmal ein wirkliches Risiko besteht, wenn auch nicht in jedem Fall. Man muß unterscheiden, ob die Furcht rein anachronistisch ist, oder ob sie einigermaßen mit den Tatsachen übereinstimmt. Wenn jemand wirklich befürchtet, daß seine Albernheit in Hebephrenie umschlagen wird oder daß er nicht mehr zu weinen aufhören wird, wenn er einmal anfängt, dann wäre es sicherlich klug, Albernheit und Weinen abzublocken. Die Entdeckung, daß diese Ausbrüche ihre eigene Vervollständigung haben umd mit der Zeit anderen, wichtigen Aspekten der Existenz weichen werden, ist von entscheidender Bedeutung bei der Etablierung eines Gefühls der persönlichen Herrschaft im Leben.

Die notwendige Unterstützung für die Erforschung dieser Ängste kann aus verschiedenen Richtungen kommen. Wichtig ist beispielsweise das Gefühl, daß der Therapeut oder jemand anders im Notfall unbedingt da sein wird, so daß man zeitweise die eigenen gewohnheitsmäßigen Einschränkungen aufgeben kann.

Kevin litt unter der entsetzlichen Vorstellung, wie Kinder auf einem Spielplatz von einem riesigen Ungeheuer geschluckt wurden, das vom Himmel auf sie herabstürzte. In einer heftigen Aufwallung der Emotion und der Ohnmacht begann Kevin zu schreien, als ob das Ungeheuer tatsächlich sei. Dann begann er zu weinen. Erst nachdem ich ihn festgehalten und getröstet hatte, hörte er nach und nach zu weinen auf, und es entstand ein neues Gefühl des Friedens durch den unmittelbaren Kontakt mit mir. »Wo kann ich Sie erreichen, wenn ich Sie brauche?« ist eine ernst zu nehmende Frage. Sie liegt allen Beziehungen zugrunde, bei denen ein gemeinsames Abenteuer lockt und wo man intuitiv spürt, daß die eigenen Kräfte nicht ausreichend werden, wenn einmal die gewohnte Wachsamkeit nachläßt.

Eine weitere Quelle der Unterstützung ist die Erwartung und die Versicherung, daß die Bewegung in die vorher nicht assimilierbare – undenkbare – Erfahrung sich allmählich und den Bedürfnissen des Betreffenden entsprechend gestalten wird. Er muß wissen, daß seine Ich-Grenzen ohne irreparables Risiko erweitert werden und daß er Rückzugsmöglichkeiten finden wird, wenn er sie benötigen sollte. Vielleicht braucht er sich nicht weit zurückzuziehen, aber er muß das Gefühl haben, daß er sich so weit zurückziehen kann, wie er will. Diese Prämisse liegt dem Experiment zugrunde, welches im neunten Kapitel besprochen wird. Grundsätzlich bedeutet das, daß wir dem Widerstand gebührende Aufmerksamkeit schenken und daß wir die Bedingungen der Erforschung ändern, entsprechend der Natur des jeweiligen Widerstands. Wir fordern beispielsweise einen Menschen auf, seinen Gesprächspartner anzuschauen, und er kann das nicht. Um diese Erfahrung in ihrer Intensität abzuschwächen, könnten wir ihn statt dessen auffordern, sich im Raum umzusehen und zu beschreiben, was er sieht. Wenn er einmal seine Bereitschaft wiedererlangen kann, unter weniger bedrohlichen Umständen zu sehen, dann wird es ihm eher möglich sein, sein Sehvermögen auch unter bedrohlicheren Umständen zu benutzen. Wenn er befürchtet, daß eine übereilte Handlung, der er keinen Widerstand leisten kann, dadurch ausgelöst wird, daß er einen anderen Menschen näher ansieht, dann lernt er, daß er sehen und dabei erregt sein kann, ohne sein Gefühl der freien Wahl zu verlieren. Schrittweise vorzugehen, kann die am wenigsten schmerzliche, die risikoloseste sowie die am ehesten assimilierbare Entwicklung herbeiführen.

Diese Methode hat aber ihre Grenzen. Das Leben ist einfach nicht kooperativ, und man muß bereit sein, die gelegentlichen Konfrontationen mit explosiven Möglichkeiten zu akzeptieren. Jeder richtet sein Leben teilweise nach seiner Bereitschaft und seiner Fähigkeit ein, mit diesen Explosionen umzugehen. Das Verhältnis zwischen Unbesorgtheit und Vorsicht wird sehr häufig ein Hauptfaktor bei der Bestimmung des eigenen Arbeits- oder Lebensstils. Die unbedachte Erfahrung kann mehr als nur chaotisch und nicht in Einklang mit der Realität sein. Tatsächlich verrichten einige unbedachte Menschen ihre Arbeit wagemutiger und effektiver als der vorsichtige Mensch. Der unbedachte Patient bewegt sich häufig mehr als der vorsichtige, aber er muß bereit sein, Irrtümer und Schmerz auf seinem manchmal sprunghaften Weg zur Lösung und Entwicklung zu überwinden. Was manchmal wie Wagemut aussieht, ist in Wirklichkeit ein sensibles und fähiges Funktionieren mit geringerem Spielraum für Fehler als bei Menschen, die mit weniger Elan operieren. Was für den einen ein tollkühnes Risiko ist, kann für den anderen elegant und brillant sein. In dieser Hinsicht ähneln die Beziehungen zwischen Therapeut und Patient im allgemeinen der Kunstfertigkeit von Zirkusakrobaten, politischen Strategen oder Großwildjägern. Wenn sie ihr Ziel verfehlen, stecken sie in der Patsche; doch die geschicktesten sind viel erfolgreicher als manche, die vorsichtiger sind.

Eine weitere Quelle der Unterstützung, wenn man mit den Möglichkeiten des eigenen Wahnsinns konfrontiert wird, entspringt dem Wissen des Betreffenden, daß er nicht das tun muß, was er nicht tun *will*. Es ist wichtig, die selbstregulierenden Qualitäten einer persönlichen Wahl zu respektieren. Manchmal ist es möglich, mit den Einwänden eines Menschen gegen bestimmte Aktionen fertig zu werden, ohne dabei zum zurückgewiesenen Verhalten zurückzukehren. Wir fordern beispielsweise einen Mann auf, sich vorzustellen, daß seine Mutter ihm gegenüber im Sessel sitzt und daß er mit ihr spricht. Er sagt, er will das nicht; er mag nicht so tun als ob. Wir fragen ihn nach seinen Einwendungen. Er erwidert, als er noch ein Junge gewesen sei, habe er drei Schwestern gehabt, die immer Phantasiespiele gespielt und ihn mit einbezogen hatten. Einmal hätten sie sich alle verkleidet, und er habe sich dazu überreden lassen, das Nachtgewand eines

Mädchens anzuziehen. Seine Freunde hätten ihn gesehen, und er habe schwer kämpfen müssen, um mit deren Verspottungen fertig zu werden. Wenn wir ihn auffordern, seine Gefühle beim Erzählen dieser Geschichte zu beschreiben, antwortet er, daß er ein Wiederaufleben seines Hasses auf all die damals Beteiligten spürt: auf seine Schwestern, seine Freunde und auch gegen seine Mutter, die zugelassen habe, daß dies alles geschehen sei. Nun haben wir eine völlig neue Situation. Wir sprechen mit einem Menschen, der tatsächlich aufgebracht ist und nicht mit einem, der einer künstlichen Übung Widerstand leistet – oder schlimmer, halbherzig mitmacht. Jetzt erklärt er offen seinen Unwillen, und die Wiederentdeckung seiner Selbstunterstützung anstatt einer versteckten, ängstlichen Unterströmung ist so relevant, als hätte er die ursprüngliche Aufgabe erfüllt, zu seiner phantasierten Mutter zu sprechen.

All diese Unterstützungen helfen, aber die vorzüglichste Unterstützung, um die Erfahrung des Wahnsinns zu riskieren, ist der Mut, dem Dämon gegenüberzutreten, und der Glaube, daß man gesund und mit erweiterter und intakter persönlicher Einheit wieder daraus hervorgehen kann. Ein Mensch, der hebephrenisch lacht, entdeckt seinen Spaß an der Welt und auch, daß das Lachen aufhören wird, wenn es seinen Zweck erfüllt hat. Ein vom Zorn überwältigter Mensch entdeckt einen Partner, nicht einen Feind. Ein deprimierter Mensch kann Kontakt mit seiner Traurigkeit aufnehmen, von einem lebendigen Gefühl erfüllt anstatt mit der betäubenden Starre der Depression. Ein Mensch, der vor frenetischen Bewegungen Angst hat, entdeckt, wenn er sie schließlich versucht, daß er nicht in den Veitstanz des Verrückten gedrängt wird, sondern daß er eine positive Erschöpfung erlebt. Ein Mensch, der versucht, in der Babysprache zu sprechen, fällt geistig nicht in das Babyalter zurück, sondern kann den spielerischen Liebhaber in sich selbst erkunden.

Geistige Gesundheit und Einheit sind viel eher in den Grenzen eines sicheren, aber mutigen Lebens zu erlangen. Wenn man bis zur äußersten Grenze gefordert wird, dann riskiert man seine geistige Gesundheit. Wenn dieser Kampf vermieden wird, dann wird man es vielleicht bequem haben, aber man stagniert. Wenn man sich auf diesen Kampf einläßt und ihn gewinnt, dann entsteht ein freier Geist.

8.

Bewußtheit

Sich in Beziehung zu den Begriffen und Dingen, die wir kennen und tun, unseres Körpers bewußt zu sein, bedeutet, sich
lebendig zu fühlen. Diese Bewußtheit ist ein wesentlicher Teil
unserer Existenz als sinnliche, aktive Menschen.

MICHAEL POLANYI

Ein bekannter Einwand gegen die Gestalttherapie ist, daß sie sich
ihrer selbst allzu sehr bewußt ist. Es wird behauptet, daß die
Menschen in der Therapie sich schon übermäßig dessen bewußt
sind, was sie tun. Sie müssen diese Bewußtheit aufgeben, damit
sie sich weniger befangen, dafür aber graziös und spontan verhalten können. Auf den ersten Blick scheint dieser Einwand ein-
leuchtend. Der Gestalttherapeut stellt wiederholt und häufig
Fragen wie: Wessen sind Sie sich bewußt? Was machen Sie? Was
fühlen Sie? Was wollen Sie? Ein Mensch, der diese Fragen beantwortet, muß vielleicht dem fließenden Kommunikationsstrom
entsagen, seine Aufmerksamkeit auf sich selbst lenken, identifizieren, was tatsächlich in ihm geschieht, und schließlich einem
anderen Menschen Prozesse berichten, die normalerweise verborgen oder unbeobachtet bleiben.

Einige Menschen betrachten diesen Prozeß bestenfalls als
wertlos, schlimmstenfalls als Störung einer gegenwärtigen Aktivität. Sie betrachten diese Introspektion als eine Ablenkung vom
expressiven Strom der Erzählung oder Handlung – als würde
man einen Tausendfüßler fragen, welches seiner Beine er zuerst
bewegt, und ihn dann dabei beobachten, wie er sich bei dem Versuch, dies herauszufinden, hoffnungslos verheddert. Aber diese
Einwände lassen zwei Faktoren außer acht.

Erstens ist ein Mensch sich häufig seiner selbst übermäßig bewußt, weil seine andauernde Selbstforschung die Möglichkeit
ausschließt, daß er etwas tun *könnte*, dessen er sich nicht bewußt
werden *will*. Er schützt sich vor Verhaltensweisen, die nicht unter seiner eigenen, bewußten Kontrolle stehen. Er will nichts tun,
von dem er nicht will, daß es ihm bewußt wird, und er will nicht,
daß ihm etwas bewußt wird, was er nicht tun will. Der Besessene,

der sich der kleinsten Details seines Verhaltens und der Reaktionen, die er bei anderen hervorruft, vollkommen bewußt ist – aber zum Beispiel nichts von seiner latenten Homosexualität weiß –, benutzt die übermäßige Aufmerksamkeit, die er diesen sozialen Aspekten widmet, um sich davor zu bewahren, sich seiner eigenen, persönlichen Ängste bewußt zu werden. Dieses *Vermeiden* der gefürchteten Bewußtheit macht ihn befangen, gespannt, unausgeglichen, leicht verlegen und beleidigt – aber er wiegt sich in Sicherheit.

Bei der Wiederentdeckung der eigenen Bereitschaft zur Bewußtheit ist es wohl unvermeidlich, daß der Betreffende eine Zeitlang ein übermäßig selbstbewußtes Verhalten zeigen wird. Jemand, der lange Zeit bettlägerig war, ist sich jeden Schrittes, den er am ersten Tag nach dem Aufstehen macht, bewußter, als es später der Fall sein wird. Erst wenn er wiederhergestellt ist, kann er normal gehen, ohne seinen Bewegungen besondere Aufmerksamkeit schenken zu müssen. Dieses gilt auch für den Menschen, der versucht, sich psychologisch zu entwickeln. Zunächst bringt die ihm ungewohnte Bewußtheit – vor der er sich wohl etwas scheut – eine Überlegtheit und Vorsicht mit sich, die das Spontane hemmen. Wenn diese Bewußtheiten akzeptabel und assimilierbar werden, kann er sie vergessen und als reine Unterstützungen für spontaneres und ursprünglicheres Vehalten benutzen.

Eine zweite Widerlegung der Einwendungen gegen die Bewußtheit ist die Tatsache, daß der Betreffende zwar in Augenblicken der stärksten Beteiligung sich nicht der Prozesse sofort bewußt sein mag und daß dies jedoch nur der Fall ist, weil seine Aufmerksamkeit nach außen gerichtet ist, weil sein Interesse an einer Figur ihn ganz in Anspruch nimmt und seine Funktion akzeptabel ist. Wenn er sich seiner eigenen Tätigkeit bewußt werden will – sagen wir, wenn es nötig oder wünschenswert werden sollte, um besser zu funktionieren – könnte er das sehr leicht. Die fähigsten Menschen auf allen Gebieten können, wenn sie es müssen oder wenn sie dazu aufgefordert werden, sehr schnell ihre Bewußtheit aktivieren. Im folgenden spricht Pablo CASALS[53] über die deutende Funktion des Künstlers:

Eines der Dinge, die ich meinen Schülern beibringe, ist zu wissen, wie und zu welchem Augenblick sie die Hand und den Arm entspannen können. Selbst im Verlauf einer sehr schnellen Passage ist dies möglich. (Dies mag innerhalb einer Zehntelsekunde geschehen.) Es wird zu einer fundamentalen Notwendigkeit bei der Aufführung, und wenn man dies nicht beachtet, führt es dazu, daß man sich nicht mehr entspannen kann (es ist, als könnte man nicht mehr atmen), und Erschöpfung setzt ein. Diese Erschöpfung von Hand und Arm rührt meistens von einer Muskelspannung her, bedingt durch Emotionen und »Lampenfieber«. Der Wille des Künstlers muß dieses Hindernis überwinden, und deshalb wird sich die bewußte Anwendung der Entspannung als sehr nützlich erweisen, um die vollständige Kontrolle während des Konzerts zu behalten. . . . Wenn Sie darauf achten, werden Sie bemerken, daß wir, wenn wir glauben, uns in einem Zustand vollständiger Entspannung zu befinden, im allgemeinen noch einen Körperteil entdecken, der noch entspannter sein könnte. Und glauben Sie nicht, daß dies einfach ist, es sei denn, wir haben zahlreiche Übungen gemacht, die genau darauf abzielen, die Geschmeidigkeit von Arm und Fingern zu erhalten . . . Nur dieser Impuls, der mitten aus dem Körper kommt anstatt von jeder Extremität, wird die verschiedenen Bewegungen zu einem Ganzen vereinen und dadurch bessere Resultate erzielen und weniger Müdigkeit hervorrufen.

Die Bewußtheiten, die uns in der Gestalttherapie beschäftigen, sind wie auch bei CASALS diejenigen, die die Einheit der totalen und integrierten Funktion des Individuums wiederherstellen. Bevor man sein Verhalten ändern kann, muß man zuerst die Empfindungen und Gefühle akzeptieren, die damit zusammenhängen. Die Akzeptierbarkeit der Bewußtheit wiederzuentdekken – gleichgültig, was sie offenbaren mag –, ist ein wesentlicher Schritt in Richtung auf die Entwicklung neuer Verhaltensweisen. Man lernt, wie man das Bewußtsein erhöht, entweder durch verschiedene Übungen oder durch die geschützte Anleitung des Therapeuten, der die Aufmerksamkeit des Patienten auf Details seines Verhaltens richtet, die relevant sind, aber ignoriert werden.

Dies tritt in der Psychotherapie dann auf, wenn die menschliche Erfahrung in kulminative Erfahrungen und Teilerfahrungen[54] aufgeteilt wird. Die kulminative Erfahrung ist eine zusammengesetzte Form; sie ist ein totales und ganzheitliches Ereignis, welches von zentraler Relevanz für den Betreffenden ist. Wenn ich zum Beispiel diese Worte schreibe, dann ist der Akt des Schreibens eine Kulmination lebenslanger Erfahrungen, die zu diesem Augenblick geführt haben und die einen Teil des zusammengesetzten Akts des Schreibens bilden. Jede Fingerbewegung, jeder Atemzug, jeder beiläufige Gedanke, jede Veränderung der Aufmerksamkeit, des Vertrauens, der Klarheit, alle vereinigen sich, um die zusammengesetzte Erfahrung zu bilden: »Ich schreibe.«

Als Elemente in einem zusammengesetzten Ganzen sind dies jedoch Teilerfahrungen. Diese Teilerfahrungen bleiben im allgemeinen unbeachtet, aber man könnte sie erforschen und ihre Beziehungen zu dem kulminativen Ereignis entdecken, wobei die Erfahrung intensiviert würde, wie es der Feinschmecker tut, wenn er eine Sauce kostet. Er prüft ihren Geschmack als Ganzes, versucht dann die einzelnen Zutaten zu identifizieren, um sie schließlich wieder als Ganzes zu genießen.

Dies geschieht auch, wenn man die eigene Bewußtheit erkundet. Man identifiziert die Ingredienzen der täglichen Erfahrung, die die Substanz des Lebens bilden. POLANYI[55] beschreibt diesen Akt des Verstehens:

> Es ist ein Prozeß des *Erfassens:* ein Zusammenfassen von zerlegten Teilen zu einem verständlichen Ganzen.

So lernt man, die Welt zu verstehen, und auch sich selbst und seine Erfahrung in der Welt. Man bewegt sich zwischen einer aus Teilstücken zusammengesetzten Erfahrung und dem Bewußtsein der elementaren Einzelteile, die die Existenz zu einem dynamischen und sich ständig erneuernden Zyklus machen.

Die Bewußtheit ist in ihrer besten Form ein stets vorhandenes Mittel, über sich selbst auf dem laufenden zu bleiben. Es ist ein fortschreitender Prozeß, zu jeder Zeit verfügbar, und keine exklusive und sporadische Erleuchtung, die sich – wie die Einsicht – nur in besonderen Augenblicken und unter besonderen Umständen einstellt. Sie ist eine erfrischende und belebende Erfahrung. Die Konzentration auf die eigene Bewußtheit erhält außerdem das Interesse an der gegenwärtigen Situation aufrecht, wobei sowohl die therapeutische Erfahrung als auch die alltäglichen Erfahrungen intensiviert werden. Mit fortschreitender Bewußtheit gelingt es einem eher, die Themen des eigenen Lebens zu artikulieren.

Ein einfaches Beispiel, wie man der Entwicklung der Bewußtheit schrittweise folgt, bietet folgende therapeutische Sitzung:

Tom wurde sich zunächst seines verkrampften Unterkiefers bewußt und erreichte nach einigen Zwischenstadien eine Lockerung seiner Sprachgewohnheiten sowie die Wiederbelebung einiger kindlicher Erinnerungen. Tom, ein Pfarrer, meinte, seine Worte nicht so aussprechen zu können, wie er es gern täte. Seine Stimme hatte einen metallischen Klang, und er brachte seine Worte wie ein Roboter heraus. Ich bemerkte eine merkwürdige Stellung seines Unterkiefers und fragte ihn, was er dort fühle. Er sagte, daß er eine Spannung fühle. Ich forderte ihn auf, die Bewegungen von Mund und Unterkiefer zu übertreiben. Er fühlte sich dabei sehr gehemmt und gab an, er fühle sich verlegen, dann störrisch.

Er erinnerte sich, daß seine Eltern ihn ständig ermahnt hätten, deutlicher zu sprechen, und daß er sich geweigert habe, dies zu tun. Hier wurde er sich einer Spannung in der Kehle bewußt. Beim Sprechen benutzte er Muskelkraft, preßte seine Stimme heraus, anstatt sich der Unterstützung durch das Atmen zu bedienen. Ich forderte Tom auf, beim Sprechen mehr Luft zu benutzen, zeigte ihm, wie er Sprechen und Atmen koordinieren konnte. Aber seine Koordination war so fehlerhaft, daß er fast ins Stottern kam. Als ich ihn fragte, ob er jemals gestottert habe, sah er überrascht drein, wurde sich seiner Koordinationsschwierigkeiten bewußt und erinnerte sich an etwas, was er bislang vergessen hatte – daß er bis zum sechsten oder siebten Lebensjahr tatsächlich gestottert hatte. Als er drei oder vier Jahre alt war, hatte seine Mutter mit ihm am Telefon gesprochen und ihn gefragt, ob er etwas wolle. Er versuchte »*Ice cream*« (Eiskrem), zu sagen, aber seine Mutter mißverstand ihn und dachte, er habe »*I scream*« (ich schreie) gesagt; sie glaubte, er wolle seinen Bruder anschreien, und wurde wütend. Er erinnerte sich auch noch an eine andere Szene. Seine Mutter befand sich im Badezimmer, und er hörte etwas, was er zuerst für Lachen hielt. Er war überrascht, als er erkannte, daß dies gar kein Lachen war, sie weinte hysterisch. Tom erinnerte sich wieder an das entsetzliche Gefühl des Mißverhältnisses. Als er diese Geschichte erzählte, wurde er sich seines Gefühls der Verwirrung bewußt, die daher rührte, sowohl von seiner Mutter mißverstanden zu werden als auch sie mißzuverstehen. Nachdem er diese alten Empfindungen wieder belebt hatte, wurde seine Sprache offener, und sein Kiefer entkrampfte sich. Er fühlte sich erleichtert und erneuert.

Obwohl die Bewußtheit so demokratisch wie Sonnenlicht sein kann, das alles beleuchtet, auf was es fällt, möchten wir doch gern auf vier hauptsächliche Aspekte der menschlichen Erfahrung aufmerksam machen, auf die die Bewußtheit konzentriert werden kann: 1. Bewußtheit der Empfindungen und Handlungen; 2. Bewußtheit der Gefühle; 3. Bewußtheit der Wünsche und 4. Bewußtheit der Werte und Bewertungen.

Empfindungen und Handlungen[56]

Grundlegende Empfindungen zu identifizieren, ist keine leichte Aufgabe. Wenn die Kluft zwischen grundlegenden Empfindungen und komplexerem Verhalten überbrückt werden könnte, würde es wahrscheinlich weniger unangemessene und nicht zielgerichtete Handlungen geben. Man ißt beispielsweise nicht, weil man hungrig ist, sondern weil Essenszeit ist oder weil man später, wenn man wohl Hunger haben wird, vielleicht keine Gelegenheit dazu haben wird. Oder man zieht vor, nicht allein, sondern in Gesellschaft zu essen, oder man kann ein bestimmtes Gericht jetzt und nicht später bekommen. Es ist offensichtlich, daß die Empfindungen des Betreffenden und seine daraus folgenden Handlungen oft nur entfernt oder undeutlich zusammenhängen. Es ist also nicht überraschend, daß das daraus resultierende Durcheinander nur noch die vielbeklagte Krise der Identität verschärft. Wie kann man wissen, wer man ist, ohne zumindest ein wenig davon zu verstehen, was in einem vorgeht? Und wie kann man wissen, was in einem vorgeht, wenn einen so viele seiner Erfahrungen daran hindern, dem Prozeß Glauben zu schenken? Als Kind wurde gesagt, die Schutzimpfung tue nicht weh – dann tat sie doch weh! Woran glaubt man also, an seinen schmerzenden Arm oder an den allwissenden Erwachsenen, der schon in so vielen Dingen recht gehabt hat? Deshalb essen auch Menschen, weil sie allein sind, suchen Geschlechtsverkehr, wenn sie zornig sind, und halten eine Rede, wenn sie sexuell erregt sind. In solchen Perversionen der Beziehung zwischen Gefühl und Handlung liegt die Krux der Selbstentfremdung.

Empfindungen gehen Hand in Hand mit Aktion oder Ausdruck; sie dienen als Sprungbrett für die Aktion und sind auch ein Mittel, sich der Aktion bewußt zu werden. Das Konzept der synaptischen Erfahrung dient dazu, diese Beziehung zu verdeutlichen. Die synaptische Erfahrung ist die Erfahrung der Einheit von Bewußtheit und Ausdruck. Der Begriff Synapse wird als doppelte Metapher verwandt. Das griechische Wort bedeutete ursprünglich »Verbindung« oder »Einheit«. In der Physiologie ist die Synapse entsprechend die funktionale Verbindung zwischen Nervenden, wo mittels einer elektro-chemischen Energieübertragung ein Bogen gebildet wird, der den Zwischenraum zwischen Nervenden überbrückt und das motorisch-sensorische System zu einer gut funktionierenden Einheit verbindet. Die Metapher der synaptischen Erfahrung richtet die Aufmerksamkeit auf die vereinigten sensorisch-motorischen Funktionen, wie sie in der persönlichen Erfahrung dargestellt werden – als *Bewußtheit* (sensorisch) und *Ausdruck* (motorisch). Obwohl im Augenblick die Hauptbetonung auf der Empfindung des Individuums liegt, entsteht der Ausdruck aus dieser Bewußtheit, und zusammen bilden sie eine einheitliche Erfahrung.

Man kann diese Einheit fühlen, wenn man sich zum Beispiel beim Sprechen des Atmens bewußt wird, oder der Beweglichkeit des Körpers beim Gehen oder der Erregung beim Malen. Wenn eine Einheit zwischen Bewußtheit und Ausdruck besteht, dann tritt gewöhnlich ein tiefes Empfinden von Gegenwart und Ganzheit der Persönlichkeit, Klarheit der Wahrnehmung und Lebendigkeit der inneren Erfahrung auf.

Menschen, die in der Kunst beheimatet sind, kennen die synaptische Erfahrung sehr gut. Musiker, Sänger, Tänzer, Schauspieler – sie alle bleiben sich ihrer Empfindungen und Aktionen genau bewußt. Die Stimmlage, die Stellung des Arms, die Ausdruckskraft einer Geste, des Gangs, das alles hängt von der Sensibilität gegenüber der eigenen Empfindung ab. Dann wird diese Sensibilität benutzt, um das Publikum zu erreichen. Wie CASALS[57] bemerkt:

> Wer sich nicht selbst befragt oder auf die Stimme seiner künstlerischen Natur lauscht, beschreitet einen falschen Weg – vorausgesetzt natürlich, daß er eine solche Natur hat. Wirklich entscheidend ist das was wir fühlen, und dem müssen wir Ausdruck verleihen.
>
> . . . Ob er will oder nicht, der Künstler ist Interpret und kann das Werk nur durch sich selbst wiedergeben.

Der kreative Künstler, Maler, Bildhauer, Komponist, Schriftsteller, Poet, das alles sind Menschen, die sich ihren Empfindungen voll und ganz hingeben. Für sie ist das künstlerische Produkt eine Projektion. Der Künstler bleibt sich seiner eigenen Empfindungen tief bewußt, während er es gleichzeitig versteht, diesen gefühlsmäßigen und projektierten Teilen seiner selbst optimalen Ausdruck zu verleihen. Für diejenigen von uns, die keine kreativen Künstler sind, jedoch auf die von ihnen vermittelten Einsichten intensiv reagieren, scheint diese Verschmelzung von Ausdruck und Bewußtheit an Zauberei zu grenzen. Diese Einheit ist die Matrix ihrer Kreativität. In allen menschlichen Situationen, in denen dies geschieht, ist Drama unausbleiblich.

Die Therapeuten unterscheiden sich in ihren Methoden, Bewußtheit und Ausdruck zu vereinigen, die meisten schenken jedoch sowohl den inneren Prozessen des Menschen – wobei manchmal das Empfinden eingeschlossen wird – als auch dem Ausdruckssystem Aufmerksamkeit. Die meisten Therapeuten stimmen wohl darin überein, daß der Bericht des Patienten, der über seine frühen Gefühle gegenüber der Mutter sprechen soll, sowohl auf ihn als auch auf den Zuhörer eine größere Wirkung haben wird, wenn er sich seiner gegenwärtigen Gefühle beim Reden bewußt ist. Sein Körper mag feucht, warm, beweglich sein oder vor Erregung zittern. Das Auftauchen dieser Gefühle verstärkt die wiederherstellende Kraft der Geschichte. Durch die daraus resultierende Einheit von Gefühl und Worten wird sein Bericht zu einer zwingenderen Bestätigung seiner vergangenen Erfahrung.

Die Erforschung des Empfindungsvermögens ist in der Psychologie nicht neu. Wilhelm WUNDT betrachtete Sinneserfahrung als die Wurzel, aus der sich jegliches höhere Bewußtsein entwickelt. Leide besaßen seine Untersuchungen nicht den sogenannten humanistischen Einschlag, der den Psychotherapeuten begeistern könnte. Es gibt jedoch in jüngerer Vergangenheit viele humanistische Ansichten, die eine neue Erkenntnis der entwicklungsfördernden Kraft der Empfindung verkünden. SCHACHTEL[58], um nur ein Beispiel zu nennen, betont besonders die Gemeinsamkeiten des Kindes und des Erwachsenen, was ihre Erfahrung von ursprünglichen, grundlegenden und unmittelbaren Empfindungen betrifft. Er schreibt:

Wenn der Erwachsene sein Unterscheidungsvermögen nicht benutzt . . . um das angenehme Gefühl der Wärme . . . von der Wahrnehmung zu unterscheiden, daß die Wärme von der Luft oder aber vom Wasser kommt . . . sondern sich statt dessen der reinen Empfindung hingibt, dann erfährt er eine Fusion von Freude und von Sinnesempfindungen, die wohl der kindlichen Erfahrung nahekommt . . . Die Betonung liegt nicht auf irgendeinem Objekt, sondern ganz und gar auf dem Fühlen und Empfinden.

Viele Menschen glauben, daß der Empfindungsstil des Kindes ein Paradigma für die Reinheit der empfindungsmäßigen Erfahrung darstellt. Aber selbst wenn die Empfindungen im Laufe der Jahre an Klarheit verlieren, so brauchen die früheren Erfahrungen doch nicht rein infantil zu *bleiben*. Das Wiedererlangen von früheren existentiellen Möglichkeiten ist von unschätzbarem Wert bei der Suche nach Erfüllung.

Die Reinheit früher Empfindungen wurde von den sozialen Kräften ungültig gemacht, die das Kind und den Erwachsenen in völlig verschiedene Wesen aufteilen. Aber der Erwachsene ist nicht nur ein Ersatz für das Kind; er ist das Ergebnis von zusätzlichen Elementen, die, hoffentlich, die kindliche Erfahrung nicht irrelevant zu machen brauchen. Ein kindliches Gefühl mag Menschen orientieren und beleben, selbst im Angesicht späterer entwicklungsmäßiger Erfahrungen. Wie PERLS, HEFFERLINE und GOODMAN[59] im Hinblick auf das Wiedererlangen vergangener Erinnerungen feststellen:

> . . . der Kontext der wiedererlangten Szene ist von äußerster Wichtigkeit. Die kindlichen Gefühle sind wichtig, nicht als etwas Vergangenes, was ungeschehen gemacht werden muß, sondern als einige der schönsten Kräfte des erwachsenen Lebens, die wiedererlangt werden müssen: Spontaneität, Phantasie, die Unmittelbarkeit der Bewußtheit und der Manipulation.

Die Vorrangigkeit des Gefühls wird in Berichten über Erfahrungen nach der Einnahme von LSD noch stärker betont. Alan WATTS[60] schreibt, daß er unter dem Einfluß von LSD viel Zeit darauf verwendet habe, auf Veränderung in seiner Wahrnehmung so gewöhnlicher Dinge wie des »Sonnenlichts auf dem Boden, der Maserung des Holzes, der Struktur von Leinen oder des Klangs der Stimmen auf der anderen Straßenseite zu achten. »Ich habe«, fährt er fort,

»niemals eine Verzerrung dieser Wahrnehmungen beobachtet, wie sie zum Beispiel auftritt, wenn man sich in einem konkaven Spiegel betrachtet. Jede Wahrnehmung bekommt – um eine Metapher zu benutzen – mehr Resonanz. Das Chemische scheint dem Bewußtsein einen Klangkasten für alle die Sinne zu geben – Sehen, Berühren, Schmecken, Riechen und Phantasie werden intensiviert wie die Stimme eines Menschen, der in der Badewanne singt.«

Diese Art dynamischen Bewußtseins ist auch in der Psychotherapie möglich, aber sie erfordert eine starke Aufmerksamkeit. Die Konzentration ist eine der wichtigsten therapeutischen Techniken, um Empfindungen wiederzuerlangen. Bekanntlich erfordert jede gute Leistung viel Konzentration, doch die Anleitungen zur Konzentration sind meist vage, moralistisch oder sehr allgemein. Trotzdem kann die Konzentration eine spezifische Methode sein, bei der dem Gegenstand des Interesses starke Beachtung geschenkt wird; sie muß pointiert und zielgerichtet sein. Wenn sich die Konzentration auf innere Empfindungen richtet, können Ereignisse eintreten, die eine bemerkenswerte Ähnlichkeit mit den Ereignissen haben, die unter Hypnose, Drogeneinfluß, sensorischer Deprivation oder anderen Umständen beobachtet werden und den Menschen seines gewohnten Bezugssystems berauben.

Obwohl sie nicht unbedingt potent wie einige dieser anderen Umstände ist, so hat die Konzentration doch zwei große Vorteile bei der Verstärkung der Erfahrung. Erstens kann man leicht zu gewöhnlichen Kommunikationen und Ereignissen zurückkehren, und zweitens wird die Erfahrung als etwas empfunden, an dem man selbst beteiligt war, anstatt gewaltsam in einen ungewöhnlichen Zustand versetzt zu werden, der normalerweise die eigenen Kräfte übersteigt. Man kann sich also frei zwischen den verschiedenen gewohnten Formen der Interaktion hin und her bewegen; Sprechen, Rollenspielen, Phantasie, Träumen, wobei die Bewußtheit als ein bewegliches Attribut der Therapie benutzt wird, eines, das dem täglichen Bewußtsein relevanter ist.

In der therapeutischen Situation dient die Bewußtheit der Empfindungen und Aktionen drei therapeutischen Zwecken: 1. Betonung der Erfüllung; 2. Erleichterung des Durcharbeitungsprozesses und 3. Wiedererlangen alter Erfahrungen.

1. Betonung der Erfüllung. Verschiedene Menschen finden auf verschiedene Weise Erfüllung. Es gibt handlungsorientierte Menschen und solche, die bewußtheitsorientiert sind. Beides kann zu einem reichen Leben führen, solange die eine Orientierung nicht die andere ausschließt. Der handlungsorientierte Mensch, der keine Barriere gegen die Bewußtheit seiner inneren Erfahrung aufgebaut hat, wird – durch seine Handlungen – seine Erfahrung von sich selbst beleben. Der Schwimmer entdeckt beispielsweise mächtige innere Empfindungen. Der Angestellte, dem die Leitung einer neuen Gesellschaft anvertraut wurde, wird sich der starken Gefühle bewußt, die diese Erfahrung in ihm ausgelöst hat. Der Bewußtheitsorientierte wird auch feststellen, solange er die Aktion nicht willkürlich ausschließt, daß er durch seine Bewußtheit zum Handeln gebracht wird; der Psychologe schreibt ein Buch, der rastlose Mensch zieht in eine andere Stadt, und der sexuell erregte Mensch wird Geschlechtsverkehr haben. Erst wenn der Rhythmus zwischen Bewußtheit und Ausdruck falsch oder unterbrochen ist, kommt es zu psychischen Schwierigkeiten.

Hier ein Beispiel: Kurt, ein handlungsorientierter und erfolgreicher Geschäftsmann, kam in die Therapie, weil er keine Erfüllung im Leben erfuhr. Er war ungewöhnlich vital und aktiv, mußte jede Sekunde ausnutzen und wurde wegen jedes unproduktiven Augenblicks ungeduldig. Er konnte keine Akkumulation von Empfindungen ertragen und umging sie vermittels der frühzeitigen Entladung, durch fortwährende Aktivität oder Pläneschmieden. Er hatte daher große Schwierigkeiten zu wissen, wer er war. Während der ersten zehn Sitzungen sprachen wir sehr viel und begannen mit der Untersuchung von Kurts inneren Erfahrungen einschließlich einiger Bewußtheits- und Atemübungen. Eines Tages forderte ich ihn auf, seine Augen zu schließen und sich auf seine innere Erfahrung zu konzentrieren. Kurt fühlte eine Ruhe in sich und eine enge Beziehung zu den Vögeln, die draußen zwitscherten. Viele andere Empfindungen folgten, aber er hielt sie, wie er später sagte, zurück, denn wenn er sie beschrieben hätte, hätte er sie unterbrochen – ein kluger, aber nicht typischer Respekt vor dem Gefühl, alles andere als produktiv zu sein. Als ich feststellte, daß sein Abdomen nicht in seine Atmung integriert war, forderte ich Kurt auf, es stärker zu benutzen, was er auch bereitwillig tat. Dabei spürte er ein neues Wohlgefühl beim Atmen, das von einem unbeschwerten Gefühl der Stärke begleitet wurde, ganz anders als die Ungeduld, die ihm so bekannt war. Er konnte tatsächlich den Unterschied zwischen beiden empfinden; er sagte, er fühle sich wie ein Motor, der rund laufe – eine herrliche Mischung von Aktion und Bewußtheit. Als er ging, sagte er, daß er jetzt etwas wiedererlange, was in seinem Leben bisher gefehlt habe. Ihm komme es vor, als habe er die Zeit *erfahren* und nicht vergeudet.

2. Erleichterung des Durcharbeitungsprozesses. Dies kann sehr gut durch Lila verdeutlicht werden, die kürzlich eine leitende Stellung in einer Spielzeugfabrik übernommen hatte. Ihre Sekretärin, die schon seit Jahren in der gleichen Abteilung arbeitete, war eine desorganisierte und herrschsüchtige Frau. Lila wurde bewußt, daß diese Sekretärin die Ursache vieler vorausgegangener Schwierigkeiten in der Abteilung war und machte sie auf bestimmte Vorschriften aufmerksam. Die Sekretärin hatte dies sehr schwergenommen und sah plötzlich aus – mit Lilas Worten – wie ein verwahrlostes Kind. In diesem Augenblick hatte Lila das Gefühl, als ob sie einem anderen Teil ihrer selbst gegenüberstand. Sie und ihr Bruder waren in einer ärmlichen Gegend New Yorks aufgewachsen und hatten tatsächlich wie verwahrloste Kinder ausgesehen. Da sie sich jedoch immer um ihren Bruder gekümmert hatte, hatte sie nur ihn, *nicht* sich selbst als verwahrlost angesehen. Im Verlauf der Geschichte wurde klar, daß Lila in ihrem Leben abwechselnd Verwahrloste unterstützt und selbst die Verwahrloste gespielt hatte.

Als sie fortfuhr, erkannte Lila, daß sie nicht mehr verwahrlost sein wollte, und sie erkannte auch, daß sie durch diese Konfrontation mit ihrer Sekretärin die Möglichkeit bekommen hatte, sich von ihrem verwahrlosten Selbst zu befreien und eine erwachsene Frau zu werden. Als sie sprach, tauchte ein neuer Ausdruck in ihrem Gesicht auf, eine Mischung aus Versunkenheit, wachsamer Introspektion und Verwirrung. Als ich sie fragte, was sie fühle, antwortete sie überrascht, daß sie eine Verkrampfung beim Atmen und in den Beinen verspüre. Sie konzentrierte sich auf diese Empfindungen, und nach kurzem Schweigen sah sie wieder überrascht auf und sagte, daß sie eine Spannung in der Vagina spüre. Ich forderte sie auf, sich auch auf diese Empfindung zu konzentrieren, und bald strahlte Lila und sagte, daß das Gefühl der Spannung nachlasse. Dann schien sie überrascht und hatte plötzlich eine tiefe Empfindung, die sie aber nicht beschrieb; statt dessen brach sie in einen Weinkrampf aus, rief laut den Namen des Mannes, den sie liebte und mit dem zusammen sie zum erstenmal eine starke und gegenseitige Beziehung gehabt hat. Als sie den Kopf wieder hob, sah sie schön und ausgeglichen aus. Als wir weitersprachen, erkannte sie die Wichtigkeit ihrer Konfrontation mit der Sekretärin – die sie später entließ – und die Wiederentdeckung ihres Verhaltens Verwahrlosten gegenüber. Aber sie wußte, daß ihr bedeutendster Durchbruch durch die Entdeckung der Empfindung in der Vagina gekommen war. Das darauffolgende Erwachen ihres Gefühls der Fraulichkeit anstatt der Verwahrlosung bot ihren Problemen, die sonst nur verbalisiert worden waren, Substanz und eine erste Lösung.

Wiedererlangen alter Erfahrungen

Die Wiederherstellung der Empfindung dient dem Wiedererlangen alter Ereignisse. Die unerledigte Situation bewegt sich natürlich auf die Vollendung zu, wenn Widerstände neu verteilt werden und wenn ein inneres Stimulans zur Vollendung bislang unerledigter Geschäfte drängt. Die Psychoanalyse – obwohl sie sich in vielen konzeptionellen und technischen Details von der Gestalttherapie unterscheidet – hat in der Psychotherapie die Wiederkehr des Alten und Vergessenen zu einer selbstverständlichen Erwartung gemacht. Aber obwohl viele Worte über die Vergangenheit in der Therapie gefallen sind, werden sie selten von tieferen Empfindungen begleitet. Das nächste Beispiel verdeutlicht, wie Empfindungen mehr als bloße Worte zur Wiederkehr eines vergangenen Ereignisses führen können, das immer noch einflußreich ist.

Joan, deren Mann vor zehn Jahren gestorben war, hatte häufig über ihre Beziehung zu ihm gesprochen, aber niemals die Tiefe ihrer gemeinsamen Erfahrungen vermittelt. In einer Sitzung entwickelte sich eine Serie von Bewußtheiten einschließlich eines Prickelns auf der Zunge, eines brennenden Gefühls um die Augen herum, Spannung in Rücken und Schultern, Feuchtigkeit um die Augen. Schließlich atmete sie tief ein und erkannte, daß sie den Tränen nahe war. Ihre Augen brannten, und sie hatte ein Gefühl in der Kehle, das sie nicht beschreiben konnte. Nach einer langen Pause verspürte sie einen Juckreiz, auf den sie sich einige Zeit konzentrierte. Mit jeder neuen Empfindung wurde das

Schweigen und die Konzentration länger, häufig dauerte es Minuten an. Schweigen – wenn eine zielgerichtete Konzentration hinzukommt – führt zur Intensivierung der Gefühle. Bald verspürte Joan an vielen Stellen einen Juckreiz. Sie fand es schwierig, sich nicht zu kratzen, aber sie beherrschte sich. Sie war etwas belustigt darüber, daß sich der Juckreiz so überraschend ausbreitete, aber sie begann sich auch wieder frustriert und traurig zu fühlen, also würde sie weinen. Sie erwähnte eine ärgerliche Erfahrung, die sie am Vorabend bei ihren Eltern gehabt hatte, wo sie aber ihren Ärger nicht hatte zeigen können. Dann spürte sie einen Klumpen in der Kehle, und nachdem sie sich einige Zeit darauf konzentriert hatte, verspürte sie ein heftiges Klopfen in der Brust. Ihr Herz begann sehr schnell zu schlagen, was ihr Angst einflößte. Sie verbalisierte das Geräusch des Herzklopfens und wurde sich dann eines scharfen Schmerzes im Rücken bewußt. Sie schwieg lange, um sich auf den Schmerz im Rücken zu konzentrieren, und sagte dann unter beträchtlicher Anstrengung: »Jetzt erinnere ich mich an die entsetzliche Nacht, in der mein erster Mann einen Herzanfall bekam.« Es folgte noch eine lange Pause, in der Joan sehr gespannt und sehr versunken zu sein schien. Dann sagte sie mit leiser Stimme, daß sie sich der Schmerzen, der Angst und der ganzen Erfahrung jener Nacht bewußt sei.

Dann gab sie den Tränen nach. Als sie aufhörte zu weinen, sah sie auf und sagte: »Ich glaube, ich vermisse ihn immer noch.« Jetzt war ihre Unbestimmtheit verschwunden, und sie konnte die Tiefe ihrer Beziehung zu ihrem Mann zugeben. Die klare Verwandlung von konventioneller Oberflächlichkeit zur Tiefe wurde durch die Steigerung des Empfindens bewirkt. Durch Selbstbewußtheit und Konzentration konnte sie sich von ihren Empfindungen anstatt von ihren Gedanken und Erklärungen bieten lassen.

Gefühle

Es stimmt zwar, daß die Gefühlsebene persönlicher Erfahrungen unentwirrbar mit dem Empfindungsvermögen verbunden ist, Gefühle haben jedoch eine Qualität, die weiterreicht als die elementare Sinnesempfindung. Wenn ein Mensch sagt, daß er sich fürchtet, so sagt er etwas über sein Gefühl aus. Innerhalb dieses

Gefühls, das vielleicht sogar von ihnen unterstützt wird, kann er spezifische Empfindungen erkennen wie heftiges Herzklopfen, schweißnasse Hände, nervösen Magen oder Atemlosigkeit. Andererseits kann er sich ohne diese sensorischen Begleiterscheinungen ängstlich fühlen, wobei er seine Angst klar und intuitiv erfährt, jedoch ohne der untergeordneten Empfindungen bewußt zu sein.

Gefühle beinhalten eine persönliche Wertung, den Versuch, ein bestimmtes Ereignis in das größere Schema der eigenen Erfahrung einzuordnen. Sinnesempfindungen können einzeln akzeptiert werden und scheinen dieses Einordnen nicht zu erfordern. Heftiges Herzklopfen sagt sehr wenig über den ganzen Menschen aus, da es nichtspezifisch ist. Ein Herz kann aus den verschiedensten Gründen heftig schlagen, etwa aus Angst oder vor freudiger Erwartung. Man kann also starke Sinnesempfindungen ohne begleitende Gefühle erfahren, was oft beispielsweise bei Hysterikern zu beobachten ist.

Einige östliche Philosophien, zum Beispiel Yoga, haben zum Ziel, alle Empfindungen zu erfahren, ohne sie überhaupt persönlich zu bewerten. Sie betrachten physische Schmerzen oder Traurigkeit als Erfahrungen für sich, und diese Freiheit von Vorurteilen in bezug auf den Wert ihrer Gefühle bleibt ein zentraler Faktor in der Erschaffung und Aufrechterhaltung eines friedvollen Lebens. Zahnschmerzen können einem ein genauso reiches Gefühl von sich selbst vermitteln wie irgendeine andere Erfahrung, wenn man davon absieht, sie nach den gewöhnlichen emotionalen Wertmaßstäben zu beurteilen. Dies ist nicht leicht – wegen des fast schon reflexiven Hangs zur persönlichen Bewertung –, aber für erfahrene und geübte Menschen möglich. Das Ziel der Gestalttherapie liegt jedoch nicht darin, daß die Menschen die Beurteilung ihrer Gefühle aufgeben, sondern darin, Raum für Gefühle zu schaffen und diese als Mittel zu benutzen, die verschiedenen Details ihres Lebens zu integrieren.

Um dieses zu erreichen, lenken wir die Aufmerksamkeit auf die Gefühle nach der Methode, die schon im Hinblick auf die Sinnesempfindungen beschrieben wurde. Beschreibung von Gefühlen, Erkenntnis von Unvereinbarkeiten oder Lücken in der Erfahrung, Konzentration auf das, was entdeckt wurde, und dabei zu bleiben, bis der organische Ausdruck auftaucht, all diese Möglichkeiten benutzen die Gefühle als Zugang zum Zyklus von Bewußtheit und Ausdruck. Ist dieser Zyklus erst vervollständigt, dann ist das Individuum befreit und bereit, sich auf neue Zyklen von Bewußtheit und Ausdruck zuzubewegen. Der ständig erneuernde Fluß dieses Prozesses ist eine wichtige Qualität des guten Funktionierens.

Die Aufmerksamkeit häufig auf die gegenwärtigen Gefühle zu richten, erfordert ein geschicktes Manövrieren zwischen der Bewußtheit, den Aktionen und den Ausdrücken des Individuums. Wenn zum Beispiel ein Mensch eine Geschichte berichtet, die ihn fesselt, dann kann die Frage nach seinen gegenwärtigen Gefühlen als eine Ablenkung aufgefaßt werden, die abgelehnt werden muß. Und tatsächlich kann es oft ablenkend sein; der sensible Therapeut bewegt sich nicht auf mechanische und willkürliche Art zwischen der Geschichte und der Bewußtheit eines Menschen hin und her. Um Substanz und Drama der Geschichte zu unterstreichen, damit es mehr als ein bloßes »Darüberreden« ist, muß man der Geschichte die ihr gebührende Aufmerksamkeit schenken. Manchmal ist jedoch eine gerichtete Bewußtheit erforderlich, um einige Lücken in der Erfahrung zu füllen, wobei der Patient selbst anzeigen kann, wo diese Lücken liegen. Zum Beispiel huscht ein schmerzerfüllter Ausdruck über das Gesicht eines Menschen und scheint unbemerkt wieder verblassen zu wollen, selbst wenn der Kern der Geschichte Schmerz beinhaltet. Ihn dann danach zu fragen, was er fühlt, oder ihn sogar zu fragen, ob er Schmerz empfindet oder zu sagen: »Einen Augenblick sahen Sie aus, als hätten Sie starke Schmerzen«, könnte zu einer neuen Erfahrung überleiten, während die Geschichte, wenn der Gesichtsausdruck übergangen wird, nur eine Geschichte bleibt. Manchmal zeigt ein schmerzerfüllter Ausdruck an, daß eine Wirkung schon gespürt wurde, und sie wird in die Geschichte aufgenommen, ohne daß man sich besonders darauf konzentrieren muß, aber manchmal verschwindet sie, vom Betreffenden unbemerkt, durch seine chronische Neutralisierung der Lebenserfahrungen entkräftet.

Die Gestalttherapie läuft besonders Gefahr, daß ihre Techniken in der Anwendung ablenkend wirken, besonders aufgrund ihrer erklärten Absicht, verschiedene Aspekte der Funktion des Individuums zusammenzubringen. Der Therapeut muß der Versuchung widerstehen, mit Tricks zu arbeiten. Statt dessen muß er sich auf eine evolutionäre Entwicklung seiner Beobachtungen und Vermutungen verlassen sowie darauf, daß diese in der gegenwärtigen Situation fest verankert sind. Wenn er diesen

Rhythmus erreicht, wird eine neue Erfahrung geschaffen, die ein organisches Tempo für den Patienten hat. Erreicht er dies nicht, dann kann der Therapeut ineffizient und überheblich werden und seine Arbeit verrichten, ohne dabei den Patienten zu berücksichtigen. Nur wenige von uns sind entweder ausschließlich erfolgreich oder ausschließlich ineffizient, aber unsere Aufgabe ist es, die Position des Patienten zu respektieren, damit wir ein Maximum an Erfolg erzielen können.

In der Gestalttherapie wird das, was existiert, ausdrücklich betont, und dies ist eine der Hauptmethoden, mit den Gefühlen umzugehen. Wir fragen sehr häufig: »Wie fühlen Sie sich jetzt?« Oder wir sagen etwa: »Bleiben Sie bei diesem Gefühl und stellen Sie fest, wo es hinführt.« Oder: »Zu welcher Handlung regt Sie dieses Gefühl an?« Denn wir vertrauen darauf, daß wir auf diese Weise der dynamischen Spur folgen, die uns der Patient anzeigt. Wenn seine Bewußtheit an die Oberfläche steigen kann, dann zeigen sich auch die existierenden Gefühle und deuten die Richtung an, in die sich diese Gefühle bewegen. Ein Mensch wird vielleicht nebenbei sagen: »Ich fühle mich traurig.« Wenn der Therapeut dann zu ihm sagt, »versuchen Sie, Ihre Traurigkeit voll zu empfinden, steigen Sie in sie hinein, als wären Sie selbst die Traurigkeit«, dann wird dieser Mensch seine Traurigkeit stärker als vorher empfinden und kann über einen Verlust berichten, den er immer noch beklagt, oder sich an ein Ereignis erinnern, das ihn traurig gestimmt hat, oder irgendein tiefes reaktives Gefühl erleben, das ihm Dimension statt Flachheit verleiht.

Ralph erzählte eines Abends in einer Gruppe von seinen gemischten Gefühlen über das Ende seiner Ehe; er stand kurz vor der Scheidung. Andererseits versuchte er, die Grenzen der Verantwortung seiner Frau gegenüber zu bestimmen, die kaum in der Lage war, für sich selbst und die Kinder, die unter dieser instabilen Situation leiden könnten, zu sorgen. Ralphs Traurigkeit konnte also nicht mit der Eindeutigkeit existieren, die für einen klaren Ausdruck notwendig war. Er arbeitete mit der Gruppe und versuchte herauszubekommen, wie weit seine Verantwortung reichte und wo die Grenze seiner Möglichkeiten lag. Danach schwieg er lange, und dann begann er leise über die Hoffnung und das Glück zu sprechen, die sowohl ihn als auch seine Frau erfüllt hatten, als sie heirateten. Bei der Erinnerung an die Erwartungen, die jetzt nicht für ihn erreichbar waren, traten

Tränen in seine Augen, und er begann zu weinen – er trauerte den vernichteten Hoffnungen nach. Er drückte seine Traurigkeit, die jetzt nicht mehr in Fragen der Verantwortung verkleidet war und die ihn nicht mehr von den übrigen Gruppenmitgliedern entfremdete, in Tränen aus.

Die Betonung der Gefühle zwingt den Menschen dazu, sich selbst auszudrücken. Aber das erfordert die relevante Szene, in der der Ausdruck sich völlig frei auf die Vollendung zubewegen kann. Den Gefühlen Ausdruck zu verleihen, kann zwanghaft unfruchtbar werden, wenn es nicht in den richtigen Zusammenhang gestellt wird. Es ist wie beim Gewichtheber, dessen Leistung in sich selbst verankert bleibt; er trainiert sich immer stärkere und bessere Muskeln an, aber er hebt niemals etwas von Bedeutung. Die Menschen können Systeme errichten, in denen die Aussagen über Gefühle auch Selbstzweck sind und sich ständig wiederholen, ohne eine Lösung zu finden. Innerhalb des zwanghaften Systems wird der Mensch, der beispielsweise einen Groll hegt, oder liebevoll und mitfühlend ist, diese Gefühle nicht ausdrücken, sondern sie vielmehr üben. Alles wiederholt sich, er findet Gründe für sie, nährt sie, betont sie und verleiht ihnen eine bestimmte Richtung.

Die Therapie muß dieses zwanghafte System durchbrechen. Vielleicht richten sich die Gefühle gegen das falsche Objekt oder die falsche Person, oder sie sind falsch ausgedrückt. Die therapeutische Aufgabe liegt darin, die richtige Szene zu finden und die Ausdruckskraft zu entwickeln, die wie im folgenden Beispiel dem Bedürfnis gerecht wird.

Phyllis hegte einen pathologischen Groll gegen ihren Chef, einen unbedeutenden Mann, auf den sie reagierte, als hätte er Gewalt über Leben und Tod. Tatsächlich spielte er nur eine geringe Rolle in ihrem Leben, und seine Neigung, Verwirrung zu stiften und ihren Einfluß in ihrer Abteilung zu untergraben, hätte sie nicht weiter beschäftigen müssen, doch sie regte sich sehr darüber auf. Ihre Abneigung in der Therapie und in der Phantasie zum Ausdruck zu bringen, zeigte wenig Wirkung. Eines Tages erkannte ich, daß Phyllis ein Mensch war, der besonders viel Aufmerksamkeit brauchte, und ich fragte sie, ob sie diese Aufmerksamkeit im allgemeinen erhielt. Sie erinnerte sich an zwei Männer, in die sie verliebt gewesen war und die sie wirklich auf Händen getragen hatten. Aber in beiden Fällen wurde sie ganz plötzlich abgewiesen. Nach dem zweitenmal erkannte sie, daß sie sich selbst niemals gestattet hatte, diese spezielle Behandlung, die sie haben wollte, anzunehmen. Darauf forderte ich sie auf, sich in ihrer Vorstellung diesen beiden Männern zu erklären. Dabei konnte sie sich von der Kombination von Wut, Verlust, Groll und Verbissenheit befreien, mit der sie bisher behaftet gewesen war und um die herum sie einen so beträchtlichen Teil ihres Lebens organisiert hatte. Als sie in ihrer Vorstellung zu diesen beiden Männern sprach, machte Phyllis ihren unerledigten Gefühlen Luft. Nach dieser bewegenden Erfahrung wurde sie ruhig und empfand nicht mehr den heftigen Groll gegen ihren Chef. Schließlich war es ihr sogar möglich, die Rolle, die er tatsächlich in ihrem Leben spielte, richtig zu beurteilen. Phyllis hatte sich bewegt – aus dem neurotischen System heraus, in dem sie ihren Chef zum Mittelpunkt gemacht hatte, in ein System hinein, das ihren Gefühlen organisch angemessener war. Das war der Kontext, in dem eine Vollendung möglich war.

Wünsche

Bewußtheit der Wünsche, wie Bewußtheit jeder Erfahrung, ist eine orientierende Funktion. Sie zeigt die Richtung an, mobilisiert den Menschen und gibt ihm ein Ziel. Ein Wunsch ist ein Wegweiser in die Zukunft. Menschen ohne Wünsche, zum Beispiel Depressive, haben keine Zukunft. Alles erscheint sinnlos oder hoffnungslos, nichts ist wert, daß man es sich wünscht. Wenn der depressive Mensch noch nicht zu unempfindlich geworden ist, wird er vielleicht ein Geschehnis registrieren, aber seine Erfahrung führt nirgendwo hin.

Ein Wunsch ist eine verbindende Funktion, er integriert die gegenwärtige Erfahrung mit der Zukunft, in der die Befriedigung liegt, und auch mit der Vergangenheit, die er krönt und zusammenfaßt. Wünsche entwickeln sich aus der Vergangenheit des Menschen; sie geben den Empfindungen und Gefühlen, die zu diesem Augenblick des Wünschens geführt haben, einen Sinn. Nur wenn man weiß, wo man steht und was man jetzt will, kann man die zentrale Verbindung in der Kette von Ereignissen herstellen, die das Leben ausmacht.

Es klingt selbstverständlich, wenn man sagt, daß man erst Befriedigung erlangen kann, wenn man weiß, was man will, aber dies ist nicht immer der Fall. Viele Befriedigungen werden erlebt, ohne daß uns jemals bewußt war, daß wir sie erreichen wollten. Ich sehe Sie lächeln, und ich strahle auch, aber ich habe nicht bewußt gewollt, daß Sie lächeln – es geschah einfach so. Da viele Erfahrungen wie diese einfach geschehen, ungeplant und spontan, verlassen sich viele Menschen auf solche Geschehnisse als ihre primäre Quelle der Befriedigung. Doch obwohl solche Erfahrungen unser Dasein bereichern und uns immer wieder zuteil werden, können wir uns leider nicht auf sie verlassen. Um viele der möglichen Befriedigungen zu erreichen, müssen wir selbst etwas dazu tun. Das Wissen um unsere Wünsche treibt uns voran.

Viele Menschen sind sich jedoch nur selten ihrer Wünsche bewußt. Oder sie sind sich ihrer Wünsche nur selektiv bewußt – oder zur falschen Zeit. Wir fragen häufig in der Gestalttherapie: »Was wollen Sie?«, nur um mit leeren Gesichtern konfrontiert zu werden, als wäre die Frage in einer Fremdsprache gestellt worden, die der Patient erst noch erlernen muß. Er braucht Übung, um seine Wünsche erkennen zu können. Wenn er keine klare Vorstellung von seinen Wünschen hat, wird der Mensch entweder unbeweglich und bleibt in einer Anhäufung von Empfindungen und Gefühlen stecken, oder er wird desorganisiert und stürzt sich kopfüber in die Suche nach Befriedigung, die zur Aktivität führen kann – aber gewiß nicht zur Befriedigung. Wenn ein Wunsch erkannt und ausgedrückt werden kann, dann hat der Wünschende das Gefühl, daß er ein Ziel hat und sich der Vollendung und Befreiung nähert. Ein Mann in einer Gruppe wurde gefragt, was er wolle, und er erwiderte, er wisse es nicht. Er wurde also aufgefordert, der Frau, mit der er gerade sprach, etwas zu sagen, was mit den Worten beginnen sollte: »Ich möchte, daß Sie . . .« Er sagte: »Ich möchte, daß Sie mit mir ausgehen.« Plötzlich strahlte sein Gesicht, er fühlte sich nicht mehr blokkiert, der freie Gedankenfluß wurde wiederhergestellt. Ein anderer Mann, ein Universitätsprofessor, fühlte sich von seinen verschiedenen beruflichen Verpflichtungen, wie Lesen, Schreiben und Lehren – überfordert. Nachdem er sich lang und breit über die Forderungen, die sein Beruf an ihn stellte, ausgelassen hatte, fragte ich ihn: »Was wollen Sie denn?« Eine Pause entstand, dann legte er die eine Hand locker in die andere und sagte: »Ich möchte ein bißchen Nachlässigkeit in meinem Leben.« Diese beiden Erkenntnisse sind sehr einfach, aber für viele Menschen sind sie nicht leicht zugänglich. Wenn diese Wünsche nicht zumindest erkannt werden können, wird es auch zu keiner zielgerichteten Handlung kommen.

Eine gewöhnliche Methode, nicht mit seinen Wünschen in Berührung zu kommen, besteht darin, sie aufzublähen, sie zu globalen Wünschen zu machen, so daß sie für immer undefinierbar und unerreichbar bleiben. Ich will respektiert werden, ich will erfolgreich sein, ich will Liebe, ich möchte ein guter Ehemann sein. Wichtiger wäre es, wenn der Betreffende auf die Frage nach seinen Wünschen antworten würde, er wünsche, man würde mit der Fragerei aufhören, er wolle französisch lernen oder ein besserer Liebhaber sein. Dies sind schon figürlich gewordene Wünsche; sie sind klar definiert, und die Bedingungen, die für ihre Erfüllung nötig sind, sind immerhin erreichbar und identifizierbar. Sie können zu Bausteinen werden für eine neue Art, sich selbst zu erfahren. Es wird also zum Ziel, die globalen Wünsche in spezifischen und verständlichen Begriffen zu definieren. Wenn man sich mit globalen Wünschen befaßt, dann lautet die Frage beispielsweise: »Was müßten Sie machen, um ein guter Ehemann zu werden?« oder: »Wie würden sich die Menschen Ihnen gegenüber verhalten, wenn Sie sie respektierten?«

In der Ehepaartherapie beschwerte sich Vivian darüber, daß ihr Ehemann, Stan, sie nicht respektvoll genug behandelte, worauf er erwiderte, er habe nicht das Gefühl, von ihr verständisvoll behandelt zu werden. Ich bat sie, zu versuchen, ihre Wünsche genauer zu äußern. In dem sich daraus ergebenden Dialog wurde offensichtlich, daß Vivians Wunsch nach Respekt bedeutet, Stan sollte zunächst einmal feststellen, wie *sie* sich fühlte, wenn er nach Hause kam, anstatt ihr sofort seinen ganzen Kummer des Tages auszubreiten. Stan wollte, daß Vivian ihm zuhörte, ohne ihm irgendwelche Vorschläge zu machen, was er vielleicht tun sollte, denn genau dies gab ihm das Gefühl, daß sie ihn herabsetzte, anstatt ihn verständnisvoll zu behandeln. Dies waren Dinge, die sie tun konnten, wohingegen die Forderung nach mehr Respekt und Verständnis – zumal alle beide der Meinung waren, respektvoll beziehungsweise verständnisvoll zu sein – einfach zu vage war. Mit dem Auftauchen eines klar definierten Wunsches konnte ihre Energie zielgerichteter und effektiver sein. Genau zu wissen, was sie wollten, erhöhte die Wahrscheinlichkeit einer Befriedigung.

Bewußtheit von Werten und Bewertungen dreht sich meist um größere Erfahrungseinheiten als Empfindungen, Gefühle oder Wünsche. Auch dies ist eine vereinigende Aktivität, die das frühere Leben und die Reaktionen des Betreffenden darauf einschließt und zusammenfaßt.

Bewußtheit von Bewertungen und Werten kann als zentral in dem früheren Beispiel von Lila angesehen werden, der Geschäftsführerin, die ihre Sekretärin als verwahrlostes Kind sah. Lilas Bewertung ihrer Sekretärin als bemitleidenswert wurde vom Bewußtsein abgelöst, daß man sich um Verwahrloste kümmern und sie unterstützen muß, sie aber *nicht* kurzerhand hinausschmeißen kann. Als sie schließlich die Projektion ihrer eigenen Verwahrlosung zurücknahm, die sie auf ihre Sekretärin übertragen hatte, mußte sie ihre widersprüchlichen Werte überprüfen, damit ihre Handlungen den gegenwärtigen Bedürfnissen und nicht den verkümmerten, auf den Bedürfnissen der Vergangenheit beruhenden Bewertungen entspringen konnten.

Die Lösung kam durch die positive physische Empfindung ihrer Weiblichkeit. Die Eindringlichkeit der gegenwärtigen Empfindung löste die stereotypen Bewertungen und Abschätzungen auf, denen sie gestattet hatte, ihre Handlungen zu kontrollieren, und befähigte Lila auch, die Richtungen klarer zu erkennen, in die sie gehen wollte. Durch die Synthese ihrer Verwahrlosung und Fraulichkeit war es ihr möglich, zu neuen Werten zu gelangen: Erstens, daß Menschen, die verwahrlost erscheinen, nicht automatisch beschützt werden müssen und zweitens, daß nicht jeder, um den man sich kümmern muß, automatisch ein Verwahrloster zu sein braucht. Jetzt konnte sie frei erkennen, daß ihre Sekretärin, obwohl sie tatsächlich einen schutzbedürftigen Eindruck machte, dennoch destruktiv war und entlassen werden mußte. Sie konnte jetzt auch akzeptieren, daß ihr Bedürfnis nach Liebe nicht automatisch bedeutete, daß sie verwahrlost sei und daß sie nicht schutzbedürftig sein mußte, um eine volle warme Beziehung zu einem anderen Menschen zu haben, der wie sie selbst stark und gebend ist.

Man sollte bedenken, wenn wir die Bewußtheit von Bewertungen und Werten behandeln, daß wir dann ein ganzes Spektrum von Beurteilungen und inneren Widersprüchen berühren. Die Werte, die ein Mensch für sich aufstellt, müssen häufig erneuert werden, wenn sie anachronistisches Material enthalten. Die Ansicht, daß man sich um Verwahrloste kümmern muß, bedeutete für Lila, daß sie und ihr Bruder nicht ignoriert werden sollten, ein Anspruch, den sie zu einer gewissen Zeit verzweifelt beteuern mußte. Die Überzeugung, daß sie diejenige war, die die Verantwortung tragen mußte, war für sie von großem Wert, wenn sie überleben wollte. Dies war keine launenhafte Einstellung; es war eine Notwendigkeit, jetzt vielleicht nicht mehr. Ihre frühere Bewertung mußte also figürlich genug werden, um wieder neu eingeschätzt zu werden, und es muß auch bestimmt werden, ob es tatsächlich immer noch ein notwendiger und nützlicher Wertmaßstab ist. Wenn ja, dann dient er immer noch einem gegenwärtigen Bedürfnis, und er wird weiter bestehen; wenn nicht, dann ist er ein Überbleibsel, welches einem Bedürfnis dient, das nicht mehr existiert; es kann beendet werden, und sie wird frei, sich anderen, synchronistischen Werten zuzuwenden.

Die Rolle, die die Projektion bei Lilas Bewertung ihrer Sekretärin spielte, muß auch beschrieben werden. Sie konnte die prekäre Position ihres Bruders akzeptieren und assimilieren, es war nicht notwendig, diese Erkenntnis abzuwehren, aber sie konnte nicht akzeptieren, daß dies auch für sie zutraf, das hätte ihr tatsächlich zuviel Angst eingeflößt. Damit sie sich selbst als verantwortlich für den hilflosen jüngeren Bruder betrachten konnte – eine Beziehung, die nicht auf Gegenseitigkeit beruhte –, war es außerdem noch äußerst wichtig, daß sie sich selbst für weniger schutzbedürftig als er hielt. Schließlich war sie die ältere, stärkere, klügere, einfallsreichere usw.. Sie mußte mit Schwäche und Verletzbarkeit in Kontakt bleiben, aber sie konnte es nicht ertragen, dies auch auf sich selbst zu beziehen. Schwäche existiert gewiß, aber nur bei anderen Menschen, die in irgendeiner Weise von ihr abhängig waren. So konnte sie auf ihre Sekretärin die Schutzbedürftigkeit übertragen, die sie nicht als Teil ihrer selbst akzeptieren konnte.

In der »abgesicherten Notlage« der therapeutischen Situation konnte Lila die wachsende Erregung zulassen, die zuerst durch die Bewußtheit der Schutzbedürftigkeit ihrer Sekretärin und dann ihrer eigenen erweckt worden war. Und schließlich konnte sie die Projektion aufheben und ihre eigene, nicht anerkannte Verwahrlosung akzeptieren. Der Wertvorstellung, daß sie Verwahrloste schützen müsse, konnte differenzierter assimiliert werden; man mußte unterscheiden zwischen denjenigen, um die man sich kümmern sollte, und denen, die destruktiv waren und eine andere Reaktion erforderten. Schließlich gelangte Lila zu einer neue Lösung, die ihre Fraulichkeit mit dem Bedürfnis, zu beschützen und beschützt zu werden, integrieren konnte, wobei sie ihre Wahl frei treffen und sich als Gleiche unter Gleichen betrachten konnte, ohne Zwang und ohne Bedrohung.

9.

Experiment

Nichts Lebendes kann gleichgültig behandelt werden.

BERNHARD BERENSON

Obwohl die Bedeutung der Aktion im Lernprozeß schon seit langem bekannt ist – dank John DEWY, Paul GOODMAN, John HOLT und George DENNISON und anderen –, so wählen doch die meisten Menschen das »Darüberreden« als übliche Methode zur Problemlösung. Sie sprechen mit anderen über ein Problem oder denken darüber nach, bis sie hoffnungsvoll eine Position erreichen, von der sie glauben, daß eine Handlung angebracht wäre. Und wenn der richtige Augenblick zur Handlung noch nicht vorbei ist, versuchen sie es wohl auch.

Aber nur zu häufig erweisen sich diese Entscheidungen als starre Richtlinien, die jede Neuerung und induktive Improvisation im Keim ersticken. Handlung, die ausschließlich auf vorangegangener Überlegung beruht, ohne den belebenden Einfluß gegenwärtiger Phantasie, wird meist mechanisch und leblos. Herumprobieren erscheint verschwenderisch, und die freie Entwicklung neuer und gewagter Richtungen scheint direkt ketzerisch. Man nehme nur das allzu bekannte Beispiel des jungen Studenten, für den das Medizinstudium so obligatorisch war, daß er beim bloßen Gedanken an mögliche Alternativen in Panik geriet, obwohl für ihn das Medizinstudium eine Tortur war. Die Würfel waren so unwiderruflich gefallen, daß er nicht einmal mehr wußte, ob diese Entscheidung nun von ihm selbst oder seinen Eltern stammte. Die Angst davor, Zeit zu vergeuden, den elterlichen oder den eigenen Werten untreu zu werden, oder neue, riskante Richtungen einzuschlagen, ließ ihn die ursprüngliche Verpflichtung eingehen. In der Vergangenheit verankert, konnte er nur über mögliche Veränderungen nachgrübeln, ohne jedoch handeln zu können. Diese Art des Entscheidens stellt mögliche Fehler sowie die Individualität als unerwünscht und ablenkend hin. Wo schnelle und gute Ergebnisse gefordert werden – so wie es in unserer Gesellschaft der Fall ist –, ist der Einsatz so hoch, daß man sich Fehler einfach nicht leisten kann. Nur wenige Men-

schen haben das Gefühl, daß sie Ideen und Möglichkeiten untersuchen können, die sich eventuell nicht auszahlen.

Die Gestalttherapie versucht, die Verbindung zwischen dem
Darüberreden und der Handlung wiederherzustellen. Indem die
Aktion in den Prozeß des Entscheidens integriert wird, wird der
Mensch von dem verdummenden Einfluß seiner passiven Spekulationen befreit. Am besten können Entscheidungen getroffen
werden, wenn die Handlungen anfangen, eine erkennbare Richtung aufzuzeigen, zu der der Mensch ja sagen kann. Ein junger
Mann kann das Medizinstudium erst als richtig für ihn betrachten, nachdem er einen Biologiekurs absolviert und Interesse
daran gefunden hat, nachdem er mit einem befreundeten Arzt
gesprochen hat, nachdem er bei einem Erste-Hilfe-Kurs angeregt
wurde usw. . Wenn er zu diesem Zeitpunkt eine Entscheidung
trifft, dann ist sie zwingend und in seiner Persönlichkeit begrün-
det.

Das Experiment in der Gestalttherapie ist ein Versuch, dem
ausweglosen Darüberreden entgegenzuwirken, indem sie das
Aktionssystem des Betreffenden ans Licht zerrt.

Durch das Experiment wird der Betreffende dazu angeregt,
sich den Notwendigkeiten seines Lebens zu stellen, indem er
seine verkümmerten Gefühle und Handlungen in relativer Sicherheit ausspielt. Ein abgesicherter Notfall wird auf diese Art
geschaffen, in der eine mutige Exploration unterstützt werden
kann. Beide Enden des Sicherheit-Notfall-Kontinuums können
außerdem untersucht werden, wobei zuerst die Unterstützung
und dann das Risiko betont wird – was gerade angebracht erscheint.

Ein Mann zum Beispiel, der von seinem Chef gequält und
durch die Macht dieses Mannes handlungsunfähig gemacht
wurde, stellte sich vor, sein Chef säße ihm in der therapeutischen
Sitzung gegenüber; er fing an zu brüllen, daß er ihn töten werde,
töten, töten! Er hatte diese Worte schon immer schreien wollen,
aber das Risiko der Vergeltung von seiten des Vorgesetzten war
einfach zu groß gewesen. Selbst als das Risiko auf ein Minimum
reduziert wurde – denn nur er und ich waren anwesend –, lief er
doch immer noch Gefahr, von seinem eigenen Zorn überwältigt
zu werden. Von Gefühlen überflutet zu werden, ist trotz der
Unterstützung der Umwelt risikoreich. Aber weil Stützen tatsächlich vorhanden sind, ist man bereit, das Risiko auf sich zu
nehmen.

Auf den ersten Blick könnte das Einführen von unerledigten, anderswo begonnenen und nicht mehr relevanten Geschäften in die Therapie eine Imitation der Realität sein, ein reines psychologisches Spiel. Das Experiment darf nur nicht Linderung bringen oder Ersatz für ein echtes Engagement werden. Der Künstler erschafft nicht nur die Szene wieder, die er sieht. Er verbindet die äußere Realität mit seiner inneren Erfahrung, und diese Synthese ist eine Entdeckung, sogar für ihn selbst. Genau das trifft auch auf das therapeutische Experiment zu. Der Betreffende versucht nicht nur, etwas zu reproduzieren, was schon geschehen ist oder was noch geschehen könnte. Statt dessen bezieht er sich auf die äußere Realität, indem er seinen Bedürfnissen zu diesem Zeitpunkt Ausdruck verleiht. Weder probt er ein zukünftiges Ereignis, noch wärmt er ein altes auf, sondern erfährt jetzt in der Gegenwart, wie es ist, den Übergang von der Bewußtheit zur experimentellen Handlung zu schaffen. Wenn er einmal den Rhythmus dieser existentiellen Bewegung spürt, dann mag er sich wahrscheinlich anders als vorher in der Welt draußen verhalten. Aber sein Verhalten draußen wird wohlgemerkt keine genaue Wiederholung des therapeutischen Ereignisses sein.

Das Experiment ist weder Probe noch nachträgliche Analyse. Wenn der Mann, der seinen Chef anschrie, diese Szene als Drehbuch für die Zukunft betrachten würde, dann wäre dies offensichtlich töricht und aussichtslos. Als Vorbereitung für einen schöpferischen Kontakt zu seinem Chef konnte es ihm jedoch seine eigene Selbstunterstützung und bisher stillgelegte Findigkeit bewußt machen.

Unser kreatives Experiment unterscheidet sich von der Kunst zumindest in einer wichtigen Dimension. Ein Kommentar von Herbert READ[61] verdeutlicht diesen Unterschied:

Deshalb können wir das Selbst nicht *kennen*, wir können uns selbst nur *verraten*, und wir machen dies auch fragmentarisch und unbewußt, wie die Worte andeuten. Wir verraten uns durch Gesten, durch die Akzentuierung unserer Sprache, durch unsere Handschrift und ganz allgemein durch all diese Formen und Konfigurationen (Gestalten), die automatisch die Spur des Bewußtseinsflusses aufzeigen. In diesem Sinn ist jede Kunst eine Form des unbewußten Selbstverrats, aber sie ist nicht notwendigerweise eine Bewußtheit des verratenen Selbst.

Unsere Auffassung des künstlerischen Ausdrucks unterscheidet sich von der READS insofern, als wir tatsächlich versuchen, das Selbst, das »verraten« wurde, bewußt zu machen. Dies ist in der Tat eines unserer Hauptanliegen. Diese Bewußtheit unterstützt den Betreffenden, richtet seine Aufmerksamkeit auf seine Bedürfnisse und veranlaßt ihn zu Handlungen, die sein natürliches Selbstgefühl ausdrücken und krönen.

In gewissem Sinne wollen wir das Schema der Kunst umkehren. Der Künstler schöpft aus seiner persönlichen Reaktivität und schafft ein Kunstwerk, das seinen augenblicklichen Standpunkt ausdrückt. Das fertige Kunstwerk ist eine greifbare Aussage, die er anderen mitteilt in der Hoffnung, sie zu bewegen, zu überraschen, zu erfreuen – also ihnen ihre gewöhnlichen, menschlichen Erfahrungen in einer Form zu präsentieren, die nicht so kurzlebig wie die Existenz im allgemeinen ist. In der Therapie können wir unsere Produkte weder aufhängen noch einrahmen; es gibt kein »fertiges Produkt«. Hier arbeitet der schöpferische Mensch ausschließlich für sich und würde seine Ergebnisse wahrscheinlich ungern publik machen. Der Künstler will sich durch sein Werk anderen mitteilen. Die Kunstform des Patienten führt dagegen zu Aktionen, die einen erweiterten Dialog sowohl mit sich selbst als auch mit anderen schaffen. Das kreative Experiment ähnelt dem künstlerischen Ausdruck insofern, als es auch in ungewöhnlich hohem Maße Erregung, Entdeckung und Unvorhergesehenes beinhaltet. Aber selbst wenn der Prozeß der Durcharbeitung im Privaten durchgeführt wurde und nur das fertige Resultat öffentlich gezeigt wird, offenbart doch der Künstler durch sein Werk sein psychologisches Leben. Das gleiche gilt für den Patienten in der Therapie, der in der Therapiesitzung zittert, leidet, lacht, weint usw. Genau wie der Künstler durchschreitet er unbekannte Erfahrungsgebiete, die eine eigene Realität haben, und wo es keine Garantie für eine erfolgreiche Vollendung gibt. Wieder einmal sieht er sich den Kräften gegenüber, die ihn früher in gefährliche Gebiete gelenkt haben, und die Rückkehr wird so gefährlich, wie er reflexiv gefürchtet hatte. Der Therapeut ist der Mentor und Begleiter, der hilft, zwischen den sicheren und den gefährlichen Aspekten des Experiments das Gleichgewicht zu halten; er bietet Unterstützung, Orientierung und Vorschläge. Indem er die natürliche Entwicklung der unerledigten Themen des Patienten bis zur Vollendung fördert, wird der Therapeut Partner des Patienten in der Erschaffung eines Dramas, welches erst geschrieben wird, während es sich offenbart.

Es gibt verschiedene Formen, die das Experiment annehmen kann. Wir unterscheiden fünf Methoden: 1. Darstellen; 2. gelenktes Verhalten; 3. Phantasie; 4. Träume und 5. Hausarbeit.

Darstellen

Frühe Kritiker warfen der Gestalttherapie vor, sie sei eine Therapie des Ausagierens. (engl: acting out. »In der Psychoanalyse verwendeter Ausdruck zur Bezeichnung von Handlungen meist impulsiven Charakters, die im Vergleich mit dem gewöhnlichen Motivationssystem des Subjekts einen Bruch darstellen, im Laufe seiner Handlungen relativ isolierbar sind und oft eine auto- oder heteroaggressive Form annehmen. Im Aufkommen von acting out sieht der Analytiker das Anzeichnen für das Hervortreten des Verdrängten. Erfolgt dies im Verlaufe einer Analyse [sei es in oder außerhalb der Sitzung], so ist acting out im Zusammenhang mit der Übertragung zu verstehen und oft als ein Versuch, diese völlig zu verleugnen. Anm. der Übersetzerin.) Sie ist in der Tat eine Therapie des Ausagierens, aber nicht in dem pejorativen Sinn, der in der psychoanalytischen Definition des Begriffs inpliziert wird. Ausagieren hat einen schlechten Beigeschmack bekommen, weil es traditionell bedeutet, daß ein Mensch in nichtintegrierter und irrelevanter Form Gedanken in die Tat umsetzt, die in der Therapie eingeführt oder durch sie stimuliert wurden. Der Therapeut kann sehr wohl nervös werden, wenn er annimmt, daß irgend etwas, was in der Therapie geschehen ist, anderswo zu peinlichem oder verletzendem Verhalten führen wird. Eine nichtausagierende Therapie bedeutet, daß der Patient seine Probleme durcharbeitet, aber außerhalb der Therapie inaktiv bleibt; dabei soll er auch wissen, wann er die Reife erreicht hat, und *dann* vernünftig genug sein, sich entsprechend zu verhalten.

Diese Anschauung ist lächerlich. Sie setzt eine völlige Unkenntnis des gegenwärtigen Wissens über den Lernprozeß voraus, besonders der Tatsache, daß Handeln für richtiges Lernen unbedingt *erforderlich* ist. Ausagieren mag die einzige Ausdrucksmöglichkeit für den Patienten gewesen sein, da die analytische Couch ihm das natürliche Handeln verweigerte, das innerhalb des therapeutischen Prozessses angeregt wurde. Anstatt diesen äußerst wichtigen Lernfaktor zu ignorieren, betont die Gestalttherapie die Aktion, indem sie eine günstige Zeit für dieses Ausagieren sucht und darauf achtet, daß sie ins Leben des Menschen paßt. Schon früher haben wir auf die vier Ausdrucksebenen hingewiesen, die von den Semantikern beschrieben werden: blockiert, gehemmt, exhibitionistisch und spontan. Sie werden sich erinnern, daß der blockierte und gehemmte Ausdruck nicht zutage tritt, entweder weil der Impuls nicht erkannt wird oder weil der Ausdruck zurückgehalten wird, selbst wenn der Impuls erkannt wurde. Der exhibitionistische Ausdruck ist ein Ausdruck, der nicht sehr gut in das Handlungssystem des Betreffenden assimiliert ist. Der spontane Ausdruck ist natürlich und stark, gut integriert und anmutig.

Der ausagierende Mensch befindet sich in der exhibitionistischen Ausdrucksphase, er *zeigt* uns, was er ist, *ist* aber nicht, was er ist. Dies ist eine kritische Phase, erstens, da es häufig nötig ist, sie zu durchschreiten, um die spontane Phase zu erreichen, und zweitens, da man sehr einfach darin steckenbleiben und sie als spontan verstehen kann, anstatt ihre experimentelle Qualität zu erkennen. Menschen, die auf reiner Spontaneität des Ausdrucks bestehen, können sich sehr wohl weigern, die exhibitionistische Phase durchzumachen. Dies kann bedeuten, daß sie alles ausschließen, was sich ungeschickt oder unecht fühlen läßt, trotz der Tatsache, daß neue Verhaltensweisen sehr wichtig sein können, selbst wenn sie noch nicht gut integriert sind. Toleranz der exhibitionistischen Phase gegenüber ist sehr oft nötig, bevor ein Mensch tiefere Veränderungen seiner Natur vollziehen kann. Wird ein pedantischer Mensch das Risiko auf sich nehmen, dumm oder unklug zu wirken? Wenn nicht, dann bleibt er das, was er ist – pedantisch –, aber wenn er das Wagnis auf sich nimmt, unbekannte Verhaltensweisen auszuprobieren, dann kann er seine Pedanterie in Weisheit umformen.

Für die exhibitionistische Phase – im Vergleich mit der blokkierten oder gehemmten Phase – spricht immerhin, daß der Mensch sein Bedürfnis, etwas Neues zu tun, lebendig hält, und wenn er diesem Bedürfnis treu bleibt, unterstützt er sich selbst intuitiv, obwohl er dabei ungeschickt, vulgär, merkwürdig oder unberechenbar erscheint. Der Mann, der mit jeder Frau, die er nur halbwegs mag, Geschlechtsverkehr haben will, ist bestimmt nicht so sympathisch wie derjenige, der weiß, was er will und wann er es will. Der Don Juan wird jedoch, wenn er nicht in seiner Gier und seinem Exhibitionismus verhaftet bleibt, schließlich ein Gefühl für den richtigen Zeitpunkt und für alles andere entwickeln, was nötig ist, um eine Beziehung aufbauen zu können. Unglücklicherweise bleibt man in diesem Verhalten sehr leicht verhaftet, so daß es zur Aufgabe des Therapeuten wird, zwischen exhibitionistischem und spontanem Verhalten zu unterscheiden. Zu häufig werden gespielte, allzu forsche oder stereotype Verhaltensweisen fälschlicherweise als integrierte neue Entwicklung angeboten.

Für den Gestalttherapeuten ist das Darstellen die Dramatisierung bestimmter Aspekte der Existenz des Patienten innerhalb der therapeutischen Szene. Dies kann von einer Aussage des Patienten ausgehen, oder auch von einer Geste. Wenn er zum Beispiel nur eine kleine Bewegung macht, dann fordern wir ihn auf, seine Bewegung ausladender zu machen. Angenommen, er tut das, dann fühlt er sich wie ein sitzender Löwe. Wir fragen ihn, was das für ein Gefühl ist. Er sagt, er würde gern knurren. Dann soll er knurren. Und das tut er dann auch; dabei geht er im Raum umher und berührt die Anwesenden wie mit einer Riesenpranke. Wenn er damit fertig ist, hat er einige Menschen in Angst versetzt, andere amüsiert, wieder andere getäuscht und seine eigene, zurückgehaltene Erregung entdeckt. Diese Erregung zeigt ihm eine neue Seite seiner selbst – die mächtige Seite, die animalische Seite, die Seite, die den Kontakt sucht –, und er beginnt etwas zu erkennen, was er bislang in seinem Leben vermißt hat. Wenn dies zum richtigen Zeitpunkt geschieht und sich bei passender Gelegenheit wiederholt, dringen solche Charakterisierungen in das Handlungssystem des Menschen ein und öffnen dabei neue Richtungen.

Das Darstellen kann viele Formen annehmen. Wir wählen hier nur vier Beispiele aus, obwohl durch das Darstellen vielen menschlichen Erfahrungen Würze und Drama hinzugefügt werden kann.

1. Darstellen einer unerledigten Situation aus der entfernten Vergangenheit. Im folgenden soll Sues Erfahrung geschildert werden, die einer Frau, die dazu entschlossen war, keine Angst zu haben. Charakteristischerweise wurde sie oft frustriert, verwirrt und störrisch, aber selten ängstlich. Ihre Stimme war rauh, und Hals und Schultern waren stark verkrampft. Ihre Kehle war sehr gespannt, deshalb forderte ich sie auf, sich einen Finger in die Kehle zu stecken, um ihren Würgereflex zu erwecken. Ich hoffte, dies würde helfen, Sues Kehle zu entspannen, so daß ihre Stimme eine bessere Resonanz erhielte. Weiterhin glaubte ich, daß dies ihr das Angstgefühl einflößen würde, das sie zwanghaft blockierte. Sie steckte sich übereilt den Finger in den Mund, sie hustete, und ihr wurde leicht übel – aber sie empfand keinerlei Angst. Sie würgte auch nicht. Ich forderte sie auf, es noch einmal zu machen. Das gleiche geschah wieder; Übereile, Husten, aber kein Würgen und keine Angst oder Emotion. Daraufhin unterhielten wir uns ein wenig über ihre Übereile im Leben. Dann forderte ich Sue auf, es noch einmal zu versuchen. Diesmal war es ihr möglich, den Würgereflex zu erwecken, obwohl sie wieder hustete und so das Würgen unterbrach. Sie bemerkte, daß irgendein Teil ihrer selbst unerreichbar und teilnahmslos blieb. Sie erinnerte sich, daß sie dieses ihr jetzt bekannte Gefühl zum erstenmal erfahren hatte, als ihr um fünf Jahre älterer Bruder sie angegriffen hatte. Sie hatte ihn niemals daran hindern können, sie sadistisch niederzuhalten und zu würgen. Schreien oder Bitten half nicht, nur wenn sie sich teilnahmslos gab, hörte er am ehesten wieder auf. Was also anfangs verzweifelte Teilnahmslosigkeit war, um mit ihrem Bruder fertig zu werden, wurde noch lange danach fortgesetzt.

Und an dieser Stelle beginnt unser Darstellen. Anstatt über ihre Beziehungen zu ihrem Bruder zu sprechen, wies ich Sue an, teilnahmslos zu bleiben, gleichgültig, was ich tun würde. Sie willigte ein. Ich ging zu ihr hinüber, umfaßte mit den Händen ihre Kehle und begann sie zu würgen. Dabei blieb sie überraschend schlaff. Schließlich versuchte sie mich daran zu hindern, indem sie sich kräftig bemühte, meine Hände von ihrer Kehle zu reißen. Als ich nicht sofort nachgab, wurde sie schnell wieder passiv. Dann hörte ich auf. Sie meinte, ich hätte sie verletzen können, da sie mir nicht zu erkennen gegeben habe, ob ich ihr weh täte. Ich konnte spüren, wie Aggression in ihr aufstieg. Dann schlug ich vor, ich würde mich ihr wieder nähern und sie solle sich so heftig wie möglich wehren. Als ich auf sie zuging, erhob sie sich, noch bevor ich sie erreicht hatte. Sie griff nach meiner Kehle und kämpfte mit mir, so daß wir beide bald auf dem Boden lagen. Sie wehrte sich nach Kräften, aber ich hielt sie nieder. Sie wurde sehr rot im Gesicht und stieß schließlich das Wort »Aufhören« hervor. Das tat ich auch, und dann unterhielten wir uns. Sie war sehr stark beeindruckt, nicht nur von der physischen Anstrengung, sondern auch von der Wiederkehr der alten Gefühle und vom diesmal neuen Ausgang. Ihr wurde klar, daß ich nicht ihr Bruder war und daß sie vielleicht einen Einfluß auf die wohl doch nicht so nachgiebige Welt haben könnte. Ihre scharfe Stimme, die gespannten Schultern und der Hals, das Fehlen jeglicher Angst, das Störrische und Teilnahmslose, all das waren Fingerzeige – jeder für sich unvollständig –, die sich im Darstellen offenbarten. Schritt für Schritt zeigte das Drama ihre eigene Natur und die unerledigten Geschäfte aus ihrer Vergangenheit.

Vielleicht war dieses Darstellen riskant, doch das Risiko lag innerhalb akzeptierbarer Grenzen. Ich hatte schon ausgiebig mit Sue gearbeitet und war zu dem Schluß gekommen, daß dieser sehr starke physische Kontakt sie nicht überwältigen würde und daß sie mir auch genügend vertraute, um selbst während des Experiments zu wissen, daß sie nicht von mir entfremdet werden würde. Ein zweiter Einwand – daß diese Methode berufswidrig sei – zeigt eine überholte Auffassung vom berufsmäßigen Verhalten. Die professionelle Verantwortlichkeit des Therapeuten liegt darin, sich zu engagieren und das zu tun, was auch immer dem Patienten helfen kann, das wiederzuerlangen, was er in der Vergangenheit verloren hat. Genau wie Sues frühere Erfahrung keine verwässerte Version eines Angriffs war, genauso durfte auch das Engagement zwischen ihr und mir kein verwässerter Kontakt sein.

2. *Darstellen einer gegenwärtigen unerledigten Situation.* Die entfernte Vergangenheit ist nicht nur die einzige Quelle unerledigter Geschäfte. Die meisten von uns sehen sich jeden Tag mit unerledigten Geschäften konfrontiert. Sehr viel davon ist assimilierbar, aber einiges, was unerledigt bleibt, kann man einfach nicht loswerden, es bleibt im Hals stecken. Solange es nicht vollendet wird, bindet es sehr viel Energie. Die Folgen sind Lethargie, Feindseligkeit, Selbstunterschätzung und das ganze Spektrum persönlicher Erfahrungen, auf das sich die Therapie konzentriert.

Ein Mann in einer Gruppe, Victor, klagte resigniert, seine Frau msiche sich in einem unerträglichen Maße in sein Leben ein. Sie stelle sich zwischen ihn und jeden, mit dem er sich zufällig unterhalte. Ich forderte ihn also auf, weiterhin zu der Gruppe zu sprechen, und wies eine der Frauen an, physisch zwischen ihn und denjenigen zu treten, zu dem er gerade sprach. Dies tat sie energisch. Das Lustige und Lebendige dieser Szene stand in scharfem Kontrast zu Victors ruhigem und sterilem Bericht. Aber sehr bald fing auch er an zu handeln; er wollte sich trotz der Einmischung der Frau den anderen mitteilen. Er sprach lauter, wurde in Sprache und Verhalten bestimmter, sagte der Frau, sie solle den Mund halten und sich ihm nicht immer in den Weg stellen, ging um sie herum, stieß sie mit dem Ellenbogen beiseite, so daß er sich vor sie stellen konnte, und ließ sich nicht davon abhalten, sich weiterhin mit den anderen zu unterhalten. Während dieser Szene wurde es für ihn offensichtlich, daß er seine frühere Passivität aufgegeben hatte; er konnte auch erkennen, wie er bislang seiner Frau nachgegeben hatte, wobei er davon ausgegangen war, daß sie faszinierender war als er, und jeden Versuch aufgegeben hatte, die Menschen für ihn zu interessieren. Er konnte auch erkennen, daß Aggressivität nicht ernst genommen werden mußte und nicht in einer ausgeprägten Wettbewerbssituation enden mußte.

Darstellen kann Spaß machen. Dabei soll man jedoch zwischen dem Spaß unterscheiden, der nur ausweichend ist, und dem, der ein Ereignis richtig in Gang bringt, ohne daß für die Beteiligten wichtige Einsichten verlorengehen. Wir haben nur äußerst selten mit einer Gruppe gearbeitet, in der es keine Heiterkeit gab. In einer Gruppe, wo der Humor völlig fehlte, haben wir uns solange darauf konzentriert, bis er auch aufkam. Er wurde insofern entscheidend, als er es den Gruppenmitgliedern ermöglichte, einander *ernst* zu nehmen. Bis der Humor aufkam, wirkte die ganze Szene leblos. Danach wuchs das gegenseitige Vertrauen wie auch das gegenseitige Interesse. Die Arbeit in der Gruppe erreichte neue Tiefen. Spaßig und scherzhaft kann man das erkunden, was ohne freudiges Gelächter entweder zu schmerzlich wäre oder außerhalb der Perspektive des Betreffenden läge. Scherze, Ausgelassenheit, Übertreibung und Karikatur, alles dient dazu, einen bestimmten Charakterzug zu unterstreichen, den der Betreffende vielleicht nur verschwommen wahrnimmt. Darüber hinaus ist Humor auch eine kreative Anerkennung der versöhnenden Züge dessen, was sonst nur oberflächlich oder rein negativ erfahren werden könnte.

Die spielerische Qualität des Darstellens ist ebenfalls eine Quelle der Vitalität; trotzdem haben dabei viele Menschen Schwierigkeiten. Ziemlich häufig ist ihr Gefühl für Relevanz zu eng abgesteckt, und sie finden es schwierig, sich von ihren ernsthaften, intellektuellen Erwartungen ab- und dem zuzuwenden, was sie als Spiele-spielen betrachten. Manchmal muß der Zeitpunkt genau richtig gewählt werden, da diese Menschen sich sonst weigern, durch eine noch so geringe Anstrengung die Umstände passend zu machen. Nur wenn alles genau stimmt, machen sie mit. Kinder reagieren dagegen mit gespanntem Interesse auf ihre Erfahrungen, indem sie die in ihre Spiele einbringen. Sie spielen Arzt, Schule, Cowboys und Indianer ... Diese Spiele sind nicht fiktiv, sondern die Schaffung einer neuen Realität, die eigene Kraft hat und mehr Anreiz für ihre persönliche Beteiligung gibt. Das gleiche gilt auch für das Darstellen der Erfahrungen Erwachsener. Beweglichkeit von Geist und Körper wird wiederhergestellt, wenn man nicht mehr von der gegebenen Realität beherrscht wird, sondern neue Bedingungen erfinden und erleben kann. Überraschungen treten deshalb auf, da diese dem Spiel inhärent und nicht durch die Charakteristika eines anderen Menschen, die Natur der Gesellschaft oder praktische Implikationen determiniert sind. Wie FREUD über die Traumschöpfung sagte, sind diese Schöpfungen wie Mikrokosmen, die sich auf das reale Leben beziehen, jedoch von seinen Verwicklungen nicht begrenzt werden. Großes Drama bringt Erleuchtung in unser Leben. Als ich O'NEILLS *Der Eismann kommt* sah, wurde in mir ein Gefühl bedingungsloser Liebe erweckt, welches meine Beziehungen zu anderen Menschen noch monatelang beeinflußte. Diese Eindrücke ließen natürlich nach, aber selbst jetzt, nach 15 Jahren, kehren sie bisweilen zurück. Ähnliche Kraft hat das Drama in der Therapie.

3. Darstellen eines Charakteristikums. Worte sind nur Kürzel für das, was der Mensch sagen will. Viele von ihnen, besonders die Schlüsselwörter, erfordern eine Ergänzung und nähere Erläuterung, wenn sie in ihrer vollen, einzigartigen Bedeutung verstanden werden sollen. Das gleiche gilt auch für die Auffassungen, die ein Mensch von sich selbst oder anderen hat. Jemand sagt zum Beispiel, er möchte gern ein gütiger Mensch sein, aber dies sei unmöglich, da in seinem Leben die anderen schlau und berechnend seien. Man muß herausfinden, wie er Güte, Schlauheit und Berechnung definiert. Definitionen, die aus seiner eigenen Erfahrung dieser Charakteristika herrühren. Er könnte Beispiele anführen, wie er selbst gütig gewesen ist oder andere sich gütig verhalten haben. Er kann beispielsweise erzählen, wie er es einmal unterließ, einen Kollegen zu kritisieren – ein Aspekt der Güte.

Wenn er jedoch seine Vorstellung von Güte darstellt, wird dies sich wahrscheinlich sehr stark davon unterscheiden, wie er diese Vorstellung verbalisiert. Was für den einen Schlauheit ist, sieht der andere als natürliche Wachsamkeit oder vielleicht paranoide Angst. Indem man es als absolut betrachtet und seine Bedeutung für den einzelnen ignoriert, nimmt das Wort ein Eigenleben an, und verliert seine praktische Funktion als mehr oder weniger genaue Bezeichnung für einen Prozeß, der lebendig bleibt und in stets wechselnder Beziehung zu anderen Prozessen steht. Darstellen ist eine Methode, die Worte, die ein Mensch verwendet, um sich selbst oder andere zu charakterisieren, lebendig zu erhalten. Indem er die Verbindung zwischen Sprache und Handeln aufrechterhält, läßt er Veränderung und Entwicklung zu; er wird sich weniger als dies oder jenes abgestempelt fühlen.

Cyrus, ein Gruppenmitglied, beklagte sich darüber, daß seine Eltern kluge, scharfsinnige und opportunistische Menschen waren. Dieser Stil stieß ihn ab. Dies wäre nicht so schlimm gewesen, nur wehrte er sich so fanatisch gegen das Auftauchen dieser Charakteristika in sich selbst, daß er zu einem lethargisch gütigen Menschen geworden war – liebenswert, aber energielos. In der Hoffnung, er würde mit diesen Charakteristika eine Verbindung herstellen können, forderte ich ihn auf, uns über die Vorteile der Schlauheit und Cleverness zu berichten. Mit großem Vergnügen erklärte er uns bombastisch, wie man mit Gewinn auf dem Immobilienmarkt arbeiten könne. Cyrus wußte, worüber er sprach, und legte richtig los; er stellte sich auf die Couch und schaute auf uns herab. Seine Energie und Erregung wuchsen, und er erkannte, daß er die Situation genoß. Nicht nur das – er war geistig produktiver als sonst, er hatte bessere Einfälle, sprach lebendiger und eindringlicher. Dieser Schwung war gedämpft gewesen wegen seiner Definition der Schlauheit und seiner Abneigung, bei einer solchen Verhaltensweise überführt zu werden. Überführt wurde er – jedoch durch seine eigenen Definitionen.

Ich hätte eine andere Richtung einschlagen und ihn auffordern können, im Raum herumzugehen und zu jedem Anwesenden auf seine eigene Weise freundlich zu sein. Dies hätte ihm Gelegenheit gegeben, seine Freundlichkeit klarer zu erfahren und sie zu einer lebendigeren und persönlicheren Freundlichkeit zu entwickeln, als er sie bislang an den Tag gelegt hatte. Denn Schlauheit war nicht sein einziges verbales Klischee – er hatte auch abgedroschene Vorstellungen von Freundlichkeit. Wichtig war, daß er nicht nur Schlauheit und Freundlichkeit untersuchen mußte; er mußte sich von bestimmten Vorstellungen befreien, um herauszufinden, wer *er selbst* war. Der grundlegende Vorgang besteht darin, ein Gefühl von sich selbst in der Handlung wiederzuerlangen und die eigene Individualität zu erkennen, anstatt das Klischee fortwährend aufrechtzuerhalten.

Man erfährt am meisten von einem Menschen durch die Metaphern, mit denen er sich selbst beschreibt oder von anderen beschrieben wird. Ihre individuelle Bedeutung muß bei den Worten untersucht werden, und Darstellen ist hierfür eine fruchtbare Methode. Am Beispiel von Maeta, die sich selbst als »völlig verknotet« beschrieb, kann dies verdeutlich werden.

Ich forderte sie auf, sich zu verknoten und so ihre persönliche Metapher darzustellen. Sie verdrehte daraufhin die Arme, Beine und Körper, als wollte sie tatsächlich ihre Glieder zu einem Knoten schlingen. Ich fragte sie, wie sie sich fühle, so völlig verknotet zu sein, und Maeta erwiderte, sie fühle sich unbeweglich, beengt und gespannt. Was sie gern tun würde? Sie wollte sich gern entknoten. Ich forderte sie also auf, dies nach und nach zu tun, dabei immer nur eine Gliedmaße auf einmal zu entwirren und jede dieser Lösungen einzeln zu erfahren. Als sie dies tat, erkannte sie überrascht, daß sie sich davor fürchtete, sich selbst zu entwirren! Völlig gleichgültig, wie schmerzvoll und lähmend es für sie war, »verknotet« zu sein, so war dies doch schließlich eine Art Identität, und wenn sie völlig entwirrt würde, dann wüßte sie nicht, wer oder was sie werden würde!

4. Darstellen einer Polarität.

Das Darstellen von Polaritäten dramatisiert ebenfalls persönliche Charakteristika, aber in diesem Fall handelt es sich um zwei gegensätzliche, wie etwa Teufel oder Engel, groß oder klein sein, oder um zwei gegensätzliche Richtungen, wie bleiben oder gehen, sprechen oder schweigen. Solche Spaltungen können den Betreffenden in Ambivalenz oder Verwirrung gefangenhalten oder ihn dazu treiben, eine Lösung zu finden, nur um die Unsicherheit lsozuwerden. Es sieht so aus, als hätte die eine Seite gewonnen, wobei der besiegte oder unterdrückte Teil im Untergrund verschwindet und das scheinbar siegreiche Charakteristikum durch Schuldgefühle, Energielosigkeit, Freudlosigkeit und andere selbstzerstörerische Manöver sabotiert. Die Anstrengungen, um das besiegte Charakteristikum unterwürfig oder ruhig zu halten, sind zum Scheitern verurteilt, denn es wird auf unbequeme Weise wieder auftauchen, um sich irgendwie zu behaupten, wie bei allen Kräften des Widerstands, die in den Untergrund verdrängt wurden. Dieser Kampf ähnelt der Farce, die häufig erlebt wird, wenn eilige Eltern versuchen, ihr Kind schnell zu Bett zu bringen, indem sie das gewohnte Zeremoniell – Geschichten erzählen, singen, das Kind behaglich zudecken – abkürzen. Das Kind schreit, es weiß, es hat nicht das bekommen, was es braucht – und es schläft nicht ein. Im Endergebnis wird mehr Zeit darauf verwandt, das Zeremoniell zu verkürzen, als wenn man es wie gewöhnlich eingehalten hätte.

Das gleiche gilt für die Polarität. Man kann Aspekte seines Selbst ignorieren, doch der verleugnete Teufel wird trotzdem auftauchen, sehr zum Leidwesen des Engels – oder es wird so viel Wachsamkeit gegen sein unwillkommenes Auftreten nötig sein, daß sich der Betreffende in seinen engelhaften Augenblicken immer unsicher und auf der Hut fühlen wird. Und schlimmer noch, das Zurückziehen der teuflischen Energie macht das Leben weniger interessant oder beraubt die engelhafte Person des Scharfsinns, den sie braucht, um richtig leben zu können.

Wenn man mit Polaritäten arbeitet, besteht die grundlegende Notwendigkeit darin, die gegensätzlichen Kräfte wieder miteinander in Kontakt zu bringen. Wenn diese erst einmal wieder Kontakt zueinander haben, kann jeder der sich bekriegenden Teile als wichtiger Teilnehmer erfahren werden. Dann können sie auch Verbündete in der allgemeinen Suche nach einem erfüllten Leben werden, anstatt unbehagliche Gegner zu bleiben, die die Spaltung aufrechterhalten. Ist der Kontakt erst einmal wiederhergestellt, entdeckt der Betreffende fast immer, daß diese verdächtigen Aspekte viele positive Züge aufweisen und daß sich sein Leben erweitert, wenn er sie wiedererlangt.

Wir wollen aber nicht nur alles ins Gegenteil kehren, damit der Betreffende die engelhafte Seite seines Selbst aufgibt und ganz zum Teufel wird. Dies erinnert an die Geschichte von Dr. Jekyll und Mr. Hyde; diese Art der Koexistenz ist keine Einigkeit, sondern eine Bewußtseinsspaltung. Ein zeitweiliges Überwechseln kann einen positiven Einfluß auf den Gesamtprozeß ausüben. Um die andere Seite von sich selbst wieder zu erfahren, muß der unterdrückte Teil manchmal seine volle Kraft wiedererlangen, damit er die üblichen Ausdruckssperren durchbricht. So kann ein umgänglicher Mensch durchaus grausam sein, während er diese Seite seines Selbst ausspielt. Im Laufe der Zeit muß seine vorläufig verleugnete Liebenswürdigkeit wiederhergestellt werden, damit er als Ganzes auftreten kann. Man muß sehr stark an das Eintreten solcher Einheit glauben – die meisten Menschen können solche radikale Veränderung nicht so einfach zulassen. Aber der Glaube an die organische Selbstregulierung, die die Gestalttherapie impliziert, besagt folgendes: Wenn jeder Teil des Individuums akzeptiert werden kann, dann wird er nicht eine Diktatur aufzubauen versuchen, sondern er wird sich in die Gesamtheit der Charakteristika einordnen, die das ganze Individuum ausmachen. Eine Diktatur wird aufgebaut, um unter Druck etwas vollbringen zu können, etwa um auf Drängen der Eltern ordentlich zu werden. Hier muß die unordentliche Seite in den Untergrund verdrängt werden. Wenn man sich mit dem betreffenden Aspekt seiner Natur beschäftigen kann und ihn nicht in den Untergrund verdrängen muß, dann muß man nicht repressive Maßnahmen ergreifen, um ungewünschte Botschaften zu unterdrükken. Die Einheit des Menschen basiert auf Einbeziehung, auf Verbindung, nicht auf bloßer Spezialisierung. Die persönliche Diktatur hat scheinbar positive Aspekte: Sie ist bequem, gradlinig und entschlußfreudig. Doch dies ist eine unbehagliche Effizienz, und obwohl viele Menschen anscheinend gut damit zurechtkommen, sind die Verluste, die viele andere dadurch erleiden, zu groß, um ertragen zu werden – Zeugnis hierfür ist die epidemische Ambivalenz, die giftige Voreingenommenheit und die Sehnsucht nach einfachen Lösungen.

Eine der üblichen Methoden, eine neue Zusammenstellung der Kräfte zu bewirken, besteht darin, den Dialog zwischen den polaren Aspekten auszuspielen. Eine Frau, Carla, verglich sich mit einem Gemälde, dessen Hintergrund blau mit kleinen roten Punkten war. Blau stellte für sie ihre grundlegende Stimmung dar: depressiv, formlos, meist als Hintergrund dienend, nicht bereit, vernichtet zu werden, aber ohne eigene Konturen. Die roten Punkte stellten ihre glücklichen Augenblicke dar, deutlich artikuliert, aber klein, isoliert und zu wenig an der Zahl. Ich forderte Carla auf, einen Dialog zwischen dem blauen Hintergrund und den roten Punkten des Gemäldes zu beginnen. Der blaue Hintergrund stellte fest, es wäre vielleicht einfacher, glücklich zu

sein, wenn er wie die roten Punkte eine klar umrissene Form
hätte; er wolle auch deutlich artikuliert sein. Carla erkannte, daß
spezifischer sein bedeuten würde, daß sie sich über ihre eigene
Traurigkeit genauso klar sein müßte wie über ihr Glücksgefühl.
Sie wehrte sich im allgemeinen dagegen, wobei sie sich für die
undifferenzierte Depression entschied, anstatt für eine klar und
deutlich erkannte Traurigkeit. Sie nannte dies »sich nicht bekla-
gen wollen«; aber es hielt sie auch davon ab, irgendwelche Veränderungen in den sie nicht befriedigenden Teilen ihres Lebens
vorzunehmen. Die roten Punkte hörten zu, als der blaue Hintergrund von der Traurigkeit einer unbefriedigenden Beziehung zu
einem Freund berichtete sowie von ihren Gefühlen der Machtlosigkeit an ihrem Arbeitsplatz. Als diese unbefriedigenden
Aspekte ihres Lebens erst einmal identifiziert waren, hatte Carla
schon den ersten Schritt auf die Veränderung zu getan.

Ein weiterer Dialog folgt zwischen der »großen« und der
»kleinen« Seite einer Frau, die sehr häufig das Gefühl hatte, daß
sie eine heitere, kompetente Fassade zur Schau stellen mußte, um
ihre Unsicherheit und ihr Bedürfnis nach Zuspruch zu überdek-
ken.

Klein: (*Weinend*) Ich fühle mich so klein. Ich fühle mich hilflos
und schwach . . . Ich brauche jemanden, der sich um mich
kümmert. Ich *will* nicht groß sein und mich dann um jemand
anders kümmern müssen. Die anderen wollen immer, daß ich
auf jemanden achte, aber ich bin doch so klein!
Groß: Hör auf, sei nicht so. Du mußt nicht so sein. Ich bin
groß und kann schon etwas tun. Ich kann die Dinge schon in
Ordnung bringen.
Klein: Ich *will* nicht groß sein . . . Ich bin klein . . . ich bin erst
dreieinhalb Jahre alt . . . ich beobachte meinen kleinen Bruder,
und . . . er fällt von der Veranda! Ich bin zu klein, um auf ihn
aufzupassen. Ich fühle mich so schlecht!
Therapeut: Für ein kleines Mädchen scheinbar eine ziemlich
große Aufgabe.
Klein: Das war es . . . Ich hätte das nicht machen sollen . . .
man hat zuviel von mir erwartet. Man wollte immer von mir,
daß ich mich wie eine Erwachsene benehme und daß ich alles
mögliche mache, und ich bin doch so klein! (*Pause*)
Jetzt fühle ich mich größer . . ich bin elf Jahre alt und werde
gebeten, nach Cape God zu reisen und auf meine Cousins auf-

zupassen. Und ich mache mir Sorgen, wer auf meine kleine Schwester aufpaßt . . . Vor unserem Haus ist ein Fluß, und ich befürchte, daß sie hineinfallen wird und niemand sie sieht.

Therapeut: Also Sie oder niemand.

Groß: Das ist Geschwafel.

Therapeut: Was ist Geschwafel?

Klein: Irgend jemand wird schon aufpassen . . . ich muß es nicht unbedingt sein! (*Weinend*) Ich möchte klein sein, und jemand soll mich festhalten. (*Kuschelt sich wie ein Ball auf der Couch zusammen . . . streckt ihre Hand aus.*)

Therapeut: Was möchten Sie jetzt?

Patient: Oh, ich weiß nicht . . . ich komme mir wie ein Baby vor! Es ist töricht!

Therapeut: Das, was Sie wollen, ist töricht?

Patient: Könnten Sie, könnten Sie mich halten?

Ich setzte mich also neben sie auf die Couch, legte ihre Hand in meinen Schoß und hielt sie fest. Sie weinte weiter, und nach und nach ließ die Spannung in ihr nach. Nach ungefähr fünf Minuten forderte ich sie auf, sich ausschließlich darauf zu konzentrieren, wie es ist, wenn man festgehalten wird. Nach weiteren fünf Minuten fragte ich sie, was sie empfand.

Patient: Ich fühle mich jetzt entspannter, als ich jemals zuvor gewesen bin.

Therapeut: Kommen Sie sich jetzt *groß* oder *klein* vor?

Patient: Ich fühle mich nicht klein . . . Ich fühle mich nicht wie ein Baby. Aber ich fühle mich auch nicht groß. Ich meine, ich habe nicht das Gefühl, großtun zu müssen und vorzugeben, daß ich nicht gehalten werden will . . . Ich . . . *Das* ist das Geschwafel! Ich kann groß sein und immer noch wollen, daß man mich hält.

Polaritäten können viele Formen annehmen, wie Masken im griechischen Theater, wo jeder sich selbst und doch mehr als sich selbst darstellte. Polaritäten können das Schlachtfeld zwischen Intellekt und Emotion darstellen, zwischen Kompetenz und Inkompetenz, zwischen Klugheit und Dummheit, zwischen Verantwortung und Verantwortungslosigkeit, zwischen Reife und Unreife. Beim Darstellen dieser Charakteristika kann das Individuum das voll ausdrücken, was sie fordern und was sie zu seinem Leben beitragen.

Gelenktes Verhalten

Einige Verhaltensänderungen erfordern zwar kein tiefes vorausgehendes Durcharbeiten, können jedoch die Art verändern, wie der Betreffende sich selbst und andere erfährt und von anderen erfahren wird. Es heißt allgemein, daß wir in der Therapie den Menschen nicht sagen, wie sie sich verhalten sollen. Manchmal tun wir das jedoch in der Gestalttherapie – selektiv und mit explioratorischer Absicht. Mit Hilfe von einfacher Instruktion und Führung kann der Patient etwas tun, was Verhaltensweisen aufdeckt oder beleuchtet, die aus dem Bewußtsein ausgeschlossen waren; hierdurch kann er seine früheren Verhaltensweisen, bekannte Beziehungen und frühere Erfahrungen aus einer neuen Perspektive sehen.

Wenn zum Beispiel ein Mensch im weinerlichen Ton spricht, ohne sich jedoch dessen bewußt zu sein, kann man ihn auffordern, absichtlich und übertrieben zu jammern. Ein Mensch mit verkrampftem Unterkiefer kann aufgefordert werden, wie ein Idiot zu sprechen oder wie ein Nußknacker oder als hätte er einen Kaumuskelkrampf. Ein sehr leise sprechender Mensch kann aufgefordert werden, so zu sprechen, als ob die anderen Anwesenden in sehr weiter Entfernung von ihm wären; derjenige, der immer Vorträge zu halten scheint, kann aufgefordert werden, einen richtigen zu halten, wer alles, was er sagt, selbst in Frage stellt, kann aufgefordert werden, jegliche einschränkende Bemerkung zu unterlassen. Obwohl gelenktes Verhalten etwas an das Darstellen erinnert, unterscheidet es sich doch insofern davon, als es praktischer ist, sich auf spezifische Verhaltensweisen beschränkt, viel direkter unterweisend und nicht so offen wie das Darstellen ist. Seine Effekte können zwar häufig dramatische Konsequenzen haben, doch liegt die Absicht nicht darin, eine dramatische Szene zu schaffen, sondern vielmehr darin, neue Verhaltensweisen in einer tatsächlichen Begegnung auszuprobieren.

Gelenktes Verhalten zielt nicht darauf ab, einen Menschen etwas tun zu lassen, was er nicht tun will – oder Dinge blind zu tun, ohne sie zu fühlen. Er soll vielmehr die Gelegenheit bekommen, Verhaltensweisen zu üben, die er ansonsten vermeidet. Beim Ausprobieren dieser Verhaltensweisen wird er Aspekte seines Selbst aufdecken, die ihrerseits weitere Selbstentdeckung bewirken werden.

Einem Gruppenmitglied, das sich ausdrücklich weigerte, etwas zu sagen, aus Angst, es könnte den Ablauf der Ereignisse stören, wurde die Rolle des Zwischenrufers zugewiesen. Eine Zeitlang war sein Verhalten in der Tat störend, aber allmählich wandelte sich das, was als störendes Verhalten begonnen hatte, in eine richtige Führerschaft. Natürlich zielten die Instruktionen nicht darauf, ganz allgemein eine Störung zu schaffen, sondern der junge Mann sollte seine Energien freisetzen, selbst wenn er sich dabei als Eindringling empfand. Wenn jemand so lange warten muß, bis sich nichts mehr ereignet, um eine Störung zu vermeiden, dann wird er sehr lange warten.

Ein anderer junger Mann in einer Gruppe pflegte sehr schüchtern zu sprechen; er formulierte seine Bemerkungen sehr sorgfältig und gab sich große Mühe, niemandem seine Ansichten »aufzuzwingen«. Ich forderte ihn auf, jeden Satz oder jede Aussage mit den Worten »und das meine ich wirklich« zu beenden. Zuerst murmelte er die Worte leise und sehr zaghaft, aber dann begann ihm dies Spaß zu bereiten. Seine Augen blitzten, und er grinste, und die Worte wurden jedesmal lauter und klarer. Die anderen Gruppenmitglieder reagierten auf ihn, fragten ihn nach seiner Meinung und freuten sich mit ihm über seine beherzte Meinungsäußerung. Von einem Außenseiter wurde er an diesem Abend zum Mittelpunkt der Gruppe.

Ein weiteres Beispiel für gelenktes Verhalten zielt auf die Mobilisierung der Selbstunterstützung ab. Adlai, ein Arzt, fühlte sich in die Enge getrieben und zurückgewiesen, wenn seine Aussagen von seinen Kollegen nicht sofort akzeptiert wurden. Wurden seine Worte skeptisch aufgenommen, versteifte er sich und hielt sich von einem weiteren Gedankenaustausch fern. Adlai hatte eine etwas unbestimmte Art und neigte dazu, seltsame Dinge von sich zu geben, als wären sie Gottes Wahrheit. Wir arbeiteten mehrere Wochen daran, seinen Aussagen mehr Kraft zu verleihen, denn er schien zu erwarten, daß jegliche Unterstützung von seinen Kollegen kommen müßte, und tat nur sehr wenig dazu, sich selbst zu unterstützen. In einer unserer Sitzungen berichtete er von einem seiner Patienten, der wegen einer Harnvergiftung im Sterben lag; er war der Meinung, man müsse diesem Menschen Sterbehilfe leisten, da er nur eine sehr geringe Überlebenschance habe. Adlai hatte das Gefühl, feige zu sein, sonst wäre es ihm doch möglich gewesen, dem Patienten eine tödliche Dosis einer Droge zu verabreichen, was er aber ganz offensichtlich nicht fertigbrachte. Im Versuch, seine Ansichten über die Berechtigung der Euthanasie in diesem Fall zu untermauern, erging sich Adlai in beachtlichen Details über das Leben dieses Mannes und seiner Familie. Je mehr er sprach, desto stärker wurde ihm bewußt, daß dieser Mann trotz seiner Schmerzen sehr starke Anstrengungen unternahm, am Leben zu bleiben und daß seine Familie ebenfalls wollte, daß er weiterlebte. Trotz seiner Ansichten über die Euthanasie hatte er also doch richtig gehandelt, den Tod dieses Mannes nicht zu beschleunigen. Früher wäre es beim Gefühl geblieben, feige zu sein. Als es ihm aber möglich wurde, die Unterstützung für sein Verhalten aufzudecken, wurde seine Handlungsweise zu einer warmen, aufgeschlossenen Erfahrung, anstatt eine Gehirnwäsche gegen das möglicherweise gerechtfertigte Töten zu sein.

Ein gutaussehender junger Mann namens Rick, der ein sehr abenteuerliches Leben geführt hatte, war jahrelang impotent gewesen. Er war als Freiwilliger nach Vietnam gegangen und hatte sich dort für die gefährlichsten Einsätze gemeldet; er war Tiefseetaucher und hatte die wilden und primitiven Stämme in Brasilien erforscht. Er hatte als Berufsspieler Rugby gespielt und zur Entspannung Bäume gefällt. Als er über seine Erfahrungen berichtete, wurde offensichtlich, daß er sehr viel Wert darauf legte, auch in der größten Gefahr kaltes Blut zu bewahren. Sein Mut in schwierigen Situationen war bemerkenswert – aber unglücklicherweise konnte er nicht kaltes Blut bewahren und gleichzeitig sexuell erregt sein. Eines Tages sprach Rick von seiner unmittelbar bevorstehenden Promotion und seiner weiteren Laufbahn. Er hatte zwei Alternativen in Betracht gezogen. Die eine bestand darin, in die Politik einzutreten und seine Karriere mit der Säuberung seiner Stadt zu beginnen. Eine andere Möglichkeit wurde ihm von einem reichen und prominenten Freund geboten, der Rick in das internationale Geschäftsleben einführen wollte. Rick beschrieb diese beiden Möglichkeiten ausführlich und mit erregenden Details, dabei fehlte aber bei ihm jegliche Gefühlsäußerung, etwa Freude oder Dankbarkeit, wie sie angesichts solch glänzender Berufschancen zu erwarten gewesen wäre. Er war nicht arrogant, und ich hatte das Gefühl, daß er jederzeit erröten könnte – aber dies tat er natürlich nicht. Ein erigierter Penis wäre für ihn viel mehr wert, als die aufregendsten Geschichten, denn dies würde die Wiederentdeckung einer Bereitschaft signalisieren, starke Gefühlsempfindungen und die daraus folgende Wie-

derentdeckung der sexuellen Potenz zu erfahren, die er tatsächlich auch später erreichte.

Da gelenktes Verhalten eine ausgezeichnete Methode ist,
Empfindungen aufzudecken, bat ich Rick, mir diese Geschichte
noch einmal zu erzählen, aber diesmal mit Leidenschaft und Erregung, so wie es ein Schauspieler machen würde. Ich erklärte
ihm, daß das, was ich ihm vorschlage, auf den ersten Blick
gekünstelt aussehen möge, daß ich aber bei seinem Bericht die
Erregung vermißt hätte und vermute, daß der Verlust für ihn
schwerwiegender als für mich sei. Er begann also, seine Geschichte noch einmal zu erzählen, wobei ich ihm ein paar Stöße
vor die Brust versetzte, um seine Reaktivität zu wecken. Als wir
fertig waren, wurde seine Aggression offensichtlich; sein Kinn
war vorgestreckt, seine Fäuste ballten sich, sein Atem ging
schneller, und sein Gesicht nahm Farbe an. Er sah geschmeidig
und sogar jünger als mit seinen 28 Jahren aus. Seine Unerschüt-
terlichkeit ließ nach, und er wirkte agil, physisch kraftvoll und
voll überschüssiger Energie. Diese Folge des gelenkten Verhaltens hatte ihn mit der Kraft seiner unterdrückten Energie in Berührung gebracht. Später der Penis, dachte ich.

Phantasie

Phantasie ist eine expansive Kraft im menschlichen Leben – sie
reicht über die Menschen, die Umgebung und die Ereignisse hinaus, die einen sonst umgeben. Manchmal kann dies kindisch oder
quälend sein, so wie in vielen Tagträumen. Aber bisweilen kann
es solche Kraft und Schärfe annehmen, daß die Phantasie zwin-
gender ist als eine reale Lebenssituation.

Im allgemeinen widerstrebt es dem Tagträumer, selbst in der
Phantasie seine Tagträume auszumalen, so daß er auf doppelte
Weise blockiert wird: Er hat Angst vor Ereignissen oder seinen
eigenen Gefühlen und – noch schlimmer – Angst vor ihren Schatten! Der grüblerische Phantast spielt wiederholt Themen durch,
denen die Aggression, die Sexualität, die geschickte Manipulation usw. fehlen, alles das, was sein Inneres pulsieren läßt. Wenn
diese Phantasien innerhalb der therapeutischen Erfahrungen
auftreten können, dann kann die erneuerte Energie sehr groß
sein, manchmal an das Unassimilierbare grenzend und häufig einen neuen Kurs im Selbstgefühl des Betreffenden markierend.

Die Benutzung der Phantasie kann vier Hauptzwecken dienen: 1. Kontakt mit dem Ereignis, Gefühl oder persönlichen Charakteristikum, dem man Widerstand leistet; 2. Kontakt mit einer unerreichbaren Person oder unerledigten Situation; 3. Erforschung des Unbekannten und 4. Erforschung neuer oder unbekannter Aspekte des Selbst.

1. Kontakt mit einem Ereignis, Gefühl oder persönlichen Charakteristikum, dem man Widerstand leistet. In einem schon früher erwähnten Beispiel haben wir die Erfahrung eines Mannes beschrieben, der bei Bedrohung überreaktiv war und der aufgefordert wurde, seinen visuellen Vorstellungen freien Lauf zu lassen, während er mit geschlossenenen Augen auf der Couch lag. Er stellte sich eine Szene vor, in der Kinder auf einem Schulhof spielten. Am Himmel, erschien ein riesiger Alligator, der die gesamte Szene beherrschte. Er begann, vor Entsetzen aufzuschreien, als ob sich der Alligator wirklich im Raum befände. Dann wurde er blaß und zitterte, als ob er einen Schock erlitten hätte. Ich ging zur Couch hinüber, hielt und beruhigte ihn, bis sich bei ihm das Gefühl der Sicherheit wieder einstellte. Nach und nach begann er, über seinen Vater zu sprechen und über seine immer wieder plötzlich auftretenden Wutanfälle, die entweder gegen ihn selbst oder seine Mutter gerichtet waren. Als er damit fertig war, fühlte er sich erleichtert, ein Gefühl, das er schon seit Jahren nicht mehr erfahren hatte. Nicht lange nach dieser Sitzung war er bereit, seinen Vater aufzusuchen, und er konnte auch mit ihm sprechen, wobei er ein Gefühl der Gleichheit hatte, das er bislang weder bei seinem Vater noch bei den meisten anderen Menschen erlebt hatte.

Es ist bemerkenswert, daß sich ein Mensch in der Phantasie etwas vorstellen und, sogar ohne offenkundige Handlung, eine Art Erlösung entwickeln kann, die erwartungsgemäß nur aus dem Handeln herrühren dürfte. Dafür gibt es zwei mögliche Gründe. Zum ersten, obwohl die Phantasie im wesentlichen nichtaktiv ist, kann sie doch von einer Aktion begleitet werden, oder eine solche produzieren, die einen dynamischen Kern für die Erfahrung bilden kann. Obwohl in der obenerwähnten Phantasie mein Patient natürlich nicht in dem Schulhof spielte, so schrie er doch in höchstem Entsetzen auf, als der Alligator erschien – was eine gewaltige Handlung in sich selbst ist. Daraufhin wurde er von mir beruhigt – eine begleitende Aktion –, worauf er sich auf relevante Erfahrungen mit seinem Vater bezog – eine weitere expressive Aktion. Außerdem führte er die Aktion weiter und sprach wirklich mit seinem Vater; diese Phantasie hatte also den Effekt, eine tatsächliche Handlung mit seinem Vater zu stimulieren.

Der zweite Grund für die Wirksamkeit der Phantasie liegt darin, daß die Wiederkehr und Assimilierung von Gefühlen eine wichtige Entwicklung ist, *unabhängig davon,* ob nun eine wirkliche Auflösung einer Lebensszene stattgefunden hat. Entsetzen zu erfahren – *und darüber hinwegzukommen* – bedeutet, daß man nicht mehr so stark von Gefühlen bedroht werden kann, von denen man glaubt, daß sie sich aus wirklichem Verhalten ergeben könnten; Entsetzen wird nicht mehr ganz und gar verderblich.

Wenn jemand während einer Phantasie weint, wird er ebenfalls weniger geneigt sein, jene Erfahrungen zu vermeiden, die zum Weinen führen. Wenn eine Phantasie zu einer entspannten Erfahrung der eigenen Sexualität oder der Zuneigung zu einem anderen Menschen führt, oder zum Zorn darüber, daß man schlecht behandelt wurde, werden diese Emotionen, wenn sie einmal selbst als Reaktion auf eine Phantasie freigesetzt und assimiliert worden sind, wahrscheinlich als Teil des persönlichen Gefühlsrepertoires in der alltäglichen Situation verfügbar sein.

Natürlich hängt der wiederherstellende Einfluß der Phantasie-Erfahrung von den Umständen ab. Es ist möglich, daß das gefürchtete Ereignis sich sogar in der Phatansie als genauso zerstörerisch herausstellt, wie man geglaubt hatte, und daß der Betreffende durch diese Erfahrung so starke Angst erlebt, daß er von einer weiteren Erkundung abgehalten wird. Daher ist es sehr wichtig, die Einführung dieser Erfahrungen sorgfältig vorzubereiten und darauf zu achten, daß der Betreffende selbst das Timing bei der Entwicklung der Phantasie bestimmt.

In dem obengenannten Beispiel hätte die Erfahrung des Patienten seine Fortschritte fast eher unterbrochen als gefördert. Wenn ich ihn nicht wieder in Kontakt mit mir gebracht und ihm somit ein Gefühl für die Bedeutung dieses Ereignisses gegeben hätte, hätte er möglicherweise nur eine weitere, entsetzliche Erfahrung gehabt, wobei seine Übervorsicht im Leben erneut verstärkt worden wäre.

2. Kontakt mit einer unerreichbaren Person oder unerledigten Situation. Abgesehen von der Kraft, die von der Intensivierung der Erfahrung durch die Phantasie erzeugt wird, ist die Phantasie häufig der einzige Weg, um zu einer grundlegenden Situation zurückzugelangen. Ein Elternteil mag gestorben, eine alte Liebe in eine andere Stadt gezogen sein oder ein Freund aus der Kindheit mag heute nicht mehr wichtig genug sein, um den Kontakt mit ihm aufrechtzuerhalten. Selbst wenn eine Situation zeitlich und räumlich erreichbar ist, kann es entweder ängstigend oder unklug sein, direkt auf diese Situation zuzusteuern. Dann ist die Phantasie von unschätzbarem Wert, weil sie etwas erschafft, was nahe der Realität und doch relativ sicher ist, wobei sie über Gerüchte, Strategie oder grüblerische Spekulationen hinausreicht.

In einer unserer Gruppen ergab sich zufällig eine sehr seltene Kombination von Phantasie und Realität. Am ersten Abend unseres Workshops wurde ein Mann in eine Auseinandersetzung verwickelt und erschien am nächsten Morgen nicht wieder. Darüber waren einige Gruppenmitglieder sehr verstört, da sie noch unerledigte Geschäfte mit ihm hatten. Besonders ein Mann war sehr tief betroffen; deshalb forderte ich ihn auf, seine Augen zu schließen, sich den Abwesenden visuell vorzustellen und ihm zu sagen, was er ihm sagen wollte. Er sprach mit geschlossenen Augen ausführlich zu der visuellen Phantasie; währenddessen betrat der Abwesende den Raum und setzte sich schweigend. Bald darauf öffnete der Sprecher die Augen, sah, daß der Mann, zu dem er gesprochen hatte, tatsächlich anwesend war, und entdeckte, daß er jetzt nicht mehr verstört war. Jetzt konnten sie ihr Gespräch von einer neuen Perspektive aus beginnen, als wäre das ursprüngliche Problem durchgearbeitet worden.

Im allgemeinen sind die Menschen, mit denen man unerledigte Geschäfte hat, nicht erreichbar. Sie sind gestorben, umgezogen, man hat sich ihnen entfremdet, oder die Zeit liegt schon zu lange zurück, um frühere Begebenheiten wieder aufzuwärmen. Eine Frau hatte zum Beispiel das Gefühl, daß sie von der Familie ihres Mannes, als sie geheiratet hatten, schlecht behandelt worden war. Viele Jahre später grollte sie immer noch über das, was sie als verletzende Behandlung empfunden hatte. In ihrer Phantasie stellte sie sich also eine große Versammlung vor, bei der alle Familienangehörigen anwesend waren. Sie stellte sich vor, wie sie alle dasaßen, sich auf die Brust schlugen, mit den Augen rollten und unter dramatischen Gesten immer wieder sagten: »Es tut mit leid, es tut mir leid!« Durch die Lächerlichkeit ihrer Phantasie und die Vorstellung der Maßnahmen, die nötig wären, um den alten

Groll auszulöschen, war es ihr schließlich möglich, den alten Zorn hinter sich zu lassen.

Eine andere junge Frau hatte nach einem Autounfall drei alptraumartige Monate lang ausgedehnte Schönheitsoperationen über sich ergehen lassen müssen. Sie war merkwürdig bewegt, als sie die Todesanzeige des Chirurgen sah, der sie operiert hatte. Sie sagte zunächst, sie habe das Gefühl, er sei vom Leben betrogen worden, da er im Alter von 58 Jahren gestorben sei, gerade als er sich etwas mehr Zeit für seine Familie hätte nehmen können. Ich fragte sie, ob sie das Gefühl habe, daß *sie* ihn betrogen habe oder möglicherweise, daß er sie betrogen habe. Es stellte sich heraus, daß sie wirklich etwas von ihm gewollt hatte, das sie nicht bekommen hatte – sein Nichtreagieren angesichts ihrer Schmerzen und Angst hatte bei ihr eine fast reflexive Furcht davor zurückgelassen, auf irgendeine Weise abhängig zu sein, und das Gefühl, daß sie die kleineren Ärgernisse des Lebens stark überbewertete. Sie erlaubte sich nicht, über ihre wirklich tiefe Trauer zu sprechen. Ich forderte sie auf, sich den Arzt visuell vorzustellen und in ihrer Phantasie mit ihm zu sprechen, ihm das zu sagen, was sie ihm jetzt sagen würde. Im folgenden ihr Gespräch:

Doktor –? Können Sie sich an mich erinnern? Es scheint mir schon eine lange Zeit her zu sein . . . vielleicht schon fünf oder sechs Jahre. Mein Gesicht war in einem fürchterlichen Zustand . . . und Sie haben es wieder in Ordnung gebracht . . . Ich möchte, daß Sie wissen, daß die Art . . . die Art, in der Sie sich mir näherten, in mir wirklich eine starke Furcht erzeugt hat, und sie blieb auch vorhanden, *lange* nachdem mein Gesicht wieder in Ordnung war. Und ich glaube, ich möchte, daß Sie das wissen, weil ich glaube, daß ich mich dann wieder besser fühle, wenn ich es Ihnen erzählt habe, und ich glaube, daß Sie vielleicht irgendwie hören können, was ich sage und es auf andere Menschen oder Patienten anwenden können. Ich bitte Sie nur . . . mir *zuzuhören* . . . wenn ich spreche oder Sie frage, was Sie mit mir vorhaben und was geschehen wird. Wenn Sie mir diese Fragen beantworten könnten, dann würde ich wissen, daß Sie *da* sind, daß Sie nicht nur etwas Mechanisches sind, das mich mechanisch wieder in Ordnung bringt. Daß . . . daß Sie als Person hier *sind,* und ich als Person hier bin, die offensichtlich Hilfe braucht; aber ich bin immer noch ein *Mensch.* Und das sind Sie auch. Wissen Sie, wenn Sie sich dessen bewußt gewesen wären, wäre es einfacher für mich gewesen, eine Beziehung zu Ihnen zu finden. Und ich hätte mich viel, viel besser gefühlt. (*Sehr leise*) Und das wär's. (*Und schließlich flüsternd*) Ich habe das Gefühl, ich bin vielleicht zum Ende gekommen. Ich hoffe es.

Hier noch ein letztes Beispiel für die Kraft der Phantasie, die Erfahrung mit irgend etwas oder irgend jemandem zu vollenden, der nicht mehr gegenwärtig, aber zu dem eine intensive, lebendige und zwingende Bindung verblieben ist. Nach einer Reihe von visuellen Vorstellungen, die alle Flickwerkcharakter hatten – hier eine Szene, dort eine Vorstellung –, sah ein Mann schließlich das Gesicht eines Mädchens, welches er im Ausland kennengelernt hatte, als er noch sehr jung gewesen war. Er hatte sie geliebt, war aber noch zu jung gewesen, um zu wissen, was er fühlte. Er hatte ihr niemals etwas darüber gesagt und sie verlassen, weil er aus der Armee entlassen wurde und nach Hause zurückkehrte. Aber jetzt, als er sie sich visuell vorstellte, forderte ich ihn auf, zu ihr zu sprechen. Er berichtete ihr von seinen Gefühlen, und dabei entstand in ihm ein Gefühl der eigenen Zärtlichkeit, das er sehr selten erfahren hatte. Als er seine Augen wieder öffnete, meinte er, er fühle sich, als wache er aus einem Traum auf.

3. Erforschung des Unbekannten. Die Phantasie spricht nur unerledigte Situationen an. Eine vielleicht noch grundlegendere Funktion der Phantasie ist die Erforschung des Unbekannten: um sich angesichts der Komplexität des Lebens zu orientieren, um sich auf zukünftige Handlungen vorzubereiten und das eigene Empfindungsvermögen im allgemeinen zu schärfen. Herbert READ[62] hat von dieser Qualität der Künste gesprochen:

Die Vitalität (der künstlerischen Symbolik), so realisiert, ist selektiv; es ist eine Konzentration der Aufmerksamkeit auf einen Aspekt der Erscheinungswelt, und zwar auf jenen Aspekt, der im Augenblick von vorrangiger, biologischer Bedeutung ist. Weit davon entfernt, eine spielerische Aktivität, ein Verbrauch von überschüssiger Energie zu sein, wie frühere Theoretiker vermutet haben, war Kunst am Anfang der menschlichen Kultur ein Schlüssel zum Überleben – ein Schärfen von Fähigkeiten, die wesentlich für den Existenzkampf sind . . . es ist immer noch die Aktivität, die unsere Empfindungen wachsam, unsere Vorstellungen lebendig und unsere Urteilskraft klar hält. Der Geist wird apathisch, wenn seine hungrigen Wurzeln nicht fortwährend die dunklen Quellen des Unbekannten erforschen und seine sensiblen Verästelungen sich nicht kontinuierlich zum unvorstellbaren Licht hin ausstrekken. Die Entwicklung des Geistes bedeutet die Erweiterung des Bewußtseins. Es wird erschlossen und von einer formenden Aktivität, die im wesentlichen ästhetisch ist, in bleibenden Bildern dargestellt.

Dieser Standpunkt sieht in der Phantasie mehr als nur eine Möglichkeit, mit der Vergangenheit fertig zu werden, Fehler zu kompensieren, die durch abgeblockten Ausdruck oder überwältigende Umstände entstanden. READ betrachtet die Phantasie als eine generative Kraft, um ein Repertoire an Wachsamkeit und Vorbereitung zu entwickeln. Spontaneität mag ein Idol der gegenwärtigen humanistischen Kultur sein, aber sie wird als das Sine qua non eines erfüllten Lebens stark überbewertet. Viele der Ereignisse, die im Leben eines Menschen am meisten zählen, erfordern sehr starke Konzentration, die man besser nicht allein dem Zufall überlassen sollte. Spontane Handlungen, die sich aus einer sensiblen Untersuchung der Möglichkeiten und Alternativen ergeben, haben ihre Wurzeln im Wissen und nicht in irgendeiner Laune.

READ [63] zitiert Leo FROBENIUS' Beschreibung des Wertes, den die afrikanischen Pygmäen dem Wert der Phantasievorbereitung beimessen. FROBENIUS hat die Afrikaner, die ihn bei seinen Forschungen begleiteten, gebeten, eine Antilope zu erlegen, da die Nahrungsmittelvorräte knapp wurden. Sie sagten, sie könnten dies nicht sofort machen, es seien Vorbereitungen dazu erforderlich, aber am nächsten Tag könnte es bestimmt geschehen. FROBENIUS war neugierig auf diese Vorbereitungen. Hier seine Schilderung:

Vor dem Morgengrauen verließ ich das Lager und kroch durch den Busch zu dem offenen Platz, den sie in der Nacht ausgesucht hatten. Die Pygmäen kamen im Zwielicht, bei ihnen war auch die Frau. Die Männer hockten sich auf den Boden, rissen aus einem kleinen Rechteck alles Unkraut aus und glätteten mit den Händen den Boden. Einer von ihnen zeichnete etwas mit dem Zeigefinger auf der kahlen Fläche, während seine Ka-

meraden irgendwelche Formeln oder Zaubersprüche murmel-
ten. Dann warteten sie schweigend. Die Sonne erschien über
dem Horizont. Einer von ihnen, mit einem Pfeil auf der Bo-
gensehne, stellte sich neben dem Rechteck auf. Ein paar Minuten später fielen die Sonnenstrahlen auf die Zeichnung zu seinen Füßen. In der gleichen Sekunde streckte die Frau ihre
Arme der Sonne entgegen, wobei sie Worte schrie, die ich nicht
verstand; er schoß seinen Pfeil ab, und die Frau schrie wieder.
Dann verschwanden die drei Männer im Busch, während die
Frau noch ein paar Minuten dort stehen blieb und dann langsam auf unseren Lagerplatz zuging. Als sie verschwunden war,
trat ich aus dem Busch, blickte auf den geglätteten Sandboden
und sah die vier Hände lange Zeichnung einer Antilope. Im
Hals des Tieres steckte der Pfeil des Mannes.

Es bedarf keines beredten Zeugnisses, um die primitive Erkenntnis zu demonstrieren, daß die Spontaneität ihre Wurzeln in der
persönlichen Vorbereitung hat und daß die Phantasie bei den
vorbereitenden Handlungen eine Rolle spielt.

Ein modernes Beispiel für den Wert der Phantasie für die vor-
bereitende Erfahrung ist die Gewohnheit Jim BROWNs, des be-
rühmten Footballspielers. Er hat ausgesagt, daß er sich während
der Woche auf das sonntägliche Spiel vorbereitet, indem er sich
unter anderem das kommende Spiel in allen Details vorstellt, wie
es etwa ablaufen könnte. Dies erlaube ihm, sich auf das Spiel zu
konzentrieren, gebe ihm ein Gefühl der Vertrautheit mit den
Anforderungen, die an ihn gestellt würden, und erhöhe seine
Wachsamkeit und Einsatzbereitschaft.

Phantasievorbereitungen deuten zwar in die Zukunft, sind jedoch keine Vorhersage. Deshalb genügt es nicht, die Phantasie-
vorstellung einfach zu imitieren – man muß die eigenen Quellen
der Kreativität in der Phantasie erkennen und diese auf die
grundlegenden Erfordernisse der zukünftigen Aufgabe konzentrieren. Allein auf die Spontaneität zu vertrauen, ist deswegen
dumm, weil dies die Hingabe unterschätzt, die für einen wirklich
respektvollen Kontakt mit den Erfordernissen des Lebens notwendig ist.

Seth beurteilte die Chancen eines von ihm hochgeschätzten
Kollegen, befördert zu werden, sehr pessimistisch. Sollte der
Kollege nicht befördert werden, wollte er die Firma verlassen,
was Seth in eine unhaltbare Position bringen würde.

Es war also für Seth wichtig, daß sein Chef die Notwendigkeit der Beförderung erkannte. Seth hatte ein Treffen arrangiert, zu dem diese beiden Männer kommen sollten, glaubte aber nicht zu wissen, wie er mit ihnen reden sollte. Wir spielten diese Unterhaltung durch: Zuerst spielte ich den Chef und Seth sich selbst, dann tauschten wir die Rollen. In beiden Fällen wurde die Unterhaltung sehr lebhaft und klärte verschiedene Fragen, beispielsweise daß das geplante Treffen nicht notwendigerweise in eine Auseinandersetzung auszuarten brauchte. Abgesehen von den spezifisch taktischen Möglichkeiten, half ihm dieser Phantasiedialog außerdem, seine etwas verworrenen Gedanken zu klären, damit er nicht bloß gehässig sein oder unnötige Ultimata stellen würde. Als die Unterhaltung schließlich stattfand, verlief sie überraschend gut, und Seth konnte eine Harmonie herstellen, die schließlich zur Beförderung seines Freundes führte. Interessant ist auch, daß er dabei wenig von der phantasierten Unterhaltung wiederholte. Es entstand eine völlig neue Unterhaltung, aber die Spontaneität basierte auf einem freien Geist und auf einer zutiefst respektvollen Konzentration.

4. Erforschung neuer oder unbekannter Aspekte des Individuums. Ein weiterer Zweck der Phantasie besteht darin, charakterologische Qualitäten eines Menschen zu erforschen, ob sie sich nun unmittelbar oder spezifisch auf andere Aspekte seines Lebens beziehen oder nicht: Man nehme das Beispiel eines Mannes, der sich selbst als weich und unfähig betrachtet, und dem es nicht möglich ist, genügend aggressive Kraft aufzubringen, um seine Ziele zu erreichen. Angenommen, er wird gefragt, so wie ich Ned, einen Patienten, fragte, was seiner Meinung nach geschehen würde, wenn seine Aggression frei auftreten könnte. Ned – durch unseren vorangegangenen Wortwechsel, bei dem ich ihm stark zugesetzt hatte, sehr erregt war – erwiderte, er habe Angst, mich vielleicht umzuwerfen. Ich forderte ihn auf, die Augen zu schließen und sich selbst als Kegelkugel und mich als Kegel vorzustellen. Er stellte sich vor, wie er wütend auf mich zurollte, mehr wie ein Hurrican als eine Kegelkugel, mich genau in der Mitte traf und mich zersplitterte, so daß ich durch den Raum flog. Er fühlte sich erregt; seine nächste Vorstellung war, wie er mich mit der Faust am Kiefer traf, und wieder flog ich weg, diesmal, bis ich außer Sicht war. Hier bekam Ned Angst und wollte, daß ich wieder da sei. Ich forderte ihn auf, mich zurückzurufen.

Nach einigem Widerstand rief er mich laut, und ich war wieder da, in seiner Phantasie, intakt und ihn freundlich betrachtend. Er beruhigte sich und lächelte mir sogar in seiner Phantasie zu, umarmte mich und begann dann zu weinen, wobei er die Zärtlichkeit genoß, die er in mir sah, obwohl er seine volle Aggression gegen mich gerichtet hatte. Als Ned die Augen wieder öffnete, begrüßte er mich, als wäre ich ein lange nicht gesehener Freund.

Valerie war in die Therapiesitzung gekommen. Sie hatte erst kürzlich einen entscheidenden Schritt in ihrem Leben unternommen, und die verschiedenen Folgeerscheinungen nahmen sie sehr in Anspruch. Der Konflikt bestand darin, wem sie davon erzählen sollte und wieviel, wie bestimmte Menschen auf ihre Entscheidungen reagieren würden und welche Interaktionsstile sie mit ihnen ausarbeiten müßte. Während sie diese Eventualitäten beschrieb, begann sie, auf bekannte Art darauf zu reagieren: Sie legte sich selbst so weit still, bis sie nur noch auf einer minimalen Funktionsebene arbeitete: gespannte Haltung, flaches Atmen und verschleierter Blick. Ich forderte sie auf, die Augen zu schließen und wieder normal zu atmen, indem sie sich eine Strandszene vorstellte, wobei ihr Atem wie die Wellen gehen könnte: langsam, stetig, rhythmisch und ohne Druck. Bald wurde deutlich, wie ihre verkrampften Schultern das Atmen behinderten, so forderte ich sie auf, Platz für ihren Atem zu schaffen, indem sie ihre Arme auf der Rücklehne der Couch, auf der sie saß, ausstreckte. Als sie dies tat, strahlte ihr Gesicht, und ihr Atem wurde tatsächlich tief und rhythmisch. Sie beschrieb, wie das Bild der heranrollenden Wogen sich erweitert hatte, als sie ihre Arme bewegt hatte, und jetzt stellte sie sich eine mächtige Brandung vor, wo große Wellen über einen mit Kieseln bestreuten Sand brandeten. Mit den Armen stellte sie die erweiterte Bewegung der Wellen dar und wie dies mit ihrer jetzt freien Atmung zusammenpaßte. Nach ein paar Augenblicken öffnete sie die Augen und bemerkte ruhig, sie habe das Gefühl, jetzt Raum und Kraft zu haben, um mit den Konsequenzen ihrer kürzlich getroffenen Entscheidung fertig zu werden, und sie müsse sich jetzt nicht mehr so sehr in sich selbst verschließen, um mit schwierigen Dingen fertig zu werden.

Traumarbeit nimmt einen besonderen Platz innerhalb der verschiedenen Experimente ein, die wir beschreiben. Genaugenommen, ist der Traum die *Basis* für das Experiment, welches darauf abzielt, den Traum in der therapeutischen Erfahrung zum Leben zu erwecken. PERLS führte verschiedene Techniken ein, um dem Traumbericht und dem Durcharbeiten Unmittelbarkeit zu verleihen.

Als erstes forderte er den Träumer auf, den Traum so nachzuerzählen, als spiele er sich in der Gegenwart ab. Dieses einfache sprachliche Hilfsmittel läßt den Träumer sich stärker in seinen Traum versenken, als wenn er nur davon erzählte.

Noch wichtiger, dem Träumer wird geholfen, Teile seines Traumes als Aspekte seiner Existenz auszuspielen – den Traum als gegenwärtiges Ereignis anstatt als Vergangenheit durchzuarbeiten und als Aktion anstatt als Basis für eine Interpretation zu betrachten. Der Traum wird zum Ausgangspunkt für eine völlig neue Erfahrung.

Der vielleicht bekannteste Aspekt von PERLS' Traumarbeit ist seine Auffassung vom Traum als Projektion. Das bedeutet, daß sämtliche Traumkomponenten, ob nun groß oder klein, menschlich oder nichtmenschlich, Repräsentationen des Träumers sind. Er sagt[64]:

Ich glaube, daß jeder Teil eines Traums Teil des Menschen ist – nicht nur die Person, sondern jeder Bestandteil, jede Gefühlsregung, alles, was vorkommt. Mein beliebtestes Beispiel ist folgendes:

Ein Patient träumt, er verläßt mein Büro und geht in den Central Park. Er geht über den schmalen Saumpfad in den Park. Ich fordere ihn also auf: »Spielen Sie jetzt diesen Saumpfad.« Er antwortet indigniert: »Was? Und jeder soll seinen Unrat auf mich werfen?« Sie sehen, daß er sich wirklich mit dem Pfad identifizierte.

Ich ließ den Patienten all diese Teile spielen, denn nur durch richtiges Spielen kann man die volle Identifikation erlangen, und Identifikation ist das Gegenmittel gegen die Entfremdung. Entfremdung bedeutet: »Das bin ich nicht, das ist etwas anderes, etwas Merkwürdiges, etwas, das nicht zu mir gehört.« Und häufig begegnet man einem ziemlichen Widerstand dagegen, diesen entfremdeten Teil zu spielen. Man will diese Teile von einem selbst, die man aus der eigenen Persönlichkeit herausgestoßen hat, nicht wieder zurücknehmen. Wenn wir diese Dinge wieder zum Leben erwecken können, dann haben wir mehr Material zu assimilieren. Und meine ganze Technik entwickelt sich immer mehr in die Richtung, *niemals, niemals zu interpretieren*. Nur ein Feedback, nur dem anderen Menschen eine Gelegenheit zu liefern, sich selbst zu entdecken.

Diese Ansicht, daß der Traum Projektion sei, bestimmte PERLS' spätere Arbeit, und in vielen seiner Demonstrationen und theoretischen Diskussionen wurde erläutert, wie der Träumer sich in seinen Traum projiziert.

Traum als Projektion ist jedoch nur eine Perspektive. So wertvoll dieser Standpunkt auch ist, wollen wir doch die Traumarbeit erweitern, um damit auch die Kontaktmöglichkeiten zu erforschen, die für den Träumer erreichbar sind, sowie ihre generative Kraft benutzen, um Interaktionen zwischen Träumer und Therapeuten, Träumer und Gruppenmitgliedern oder zwischen Träumer und Aspekten seiner eigenen Existenz zu ermöglichen, die nicht nur projizierte Teile seiner selbst sind. Das Leben ist, wie die Träume, mehr als reine Projektion. Wenn ich von einem schmalen Saumpfad träume, dann kann ich mich in der Tat damit identifizieren, indem ich einen Teil meines Selbst darauf projiziere. Aber ich kann ebenso eine Beziehung zum Saumpfad als solchem finden, in Einklang mit seiner eigenen Natur. Tatsächlich ist es die Wechselwirkung zwischen der Fähigkeit, sich mit jenen Aspekten seines *Selbst* zu identifizieren, die sich im Saumpfad widerspiegeln und dem gesunden Respekt vor dem, was der Saumpfad an sich ist, die die dynamische Qualität der Traumarbeit bedingt. Wenn ein Mensch Saumpfade mag, dann wird er nichts dagegen einzuwenden haben, ähnliche Charakteristika wie der Pfad zu haben. Aber wenn er in seinem projizierten Widerwillen dagegen verharrt, sich mit Unrat bedecken zu lassen, dann verbleibt er ohne Berührung mit einigen möglicherweise positiven Qualitäten von Saumpfaden: gemächliche Bewegung, Schönheit usw., und – was noch wichtiger ist – mit den Implikationen, die diese Qualitäten für sein eigenes Leben haben können. Obwohl PERLS die projektiven Aspekte des Traums sehr stark betonte, so war er doch ein sehr sensibler Kenner des guten Kontakts und hatte zu einem Zeitpunkt diesen als einen gleich wichtigen Aspekt seiner therapeutischen Arbeit betrachtet.

Obwohl manche Menschen von der Vorstellung erschreckt sind, daß sie selbst sämtliche Teile ihrer Träume darstellen, so reagieren doch viele andere mühelos auf die Faszination dieser Perspektive und auf ihre poetische Symbolik. In *Gestalt Therapy Verbatim*[65] versenken sich die Träume mühelos in das Drama. Linda sieht bereitwillig die Verbindung zwischen ihr selbst und den Teilen ihres Traumes, die sie ausspielt. Diese sind beispielsweise ein früher schöner See, der jetzt ausgetrocknet und ohne Leben ist. Am Boden des Sees will sie einen Schatz suchen, und alles, was sie findet, ist ein nicht mehr gültiges Autonummernschild, nutzlos und fortgeworfen. Während sie diese Teile ausspielt, entdeckt sie, daß sie von ihrer eigenen Existenz zeugen. Dieser See, der genau wie Lindas Fruchtbarkeit auszutrocknen scheint, versinkt in Wirklichkeit in der Erde, das Wasser strömt in den Boden und schafft so neues Leben. Das alte Nummernschild ist ihr nicht mehr aktuelles Bedürfnis, Erlaubnis dafür zu bekommen, die Kreativität zu aktualisieren, die sie als den Kern ihres Wesens empfindet. Meg, in dem gleichen Buch, sieht sich selbst ganz einfach als die Klapperschlange in ihrem Traum. Als Klapperschlange schlängelt sie sich um andere Menschen, kann aber auch zuschlagen, wenn man sich ihr zu sehr nähert.

Für manche Menschen, besonders für die, die einige Aspekte der Traumlandschaft erschreckend finden, ist die projektive Auffassung des Traums eine Erleichterung. Ein Mensch träumt zum Beispiel, er wird in den Sog eines Wasserstrudels gezogen – ein hilfloses Opfer mächtiger und unversöhnlicher Lebenskräfte. Welche Gründe auch immer dazu führen, daß er seine eigene Kraft verleugnet, so ist es doch auch beruhigend für ihn, wenn er entdeckt, daß er nicht das unglückselige Opfer des Traums zu sein braucht, sondern daß er *auch* der kräftige Wasserstrudel ist. Die Widerwärtigkeiten im Traum, wie im Leben, scheinen eher überwindbar zu sein, wenn die widerstreitenden Kräfte im Betreffenden selbst liegen, anstatt zwischen ihm und einer unheilvollen Welt zu stehen. Die Macht über das eigene Leben zu behaupten, ist eine ermutigende Haltung, selbst im Angesicht innerer Widersprüche.

Während der Träumer seine Verwandtschaft mit den vielen Aspekten des Traums anerkennt, erweitert er außerdem sein Gefühl für Verschiedenheit, sowie die Erfahrung seines Selbst und

stellt sich selbst in den Mittelpunkt seiner Welt, anstatt sie willkürlich aufzuspalten in »die Welt-dort-draußen« und »ich« –
wobei die zwei sich niemals kennenlernen werden. Dieses neue,
erweiterte Selbst schafft die Energie für eine dynamische Ausrichtung eines ganzen Spektrums frischen, interpersonellen Materials. Anstatt des stagnierenden und leblosen Selbstbildes, wo
widersprüchliche Charakteristika eine Verleugnung zu erfordern
scheinen, wird er frei, um neue Integrationen seiner eigenen
Vielgestaltigkeit zu suchen.

Obwohl es möglich ist, mit dem Traum ausschließlich als Projektion zu arbeiten, ist es doch eher eine stilistische Vorliebe denn
theoretisches Dogma. Dem Gestalttherapeuten stehen sehr viele
Alternativen zur Verfügung, unter denen er die wählen wird, von
der er glaubt, sie sei die beste Methode, um mit dem Traummate-
rial zu arbeiten. Die Auswahl mag vom bestimmten Patienten
abhängen, dem der eine Ausgangspunkt eher liegt als der andere.
Oder es kann auch vom Therapeuten selbst abhängen, der seine
eigenen Fähigkeiten kennt und mit Methoden arbeitet, die mit
seinem persönlichen Stil vereinbar sind.

In der vollen theoretischen Perspektive jedoch ist der Traum
in der Tat mehr als eine Projektion verschiedener Aspekte des
Träumers; er ist eine Bühne, auf der der Kontakt aktiviert werden
kann, um die gegenwärtige Existenz des Träumers darzustellen.
Einige dieser Kontakte sind erschreckend, andere qualvoll, einige
erfreulich, einige verwirrend, einige wehmütig, einige praktisch
– sie nehmen jede Form an, die dem Kontakt zur Verfügung
steht. Wenn beispielsweise eine Frau träumt, daß sie von einem
hohen Sprungbrett in ein Schwimmbecken springt, welches sich
entleert, während sie darauf zustürzt, dann geht die Traumarbeit
in verschiedene Richtungen. Als die Träumerin nämlich diesen
Traum ausspielte, sprach sie zu dem tückischen Schwimmbek-
ken, sie spielte das verschwindende Wasser, sie sprang vom Brett,
sie wurde das Becken, wieder mit schimmerndem Wasser gefüllt;
schließlich wurde sie auch eine einsame Schwimmerin, die sich
nachts herausstahl, um im menschenleeren Becken zu schwimmen. Durch diese vielen Gestalten erfuhr sie mehr über ihre eigene Sexualität, die flüchtig, unzuverlässig und privat, aber auch
voll und glänzend war.

Eine gute Illustration dafür, wie sich Projektion und Kontaktreichtum vermischen, besteht darin, anhand einer von PERLS eigenen Traumarbeiten zu zeigen, wie er selbst sowohl mit Kon-

takt als auch mit Projektion arbeitete. Hier folgt Jeans Traum.[66] Der Traum beginnt in der New Yorker U-Bahn, wo die Träumerin eine schmutzige, schlüpfrige abschüssige Stelle entdeckt, die in die Erde hineinführt. Jeans Mutter – sie ist tot – ist bei ihr, und Jean baut aus einem Pappkarton einen Schlitten und rutscht mit der Mutter hinter ihr das starke Gefälle hinunter.

PERLS beginnt die Traumdurcharbeit mit ein paar Bemerkungen, die Jean sowohl informieren als auch hinsichtlich des Zwecks der Traumarbeit ermutigen. »Jean, würden Sie den Traum noch einmal erzählen? Leben Sie ihn durch, als wäre er Ihre eigene Existenz; wollen sehen, ob Sie dann mehr von Ihrem Leben verstehen.« Als Jean ihre Angst beim Hinuntergleiten ausdrückt, fordert PERLS sie auf, zu dem steilen Abhang zu sprechen, wobei er sie *in Kontakt mit der Traumumwelt* bringt, anstatt diese nur als Projektion zu behandeln. Dann verwendet er die projektiven Möglichkeiten des Traums, indem er sie auffordert, den steilen Abhang zu spielen, woraufhin sie diese Projektion bald als ihre eigene akzeptiert; sie erfährt ihre eigene Schlüpfrigkeit. Zwar versucht sie dies ein wenig durch Gelächter zu leugnen, doch im großen und ganzen scheint es ihr nicht viel auszumachen, eine schlüpfrige Person zu sein. Als Jean sich durch ihren Traum bewegt und den Pappkarton entdeckt, läßt PERLS sie diesen Karton spielen, wobei sie einen ihrer Werte ausdrückte – sie kann nützlich sein, obwohl sie wie etwas Überflüssiges erscheinen mag. Aber sie beginnt, ihren Wert zu untersuchen, und wird sich bewußt, daß sie nur »zerdrückt und zerquetscht« werden will. Indem PERLS sie auffordert, dies zu wiederholen und es auch der Gruppe mitzuteilen, steigert er ihre Selbstbewußtheit und bringt sie in *Kontakt mit den anderen Anwesenden*. Beim Sprechen macht sie eine schlagende Geste, und PERLS fragt sie, auf wen sie einschlägt, wobei er ihre Kette von retroflektierter Verdrängung und Zorn anspricht. Als Jean erwidert, sie schlage sich selbst, geht PERLS über die Retroflektion hinaus – er fragt sie, wen sie sonst noch schlägt – und bringt sie in *Kontakt mit dem äußeren Ziel ihres Zorns* – ihrer Mutter – und macht ihr ihr frustriertes Bedürfnis bewußt, selbst verantwortlich für ihr eigenes Leben zu sein. »Mutter, ich krache auf dich nieder (aua)! Ich werde mit dir Schlitten fahren, anstatt mich von dir herumkommandieren zu lassen. (Sie schreit) *Ich fahre mit dir Schlitten!* PERLS reagiert mit seiner eigenen Wahrnehmung ihrer Aussage und benutzt den *Kontakt zwischen sich selbst und Jean* als wesentlichen Aspekt der Interaktion. »Ich hatte den Eindruck, es war *zu viel*, um überzeugend zu sein.« Indem er hier seine eigene Wahrnehmung mit einbezieht, artikuliert er die unausgesprochene, aber immer noch einflußreiche Angst, die Jean vor ihrer Mutter hat. Er fordert Jean auf, zu ihrer Mutter zu sprechen, und sie sagt: »Mama, ich habe *immer noch* Angst vor dir, aber ich werde trotzdem über dich verfügen.« Das ist *Kontakt*, der in ihrer Bewußtheit verwurzelt ist, und keine Projektion. Sie ist sich ihrer Angst bewußt, aber sie will sich weiterentwickeln: ein deutliches Beispiel dafür, wie konzentrierte Bewußtheit zur Aktion führt.

Im weiteren Verlauf weist PERLS Jean darauf hin, daß sie es vermeidet, ihre eigenen Beine zu benutzen, daß sie sich auf den Pappkarton und die Schwerkraft verläßt, um sie fortzubewegen. Er fragt sie, was sie dagegen hat, Beine zu besitzen, und Jean erkennt, daß es zwar ihre Mutter war, die ihr nicht gestattete, auf eigenen Füßen zu stehen, daß sie jedoch dies übernommen und auch weiter geführt hatte, auch nachdem ihre Mutter gestorben war. PERLS fordert Jean auf, zu ihrer Mutter zu sprechen, nicht als Kind sondern als 31 Jahre alte Frau.

Jean: Ich kann jetzt auf eigenen Füßen stehen. Ich kann alles machen, was ich machen *will*, und ich kann wissen, was ich machen will. Dich *brauche ich nicht*. Tatsächlich warst du noch nicht einmal da, wenn ich dich *wirklich brauchte*.

Warum bist du also immer noch da?

Perls: Können Sie ihr auf Wiedersehen sagen? Können Sie sie begraben?

J.: Jetzt kann ich es, da ich am Fuße des Abhangs bin, und wenn ich dort ankomme, dann stehe ich auf. Ich stehe und gehe an diesem herrlichen Platz spazieren.

P.: Können Sie zu Ihrer Mutter sagen: »Auf Wiedersehen Mutter, ruhe in Frieden«?

J.: Ich glaube, ich habe das in dem Traum getan. Auf Wiedersehen, Mutter – auf Wiedersehen.

PERLS bringt sie dazu, die unerledigte Situation mit ihrer Mutter zu vollenden, und dieser Kontakt bewirkt, daß sie weinen kann, denn nur im Kontakt kann die wirkliche Stimulation auftreten.

Perls: Reden Sie, Jean. Das ist großartig, wenn Sie zu Ihrer Mutter sprechen.

J.: Wiedersehen, Mama. Du mußtest tun, was du getan hast. Du wußtest es nicht besser. Es war nicht dein Fehler, daß du erst drei Jungen geboren und dann mich bekommen hast. Du wolltest noch einen Jungen, und du wolltest mich nicht, und du fühltest dich so schlecht, als du erfuhrst, daß ich ein Mädchen war. Du wolltest es mir nur wieder gutmachen – das ist alles. Du brauchtest mich nicht zu erdrücken. Ich vergebe dir, Mama. Ruhe in Frieden. Mama . . . jetzt kann ich gehen. Sicher, ich kann gehen.

P.: Sie halten immer noch den Atem an, Jean.

Es ist wichtig, auf den Körper des Träumers zu achten, denn das Anhalten des Atems würde ihre Empfindung neutralisieren und ihre persönliche Mobilität stören.

J.: (Pause) »Bist du wirklich sicher, Jean?« Mama, laß mich gehen . . .

P.: Was sagt sie?

J.: »Ich *kann* dich nicht gehen lassen.«

P.: Nein, Sie sagen das jetzt zu Ihrer Mutter.

Hier hilft ihr PERLS, ihre Projektion aufzuheben, und veranlaßt sie, mit dem Prozeß des Festhaltens sich zu identifizieren, anstatt dies nur ihrer Mutter zuzuschreiben.

J.: Ich kann dich nicht gehen lassen?

P.: Halten Sie sie – Sie haben die Kontrolle.

J.: Mama, ich kann dich nicht gehen lassen. Ich brauche dich. Nein. Ich brauchte dich *nicht*.

P.: Aber Sie vermissen sie immer noch, oder?

J.: Ein wenig. Irgend jemand ist da. Was wäre, wenn niemand da wäre? Was wäre, wenn alles leer wäre? Und dunkel? Es ist alles leer und dunkel – es ist herrlich. Ich lasse dich gehen. Ich lasse dich gehen, Mama. *(Leise)* Bitte, geh . . .

Bei diesem Durcharbeiten tat Jean den ersten Schritt, um die Projektionen hinsichtlich ihrer Mutter aufzuheben. Sie erkannte bis zu einem gewissen Grad ihre eigene Abneigung, sich von ihrer Mutter zu befreien, und entdeckte, daß der klimaktische

Kontakt mit ihrer Mutter – das Abschiednehmen – eine Lücke in ihrem Leben hinterließ, welche sie, zumindest für den Augenblick als beängstigend, aber herrlich erfahren konnte.

PERLS' geschickte Überleitung von einem Teil des Traums zum anderen verleiht der Erfahrung Tiefe und Dimension. Mal behandelt er den Traum als Projektion, mal beschäftigt er sich wieder mit Jeans Bewußtsein ihrer gegenwärtigen Gefühle, mit ihrem Körpergefühl und, am intensivsten, mit dem Kontakt der Träumerin mit ihrer Mutter. Hinter all diesen Entwicklungen steckt das nicht artikulierte Gefühl des Kontakts zwischen Jean und PERLS, der die Traumarbeit unterstützte und belebte.

Diese Wechsel der Betonung unterstreichen eine der wichtigen Aspekte der Gestaltmethode – die Flexibilität, mit der der Therapeut das hervorheben kann, was zu einem bestimmten Zeitpunkt für ihn selbst und für den Patienten richtig erscheint. Die Vielzahl der Möglichkeiten, die dem Gestalttherapeuten offensteht, hängt immer von einer sensiblen Reaktion auf die gegenwärtige Interaktion ab – es ist keine stereotype Verwendung der Bewußtheit oder der Körperarbeit oder sprachlicher Tricks. Manche Menschen, die über ein breites Spektrum von Verhaltensweisen und Perspektiven verfügen, finden sich leicht in das Experiment hinein, wohingegen andere durch ihr Gefühl der manipulierten Erfahrung unbeweglich gemacht werden und durch die Verlegenheit, die sie dabei empfinden, ihre eigene Existenz akzentuiert darzustellen. Wir wollen den Menschen nicht in ein vorherbestimmtes Schema zwängen, sondern wir versuchen, festzustellen, wie jeder einzelne am besten funktioniert. Jemand, der keine visuelle Phantasie entwickeln kann, kann vielleicht eine kontaktreiche Beziehung zu seinem Therapeuten aufbauen. Jemand, der nicht gut mit Träumen arbeitet, wird vielleicht lebhaft zu einem Menschen sprechen können, dem er in seiner Phantasie gegenübersitzt. Es gibt genügend Techniken und Perspektiven, um allen Variationen des persönlichen Stils gerecht zu werden. Dank dieser Vielfalt kann der Gestalttherapeut all die verschiedenen Aspekte der therapeutischen Erfahrung mühelos berücksichtigen.

Wir haben den Traum bisher als ein eigenständiges Mittel behandelt, die eigene Natur zu erkunden; nur der Traum und das, was der Träumer mit ihm macht, war bis jetzt Gegenstand der Traumarbeit. Aber der Traum kann ebenso als Ausgangspunkt für Entdeckungen über gegenwärtige Beziehungen zu anderen Gruppenmitgliedern oder dem Therapeuten oder für die Erkenntnis einer existentiellen Position dienen, die weiter zu erforschen wäre.

Man nehme das Beispiel eines Mannes, der von einem großen Frosch träumt, der sprungbereit dahockt und ihn beständig anstarrt. Diese Vorstellung macht den Träumer nervös und lenkt ihn von den übrigen Traumereignissen ab, an die er sich kaum noch erinnern kann. Der Gruppenleiter kann beschließen, das Unbehagen des Träumers zu unterstreichen, indem er ihn auffordert, zu beschreiben, wie er die Gruppe erfährt, wenn er ihr seinen Traum berichtet. Der Träumer erwidert, die Gruppenmitglieder sähen wachsam und gespannt aus. Der Leiter fragt ihn, was er der Gruppe gern sagen würde, und der Träumer antwortet: »Ich wünschte, ihr würdet mir nicht so große Aufmerksamkeit schenken.« Was der Träumer gegen eine solche Aufmerksamkeit habe, will der Leiter wissen. Der Träumer befürchtet, daß sie vielleicht etwas in ihm sehen könnten, von dem er nicht will, daß sie es merken. Jetzt wird er vielleicht aufgefordert, sich vorzustellen, was jede einzelne Person sieht, wenn sie ihn beobachtet; oder er kann aufgefordert werden, von ihnen zu erfahren, was sie sehen. Auf die eine oder andere Art kann ein interaktiver Prozeß beginnen, der das Gefühl des Träumers, beobachtet zu werden, und seine Furcht, angesprungen zu werden, hervorhebt. Die Natur des sich daraus ergebenden Engagements kann man nicht vorhersagen. Der Träumer mag ein bestimmtes Individuum mit hervorquellenden Augen wählen und will mit ihm auf irgendeine Weise Kontakt schließen, bis er eine Auflösung der empfundenen Bedrohung erreicht. Er kann auch die Rollen vertauschen, jedes Gruppenmitglied abwechselnd genau ansehen, dabei seinen eigenen projizierten Voyeurismus erforschen oder seine eigene Abneigung, irgend etwas Bedrohliches im anderen zu untersuchen. Oder der Träumer entdeckt, daß er noch eine unerledigte Situation mit der Gruppe hat von der Zeit her, als er dachte, sie würde ihn anspringen. Welche Richtungen auch immer die Traumerfahrung einschlägt, sie behält eine natürliche Relevanz für seine Beziehungen zu anderen Menschen und für seine Bewußtheit von sich selbst und von seiner Position gegenüber seiner Umwelt. Zu einer Lösung durchzuarbeiten kann ihn weniger anfällig machen für die Drohung, entweder beobachtet oder angesprungen zu werden, und auch freier machen, mit weniger Verzerrung zu beobachten und beobachtet zu werden. In einem Sinne mag die Traumarbeit also niemals wieder zum Traum selbst zurückkehren, sondern sie wird vielmehr auf seine existentielle Botschaft über das Leben des Menschen reagieren, so wie man auch auf seine Bemerkungen, Bewegungen oder Geschichten reagiert – als ein weiterer Ausdruck, der seine Erfahrung beleuchtet.

Josef ZINKER[67] hat eine Erweiterung der Traumarbeit entwickelt, die auch über den Traum selbst hinausgeht. Er benutzt die Traumarbeit als Theater, in dem die Gruppenmitglieder die verschiedenen Traumteile ausspielen. Dies bietet der Gruppe eine Vielzahl von Möglichkeiten, eine Facette des Traums darzustellen, die nicht nur zum Träumer, sondern auch zu ihrem eigenen Leben in Beziehung steht. Der Träumer kann die Rollen selbst verteilen, oder die Gruppenmitglieder können sich freiwillig dazu bereiterklären; er kann ihnen Anweisung erteilen, wie der Traum entwickelt werden soll, oder er kann ihnen freie Hand lassen und selbst beobachten, wie die anderen die Qualitäten erfahren, die er in seinem Traum darstellte. ZINKER weist darauf hin, wie wertvoll diese Methode ist, um alle Gruppenmitglieder einzubeziehen, anstatt ihnen nur die sonst übliche Rolle des Beobachters zuzuweisen.

Es folgt ein Beispiel für eine Gruppendarstellung eines Traums, wie ZINKER sie beschrieben hat. Im Traum kommt der Satz vor: »Ich sehe, wie sich mir meine Mutter nähert, und ich habe ein merkwürdig unangenehmes Gefühl in der Brust.« Zwei Gruppenmitglieder erklären sich bereit, die beiden Traumteile zu spielen. Einer spielt den verkrüppelten Sohn, eine Frau mittleren Alters die dominierende Mutter. Beide zeigen deutlich, daß sie eine persönliche Beziehung zu dieser Charakterisierung haben. Im folgenden wird ein Teil des Dialoges wiedergegeben:

Junge: Ich hab' dich mein ganzes Leben gebraucht, um mich zu versorgen, aber allmählich fühle ich mich von dir erstickt . . . Ich hab' das Gefühl, du bringst mich damit um.

Mutter: Als du noch sehr jung warst, warst du krank, und ich hab' versucht, dich gegen unnötiges Leid zu schützen . . .

Junge: (sie unterbrechend) Ja, und als ich sieben Jahre alt war, fürchtete ich mich davor, allein zur Schule zu gehen, und als ich dort ankam, habe ich mich erbrochen.

Therapeut: John, was fühlen Sie jetzt im Magen?

Junge: Es ist in Ordnung, aber ich habe immer noch das Gefühl, als ob sie mich erstickt.

Therapeut: (Zur Mutter) Myra, legen Sie Ihre Hände auf seinen Hals und drücken Sie ein wenig . . . er soll mit dem Erstikken in Berührung kommen.

Mutter: (folgt den Anweisungen) Ich will mich nur um dich kümmern.

Junge: (Zerrt ihre Hände weg und hustet) Dann laß meinen Hals loß! Laß mich am Leben! (Er sieht aus, als ob er plötzlich zum erstenmal an diesem Abend voll eingeatmet hätte.)

Gruppenmitglied: Sie hört Sie nicht.

Ein anderes Gruppenmitglied: Ich möchte das andere Ich von Myra spielen. *(Zum Jungen)* Wenn ich dich loslasse, dich gehen lasse, wirst du mich dann mein ganzes Leben lang hassen?

Mutter: (vervollständigt die Aussage) Wenn ich nur das Gefühl hätte, daß du mich noch lieben würdest, wenn du gingest, dann wäre es nicht so schwierig.

Junge: Ich brauche dich, damit du mir hilfst zu gehen, und ich werde dich immer lieben, aber auf eine andere Art . . . wie ein Mann, ein starker Mann, nicht wie ein Krüppel.

(Das Paar umarmt sich spontan, und Myra weint, da sie erkennt, daß sie mit ihrem Sohn wird sprechen müssen, der vor sechs Monaten sein Studium aufgab und nach Hause zurückkehrte.)

Obwohl nur wenige Menschen an diesem Teilstück der Traumarbeit direkt teilgenommen haben, so sind doch die Möglichkeiten, die ganze Gruppe mit einzubeziehen, offensichtlich. Träume können viele Charaktere beinhalten, besonders wenn unbelebte Objekte auftauchen, die genauso wichtige Aussagen über den Träumer machen wie die belebten Objekte. In einer meiner Gruppen berichtete Bud, ein junger Mann, der sein Studium aufgeben wollte, einen Traum, in dem er versuchte, in ein großes Gebäude hineinzukommen. Als Bud sich dem Gebäude näherte, versuchte eine finstere Gestalt, mit einem Umhang bekleidet, ihn vom Betreten des Gebäudes abzubringen; aber er ließ sich nicht davon beeindrucken, ging an dem vermummten Mann vorbei, die Stufen hinauf und in das Gebäude hinein, in dem er einen Fahrstuhl bestieg, der ihn zum obersten Stockwerk fuhr, wo er versuchte, jemandem von dem zu berichten, was ihm am Eingang widerfahren war. Aber er fand niemanden, der auf seine Beschwerde gehört hätte. Ich forderte ihn auf, die Rollen an die Gruppe zu verteilen; er sollte ihnen die grundlegenden Elemente ihrer Rolle erklären, ihnen aber dabei gestatten, nach Belieben zu improvisieren. Ein Mann spielte den Träumer, der sich nur auf seinen Wunsch konzentrierte, in das Gebäude zu gelangen; das war alles, was er wußte und auch wissen wollte. Verbissen widerstand er den Versuchungen und Überredungskünsten des vermummten Mannes, der von einem anderen Gruppenmitglied als verschlagener, lebhafter und hinterlistiger Typ gespielt wurde. Ein anderes Gruppenmitglied stellte die Stufen dar, auf denen eine Bewegung entweder nach oben oder unten stattfinden konnte – den Stufen war das gleichgültig. Und so weiter: der Fahrstuhl, geduldig und resigniert, der sich in vorbestimmten Bahnen bewegte, und das obere Stockwerk, überlegen und selbstsicher, aber für Buds Verzweiflung taub. Während die Gruppe den Traum entwickelte, forderte ich Bud auf, zu jedem der Traumcharaktere zu sprechen, und dabei erkannte er in jedem von ihnen ein Stück seiner Selbst. Da war seine verbissene Entschlossenheit, sein Studium zu absolvieren, an die Spitze seines Berufs zu gelangen, wo er mächtig genug sein würde, um wirklich die Arbeit machen zu können, die er gern machen wollte, von der er aber vermutete, daß sie doch nicht so relevant für seine wirklichen Ziele war. Da war auch sein Wunsch aufzugeben, verschlagen und drohend. Er fand auch sein Entsetzen über seine mechanische und konformistische Rolle als Doktorand, der sich nach den Maßstäben anderer Menschen richtete und nicht nach seinen eigenen. Am Schluß seines Dialogs mit den Traumteilen erkannte Bud jedoch, daß er die Universität nicht verlassen wollte und daß er guten Gewissens zu seinem Entschluß stehen konnte, mit dem Studium weiterzumachen.

Obwohl dieses spezielle Drama an sich schon interessant ist, so betont es doch auch die Flexibilität und theoretische Gültigkeit davon, über die rein projektiven Facetten eines Traums hinauszugehen bis zu einer Konfrontation mit einer aktiven Welt. Hier, wo sich Menschen und Dinge auf unvorhersagbare Weise verhalten und häufig überraschende Richtungen einschlagen, bewegt sich der Träumer über seine eigenen Phantasien über die Natur der Menschen und der Außenwelt hinaus.

Hausarbeit

Ein paar Stunden pro Woche sind kaum genügend Zeit für die Entwicklung. Ein paar Wochenend-Workshops im Jahr, obwohl sie sicherlich eine starke Mobilisierung bewirken können, werden kaum ausreichen. Irgend etwas muß außerhalb der Therapie die Entwicklung fördern.

Nur durch die eigene Lebenserfahrung können viele der neuen Möglichkeiten, die in der Therapie aufgedeckt wurden, ein Gefühl der Realität erlangen. Eine neue Heirat, eine neue Arbeit, ein weiteres Kind, eine neue sexuelle Beziehung können viele therapeutische Sitzungen aufwiegen. Trifft man aber eine falsche Wahl, können die Konsequenzen schmerzlich sein. Es scheint jedoch eine drastische Lösung zu sein, die unangenehmen Möglichkeiten auszuschließen, indem man gleichzeitig die Möglichkeiten zur Entwicklung vernichtet. Dieses vorsichtige Vorgehen ist auch nicht immun gegen Zufall, wobei risikoreiche Aktionen durch steriles, zwanghaftes Verlangen nach Entwicklung ersetzt werden.

Obwohl die Gefahr beim Fällen wichtiger Entscheidungen dazu geführt hat, daß die therapeutische Erfahrung vom täglichen Leben ausgeklammert wird, verbleibt trotzdem noch eine Vielzahl weniger bedeutender Aktionsmöglichkeiten. Während das, was wir Hausarbeit nennen, nicht immer die entscheidenden Konfrontationen beinhaltet, die wichtigen Entscheidungen inhärent sind, kann durch die Hausarbeit dennoch die Therapie über das hinaus erweitert werden, was sich der Patient sonst leisten könnte – entweder an Zeit oder Geld. Anstatt nur eine oder zwei Sitzungen in der Woche zu haben, könnte der Patient so viele haben, wie er wollte, wobei er seine Aktionen und Bewußtheit unter der Leitung des Therapeuten untersucht, obwohl dieser nicht gegenwärtig ist.

Ein unbedeutendes Beispiel illustriert, wie dieses zu machen ist. Ein sehr fauler Mann – den man als passiv-aggressiv oder sogar als »Borderline«-Psychotiker bezeichnen könnte – schlug selbst als Hausaufgabe vor, täglich fünf geschäftliche Telefonate zu erledigen. Dies sollte ihn nicht übermäßig beanspruchen, obwohl es viel mehr war, als er bis jetzt getan hatte. Als er damit anfing, entdeckte er Teile seines Widerstandes aus erster Hand. Einmal stellte er fest, daß er keine klare Vorstellung davon hatte, was er den Leuten sagen wollte, die er anrief. Wir arbeiteten also

daran, seine vagen und verschwommenen Gedanken zu klären.
Zum anderen hatte er Angst davor, eine Unterhaltung zu beenden; während er eine Unterhaltung immer hinauszögern konnte,
wenn er sich direkt mit den Menschen unterhielt, fiel es ihm am
Telefon sogar noch schwerer, sich zu verabschieden. Die ganze
Frage des Abschiednehmens und des Gefühls der Isolation von
anderen wurde in der Therapie durchgearbeitet, gewürzt von
wirklichen identifizierbaren Erfahrungen. Schließlich erledigte
er bereitwillig diese Telefonate und entwickelte ein stärkeres Gefühl von sich selbst als Teilnehmer und Gestalter seines Ge-
schäftslebens.

Ein offensichtlicher Einwand gegen diese Art von Hausarbeit
besteht darin, daß sie die bedrückenden Forderungen einer Umwelt wiederholt, in der der Betreffende schon schlechte Erfahrungen gemacht hat. Man könnte argumentieren, daß der Therapeut, wenn er die gleichen Forderungen stellt, nur ein neues
»Anpassungs«-System verstärkt, wobei wieder einmal die organischen Bedürfnisse des Patienten außer acht gelassen werden.
Diese Gefahr wird jedoch auf ein Minimum reduziert, wenn die
eigene Wahl des Patienten bestimmend bleibt und diese in lebendigen, greifbaren und aktuellen Belangen verwurzelt ist. In der
Entwicklung des Patienten wird ein Punkt erreicht werden, wo
Vorbereitung und abstrakte Theorie nicht mehr ausreichen. Es
gibt Dinge, die man ganz einfach tun muß. Die Vorstellung, daß
die ideale Entwicklung sich mühelos und ganz von allein einstellt, ist sehr schön. Ich wünschte, sie entspräche der Wirklichkeit. Vielleicht trifft sie auch für einige wenige Glückliche zu.
Wenn beispielsweise eine Ehescheidung unbedingt wünschenswert ist, dann kann eine Therapie diesen Schritt ersetzen.

Wie andere Formen des Experiments muß auch die Hausarbeit
auf die besonderen Konflikte des Patienten genau abgestimmt
sein. Es ist ein Verhalten, das in die Zukunft des Patienten hin-
einreicht, in der therapeutischen Erfahrung basiert, aber in ein
Gebiet eindringt, welches neue Verhaltensweisen erfordert. Die
besonderen Aufgaben sind unbegrenzt. Ein Mensch kann aufgefordert werden, täglich einem anderen gegenüber zu prahlen,
selbst wenn dies nur aus einer kurzen Aussage besteht. Ein anderer soll sich regelmäßig mit Mädchen verabreden, die jünger sind
als er. Wieder ein anderer soll seine täglichen Erfahrungen seiner
Frau berichten. Wer abends unter quälenden Phantasien leidet,
soll diese Phantasien schriftlich festhalten. Und wieder ein ande-

rer soll alles, was ihm zu seiner Dissertation einfällt, täglich eine halbe Stunde lang aufschreiben, gleichgültig, ob es sich später als nutzlos herausstellen mag. Ein anderer soll sich bei seinem wohlhabenden Vater erkundigen, wieviel Geld dieser ihm genau überschrieben hat. Der eine soll seine Wohnung extravagant einrichten. Der andere soll seine Nahrung kauen, bis sie flüssig wird. Jemand soll möglichst viele Aussagen aufschreiben, die alle mit »Ich will« oder »Ich mag« beginnen. Es gibt ungeheuer viele Möglichkeiten, die alle auf die Richtung des Menschen bezogen sind und die ihn immer in Situationen bringen, in denen er sich Aspekte seines Selbst gegenüber stellen muß, die seine Entwicklung oder sein Bewußtsein blockieren.

Hier als Beispiel eine Hausaufgabe, die eine wichtige Rolle in der persönlichen Entwicklung eines Menschen spielt. Er wurde dauernd von körperlicher Angst gequält, besonders im Anus, Skrotum, Penis und Magen. Schmerzen und andere Beschwerden ließen ihn nie zur Ruhe kommen, und er ging fortwährend zum Arzt in der Hoffnung, Erleichterung zu finden. Er war Doktorand und machte sich darüber Sorgen, ob er seinen Doktortitel je erlangen würde. Er war Menschen gegenüber im allgemeinen äußerst schüchtern, am schlimmsten war es tatsächlich bei Frauen. Später bekam er tatsächlich seinen Doktortitel und baute eine starke, befriedigende sexuelle Beziehung auf. Er entwickelte Vertrauen in seine Zukunft, die er vorher nur pessimistisch betrachtet hatte. Seine körperlichen Beschwerden ließen nach und traten nur noch selten auf. Natürlich war die Hausarbeit nur ein kleiner Teil seiner Therapie, und man kann unmöglich bestimmen, in welchem Maße sie zu seiner Entwicklung beigetragen hat, sie war jedoch genauso wichtig wie jeder andere Teil unserer Arbeit. In seinen Sitzungen erkannte er die Spaltung zwischen dem, was er »mein Körper« und dem, was er »ich« nannte. Ich forderte ihn auf, einen Dialog zwischen diesen beiden Teilen niederzuschreiben. Hierbei nimmt sein »ich« etwas von der Energie seines »Körpers« an, und er schreitet auf eine Integration dieser beiden Teile seines Selbst zu, damit sie zusammen existieren können. Im folgenden der zu Hause niedergeschriebene Dialog:

Ich: Wann beginnt es also?
Körper: Wann beginnt was?
Ich: Du weißt, die Unpäßlichkeit, die physische Symptome, – diese ganze Angelegenheit.

Körper: Bald – bald – im letzten Jahr begann es ungefähr im November – es ist noch Zeit – falls du dich wirklich mit dieser Arbeit beschäftigst, dann werde ich richtig anfangen – du wirst sehr leiden!

Ich: Aber warum – warum machst du das? Ich bin gut – ich behandle dich gut. Ich mache mir Sorgen um dich – laufe schon beim geringsten Schmerz zu diesen verdammten Ärzten, die ich verachte. Warum läßt du mich so leiden! Jedes Jahr wird es schlimmer – ich kann nicht mehr als im letzten Jahr ertragen!

Körper: Ich tu' es, weil – vielleicht mußt du einfach leiden. Ich werde dir niemals wirklich sagen, warum; du mußt leiden, das ist ein Teil davon, aber auch – und das ist noch wichtiger – weil du ein blöder *Krüppel* bist und niemals deinen verdammten Doktortitel erlangen wirst! Und jetzt, nach all dieser Zeit, glaubst du, daß du etwas schaffen kannst, erfolgreich sein kannst! Du blöder Idiot! Du weißt überhaupt nichts! Nichts! Du wirst immer nur versuchen dahinterzukommen, versuchen, mich zu begreifen!

Ich: Ja, ich habe Schwierigkeiten gehabt, ich habe viel Zeit vertan, aber diesmal will ich *wirklich* etwas erreichen, meinen Doktor machen. Ich *mag* Soziologie, und ich möchte lehren – nebenbei, dies ist die letzte Möglichkeit für mich, ich setze all meine Hoffnungen darauf! Ich fühle mich jetzt wohl – ich werde versuchen, mich dieses Jahr – weniger ablenken zu lassen. Wie wär's? Kannst du mich in Ruhe lassen? Jetzt bin ich ziemlich optimistisch, denn man vergißt die Kraft deines Zorns und das Unvermögen, damit fertig zu werden.

Körper: Kann nichts sagen, wir werden sehen.

Ich: In Ordnung! Scher dich zum Teufel! Ich werd' mit dir fertig! Ich werd' dich einfach ignorieren! Ich werde meinen verdammten Doktor kriegen! Wenn es sein muß, werde ich leiden!

Körper: Du blöder Idiot! Du weißt verdammt gut, wie vielseitig ich sein kann. Jeden Tag wirst du zum Arzt rennen müssen – du wirst schon sehen!

Ich: Gut, ich weiß, daß du das schaffen kannst, und in der Analyse hab' ich ständig nachgegeben, da ich Angst bekam. Sieh, tun wir uns zusammen – in anderen Dingen kommen wir auch gut miteinander aus. Sport und Bewegung, und ich fühle mich in meinen physischen Bewegungen eins mit dir. Das ist schön. Können wir nicht mit diesen Unpäßlichkeiten aufhören? Du hast recht! Ich schaff' es nicht allein! Du hast mich in der Hand – komm! Laß uns das versuchen. Ist das möglich – oder nicht?

Körper: Ich weiß nicht. Um dir die Wahrheit zu sagen, ich versteh das alles auch nicht ganz. Ich bin verärgert – angetrieben, dich zu quälen. Überlegen wir mal – dies ist schwierig. Mein Zwang geht dahin, dich von jedem befriedigenden Erfolg abzuhalten.

Ich: Das spüre ich – so, als ob ich irgend etwas nicht bekommen oder erreichen soll. Aber – ich habe Erfolg gehabt – im Jugendlager, sportlich, in der Schule, auf bestimmten interpersonellen Gebieten. Warum nicht auch hier? *Ich kann es schaffen!* Wenn du mich in Frieden läßt!

Körper: Diese anderen Dinge waren nebensächlich, kurzfristige Anstrengungen – kein wirkliches dauerhaftes Engagement!

Ich: Gut – ich engagiere mich – oder auch nicht! Was ist so permanent an einem Doktortitel, einem Lehrantrag gegenüber der Nichtigkeit und Begrenztheit des Lebens?

Körper: Also gut, versuchen wir es – werden wir eins. Du versuchst es. Ich bin immer noch etwas träge, ein Rest Unsinn, der herausgelassen werden muß, Angst, physische Schwierigkeiten.« Aber laß dich davon *nicht* aufregen, reagiere nicht auf deine Reaktionen – kämpfe nicht dagegen an! Leide ein wenig, das ist in Ordnung. Man sagt, das gehöre zum Leben. Vielleicht kann es tatsächlich gut für dich sein. Ich versuche, dir etwas zu sagen, wenn ich diesen ganzen Unsinn verzapfe. Fühle! Fühl es! Frag mich nicht, warum – tu es einfach – oder laß dich betäuben. Wenn du jemals heiraten – (ha) – lieben willst, mußt du auf beide Arten fühlen – aber das ist etwas anderes.

Der hauptsächliche Wert dieser Hausarbeit besteht darin, daß dieser Mann, anstatt es nur in der therapeutischen Sitzung herauszuarbeiten, es selbst getan hat. Er hat seinen Ausdruck frei fließen lassen können. Und der spezifische Inhalt war auch wichtig für ihn, so daß die Konfrontation zwischen diesen beiden intrapersonellen Teilen zu einer Verhandlung um eine echte Beziehung und zur Erkenntnis führte, daß eine Integration sinnvoll und auf einigen Gebieten sogar schon erreicht worden war und daß dies für die totale Funktion der einen Persönlichkeit wesentlich war.

Hausarbeit ist eine fast unausweichliche Entwicklung der Therapie, da die Mobilisierung, die in der Therapie auftritt, immer Implikationen für die Welt außerhalb der Therapie besitzt. Sonst könnte Therapie nur Zeitvertreib bleiben, aufregend, sogar faszinierend, aber wie ein Buch oder Theaterstück etwas abseits vom Leben stehend. Wenn das eintritt, dann kann sich die Therapie eher als Hindernis denn als Unterstützung für die Entwicklung erweisen.

Der Begriff der Hausarbeit stimmt mit dem der Selbsttherapie überein. Zwei der frühen Berichte über Selbsttherapie stammen von HORNEY[68] und PERLS, HEFFERLINE und GOODMAN.[69] Im letzteren Buch wurde eine Serie von Experimenten vorgeschlagen, und viele Menschen, die diese Experimente durchführten, berichteten von Reaktionen, die eine tiefe Selbsterforschung zeigten. Erst kürzlich wurden Programme entwickelt, die eine Anleitung für die Selbsterforschung geben, größere Encounter-Gruppen fast ganz ohne Fachleitung werden gebildet, und man spricht von der verstärkten Anwendung von Fernsehen, Film, Platten und Tonbändern, die dem Menschen dabei behilflich sein werden, seine eigene therapeutische Untersuchung zu machen. Dies alles ist eine natürliche Erweiterung des Experiments und der Hausarbeit. Es regt die Menschen an, Verhaltensweisen und Gefühle selbst auszuprobieren. Durch die bereits entwickelten oder noch auszuarbeitenden technischen Neuerungen kann die Therapie einen erheblich größeren Einfluß erreichen, als bisher möglich war. Es gibt Aussichten auf eine wirkliche Volksbewegung, in der das psychotherapeutische Ethos für die Menschen im allgemeinen relevant wird, anstatt nur für die wachsende, aber noch begrenzte Gruppe, die bislang davon berührt worden ist.

Bei einer Zusammenfassung dieses Kapitels ist es wichtig, sich daran zu erinnern, daß die Möglichkeiten des Experiments praktisch unbegrenzt sind und daß sein Wert vom Geschütz und von der Sensibilität abhängig ist, mit denen es angewandt wird. Das Experiment muß frei aus den Ausdrücken und Bewußtheiten des Patienten selbst entstehen. Jeder Ausdruck und jede Bewußtheit hat eine Richtung, die – wenn sie unterbrochen wird – Spannungen hervorruft und den Betreffenden davon abhält, Vollendung zu erlangen. Wenn wir uns für diese Richtung interessieren, beginnen wir eine Suche, um diese Bewegung zu befreien, damit sie durch die Barrieren dringt und ihren natürlichen Ruheplatz erreicht. Der ruhende Moment ergibt sich aus dem gehemmten Moment.

10.

Über die Eins-zu-eins-Methode hinaus

Meine Leute sind grau,
taubengrau, dämmerlichtgrau, sturmgrau.
Ich nenne sie wunderschön
und frage mich, wohin sie gehen.

Carl Sandburg

In einer kürzlich erschienenen Broschüre von einem der bekannten Entwicklungszentren war folgende Beschreibung der Gestaltgruppen zu lesen:

Der Leiter einer Gestaltgruppe arbeitet im allgemeinen mit einem einzigen Freiwilligen, während die anderen Gruppenmitglieder als Beobachter oder als Helfer für die Leiter-Mitglied-Interaktion teilnehmen. Ein »Arbeits«-Mitglied wird ermutigt, seine Träume, Phantasien, Erwartungen, Gesten, Stimme und andere persönliche Züge zu erkunden, indem es sie vor der Gruppe darstellt.

Schleudersitz

Dieses Bild der Gestalttherapie ist sehr schwer zu erschüttern. Es stimmt, daß das Konzept des »Schleudersitzes« – ein geläufiger Begriff in der Gestalttherapie – bedeutet, daß sich jemand freiwillig meldet, um individuell mit dem Leiter zusammenzuarbeiten. Es stimmt auch, daß PERLS – dessen Demonstrationen die berühmtesten und dramatischsten Darstellungen der Gestalttherapie gewesen sind – fast ausschließlich mit der Technik des »Schleudersitzes« gearbeitet hat. Wenn der Meister arbeitet, kann man kaum unterscheiden, was sein Stil und was die Theorie ist, die seinen Stil unterstützt. Es stimmt sogar auch, daß die Intensität, die die Gestalttherapie charakterisiert, dazu führt, ein bestimmtes Individuum *figürlich* gegen den Hintergrund der Gruppe zu stellen. Aber es ist trotzdem kein Grundsatz der Gestalttherapie, sich ausschließlich auf die Eins-zu-eins-Methode zu verlassen.

Bevor die Gestaltmöglichkeiten für die Gruppeninteraktion

beschrieben werden, muß bemerkt werden, daß die Eins-zu-eins-Methode in der Gruppe im Unterschied zur privaten große Vorteile bietet.

Erstens ist der Mensch im Schleudersitz im Mittelpunkt der Aktion und erfährt ein gesteigertes Gefühl der Gemeinschaft, denn allein die Gegenwart anderer Menschen vertieft die Implikationen dessen, was die figürliche Person tut, auch wenn sich die Aktion nur zwischen ihr und dem Leiter abspielt. Eine Akkumulation von Menschen ist erregend: man denke an die Spannung im Zirkus, beim Fußballspiel oder bei einer politischen Versammlung.

Über die natürliche Erregung hinausgehend, gibt es für den Menschen auf dem »Schleudersitz« auch noch die Möglichkeit, sich selbst nicht nur einem erfahrenen Psychologen, sondern auch – in gewissem Sinne – anderen Menschen im allgemeinen zu offenbaren, wo soziale Anerkennung oder Ablehnung mehr als ein hypothetisches Risiko ist. MOWRER[70] hat gesagt, wir selbst seien unsere Geheimnisse. Dies mag übertrieben scheinen, doch gibt es eine inhärente Kraft in der Wiederentdeckung und öffentlichen Darlegung dessen, was bisher verborgen wurde, indem es eine Ausweitung des begrenzten Selbstgefühls darstellt. Die therapeutische Erfahrung in der Gemeinschaft nimmt die verstärkte Kraft eines Everyman-Dramas an, das nicht nur individuelle, sondern universelle Belange darstellt und das allgemeine Gefühl der Humanität unter den Menschen erhöht. Zeugen der dramatischen Eins-zu-eins-Interaktion können daraus lernen, was für ihr Leben anwendbar ist, wobei sich neue Perspektiven öffnen; dies ist eine grundlegende Kraft, jeden Dramas, das mehr als bloße Unterhaltung ist.

Schließlich kann eine Gruppe verschiedenen Zwecken dienen, selbst wenn die Interaktion meist nur in die eine Richtung verläuft – vom figürlichen Individuum zur Gruppe. Angenommen zum Beispiel, die Eins-zu-eins-Interaktion offenbart einen zwanghaft bescheidenen Menschen, der zu prahlen versuchen muß, um die einschränkende Ich-Grenze, die er aufgebaut hat, auszudehnen. Er kann dies in einer Gruppe machen, indem er ihr gegenüber prahlt, eine besondere Heldentat erzählt, großspurig auftritt usw. Wenn er dies in der Gemeinschaft macht, dann nimmt seine Handlung Substanz und eine Dimension an, die weiterreicht, als privat dem Therapeuten gegenüber zu prahlen.

Variabler Schleudersitz

Wenn man über die Technik des Schleudersitzes hinausgeht und die spontane *Teilnahme* der übrigen Gruppenmitglieder mit einschließt, erweitert man die Dimensionen der Interaktion – noch *innerhalb* der Methodologie der Gestalttherapie:

Die Gruppe wird wegen des Interaktionskonflikts zu einem Abenteuer. Es gibt eine gemeinsame Anstrengung, den Kontakt maximal zu gestalten und alles zu identifizieren, was vom Kontakt ablenkt. Der Therapeut muß den spezifischen Arten Aufmerksamkeit schenken, wie Barrieren gegen den Kontakt errichtet werden. Er (und auch die Gruppe) muß sehen, daß bestimmte Menschen beim Sprechen zur Seite sehen, Fragen stellen, wenn sie Aussagen machen wollen, langatmige Einführungen für einfache Feststellungen benötigen, zwanghaft beide Seiten aller Geschichten berichten, wie eine Statue dasitzen, Gesten und Ausdrücke verwenden, die Desinteresse widerspiegeln, nach Mitleid haschen, freundliche Worte benutzen, wenn ihr Ton feindlich klingt, und so weiter. Diese Widerstände werden frontal in dem Glauben angegangen, daß nach ihrer Auflösung ein guter Kontakt natürlich folgen wird.[71]

Mit dem Kontakt als Richtlinie erwartet der Leiter einer Gestaltgruppe, daß ihre Interaktionen Aufschluß über die charakteristischen Arten geben werden, wie Menschen miteinander in Verbindung treten. Die Untersuchung dieser Verhaltensweisen und die Lösung innerer Widersprüche, die einen guten Kontakt in der Gruppe verhindern, werden zu sofortigen und deutlichen Konfrontationen führen.

Jay, ein sehr aufrichtiger Mann, packte eines Tages den Stier bei den Hörnern und begann endlich, sein tiefstes Geheimnis zu offenbaren: daß er ein Frauendarsteller war. Al begann, Jay bombastisch zu interviewen, stellte ihm direkte Fragen, die trotz Als Taktlosigkeit sehr nützlich waren, um die Geschichte aus Jay herauszubekommen. Die Gruppe befürchtete jedoch, daß Jay dadurch abgeschreckt werden könnte. Schließlich konnte Ted es nicht mehr ertragen, und schrie zornig, daß er an Jay interessiert sei und nicht an Als ungeschicktem Verhör. Andere Gruppenmitglieder mischten sich zustimmend ein, und Al antwortete etwas kleinlaut, daß er, selbst wenn alle anderen stumm dasäßen, Jay nicht im Stich lassen würde! Al war mit seiner Herrschsucht konfrontiert worden sowie mit seiner Ungeduld, die Dinge einfach ihren Lauf nehmen zu lassen. Einige der anderen kamen mit ihrer Passivität in Berührung. Jay lernte, daß er Gehör gefunden hatte und daß offensichtlich Sympathie und Anerkennung vorhanden waren. Im Bewußtsein, akzeptiert zu werden, war er frei genug, um zu beschreiben, wie es für ihn war, eine Frauenrolle zu spielen: die Entspannung, die Leichtigkeit und das Gefühl, seiner Mutter nahe zu sein.

Als weitere Richtlinie in der Gruppeninteraktion fördert die Bewußtheit die Erkundung der Hier- und-Jetzt-Erfahrung. Die Menschen lernen, sich auf ihre inneren Prozesse einzustimmen, sie zu artikulieren und sich ihnen entsprechend zu verhalten. Die Wut auf Al hatte den ganzen Raum erfüllt. Aber bis Ted dies ausdrückte, blieben die anderen stumm und handelten nicht ihrer eigenen Bewußtheit gemäß. Indem Ted seinen Zorn ausdrückte, setzte er bei den anderen auch den Zorn frei, doch paradoxerweise sagte noch ein weiterer Anwesender, daß es ihm gefalle, was Al getan habe. Und auch Jay überraschte die anderen, indem er sagte, daß Als Fragen ihm geholfen hätten.

In der Gruppe gibt es fast ausnahmslos bei irgend jemandem Unterstützung für jegliches Verhalten, das ausprobiert wird. Die Gruppe hat eine eigene Weisheit, die über die des Leiters hinausreicht. Es ist, als wäre die Gruppe ein griechischer Chor, der mit all den verschiedenen Stimmen spricht und in seiner Vielschichtigkeit alle menschlichen Möglichkeiten reflektiert, die in dieser Situation und zu diesem Zeitpunkt erreichbar sind. Die aus vielen Elementen zusammengesetzte Natur des Individuums, die wir schon beschrieben haben, muß unweigerlich durch die Evidenz dieser alternativen Arten des Denkens, Fühlens und Handelns bereichert werden. Gruppenbewußtsein wird zum Rohmaterial der Erfahrung. Es ist das Gegenstück des Kontakts, das diesem eine Basis in der Information schafft, aus der die Aktion entstehen kann. Durch die einfache Betonung der Bewußtheit wird die Erregung verstärkt, und die daraus folgende Inanspruchnahme regt die Menschen dazu an, einander das Beste zu geben, das in ihnen drinsteckt.

Die Gelegenheit, Experimente durchzuführen, zusammen mit dem Kontakt und der Bewußtheit, vervollständigt die generische Triade der Gestaltprinzipien, die die Gruppenarbeit betreffen.

Man hätte zum Beispiel Jay gleich auffordern können, seine weibliche Rolle dort in der Gruppe zu spielen. Oder man hätte ihn auffordern können, jedem Gruppenmitglied einzeln zu sagen, was ihm daran gefalle, eine Frauenrolle zu spielen. Oder der Leiter hätte ein Gruppenexperiment durchführen können, wobei jeder die Augen schließt und sich vorstellt, wie es für ihn ist, dem anderen Geschlecht anzugehören. Wenn jedoch eine bestimmte Person anfängt, von ihrer eigenen persönlichen Erfahrung zu berichten, dann ist sie wahrscheinlich diejenige, auf die sich die Aufmerksamkeit konzentrieren wird, und das Experiment wird dann unternommen, um diesen Aspekt des Ereignisses herauszustellen. Selbst ohne Experiment werden die natürlichen Interaktionen dahin tendieren, sich auf das eine oder andere Gruppenmitglied zu konzentrieren, sobald seine Bedürfnisse figürlich werden.

Die Beschäftigung der Gruppe mit einer besonderen Person ist ein gesundes *Gruppen*phänomen. Es unterscheidet sich sehr stark von der individuellen Therapie in der Gruppe, da es sich im Gegensatz zum »Schleudersitz« auf natürliche Weise aus der Gruppeninteraktion ergibt. Die Konzentration auf den einzelnen resultiert dann nicht aus dem Ausschluß der anderen, sondern entsteht aufgrund besonderer Spannungssysteme und deren Drang zur figürlichen Überlegenheit in der Gruppe. Diese besondere Art der Eins-zu-eins-Interaktion könnte man »variablen Schleudersitz« nennen. Obwohl mit einem Individuum gearbeitet wird, haben doch unter diesen Bedingungen alle Gruppenmitglieder das Recht und die Möglichkeit, sich nach Belieben frei in die Handlung einzumischen. Tatsächlich wird ihre Einmischung häufig ermutigt, und sie mischen sich auch ein, manchmal sogar auf die Gefahr hin, einen wichtigen Prozeß zu unterbrechen.

Diese Gefahr reguliert eine freie Teilnahme auf natürliche Weise, besser als durch Anordnungen, da jeder die Harmonie seiner Handlungen mit dem sich gerade abspielenden Drama abschätzen muß. Diese Gefahr beschränkt sich nicht nur auf therapeutische Interaktionen innerhalb der Gruppe. Die Kunst, die eigenen Bedürfnisse mit einem schon existierenden Spannungssystem zu vereinbaren, ist eine der immer wiederkehrenden Forderungen, der sich der Mensch gegenübersieht. Man wird in eine schon existierende Familie hineingeboren und im Lauf der Jahre in ein schon existierendes soziales System aufgenommen.

Einige Menschen integrieren sich in diese Systeme, indem sie sie nur sehr wenig beeinflussen oder versuchen, über ihnen zu stehen, oder sich angesichts unliebsamer Anforderungen um sich selbst kümmern oder die eigenen Bedürfnisse völlig dem größeren und besser etablierten System unterordnen.

So ist es auch in der Gestaltgruppe. Fritz PERLS fragte mich einmal in einer von ihm geleiteten Gruppe, warum ich so schweigsam sei. Ich erwiderte, ich wolle die anderen Menschen nicht unterbrechen. Er gab mir darauf die Rolle des Unterbrechers, die ich mit großem Einsatz spielte, indem ich meinem gesamten freien Assoziationssystem absolut freien Lauf ließ und auch redete, völlig gleichgültig, was gerade geschah. PERLS wurde ärgerlich auf mich, und jemand wies ihn darauf hin, daß er es gewesen war, der mir aufgetragen hatte zu unterbrechen. Er erwiderte: »Ja, aber ich habe ihm nicht gesagt, daß mir das gefallen würde!« Unerschrocken setzte ich meine Aktivität fort, und das, was zuerst als Unterbrechung begonnen hatte, verwandelte sich in eine Erfahrung ungetrübter Führerschaft – eine der wichtigsten Lektionen meines Lebens.

In einer Gestalt-Trainingsgruppe waren die Teilnehmer über das Geschehen in dem vorausgegangenen Praktikum, an dem ich teilgenommen hatte, sehr erregt. Einige hatten sich von den anderen Gruppenmitgliedern isoliert, mißverstanden und übervorteilt gefühlt, und bei ihnen war das schmerzliche Gefühl einer unerledigten Situation zurückgeblieben. Zwei Wochen später waren sie immer noch zornig. Dotty sprach sehr gereizt und lenkte sofort die Aufmerksamkeit des Praktikumsleiters auf sich, der unter meiner Führung arbeitete. Er ging dazu über, individuell mit ihr zu arbeiten, da er von ihrem Bedürfnis beeindruckt war und darauf reagierte. Ich wies darauf hin, es sei verfrüht, individuell mit ihr zu arbeiten; es gab zu viele Gefühle in der *ganzen Gruppe*, die bislang noch nicht ausgedrückt worden waren und die weiterschwelen würden, während er mit Dotty arbeitete. Er wandte sich also den anderen zu, die ebenfalls ihren Ärger und das Gefühl der Kränkung zum Ausdruck brachten. Bald schrien alle durcheinander. Zwei der Frauen insbesondere stritten miteinander. Es wurde offensichtlich, daß sie um ihre Konflikte zu lösen, zu einer Interaktion kommen müßten. Brenda warf Dotty vor, sie schlage aus ihrer kindlichen Attraktivität Kapital, um zum Mittelpunkt der Aufmerksamkeit zu werden. Als Brenda aufgefordert wurde, zum Kind in ihr selbst zu reden, entdeckte sie, daß seine Natur sehr stark dem ähnelte, was sie gegen Dotty einzuwenden hatte. Sie wurde ermutigt, sich selbst eine kindliche Ausgelassenheit zu erlauben – worauf ihr Groll vollständig verschwand! Dotty freute sich mit ihr, und Brenda entdeckte eine persönliche Möglichkeit wieder, die sie sehr stark abgeblockt hatte. Dann konfrontierte sich ein anderes Paar, welches immer noch erregt war, gegenseitig mit seinen Bedürfnissen, anerkannt und unterstützt zu werden. Sie untersuchten, wie dies jeder für den anderen machen konnte. Und so ging es den ganzen Abend weiter. Als die Gruppe beendet war, fühlten sich die Teilnehmer untereinander wieder wohl, und es war ihnen möglich, ohne Groll zusammenzukommen. Die Konzentration auf den *Gruppenprozeß* war jedoch entscheidend, weil sie allen erlaubte, zur Lösung des Konflikts und auch zur Erhöhung ihrer Zielbewußtheit beizutragen.

Gruppen im Alltag

Da die Gestalttherapie in der Gruppe leicht anwendbar ist, kann der Gestalttherapeut erleben, daß sein Einfluß weit über die Eins-zu-eins-Erfahrung hinausreicht, wie sie in der Therapie oder der kleinen Encounter-Gruppe zu beobachten ist. Er kann also dahin gehen, wo auch immer sich Menschen versammeln, und dort den Kontakt, die Bewußtheit oder die experimentelle Gelegenheit benutzen, um so neue Arten des Zusammenseins zu erkunden. Den Bedürfnissen von einzelnen Menschen zu entsprechen, die in großen Gruppen zusammenkommen, ist in sehr verschiedenen Bereichen wichtig, beispielsweise in der Arbeitsorganisation, um sowohl ein Gefühl der Interessengemeinschaft zu schaffen, als auch Wechselbeziehungen beziehungsweise Probleme der Aufgabenlösung zu berücksichtigen. Es ist gleichermaßen wertvoll, in Wohngegenden ähnliche Erlebnisse zu erzielen. Das gleiche gilt für Kirchen, Wohnheime, Schulklassen, Krankenhäuser usw.

Ein Beispiel dafür, wie man zu den Menschen hingehen kann, anstatt sie nur in die Praxis des Therapeuten zu holen, zeigt die Anwendung der Gestalttherapiemethode in einer normalen Umgebung, zum Beispiel in einem Café.[72] Hier kommen die Menschen zusammen, ob der Therapeut anwesend ist oder nicht. In dieses bestimmte Café kamen die Gäste der Zerstreuung wegen,

doch sie suchten auch etwas, was die ganze Gruppe zusammen-
bringen würde. Meistens verwandten sie hierfür Dichterlesun-
gen, musikalische Darbietungen und sogar gelegentlich auch
Vorträge. Wir planten also eine Serie von zweiwöchentlichen
Treffen, die wir Encounter nannten und die mit dem dort üblichen Stil harmonisieren würden, obwohl die Interaktion der
Gäste größer sein sollte, wie wir noch sehen werden. Unsere Sitzungen fanden während der üblichen Abendstunden im Café
statt; die Menschen, 50 bis 100 Gäste, kamen und gingen nach
Belieben. Dieses Café wurde ständig von der Polizei überwacht,
teilweise wegen Drogenhandels, teilweise wegen vermeintlicher
Belästigung der Anwohner und teilweise wegen der Vorurteile
gegen das Zusammentreffen von Schwarzen und Weißen.

Mit diesen exploratorischen Bemühungen verbanden wir drei
Absichten. Erstens wollten wir erfahren, wie man in einer großen
Gruppe eine Gruppenteilnahme aktivieren kann. Zweitens wollten wir innerhalb der sogenannten Encounter-Technik die Themenzentrierung wieder einführen und neue Erfahrungen auf
diesem Gebiet sammeln. Das dritte Ziel war, selbsteinschränkende Verhaltensweisen zu beeinflussen.

Das erste Ziel, Aktivierung einer Gruppenteilnahme, wurde
von der bekannten »Zuschauer«-Tendenz heimgesucht, die man
in den meisten Großgruppen antrifft. Die Schwierigkeiten, zu einer Menge völlig Fremder zu sprechen, sind hinreichend bekannt, und nur die besten Redner scheinen ein Gefühl der Unmittelbarkeit oder des persönlichen Einflusses zu erreichen. Ein
großes Publikum, obwohl es eine gesteigerte Lebendigkeit verspricht, ist häufig so entpersonalisiert, daß man nicht mit ihm
umgehen kann. Wie konnte der Stil der Encounter-Gruppen, der
in kleinen Gruppen entwickelt worden war, auf große Gruppen
oder Konferenzen angewandt werden? Die Encounter-Gruppe
fördert häufig eine persönliche Interaktion, indem sie sich in
kleinere Einheiten aufteilt; keine größere Gruppe könnte jedem
eine Chance geben, sich auf seine Weise zu entfalten. Aber die
kleine Gruppe ist eine zu kleine Welt, um darin zu leben, und
es geschieht einfach mehr, wenn viele Menschen zusammen sind.
In der heftigen Aktion im Café war keine Zeit für die komplexen
Methoden, die man normalerweise in Großgruppen anwendet.
Notwendig war der zündende Funke, der über die Miniaturar-
beit des kleinen Kreises hinausgeht.

Unser erstes Treffen wurde »Hippies und Polizisten« genannt

und zeigt, wie eine Massenteilnahme entstand. (Der Begriff Hippie ist heute überholt und war auch nie eine freundliche Bezeichnung, aber zur Zeit dieser Treffen wurden die meisten jungen Leute, die dieses Café besuchten, so genannt und wählten auch selbst diesen Titel aus.) Zwei Individuen wurden ausgesucht, um einen Polizisten und einen Hippie im Gespräch zu spielen. Sie begannen mit stereotypen Phrasen. Der Polizist ermahnte den Hippie, sich einen Job zu suchen, er solle sich die Haare schneiden lassen und sich waschen. Er bezeichnete ihn als widerspenstig, gefährlich und unappetitlich. Andererseits sah der Hippie den Polizisten als Rohling an – kalt, ohne Verständnis, unsensibel und unzugänglich. Völlig gleichgültig, was ich ihnen sagte, blieben ihre Worte zunächst stereotyp und böse. Als er mit der Unwahrscheinlichkeit einiger seiner Bemerkungen konfrontiert wurde, war der Polizist überrascht und begann, seine Gefühle zu untersuchen. Er sagte dann, daß er einen Job zu verrichten habe und es sich nicht leisten könne, über das, was er tue, sehr viel nachzudenken. Er wolle einfach damit fertig werden. Er wolle nicht darüber nachdenken müssen. Er habe auch Angst davor, verletzt zu werden, wenn er nicht hart bleibe. Der Hippie zeigte keine besondere Reaktion auf die Veränderung im Ton des Polizisten und redete so weiter wie bisher. Als er darauf aufmerksam gemacht wurde, erkannte er, daß er es nicht registriert hatte und daß es jetzt vielleicht möglich sei, mit dem Polizisten zu kommunizieren. Aber er wollte es trotzdem nicht. Er wollte, daß der Polizist weiterhin unmöglich blieb, damit er seinen Zorn auslassen und sich an seiner Überlegenheit weiden konnte. Dies wirft noch nebenbei ein Licht auf die Natur von Konflikten: Wenn sich eine große Menge unerledigter Geschäfte aufstaut, muß sie, selbst in breiten sozialen Bewegungen, die Gelegenheit haben, sich zu äußern. Das Bedürfnis, den blockierten Ausdruck zu vollenden, bleibt bestehen, selbst nachdem sich die Bedingungen verändern. Deshalb neigt man dazu, Veränderungen zu ignorieren, bis das eigene Bedürfnis vollendet ist. Militante Schwarze haben zum Beispiel unerledigte Geschäfte und müssen ihrem Zorn freien Lauf lassen, gleichgültig, ob dadurch Verbesserungen eintreten oder nicht. Solche Fehler im Timing bei den miteinander im Konflikt stehenden Parteien sind Schwierigkeiten grundsätzlicher Art. Die eine Seite wird gelöst, während die andere noch nicht so weit ist. Lösungen müssen aufgeschoben werden, bis die Partei mit den unerledigten Geschäften ihr aufgestautes Bedürfnis nach Ausdruck vollenden kann. Die andere Partei, wenn sie die Kraft unerledigter Geschäfte wirklich respektiert, wird dem Geschädigten zeigen, daß sie sein Bedürfnis als rechtmäßig anerkennt.

Bei dieser Sitzung in dem Café waren ungefähr 125 Menschen anwesend. Im Gegensatz zu einem gewöhnlichen Publikum nahmen diese Menschen tatsächlich aktiv an dem Geschehen teil. Das Recht des Polizisten, solche Aussagen zu machen, wurde von den Anwesenden in Frage gestellt. Die darin enthaltenen Denkfehler wurden mit lauten Zwischenrufen bedacht. Dann wurden Polizist und Hippie aufgefordert, die Rollen zu tauschen, sehr zu Erleichterung des Mannes, der den Polizisten darstellte. Jetzt entspannte er sich plötzlich in der freundlicheren Atmosphäre. Der Rollenwechsel regte das Publikum dazu an, ebenfalls Rollen spielen zu wollen, was verschiedene Paare dann auch machten. Als Höhepunkt verließ die letzte Person, die die Rolle des Polizisten spielte, die Bühne, ging zum Wirt hinüber, um ihn aufgrund irgendwelcher nichtiger Gesetzesübertretungen zu verhaften. Dann schob der Polizist den Wirt auf die Tür zu. Dieser ging nicht freiwillig mit, zeigte jedoch wenig Widerstand. Jetzt begann das Publikum zu brüllen: »Er soll ihn nicht mitnehmen«, wobei sie ihre Tische verließen, um gemeinsam einen Rettungsversuch zu unternehmen. Daraufhin folgte ein wilder Tumult. Die Menschen schwangen die Arme, hoben drohend die Stühle und brüllten. Wer in diesem Augenblick in das Café gekommen wäre, hätte einen Aufruhr vermutet. Als die Kraft ihrer Aggression verebbt und der Rettungsversuch erfolgreich verlaufen war, gingen die Menschen wieder an ihre Tische zurück. Was als einfaches Rollenspiel von zwei Menschen begonnen hatte, hatte als dramatische Rollenspiel-Situation unter Beteiligung aller Anwesenden geendet. Als alle sich gesetzt hatten, herrschte eine Atmosphäre stiller Scheu über das, was geschehen war. Eine große Gruppe hatte eine Gratwanderung zwischen Dichtung und Wirklichkeit gemacht. Man konnte zwar nicht immer den Unterschied zwischen Dichtung und Wirklichkeit feststellen, doch waren sich die Individuen in dieser Gruppe, obwohl völlig engagiert, offensichtlich ihrer Perspektive bewußt und ließen die dramatische Situation niemals in tatsächliche Gewalt ausarten. Daraufhin diskutierte die Gruppe die Bedeutung dieser Erfahrung, und es herrschte die naheliegende Meinung vor, daß einer unterdrückten Aggression gegen die Polizei Ausdruck verliehen worden war – daß sie im Rollenspiel etwas dargestellt hatten, was sie im realen Leben niemals tun könnten. Sie behaupteten, diese Machtlosigkeit lasse bei ihnen ein Gefühl der Entfremdung aufkommen, und die Gelegenheit, diese Szene durchzuspielen, habe ihnen ein Gefühl der Gemeinsamkeit gegeben.

Unser zweites Ziel bestand darin, Themenzentrierung zu entwickeln. In dem obengenannten Beispiel diente das Thema dazu, die Menschen in eine bestimmte Richtung zu lenken, beließ jedoch ihre eigenen persönlichen Bedürfnisse im Mittelpunkt. Indem man bestimmte Themen stellt, riskiert man, einen sterilen Intellektualismus heraufzubeschwören, aber die Menschen können offensichtlich auch bei vorgeschriebenen Themen persönlich, ja sogar leidenschaftlich werden. Fast jede Sitzung in diesem Café begann mit einem bestimmten Thema. Einige dieser Themen waren Hippies und Normalbürger, Hippies und Lehrer, Geschlechtsverkehr zwischen Angehörigen verschiedener Rassen, Zuhören, psychedelische Trips, Wehrdienstverweigerung, die Bedeutung des Krieges usw. An dem Abend, als wir das Thema »Hippies und Normalbürger« behandelten, luden wir auch einige Normalbürger ein. Außerdem kamen weitere Menschen dazu, die von unseren Sitzungen gehört hatten und jetzt neugierig wurden. Diese Menschen galten als normal, weil sie ein gutorganisiertes Leben führten, sich konventionell kleideten, in traditionellen Familienbeziehungen lebten und einer geregelten Arbeit nachgingen. Es waren ungefähr gleich viele sogenannte Normalbürger wie sogenannte Hippies anwesend.

Die Sitzung begann ziemlich steif, aber nach kurzer Zeit warf Jack, einer der Hippies, einem der Normalbürger unverblümt vor, feige zu schweigen. Jack wurde zum Mittelpunkt eines Sturms. Er hatte viel Erfahrung darin, anderen Menschen stereotype Vorwürfe an den Kopf zu werfen. Den Normalbürgern gefiel das nicht, aber sie waren an Höflichkeit und Toleranz gewöhnt und von diesem plötzlichen und starken Angriff völlig überrumpelt. Doch Jack hatte den Ball ins Rollen gebracht, und es entwickelte sich eine klare Polarisierung zwischen den Hippies und den Normalbürgern. Jede Seite war unglücklich darüber, daß sie in eine Kategorie gezwängt wurde, und sie wollten jeweils weder Hippies noch Normalbürger genannt werden. Über die Vorstellung, daß jeder Mensch ein Individuum sei, ließ man sich des langen und breiten aus. Doch trotz dieser hochherzigen

Standpunkte äußerte sich jede Seite bemerkenswert stereotyp über die andere und wurde hinsichtlich der eigenen Position sehr defensiv. Schließlich wurden einige Normalbürger so zornig, daß sie aufstanden, auf Jack und einige andere Hippies zugingen und dabei heftig auf sie einredeten. Einige meinten, Jack und seine Freunde seien anmaßend. Einige waren besonders aufgebracht, als Jack ihnen vorwarf, sie kämen in dieses Café, um ihrem trostlosen Vorortleben eine Weile zu entfliehen. Andere Aussagen waren ebenso unversöhnlich. Am Anfang bemühte man sich kaum, etwas über das Leben der anderen zu erfahren. Jeder schien schon alles zu *wissen*. Nach einiger Weile fand sich unter den Hippies etwas Unterstützung für die Normalbürger; einige meinten, daß sie doch nichts gegen die Normalbürger hätten und sich freuten, daß sie gekommen seien. Sie wollten *wirklich* zu ihnen Kontakt finden. Eines der Hippiemädchen sagte, daß sie und ihre Freunde sich vor den Normalbürgern fürchteten, da diese älter seien und da sie selbst Angst vor den eigenen Eltern hätten. Sie würden gern mit ihren Eltern gut auskommen, wüßten aber, daß dies nicht möglich sei. Ihr eigener Vater würde niemals ein solches Café betreten, und er weigere sich auch, sich mit ihren Ansichten auseinanderzusetzen. Die Hippies wollten ihre Gemeinschaft erweitern sowie ihre Gelegenheiten, mit Menschen zu sprechen, die es im Leben »zu etwas gebracht hätten«. Ein Mädchen meinte, daß die Normalbürger, die jetzt hier im Café anwesend waren, nichts anderes als alte Hippies seien.

Jedes unserer Themen führte zu einer sehr lebendigen Interaktion. Häufig waren diese Interaktionen verbal aggressiv, aber Agressivität und Direktheit machten eine Sitzung meist sehr erregend. Dagegen dämpften intellektuelle Diskussionen fast ausnahmslos die ganze Atmosphäre und führten zu Ungeduld und Unruhe. Aussagen, die ein anderes Individuum sehr stark berührten, führten meist zu guter Kommunikation und zu dem Gefühl einer vereinigten Gemeinschaft. Doch jedesmal, wenn ein intensiver Kontakt auftrat, entwickelte sich ein Unterstützungssystem, welches einigen Individuen half und auch dazu diente, einige der Gegner mit einzubeziehen.

Das dritte Ziel dieser Sitzungen war die Bemühung, selbst einschränkende Charakteristika der Gruppenmitglieder durchzuarbeiten. In einigen der Sitzungen stellte sich ein Widerstand bei einigen der Kaffeehausbesucher heraus, mit Menschen außerhalb ihrer eigenen kleinen Gruppe zu kommunizieren. Es bestand eine allgemeine Abneigung unter ihnen, mit Dingen in Beziehung zu treten, die sie nicht gleich verstanden oder von denen sie sich entfremdet fühlten.

Eines Abends stand das Thema religiöse Erfahrung auf dem Plan. Eine Gruppe hatte keine und sträubte sich sogar lauthals, sich mit einbeziehen zu lassen. Sie warfen zwar scharfsinnige Bemerkungen ein, zogen sich aber sofort zurück. Bald begannen sich die anderen über sie zu ärgern. Schließlich erhob sich eine Frau, deren Zorn sie dazu trieb, dagegen zu protestieren. Sie erwiderten, sie sei streitlustig, und das könnten sie nicht ausstehen. Andere Anwesende meinten, daß man ihnen nur mit großem Energieaufwand beikommen könne.

Diese exklusive Gruppe wurde von anderen unterstützt, wobei einige sagten, sie müßten tun, was sie für richtig hielten, und die anderen sollten mit ihrer Diskussion weitermachen. Ein Mann, ein Pfarrer, sagte, sie hätten etwas Besonderes untereinander, eine so vorbehaltlose gegenseitige Anerkennung und so viel Geist, daß er das Gefühl habe, dies sei in sich selbst ein Ausdruck religiösen Empfindens. Ein anderer Pfarrer meinte jedoch, er glaube nicht, daß dies irgend etwas mit Religiosität zu tun habe. Er meinte, sie seien nur eine Clique, die jegliches Gefühl für das Andersartige zurückwies.

Nachdem sich starke Spannung aufgebaut hatte, stand einer der Widerspenstigen gebieterisch auf und sagte am Ende eines langen, frustrierten Kommunikationsversuchs: »Tut es, täuscht es nicht nur vor!« – eine kurze Moralpredigt über die Authentizität. Da packte mich die Wut über die vielen frustrierten Kommunikationsmöglichkeiten, und ich machte meinem Groll über ihr provozierendes Verhalten Luft.

Ich verließ die Bühne und ging laut brüllend auf sie zu. Jetzt hörten sie mir zu. Als ich fertig war, schien es, als wäre ein Eitergeschwür aufgebrochen; die Diskussion ging von der Religion zu Aufständen über, und nach einem gereizten Geplänkel fanden die Gruppenmitglieder zueinander, nicht durch eine allgemeine Übereinstimmung geeinigt, sondern als Menschen, die fähig waren, miteinander Kontakt aufzunehmen. Wie schon so oft hatte die Konfrontation die Mauer durchbrochen und alles zum Fließen gebracht.

Die Sitzungen im Café zeigten eine Methode, grundlegende Gestaltpraktiken auf eine Gruppe im Alltag anzuwenden. Die Entwicklung eines guten Kontakts vermittels der Konfrontation intensivierte die Begegnung zwischen den Menschen. Die Akzentuierung der Selbstbewußtheit und der Bewußtheit anderer Menschen diente dazu, die Auflösung von Konflikten zu erleichtern. Experimente, wie die beim Rollenspielen, dramatisierten Themen und Konflikte, die eine Auflösung erforderten. Indem man Vertreter verschiedener Gruppen hinzuzog, anstatt nur über die jeweiligen Fragen zu sprechen, konnte man die Sitzungen lebhafter gestalten und das Gefühl eines echten Engagements erhöhen. Reiner Intellektualismus tötete die Interaktion ab, und eine lebendige und scharfe Sprache durchbrach den Entpersonalisierungsprozeß. Intellektualismus, vom Kontakt unterstützt, diente als Orientierung für das, was für diese Menschen wichtig war. So wurden die drei Prüfsteine der Gestalttherapie – Kontakt, Bewußtheit und Experiment – auf die Konfliktlösungen dieser Menschen im Café angewandt.

Eine andere Anwendung der Grundzüge der Gestalttherapie auf eine Alltagssituation ist die Orientierung der Studenten im ersten Semester. Im allgemeinen wird von Neulingen erwartet, daß sie sich zufällig kennenlernen, oder bei offiziellen Einladungen und anderen ebenso sterilen gesellschaftlichen Anlässen. Aber viele Neulinge sind einfach noch nicht dafür bereit. Viele dieser jungen Menschen erfahren ihre Umgebung als unfreundlich und glauben, daß niemand großes Interesse für sie oder überhaupt für irgend jemand aufbringt. Das Paradoxe ist, daß so viele von ihnen das gleiche Gefühl haben – sie sehnen sich danach, jemanden kennenzulernen, und glauben, daß sie niemand kennenlernen will. Sie benötigen ein Hilfsmittel, um sich anderen sinnvoll mitteilen zu können, damit man dem, was sie zu sagen haben, Zeit und Aufmerksamkeit schenkt.

Die folgende Methode wurde in einem College erfolgreich angewandt. Sechs zweistündige Sitzungen waren über eine zweitägige Orientierungsperiode verteilt, so daß die Betreffenden kommen konnten, wenn sie frei hatten. Einige kamen zwei- oder dreimal, und die Größe der Gruppe schwankte zwischen 12 und 150 Menschen. Wir begannen mit einer kurzen Ansprache, in der wir kurz die Gefühle der Anwesenden über das Treffen streiften und erklärten, wie unsere Treffen ihnen helfen könnten, die anderen und auch sich selbst kennenzulernen. Nach diesem einführenden Kontakt forderte ich sie auf, Paare zu bilden und sich zehn bis fünfzehn Minuten lang zu unterhalten, wobei sie über den jeweiligen Partner so viel herausfinden sollten, daß sie ihn einer Gruppe Menschen vorstellen konnten. Danach bildeten sie Gruppen von jeweils sechs Personen, in denen sie sich dann gegenseitig vorstellten. Diese Anweisungen boten ihnen die Gelegenheit und die nötige Unterstützung, um nicht nur sich selbst sichtbar zu machen, sondern auch um die anderen zu erforschen – und nicht nur »Konversation zu machen«. Für die meisten Paare erwiesen sich diese Unterhaltungen als äußerst anregend und bildeten die Basis für eine in Wechselbeziehung stehende Gruppe, in der Unterstützung und Neugierde vorhanden waren, einander kennenzulernen. Nach ungefähr einer halben Stunde kamen wir wieder als totale Gruppe zusammen und diskutierten das, was wir entdeckt hatten. Andere Übungen dienten dem Ziel, den Kontakt untereinander oder die Selbstbewußtheit zu steigern, so wie man sie einem interessierten Zuhörer mitteilen könnte. Jeder von ihnen nannte zum Beispiel ein Spiel und beschrieb den anderen, auf welche Weise er diesem Spiel ähnelte. Oder sie bauten eine »Maschine«, bei der einer aufstand und eine einfache Bewegung wiederholte; einer nach dem anderen, gesellten sich die anderen dazu, indem sie eine eigene Bewegung den schon ablaufenden Bewegungen der »Maschine« hinzufügten. Es gibt Augenblicke, in denen diese Übung Anmut und Ausdruckskraft des Tanzes besitzt oder an den Klamauk eines alten Stummfilms erinnert.

Auf einer Kunstakademie wurden die neuen Studenten aufgefordert, eine vierteilige, karikaturähnliche Aussage über sehr wichtige Aspekte von sich selbst oder ihrem Leben zu entwerfen und damit wie ein Plakatträger im Raum auf und ab zu gehen; sie sollten auch die Entwürfe der anderen betrachten, Fragen stellen, Kommentare geben, vergleichen, erklären und entdecken. Später, in der totalen Gruppe, wurden sie aufgefordert, die Augen zu schließen und sich eine Schlagzeile in der morgigen Zeitung vorzustellen, die ihr Leben grundlegend verändern würde. Dann berichtete jeder aus der Gruppe von seiner Schlagzeile und was sie persönlich für ihn bedeutete.

In einem ganztägigen Workshop für Schüler und Lehrer eines Privatgymnasiums bestand eine Übung aus einer »emotionalen Altwarensammlung«. Die Teilnehmer bildeten Teams, und jedes Team bekam eine Liste, die aus Wörtern wie »Vertrauen«, »Verdacht«, »Einsamkeit« usw. bestand; sie wurden aufgefordert, Objekte auf dem Campus zu finden, die diese Gefühle illustrierten. Diese Sammlungen wurden dann in der Turnhalle ausgelegt, und die Menschen gingen von einer Ausstellung zur anderen, erklärten ihre Wahl und was sie darüber empfanden. Für das Wort Traurigkeit hatte eine Gruppe beispielsweise das biologische Modell eines menschlichen Fötus gebracht; für »Verdacht« hatte eine andere Gruppe ein Stück Maschendraht um einen verdorrten Busch aufgestellt; für »Ausgelassenheit« hatte eine Lehrerin ihre beiden jungen Söhne gebracht.

Bei all diesen Erfahrungen erkannten die Menschen, wieviel einfacher es war, andere hier kennenzulernen, anstatt auf dem Campus oder beim Nachmittagstee oder in ihren Wohnheimen, wo ein Gespräch über das, was ihnen viel bedeutete, sehr schwierig war.

Großgruppen-Gestaltung

Es existiert ein breites Spektrum von Aktivitäten, die Teil der humanistischen Bewegung geworden sind und von Sensitivity-Training über gestalttherapeutische Experimente bis zu den Neuerungen der Encounter-Gruppen reichen. Das Konzept der *Gestaltung* ist selbst eine der technischen Neuerungen, die die Anwendung der Methodik der Encounter-Gruppen erweitert hat, um sehr große Gruppen zu erfassen und zusätzlich noch für spezifische Themen, Zwecke usw. relevant zu sein. Es ist charakteristisch, daß die Methode der Kleingruppe einen natürlichen und organischen Fluß der Ausdrücke innerhalb der Gruppe erlaubt, ja sogar davon abhängig ist. Im allgemeinen gibt es keine vorhergehenden Intentionen oder Orientierungen. Es ist jedoch schwierig – aber nicht unmöglich – die sehr große Gruppe zu handhaben, denn aus Zeitmangel haben zu viele Teilnehmer keine Gelegenheit, sich selbst auszudrücken. Es ist wichtig, daß jeder Teilnehmer zumindest zu Worte kommen kann, selbst wenn er es vorzieht, nicht zu sprechen. In der Kleingruppe, selbst wenn einige *nicht* sprechen, haben alle das Gefühl, daß für ihn die Gelegenheit dazu existiert, und er kann die Verantwortung für sein Schweigen selbst übernehmen.

Bei der Planung von großen Encounter-Gruppen kann dieses Bedürfnis berücksichtigt werden, indem man den Mitgliedern die Gelegenheit verschafft, sich in Gruppen aufzuteilen, die klein genug sind, um jedem freien Ausdruck zu gewähren. Es ist aber auch wichtig, einen Rhythmus zwischen den kleinen Untergruppen und der Interaktion in der Gesamtgruppe zu planen, damit der dynamische Kontrast erhöht werden kann und der Mensch, der sich in der kleinen Gruppe behaupten kann, ermutigt wird, sein Glück in der größeren Menge zu versuchen.

Kürzlich arrangierten wir eine große Encounter-Gruppe mit acht Treffen[73], an denen etwa fünfzig Menschen teilnahmen. Wir wollten die Gruppe nicht, wie es so oft bei Großgruppen der Fall ist, bloß einmal zusammenkommen lassen, sondern sie zu einer Serie von Treffen einladen. Diese Treffen drehten sich alle um persönlich relevante Themen wie Zugehörigkeit, Bekanntwerden, Annäherung, Scheiden usw.[74]

Durch unser Format und den Einsatz von Fernsehgeräten und Ko-Leitern hätten wir eine Gruppe von unbeschränkter Größe haben können, wobei die Mitglieder alle gleichzeitig mit ähnlichen Aktivitäten beschäftigt gewesen wären, die dazu bestimmt wären, eine individuelle Kreativität zu erwecken, persönliches Bewußtsein anzuregen und den Kontakt herzustellen. Mit dem Fernsehen als zentraler richtungweisender Quelle für die Menschen, die alle gleichzeitig agierten, würde das Gefühl der Gemeinschaft akzentuiert werden, wobei die Bedeutung der individuellen Aktivität erweitert wurde. Jede Gelegenheit, daß individuell geformte Ausdrücke Resonanz annehmen, indem sie in einer kulturell sinnvollen Situation geäußert werden, bindet das Individuum an seine Gemeinschaft.

Die globale Kultur ist als Faktor der menschlichen Entwicklung zu lange unterbewertet worden. Etwas in einer Gruppe zu lernen, die auf *Feindseligkeit* außerhalb der Gruppe stößt, ist etwas ganz anderes, als etwas in einer Gruppe zu lernen, die auch für die größere Gemeinschaft *akzeptierbar* ist. Je größer die Gruppe – und je mehr sie mit der täglichen Existenz in Einklang ist –, desto größer ist auch die Chance, Harmonie zwischen den individuellen Bedürfnissen zu schaffen, wie sie sich einerseits in der Abgeschiedenheit der therapeutischen Erfahrung und andererseits im Alltag äußern. Selbst weiterreichende kulturelle Bedürfnisse würden neuen Orientierungen gegenüber offen sein.

Die Gestalttherapie ermutigt den Menschen, Momente und Erfahrungen des guten Kontakts zu suchen, und zwar nicht nur in den speziellen Situationen der Therapie, sondern in jedem Augenblick, in dem die Möglichkeit eines guten Kontakts gegeben ist. Vorzüglicher Kontakt kann natürlich niemandem garantiert werden. Selbst unter den günstigsten Umständen wird die individuelle Geschicklichkeit variieren. Aber in einer Gemeinschaft, in der guter Kontakt einen hohen Stellenwert einnimmt, werden sehr wahrscheinlich mehr Menschen lernen, diese Kunst zu beherrschen.

Zusätzlich zur unterschiedlichen persönlichen Begabung besteht noch eine Schwierigkeit darin, daß unter den Qualitäten, die unsere Gesellschaft angeblich hoch schätzt, Widersprüche bestehen. Man denke beispielsweise an einige religiöse und moralische Werte, die aus Gründen der Zweckmäßigkeit nicht mehr angewandt werden.

Als ich zum Beispiel die Beziehung zwischen Psychotherapie und Religion untersuchte, bildete ich einige Gruppen in Kirchen und Tempeln. Diese Gruppen trafen sich mit dem Ziel, die Lehren ihrer Religion in die reale Erfahrungswelt der Gruppenmitglieder hineinzutragen. In einer Tempelgruppe begannen wir mit einem wirklichen Gottesdienst. Danach gingen wir zu einer Gruppeninteraktion über, die sich um den Inhalt der Gebete drehte. Eines Abends hatten die Gebete den Ausdruck von Dankbarkeit zum Thema; der Gruppenprozeß drehte sich um unsere eigenen Ausdrücke der Dankbarkeit, wobei wir sehr viele unerledigte Geschäfte entdeckten. Fast alle Anwesenden waren sich bewußt, daß das Ausdrücken von Dankbarkeit, bis auf das routinemäßige Dankeschön, aus ihrem Leben entfernt worden war. Frank konnte seinem Vater gegenüber keine Dankbarkeit ausdrücken, da Dankbarkeit die beiden einander auf unerträgliche Weise näherbringen würde und Frank dann einen schon lange bestehenden Groll gegen seinen Vater aufgeben müßte. Als Frank zum Phantasiebild seines Vaters sprach und seine wirkliche Dankbarkeit ausdrückte, schmolz sein Groll dahin – zumindest zeitweise – und er fühlte sich warm und weich. Sein Vater war tatsächlich oft gut zu ihm gewesen, und dieser Ausdruck wirklicher Dankbarkeit setzte ein Gefühl der Vergebung für das Unrecht frei, das Franks Vater ihm ebenfalls angetan hatte. Vergleichbare Erfahrungen machten auch die anderen Gruppenmitglieder.

Was nutzt es, wenn Vertreter der Religion Dankbarkeit predigen, ohne den Menschen beizubringen, wie sie in sie hineinwachsen können, oder die kulturellen Normen zu verändern, die die Dankbarkeit verhindern. Natürlich wird den Menschen beigebracht, Dankeschön zu sagen, und sie drücken auch Dankbarkeit durch ein Lächeln aus, durch die Erwiderung einer Gefälligkeit, durch Feststellungen der Freude usw. Alles in allem sind wir noch nicht völlig der Dankbarkeit beraubt. Aber dieses Routineverhalten reicht nicht aus für die Entwicklung der reicheren Erfahrung, die dann eintritt, wenn jemand Dankbarkeit in akzentuierte Bewußtheit verwandelt, besonders wenn dies mit gemeinschaftlicher Erkenntnis und Unterstützung geschieht. Eine der erregendsten und erfreulichsten Übungen, die wir jemals in unseren Großgruppen-Treffen angewandt haben, ist jene, mit der wir häufig diese Treffen abschließen. Jemand tritt vor, sagt seinen Namen, und die Gruppe applaudiert eine volle Minute lang; er nimmt diesen Applaus auf die Art entgegen, die ihm gerade einfällt. Dies scheint zunächst einmal eine künstliche Übung zu sein, da dieser Mensch nichts Besonderes *getan* hat, um sich diesen Applaus zu verdienen. Doch in fast jedem Fall ist dieser Applaus als völlig richtig erfahren worden, sogar als spontan und unverfälscht, und außerdem ist es eine bewußtseinsverändernde Freude sowohl für die, die applaudieren, als auch für denjenigen, dem der Applaus gilt. Es ist ein momentanes Engagement der Liebe, dessen einziges Ziel Freude ist. Wir brauchen dringend Ausdrücke der Liebe, aber wir haben uns geschult, keine zu geben, außer unseren Nächsten gegenüber, und selbst dann nur im »richtigen« Augenblick.

In einer Klasse Theologiestudenten[75] begann jede Sitzung damit, daß ein Student eine Erfahrung mit der Andacht berichtete. Dann arbeiteten wir in der Gruppe das menschliche Dilemma durch, welches durch die Erfahrung dargestellt wurde. Einer der Studenten fing damit an, daß er der Klasse den Rücken kehrte und direkt zu Gott sprach. Er war wütend über Gottes Beziehung zu dem Menschen und über das, was Er den Menschen angetan hatte. Seine Bemerkungen lieferten ein Musterbeispiel der Leidenschaft als auch der Projektion. Dann wandte er sich um und sprach zu einem Klassenkameraden. Hierbei wurde er langweilig und banal! Wir verbrachten den Rest der Sitzung damit, ihn zur Interaktion mit den anderen Studenten zu bringen, die mindestens genauso zwingend sein würden, wie seine Interaktion mit Gott. Ein Teil der Intensität, die er in seinem Gespräch mit Gott verwendet hatte, wurde nicht auf das Gespräch mit Menschen übertragen. Aber er konnte nicht nur mit Gott leben. Die Erfahrung mit Gott, wenn man an Ihn glaubt, muß auf das tägliche Leben und die täglichen Menschen übertragbar sein. Sonst kann es nicht funktionieren.

Ehepaare und Familien

Es ist nur ein kleiner Schritt von der Arbeit mit der Gruppe, wie groß sie auch immer sein mag, zur Arbeit mit Ehepaaren und Familien, entweder einzeln oder in Gruppen, die aus diesen besonderen Einheiten zusammengesetzt sind. Die grundlegende philosophische Rechtfertigung, mit dieser Menschenkombination zu arbeiten, besteht darin, daß sie natürliche wirtschaftliche Systeme sind, die genauso wichtig sind wie die Individuen, die sie bilden. Die Summe der Teile ist tatsächlich anders als das Ganze. Der individuelle John plus die individuelle Mary sind überraschenderweise häufig ganz anders als die Ehe zwischen John und Mary. Solche Überraschungen gibt es viele. Wenn sie mit ihrem Ehemann zusammen ist, kann ich eine bestimmte Frau kaum ausstehen, aber wenn sie allein kommt, mag ich sie gern. Sids Liebenswürdigkeit verschwindet, wenn sein Sohn ihn verwirrt und er zu einem Rohling wird. Selbst das Baby, das eine junge Frau mitbrachte, weil der Babysitter nicht gekommen war, hatte ungeahnte Auswirkungen auf die »Familien«-Therapie. Ein redseliger Patient bekommt den Mund nicht auf, wenn die Familie zugegen ist; eine sorglose Frau wird zur strengen Mutter usw.

Die Prinzipien, nach denen mit Ehepaaren oder Familien gearbeitet wird, sind im wesentlichen diejenigen, die wir hier in diesem Buch beschrieben haben. Zum Beispiel ist das Auflösen von Projektionen mindestens genauso wichtig bei der Arbeit mit Ehepaaren und Familien wie in der Einzeltherapie. Eine Introjektion läßt sich besser auflösen, wenn die Quelle der Introjektion anwesend ist. Und da das Auflösen der Retroflektion die Suche nach dem angemessen anderen ist, wo sollte man da besser suchen als in der eigenen Familie? Konfluenz, mit was und mit wem, ist fast immer eine Familienangelegenheit in verschiedenen Formen, die sich alle unmittelbar und intensiv durchspielen lassen, wenn alle Schauspieler bei dem Familiendrama anwesend sind.

Allen Barrieren gegen den guten Kontakt muß Aufmerksamkeit geschenkt werden, ob es nun expressive Barrieren, Körperbarrieren, Familienbarrieren usw. sind, damit die Qualität des Kontakts verbessert werden und die Bewußtheit von sich selbst und anderen die im Familienverband gemeinsam erfahrene Gegenwart bereichern kann. Ehepaare und Familien müssen einander hören, berühren, schmecken, fühlen, riechen, aufeinander zugehen und zueinander reden. Wenn sie etwas davon umgehen, dann bekommen sie Schwierigkeiten, weil sie dann beginnen, all die unerledigten Geschäfte mit sich zu schleifen, die sie übergangen haben.

Wenn man Menschen zusammen in der Therapie erlebt, die auch *außerhalb* der Therapie zusammen sind, dann ist das immer besonders erregend und dringlich. Natürlich wird dies bei jeder Therapie, die etwas taugt, auch der Fall sein. Aber wenn jemand in die Therapie mit den Menschen kommt, mit denen er zusammenlebt, dann ist die Dringlichkeit, die durch die Unabwendbarkeit der Konsequenzen entsteht, ein zusätzlicher Faktor, mit dem man fertig werden muß.

Wenn zum Beispiel Chuck seiner Frau Tina in der Ehepaar-Therapie sagt, daß er ihren Körper niemals sehr gern gemocht hat, dann ist er noch nicht damit fertig, wenn die Sitzung vorbei ist. Dies ist nur ein Glied in einer Kette, die eine frühere Kränkung einschließt und die Implikationen hat wie verletzte Gefühle, Groll usw. Wenn nun Tina auf Chucks Bemerkung hin nur milde lächelt, kann man schließen, daß sie, wie es in einem solchen Fall ihre Gewohnheit ist, die Kränkung übergehen und in ihr schwären lassen will. Der Therapeut, der kein Interesse daran hat, schlafenden Hunden auch noch ein Wiegenlied zu singen, erforscht also ihre Erfahrung. Bald sagt sie: »Ich fühle mich ausgenützt, da ich immer geglaubt habe, daß du meinen Körper magst, und jetzt glaube ich, daß du mich nur getäuscht hast.« Chuck fühlt sich verlegen und spricht zum erstenmal aus, daß er Frauenkörpern gegenüber Ekel empfunden hat; er erinnert sich auch an seine Gefühle, als er die Menstruation bei seiner Mutter erlebte und die von seiner Schwester beschmutzte Toilette sah. Er schließt also meist die Augen, damit er menschliche Körper nicht zu deutlich und zu schonungslos zu sehen braucht. Tina erkennt dann, daß es nicht um *ihre* Wertlosigkeit geht, sondern vielmehr um Chucks persönliche Einstellung. Wenn er jetzt aufgefordert wird, den Körper seiner Frau wieder anzuschauen, erwidert Chuck, daß er sowohl Erregung wie auch Übelkeit verspürt, und sein Gesicht wird rot dabei. Tina sagt: »Du siehst mich jetzt an wie ein lieber kleiner Junge, und ich würde dich am liebsten in die Arme nehmen und dich halten und dich wiegen.« Er antwortet: »Ich kann dich das nicht tun lassen, aber ich fühle mich innerlich heiß. Ich bin zu verlegen, um dich zu halten, aber

Teile von mir wollen es tun. Deine Haut sieht wie kremig aus.« Tina und Chuck müssen lernen, die Eröffnungsbemerkung zu überwinden, die ihre Beziehung zu charakterisieren scheint. Das gelingt am besten, wenn ihre Reaktion direkt ist und nicht hinausgeschoben wird. Was sich als harte Konfrontation anließ, könnte, wenn der Prozeß nicht unterbrochen wird, schwären und zu einer neuerlichen ehelichen Wunde führen, die weiteres Verdecken und Unbewußtheit fordert.

Wenn man Workshops oder Gruppenerfahrungen für Ehepaare oder Familien plant, dann werden die gemeinsamen Probleme und die verschiedenen Arten, mit geteilten Problemen umzugehen, ein wichtiger Teil der Gruppengemeinschaft. Ein Leiter kann Kinder zum Beispiel auffordern, aus den Teilnehmern eine Familie zu bilden, und in dieser »neuen« Familie einige der Schwierigkeiten durchspielen, die sie in ihren realen Familien haben.[76] Die Eltern, die das Kind wählt, können dann mit den realen Eltern untersuchen, wie die Kinder sie sehen und wie das Kind auf andere Eltern wirkt. Oder in einer Ehepaar-Gruppe können Männer und Frauen getrennte Sitzungen abhalten, um festzustellen, was es heißt, jemandes »Ehemann«, »Ehefrau«, »Mutter« oder »Vater« zu sein, und wie sie angesichts dieser Forderungen von außen ihren internen Bedürfnissen entsprechen, »Frau«, »Mann« oder »Liebhaber« zu sein. Diese Austausche können die festgefahrenen persönlichen Verhaltensweisen lockern. Erfahrungen in der Gruppe führen häufig zu einer neuen Bereitschaft seitens der einen streitenden Partei, die andere anzuhören, das, was er gehört hat, voll aufzunehmen und bis zur Vollendung zu verfolgen. Dies ist die Schwungkraft der Konfliktlösung: sich über den Punkt hinaus zu bewegen, wo die eine Partei versucht, die andere um jeden Preis zu einer neuen Beziehung zu zwingen, die eine neue Einheit schaffen wird. Wo es schwerwiegende Unverträglichkeiten gibt, wird die Lösung vielleicht darin bestehen, diese Unverträglichkeiten zu erkennen und um die eigene Sache zu kämpfen. Außerdem kann eine Lösung bedingen, daß sich zwei Menschen trennen und in verschiedene Richtungen gehen. Aber viele Konflikte, die nicht so festgefahren sind, werden keinen langen Kampf erfordern.

Diese Bewegungen über die Eins-zu-eins-Begegnung hinaus sind Einbrüche in ein neues Territorium. Wenn individuelle Entwicklungen im Widerspruch zu einer antipathetischen Gesellschaft stehen, dann können die Konsequenzen Entmutigung oder aber Zusammenstöße sein, durch die das neu Gelernte sich schließlich dem bestehenden System aufzwingt – aber nicht ohne Gegenwehr. Doch wenn sich Menschen in Gruppen zur Begrüßung umarmen oder küssen oder sich beim Sprechen berühren, dann müssen sie dies schließlich auch in der Gesellschaft tun können. Wenn Menschen innerhalb der Kleingruppe sagen können, daß sie sich langweilen, dann müssen sie es auch anderswo ausdrücken können. Wenn Menschen in der Gruppe schweigen können, bis sie irgend etwas Wichtiges zu sagen haben, dann müssen sie auch in der allgemeinen Gesellschaft schweigen können, ohne als inkompetent oder unbeteiligt betrachtet zu werden. Zu sprechen, nur wenn es in der Gestaltgruppe organisch richtig ist, und dann aus Angst vor einem Augenblick des Schweigens in Gesellschaft oder zu Hause pausenlos zu reden, erinnert an den eifrigen Kirchgänger, der seinen Geschäftskollegen rücksichtslos ausnimmt.

Obwohl es nützlich, ja fast unerläßlich ist, sich zeitweilig von der allgemeinen Gesellschaft zurückzuziehen, um sich von den Strapazen des Alltags zu erholen, so erfordert doch die Integrität, daß das, was man in der therapeutischen Situation übt, auf den Alltag übertragen wird, und daß man im Alltag nicht nur auf der Stelle tritt, bis man sich zurückziehen und wieder »sein wahres Selbst« sein kann.

Dementsprechend erreicht der Mensch nie den Punkt, wo er so stark ist, daß er wieder die gemeinschaftliche Beachtung seiner psychologischen Bedürfnisse braucht. Die Beendigung der Therapie ist beispielsweise nur der Abschluß einer einzigen Form der gemeinschaftlichen Hilfe. Die traditionelle Betrachtungsweise der abgeschlossenen Therapie ist naiv und mechanistisch. Sie geht von der irrigen Meinung aus, daß die Welt, ist man erst einmal seine falsche Betrachtungsweise los, schon in Ordnung sein wird. Natürlich ist die Welt zu keiner Zeit in Ordnung gewesen – und ganz bestimmt nicht in der heutigen Zeit. Seit Kain und Abel hat es Probleme der Kindererziehung gegeben, sexuelle Unstimmigkeiten seit Adam und Eva; Umweltkatastrophen seit Noah; Rivalitäten unter Geschwistern seit Joseph und seinen Brüdern; nicht funktionsgerechte Organisation seit dem Turmbau zu Babel. Diese Geschichten berichten von den vielen natürlichen Qualen, die Nebenprodukte des menschlichen Systems von heterogenen Interessen und Widersprüchen sind. Die Wechselbeziehungen zwischen individuellen und Gruppen-Bedürfnissen und zwischen zwei dissonanten Handlungen der gleichen Person sind zeitlos.

Der daraus resultierende Kampf ruft nach gemeinschaftlicher Orientierung, Unterstützung und Stimulation, um Verhaltensweisen zu lenken oder zu erwecken, die für den einzelnen Menschen zu schwierig sind. Die Gemeinschaft dient als Gruppenethos, welche Sitten, Rituale und Instruktionen zur Verfügung stellt, die dem Einzelnen Ruhe bringen und ihn davon befreien, alles selbst untersuchen zu müssen, um zu entscheiden, was richtig für ihn ist. Pubertäre Riten erleichtern den Eintritt in die Erwachsenenwelt; Trauerriten helfen über Verluste hinweg und versöhnen mit der Moralität; Hochzeitszeremonien sind die gemeinschaftliche Bezeugung der Erklärung einer persönlichen Bindung usw. Wir benötigen jetzt neue Rituale, Sitten und Instruktionen, die den ständig sich wiederholenden Bedürfnissen entsprechen, aber auch in der gegenwärtigen Erfahrung verwurzelt sind. Die Psychotherapeuten fangen endlich an, einige der Möglichkeiten, ein erfülltes Leben zu leben, mit zu gestalten.

Die Prinzipien der Gestalttherapie im besonderen beziehen sich auf Menschen unserer Zeit, die sich mit realen Problemen in einer realen Umwelt auseinandersetzen. Der Gestalttherapeut ist in Bewußtheit und Interaktion ein menschliches Wesen. Für ihn gibt es kein reines Patiententum. Es gibt nur den Menschen in Beziehung zu seiner sozialen Umwelt, der sich zu entwickeln versucht, indem er alle Apsekte seines Selbst integriert.

Anhang A

Einige theoretische Einflüsse auf die Gestalttherapie

Jung unterscheidet sich auch von Freud in bestimmten Punkten, die sich in der Gestalttherapie widerspiegeln. Zum einen betonte Jung die polare Qualität des menschlichen Lebens. Nach seiner Auffassung stellen Aspekte der offenkundigen Persönlichkeit gerade durch ihre starke Bedeutung einen Gegenaspekt in den Schatten. Solange dieses verleugnete oder unerkannte Charakteristikum nicht anerkannt oder nicht integriert wird, bleibt das Individuum unvollständig. Die Auffassung der Polarität in der Gestalttherapie ist weniger streng als bei Jung – sie ist nicht auf den Archetypus begrenzt, sondern wird als Gegensatz von jedem Teil, ja sogar jeder Qualität des Selbst betrachtet. Jung betrachtete auch Träume und Traumsymbolik als kreativen Ausdruck des Selbst und nicht als unbewußte Verkleidungen schwieriger Lebenserfahrungen. Jung war der Meinung, Traumsymbole würden gewählt, weil sie die reichste und vollständigste Möglichkeit beinhalten, das auszudrücken, was gesagt werden müsse. Auch der Gestalttherapeut betrachtet den Traum mehr als kreativen Ausdruck denn als Verschleierung. Dies ist eine natürliche Konsequenz unserer Absicht, die Phänomene an sich ernst zu nehmen, anstatt nach einer versteckten, »realeren« Bedeutung zu suchen. Wir versuchen nicht, den Traum zurückzuverfolgen, um eine Bedeutung aufzuspüren, die durch die Fülle der Traumbilder verwischt worden ist. Für uns ist der Traum ein Sprungbrett in die Gegenwart, ein Kommentar über die gegenwärtige Existenz des Träumers. Wir suchen Bedeutungen, die noch keine Form angenommen haben und noch in der Durcharbeitung des Traums entdeckt werden müssen. Die ursprüngliche Kreativität des Traums wird berücksichtigt und führt von einer Erkundung zur anderen, bis die Traumausdrücke ihre volle Stimme finden. Wir begreifen den Traum als unerledigte Geschäfte, die nach Befriedigung und Vollendung verlangen.

Das Konzept der unerledigten oder unvollendeten Situation führt zu einem anderen Einfluß, zur Gestalt-Lerntheorie. Die frühen Gestaltpsychologen glaubten, daß das menschliche Bedürfnis nach Organisation und Integrität der Wahrnehmungserfahrung angeboren sei. Dies bedeutete, daß der Wahrnehmende seine Erfahrung so strukturierte, daß er sich auf die Ganzheit und Einheit der Konfiguration zubewegen konnte. Wir sind der Meinung, daß der Mensch sich nicht weiterentwickeln kann, solange er nicht vollendet hat, was auch immer er in seinem Leben als unvollendet erfährt, sondern daß er sich damit beschäftigen wird, bis die Erfahrung zu seiner Befriedigung abgeschlossen ist.

Ein weiteres Vermächtnis der Gestalt-Lerntheorie ist die Definition der Figur-Grund-Formation, die grundlegende Wahrnehmungsökonomie, die dem Wahrnehmenden gestattete, seine Wahrnehmungen in eine zwingende einheitliche Form zu bringen. Wir haben dieses Konzept so geändert, daß es den grundlegenden Rhythmus zwischen Bewußtheit und Unbewußtheit verkörpert. Hiermit haben wir dieses Konzept zu unserer Version eines dynamischen Lebensprozesses gemacht, oder wie WALLEN[77] es ausdrückte, ». . . ein ›autonomes‹ Kriterium« für gutes Funktionieren.

ADLERS Konzepte des Lebensstils und des kreativen Selbst postulierten die einzigartige und aktive Teilnahme jedes Individuums, das – im Laufe seiner persönlichen Evolution – seine eigene spezifische Natur formt. Er beschrieb den Menschen als bewußten Schöpfer seines eigenen Lebens, der sich sogar Fiktionen schaffte, durch die seine Handlungen gelenkt wurden. Adler erinnerte die Psychotherapeuten an die Bedeutung der Existenzoberfläche. Für die Gestalttherapie ist die Oberfläche der Existenz die Ebene, der die größte Aufmerksamkeit gilt, die wirkliche Essenz des psychologischen Menschen. Auf dieser Oberfläche existiert die Bewußtheit, die dem Leben seine Orientierung und Bedeutung gibt.

ADLER war zudem noch ein populistischer Therapeut, der die Menschen nicht als stilisierte Pathologien behandelte, sondern als einzigartige Individuen, die versuchten, mit der Aktion fertig zu werden, in welche Zufälle wie elterliche Einflüsse und Geburt sie gestürzt hatten. Er benutzte keinen Fachjargon und richtete seine Aufmerksamkeit auf allgemeine Wünsche und Bedürfnisse, wobei er den Weg für eine populistische Auffassung der Psychotherapie bahnte, die den Menschen in seiner alltäglichen Existenz behandeln konnte. Auch wir glauben, daß der Mensch sich selbst erschafft. Die größte Energie für diese prometheische Anstrengung entstammt seiner Bewußtheit und dem Akzeptieren seines Selbst, wie er gegenwärtig ist.

Zwei Thesen von RANK haben eine besondere Bedeutung für

die Evolution der Gestalttherapie. Obwohl seine Theorie auf dem Geburtstrauma basiert und auf dessen Einfluß auf die ganze spätere Existenz – eine strittige Frage –, behauptete er, daß der grundlegende Kampf im Leben um die persönliche Individuation geht, auch ein vorrangiges Anliegen in der Gestalttherapie. Bei diesem Kampf bemüht sich das Individuum, seine polaren Ängste vor Trennung bzw. Verbindung zu integrieren. Trennung bringt die Gefahr des Verlusts der Beziehung zum Andersartigen mit sich, während Verbindung die Gefahr, die Individuation zu verlieren, in sich birgt. Konstruktiver Widerstand gegen diese angsteinflößenden Alternativen führt zu einer neuen, kreativen Integration dieser klassischen widerstreitenden Kräfte.

Die konstruktive Auffassung des Widerstands und seiner Rolle bei der Versöhnung der disparaten Teile des Selbst ist ein Hauptthema der Gestalttherapie. Die Gestalttherapie anerkennt die Macht des konstruktiven Widerstands, wobei sie sie zu einer zwingenden Kraft macht, die nicht nur zu einer Lösung des Widerspruchs, sondern zu einer neuen, persönlichen Komposition führt.

Schließlich hat RANKS Interesse für das sich entwickelnde Gefühl der individuellen Identität zu einer Veränderung in der Interaktion zwischen Patient und Therapeut geführt. Durch seine Anerkennung der menschlichen Aspekte dieser Interaktion ist er zu einem der wichtigsten Neuerer bei der Entwicklung einer humanistischen Auffassung der Psychotherapie geworden – ein wichtiges Erbe für die Gestalttherapie.

PERLS' Interesse für den Charakter des Menschen im Unterschied zu seinen Symptomen ist in erster Linie REICH zu verdanken. Anstatt sich ausschließlich auf die Symptome zu konzentrieren, nahm REICH das alltägliche Verhalten in die Analyse auf, indem er Sprache, Haltung, Muskelbewegungen und Gestik mit berücksichtigte. Er glaubte, daß in diesen gewohnheitsmäßigen Ausdrucksweisen die chronischen Neutralisierer der Erfahrung eingebettet waren und daß die Psychoanalyse zwecklos sein würde, solange sie nicht aufgelöst würden. REICH entwickelte eine Methodologie, die diese Auflösung zum Ziel hatte, wobei er sie ganz konkret und spezifisch formulierte. Das Konzept der Libido zum Beispiel, das ursprünglich formuliert worden war, um die Erogenität des Kleinkindes zu erklären, war im analytischen Denken zu einer mystischen Abstraktion geworden. REICH formulierte die Libido neu als Erregung, was die gegenwärtige Aktivität erklärt, ohne sich in Spekulationen über das Instinktmäßige oder das Infantile zu verlieren.

REICH beschrieb die Schaffung des Körperpanzers als die gewohnheitsmäßigen Rückstände der gewohnheitsmäßigen Repression, die für ihn nur daraus bestand, daß ein Mensch selektiv seine Muskeln anspannte. Die Therapie zielte darauf, diese einschränkende Verspannung zu lockern, um die Erregung freizusetzen, die das Individuum begraben hatte. Dies war eine in ihrer Einfachheit eindrucksvolle Betrachtungsweise des Menschen, die solch grundlegende Verhaltensweisen wie Gefühlserregung, Orgasmus sowie unmittelbare und nicht entstellte Ausdrucksformen beleuchtete.

REICH war aufgebracht über die hintergründigen Implikationen in FREUDS Theorie der Sublimation, die Erwachsenenaktivitäten wie Chirurgie, Kunst und Sport als reine Verkleidungen beschrieb, die einer Gesellschaft entgegenkamen, welche die versteckten Motive für diese Verhaltensweisen als anstößig betrachtete. Er wollte das menschliche Verhalten als solches untersuchen – eine Betrachtungsweise, der in einer Gestalttherapie in starkem Maße Rechnung getragen wird. REICHS Bereitschaft, einfache Aktionen *einfach* zu betrachten, führte zu einer wirksameren Phänomenologie. MORENO erkannte aufs neue die zeitlose Kraft der Künste, Veränderungen bei den Menschen hervorzurufen. Er benutzte die Kunst in der neuen Form des Psychodramas, und zeigte die kreativen Möglichkeiten, die einer künstlerischen Aussage über das eigene Leben inhärent sind. Vielleicht noch wichtiger in Anbetracht seines Einflusses auf die Gestalttherapie ist die Lehre, die dem Psychodrama innewohnt, daß man eher Entdeckungen macht, wenn man an einer Erfahrung *teilnimmt*, als wenn man nur über sie spricht. Dies anerkennt die Kraft der direkten Erfahrung und reicht über das Vertrauen auf die interpretative Funktion hinaus, die im Mittelpunkt des psychoanalytischen Ethos steht.

Natürlich ist das Psychodrama bei den Gestalttherapeuten ganz anders als das, was MORENO im Sinn hatte. Der Unterschied liegt im wesentlichen darin, daß in der Gestalttherapie das Drama sich eher aus den Improvisationen des Individuums als aus einem gegebenen Thema oder spezifizierten Charakteren entwickelt. Im Gestaltdrama spielt der einzelne auch häufig viele Rollen. Weder PERLS noch MORENO würde wohl damit übereinstimmen, doch glauben wir, daß dies primär ein Unterschied des Stils und nicht der Theorie ist. PERLS glaubte, daß jede Rolle nur eine Projektion von Teilen des Individuums sei, daß daher niemand sonst die Teile spielen könnte. Ob nun Projektion oder nicht, es gibt immer noch eine Welt da draußen – und sie ist zu sich stets verändernden Konfigurationen fähig und läßt eine Vielfalt von Interpretationen zu. Wenn also jemand Johns Großvater und John sich selbst spielt, so könnte die Notwendigkeit, daß John sich dieser Version seines Großvaters stellt, immer noch eine gültige Konfrontation sein, in der John untersuchen kann, welche Aktionsmöglichkeiten er in seinem Leben wiederentdecken muß. Dies muß nicht die intensiven Erfahrungen ausschließen, die John auch haben kann, wenn er sowohl den Großvater wie auch sich selbst spielt.

Der bedeutendste Beitrag des Existentialismus zur Psychotherapie bestand in der Entwicklung eines neuen – und umfassenderen – Ethos. Dieses Ethos hat in die sozialen und in die Verhaltenswissenschaften die Relativität eingeführt, indem neue Auffassungen von Autorität, Wahrheit, teilnehmender Erfahrung und der Anwendung der psychotherapeutischen Prinzipien auf die menschliche Entwicklung, nicht nur für die Pathologie, definiert wurden. Es hat uns den allgemeinen täglichen Begebenheiten gegenüber ehrfurchtsvoller gemacht: Geburt, Tod, Absurdität, Verwirrung, Impotenz, Verantwortlichkeit usw. Wenn man diese Probleme ignoriert oder ableugnet, führt dies zu einer selektiven, aber kostspieligen Sicherheit, die man mit Entpersonalisation, explosiver und sinnloser Gewalt und einem Leben aus zweiter Hand bezahlt. Obwohl die Existentialisten wenig an praktischen Rezepten anbieten, so haben doch ihre Konzepte von Erfahrung, Authentizität, Konfrontation und von dem Bedürfnis nach lebendiger und gegenwärtiger Aktion die psychotherapeutische Erfindungsgabe ermutigt, diesen ansonsten abstrakten Zielen Substanz zu verleihen.

Anhang B

Großgruppen-Encounter und Seminar
Case-Western Reserve University
2. Sitzung vom 6. April 1971

Bekannt werden

1. *Einführung* – Kurze Mitteilung: Der Prozeß des Bekanntwerdens (Gruppenleiter)

2. *Meine Tüte.* Jeder bekommt eine Papiertüte, einige Papierstreifen und einen Bleistift. Sie werden aufgefordert, auf die *Außenseite* der Tüte vier Dinge über Sie selbst aufzuschreiben, die den meisten Menschen, die Sie kennen, bewußt sind – sie haben es Ihnen gesagt oder sie haben darüber Fragen gestellt oder diese Dinge kommentiert. Es sollen Dinge sein, die Sie akzeptieren oder als zutreffend betrachten würden.
Papierstreifen in der Tüte. Vier Dinge über Sie selbst, die nicht allgemein bekannt sind. Obwohl Sie nichts dagegen haben, daß andere Menschen von diesen Dingen wissen, so kommen sie aus dem einen oder anderen Grund, Schüchternheit, Mangel an Gelegenheit, doch nicht häufig zum Vorschein – die Menschen haben diese Dinge einfach nicht in Ihnen gesehen oder müßten Sie erst sehr gut kennen, um davon zu wissen.
Wählen Sie jetzt einen Partner, tauschen Sie die Tüten aus, lesen Sie das, was auf der Außenseite der Tüte des Partners steht, und reden Sie mit ihm darüber.
Nehmen Sie dann einen Streifen aus der Tüte des Partners; sprechen Sie mit ihm über die Dinge, die von ihm weniger gut bekannt sind.

3. *Erdachte Charaktere.* Bilden Sie Gruppen zu je vier Personen, aber ohne den Partner aus der vorherigen Übung.
Betrachten Sie jetzt die Menschen Ihrer Gruppe und entscheiden Sie, wie Sie sie in einer Geschichte, einem Roman oder einem Theaterstück verwenden würden. Zum Beispiel:

Wen würden Sie für ein historisches Stück verwenden? Wen
würden Sie
in einem romantischen Abenteuer,
in einem Zukunftsroman,
in einem Spionage- oder Kriminalroman, einem Melo-
drama,
einer Komödie,
in einer realistischen Geschichte über die Gegenwart verwenden?
Würden sie:
Held/Heldin,
Schurke,
Liebhaber,
gerissener, hartgesottener Charakter,
Spion,
lebenserfahrener Mann/Frau,
Komiker,
unbeteiligter Zuschauer,
tragischer Charakter sein?
Lassen Sie sich Zeit bei der Diskussion darüber, wie die jeweilige
Person auf die Rolle reagiert, die Sie ihr zugedacht haben. Versuchen Sie das zu verwenden, was Sie jetzt empfinden, damit
Sie die Gründe für die Rollenverteilung angeben können. *Dis-
kussion in der ganzen Gruppe.*

4. *Berühren.* 1. Teil. Bleiben Sie in den Vierergruppen; einer
schließt jeweils die Augen. Die anderen drei kommen zu ihm,
einer nach dem anderen, und legen ihre Hände in seine. Wer
die Augen geschlossen hat, soll nur durch die Berührung der
Hände so viel wie möglich über einen anderen Menschen herausfinden; allein durch Handkontakt soll er entdecken, was er
über den anderen Menschen erfahren kann. *Diskussion in der
Gruppe.*
2. Teil. Wählen Sie aus Ihrer Vierergruppe einen Partner. Wech-
seln Sie sich ab. Einer schließt die Augen, und der andere berührt sein Gesicht – nicht dabei sprechen –, um ein Gefühl dafür zu bekommen, wie sich das Gesicht des anderen und die
Knochenstruktur anfühlen. Was wissen Sie jetzt über den
Menschen, dessen Gesicht Sie berühren? Derjenige, dessen
Gesicht berührt wird, achtet darauf, was er empfindet, welche
Teile seines Gesichts ein anderer Mensch anfassen darf. Wel-

che Teile machen dich unruhig, wenn sie jemand berührt? Tauschen Sie schweigend die Rollen. Danach diese Erfahrung mit den Partnern diskutieren.

5. *Phantasie einer zusätzlichen Person.* Aus drei Paaren eine Gruppe bilden. Schließen Sie die Augen, denken Sie über Ihr Leben nach und fügen Sie in der Phantasie Ihrem vergangenen Leben einen Menschen hinzu, der etwas Wichtiges beigetragen hätte, was Sie vermißt haben.

Es kann ein älterer Bruder, eine bestimmte Art von Lehrer usw. sein. Berichten Sie Ihrer Gruppe von der Phantasie und von den Unterschieden, die solch ein zusätzlicher Mensch in Ihrem Leben gemacht hätte.

6. *Applaus! Applaus!* Die Gruppe versammelt sich, und jeder setzt sich auf den Boden; in der Mitte bleibt ein freier Raum. Einer nach dem anderen betritt nach Belieben den freien Raum und sagt laut seinen Namen. Hierbei klatscht die restliche Gruppe nach Belieben Beifall und ruft »Bravo« usw. Der Mensch im Mittelpunkt nimmt den Applaus auf jede Art entgegen, die ihm einfällt.

Bibliographie und Anmerkungen

1 POLSTER, E.: »Encounter in Community«, in BURTON, A., Ed.: *Encounter*, Jossey-Bass Inc., San Francisco 1969.

2 RANK, O.: *Beyond Psychology*, Dover Publ., New York 1941.

3 HALL, C. S., LINDSEY, G., Eds.: *Theory of Personality*, Wiley, New York 1965.

4 FREUD, S.: *Abriß der Psychoanalyse*, Gesammelte Werke Bd. 17, S. Fischer Verlag, Frankfurt/Main 1941.

5 Die Parallele zwischen dem Bedürfnis nach Bedeutung und dem Figur-Grund-Phänomen, die ein zentrales Konzept der Gestalttherapie darstellt, wird im zweiten Kapitel erklärt.

6 GHISELIN, B.: *The Creative Process*, The New American Library, New York 1955.

7 Aus einem Interview im »The New York Time Magazine« vom 5. Dezember 1971.

8 CARY, J.: *Art and Reality*, Doubleday and Co., Inc., New York 1961.

9 PERLS, F. S.: *Gestalt Therapy Verbatim*, Real People Press, Moab/Utah, 1969 (dt.: *Gestalt-Therapie in Aktion*, Übertr. a. d. Amerik., Klett Verlag, Stuttgart 1974).

10 PERLS F. S.: »Four Lectures«, in FAGAN, J., SHEPHERD, I., Eds.: *Gestalt Therapy Now*, Science and Behavior Books, Palo Alto/Kalifornien 1970.

11 PIAGET, J.: *Le language et la pensée chez l'enfant*, Delachaux & Niestlé, Neuchâtel 1923 (dt.: *Sprechen und Denken des Kindes*, Übertr. a. d. Franz., Schwann Verlag, Düsseldorf 1972).

12 Ein Teil dieses Abschnitts erschien ursprünglich in E. POLSTERS Aufsatz »Stolen by Gypsies«, in BURTON A., Ed.: *Twelve Therapists*, Jossey Bass Inc., San Francisco 1972.

13 Siehe auch SKINNER, B. F.: *Walden II*, Macmillan, New York 1960 (dt.: *Futurum Zwei*, Übertr. a. d. Amerik., Rowohlt Verlag, Reinbek bei Hamburg 1971).

14 BERMAN, M.: in der »New York Times«, Book Review vom 27. Februar 1972.

15 PROSHANSKY, H. H., ITTELSON, W. H., RIVKIN, L. G., Eds.: *Environmental Psychology*, Holt, Rinehart & Winston Inc., New York 1972.

16 KÖHLER, W.: *Gestalt Psychology*, Liveright, New York 1929.

17 BEARDSLEE, D., WERTHEIMER, M., Eds.: *Readings in Perception*, D. Van Nostrand Co., Princeton/New Jersey 1959.

18 PERLS, F. S.: *Ego, Hunger and Aggression*, George Allen & Unwin,

London 1947. PERLS, F. S., HEFFERLINE, R., GOODMAN, P.: *Gestalt Therapy*, Julian Press Inc., New York 1951.

19 MCCLELLAND, D. C., ATKINSON, J. W.: »The Projective Expression of Needs: I. The Effect of Different Intensities of the Hunger Drive of Perception«, in *Journ. Psych.* 25: 205–222, 1948.

20 CARY, J.: *Art and Reality*, Doubleday and Co., Inc., New York 1961.

21 Ein Teil dieses Abschnitts erschien schon in einem Aufsatz von E. POLSTER: *Trends in Gestalt Therapy*, hrsg. vom »The Gestalt Institute of Cleveland«, 1967.

22 BEISSER, A.: »The Paradoxical Theory of Change«, in FAGAN, J., SHEPARD, I., Eds.: »Gestalt Therapy Now«, Science and Behavior Books, Palo Alto/Kalifornien 1970.

23 PERLS, F. S.: *Gestalt Therapy Verbatim*, Real People Press, Moab/Utah 1969 (dt. Ausgabe siehe Nr. 9).

24 PERLS, F. S.: »Four Lectures«, in FAGAN, J., SHEPHERD, I., Eds.: *Gestalt Therapy Now*, Science and Behavior Books, Palo Alto/Kalifornien 1970.

25 REICH, W.: *The Function of the Orgasm*, The Noonday Press, New York 1942 (dt.: *Die Entdeckung des Orgons. Die Funktion des Orgasmus*, Fischer Verlag TB 6140, Frankfurt/Main 1972).

26 GOLDSTEIN, K.: »The Effect of Brian Damage in the Personality«, in ZAX, M., STRICKER, G., Eds.: *The Study of Abnormal Behavior*, Macmillan, New York 1964.

27 PERLS, F. S.: *Ego, Hunger and Aggression*, George Allen & Unwin Ltd., London 1947.

28 ALLPORT, G. W., POSTMAN, L. J.: »The Basic Psychology of Rumor«, in MACOBY, E. E., NEWCOMB, T. M., HARTLEY, E. L., Eds.: *Readings in Social Psychology*, Holt, Rinehart & Winston, New York 1958.

29 BROWN, J. A. C.: *Freud and the Post-Freudians*, Penguin Books, Baltimore 1961.

30 PERLS, F. S., HEFFERLINE, R., GOODMAN, P.: *Gestalt Therapy*, Julian Press Inc., New York 1951.

31 PERLS, F. S.: *Gestalt Therapy Verbatim*, Real People Press, Moab/Utah 1969 (dt. Ausgabe siehe Nr. 9).

32 PERLS, F. S.: *Ego, Hunger and Aggression*, George Allen & Unwin Ltd., London 1947.

33 PERLS, F. S., HEFFERLINE, R., GOODMAN, P.: *Gestalt Therapy*, Julian Press Inc., New York 1951.

34 PERLS, F. S.: *Ego, Hunger and Aggression*, George Allen & Unwin Ltd., London 1947.

35 POLANYI, M.: *The Study of Man*, The University of Chicago Press, Chicago 1959.

36 BERTALANFFY, L. von: *General System Theory*, G. Braziller, New York 1968.

37 Proshansky, H. M., Ittelson, W. H., Rivlin, L. G., Eds.: *Environmental Psychology*, Holt, Rinehart & Winston, New York 1970.

38 Whitaker, C., in einem Vortrag vor dem »Gestalt Institute of Cleveland«.

39 Mowrer, O. H.: *The Crisis in Psychiatry and Religion*, D. Van Nostrand Co., Princeton/New Jersey 1961.

40 Latner, J., nicht veröffentlichte Dissertation, California School of Prof. Psychology, San Francisco 1972.

41 Korzybski, A.: *Science and Sanity*, International Non-Aristotelian Library, Lancaster 1933.

42 Interview mit Simeon in der »New York Times«, Book Review, S. 4, vom 24. 9. 1971.

43 Cary, J.: *Art and Reality*, Doubleday, New York 1961.

44 Marshal, W. H., Talbot, S. A.: »Recent Evidence for Neural Mechanism in Vision leading to General Theory of Sensory Acuity«, in *Biological Symposia*, VII: 117–164, 1942.

45 Morris, D.: *Intimate Behavior*, Random House, New York, 1971.

46 Fanon, F.: *The Wretched of the Earth*, Grove Press, New York 1968 (dt.: *Die Verdammten dieser Erde*, Übertr. a. d. Amerik., Rowohlt rororo 1209, Reinbek bei Hamburg 1971).

47 Reich, W.: *Character Analysis*, Orgone Institute Press, New York 1949 (dt.: *Charakteranalyse*, Übertr. a. d. Amerik., Fischer Verlag TB 6191, Frankfurt/Main 1973).

48 Fast, J.: *Body Language*, M. Evans, New York 1970, (dt.: *Körpersprache. Das Verhalten des Körpers verrät das Wesen des Menschen*, Übertr. a. d. Amerik., Rowohlt Verlag, Reinbek bei Hamburg 1971).

49 Perls, F. S.: *Ego, Hunger and Aggression*, George Allen & Unwin Ltd., London 1947.

50 Perls, F. S., Hefferline, R., Goodman, P.: *Gestalt Therapy*, Julian Press Inc., New York 1951.

51 Rogers, C.: »A Theory of Personality«, in Millon, T., Ed.: *Theory of Psychopathology*, W. B. Saunders, Philadelphia 1967.

52 Festinger, L.: »Cognitive Dissonance«, in Coppersmith, S., Ed.: *Frontiers of Psychological Research*, W. H. Freeman, San Francisco 1966.

53 Corredor . Ma.: *Conversations with Casals*, E. P. Dutton, New York 1958.

54 Dieses Konzept weist einige Parallelen zu Planyis Dichotomie der fokalen und untergeordneten Bewußtheit auf: *The Study of Man*, University Press of Chicago, Chicago 1959.

55 Polanyi, M.: *The Study of Man* (siehe 54).

56 Ein großer Teil dieses Abschnitts entstammt dem Werk von Polster, E.: »Sensory Functioning in Psychotherapy«, in Fagan, J., Shepard, I., Eds.: *Gestalt Therapy Now*, Science and Behavior Books, Palo Alto/Kalifornien 1970.

57 CORREDOR, J. Ma.: *Conversations with Casals*, E. P. Dutton, New York 1958.
58 SCHACHTEL, E.: *Metamorphosis*, Basic Books, New York 1959.
59 PERLS, F. S., HEFFERLINE, R., GOODMAN, P.: *Gestalt Therapy*, Julian Press Inc., New York 1951.
60 WATTS, A. A.: »Psychedelic Experience: Fact or Fantasy«, in SOLOMON, D., Ed.: *LSD, The Consciousness Expanding Drug*, Putnam, New York 1964.
61 READ, H.: *Icon and Idea*, Schocken Books, New York 1965.
62 (Siehe Nr. 61).
63 (Siehe Nr. 61).
64 PERLS, F. S.: *Gestalt Therapy Verbatim*, Real People Press, Moab/Utah 1969 (dt. Ausgabe siehe Nr. 9).
65 (Siehe Nr. 64).
66 (Siehe Nr. 64).
67 ZINKER, J.: »Dreamwork as Theatre«, Voices, Bd. I, Nr. 2, 1971.
68 HORNEY, K.: *Self Analysis*, W. W. Norton & Co., New York 1942 (dt.: *Selbstanalyse*, Übertr. a. d. Amerik., Kindler Verlag, München 1973).
69 PERLS, F. S., HEFFERLINE, R., GOODMAN, P.: *Gestalt Therapy*, Julian Press Inc., New York 1951.
70 MOWRER, O. H.: *The New Group Therapy*. D. Van Nostrand Co., Princeton/New Jersey 1964.
71 POLSTER, E.: »Encounter in Community« in BURTON, A., Ed.: *Encounter*, Jossey Bass Inc., San Francisco 1969.
72 Teilweise wurde über diese Sitzungen im Café schon in E. POLSTERS *Encounter in Community* berichtet.
73 Von der Case Western Reserve University 1972 unterstützt.
74 Eines dieser Treffen wird ausführlich in Anhang B dargestellt.
75 Der Kurs hieß »Worship and Human Relations«; er wurde 1968–69 in der Oberline Graduate School of Theology abgehalten.
76 Diese Technik wurde von Virginia SATIR eingeführt.
77 WALLEN, R.: »Gestalt Therapy and Gestalt Psychology«; der Vortrag wurde 1957 beim »Ohio Psychological Association Meeting« gehalten und vom Gestalt Institute of Cleveland herausgegeben.

Namen- und Sachregister

Studienausgaben

verlegt bei Kindler

Psyche des Kindes

Herausgegeben von Dr. Jochen Stork

BRUNO BETTELHEIM

Die symbolischen Wunden
Pubertätsriten und der Neid des Mannes
256 Seiten, Paperback

JULIEN BIGRAS

Gute Mutter — Böse Mutter
Das Bild des Kindes von der Mutter
216 Seiten, Paperback

EDWARD DE BONO

Kinderlogik löst Probleme
Ca. 220 Seiten, Paperback (erscheint im Juni '75)

MELANIE KLEIN/JOAN RIVIERE

Seelische Urkonflikte
Liebe, Haß und Schuldgefühl
156 Seiten, Paperback

MELANIE KLEIN

Der Fall Richard
Das vollständige Protokoll einer Kinderanalyse
durchgeführt von Melanie Klein
Ca. 700 Seiten, Paperback Sonderband (erscheint im Juni '75)

HANNA SEGAL

Melanie Klein
Eine Einführung in ihr Werk
180 Seiten, Paperback

DANIEL WIDLÖCHER

Was eine Kinderzeichnung verrät
Methode und Beispiele psychoanalytischer Deutung
244 Seiten, Paperback

D. W. WINNICOTT

Reifungsprozesse und fördernde Umwelt
(Maturational Processes and Facilitating Environment)
376 Seiten, Paperback

---

verlegt bei Kindler